引进版职业院校精品教材

QICHE DIANZI KONGZHI JISHU

汽车电子控制技术

黄靖雄　赖瑞海　主编

人民交通出版社
China Communications Press

内 容 提 要

本书主要内容包括计算机控制、电控汽油喷射系统、电控柴油喷射系统、可变进气及可变气门正时(与举升)系统、复合动力系统、机械与涡轮增压系统、自动变速器、防抱死制动系统(ABS)、驱动力控制系统(TCS)及电子控制制动力分配系统(EBD)、制动力辅助系统(BAS)、车身稳定控制系统、气囊、自动温度控制系统(ATC)、免钥匙行车系统(Keyless Go)、奔驰汽车新科技、电子控制系统的故障诊断等。

本书适合作为职业院校汽车专业的教材，也可供汽车相关从业人员学习使用。

图书在版编目(CIP)数据

汽车电子控制技术 / 黄靖雄，赖瑞海主编. —北京：人民交通出版社，2011.9

引进版职业院校精品教材

ISBN 978-7-114-09388-3

Ⅰ. ①汽… Ⅱ. ①黄… ②赖… Ⅲ. ①汽车—电子控制—高等职业教育—教材 Ⅳ. ①U463.6

中国版本图书馆CIP数据核字(2011)第184945号

引进版职业院校精品教材

书　　名： 汽车电子控制技术

著 作 者： 黄靖雄　赖瑞海

责任编辑： 戴广超

出版发行： 人民交通出版社股份有限公司

地　　址： (100011)北京市朝阳区安定门外外馆斜街3号

网　　址： http://www.ccpress.com.cn

销售电话： (010) 59757973

总 经 销： 人民交通出版社股份有限公司发行部

经　　销： 各地新华书店

印　　刷： 北京市密东印刷有限公司

开　　本： 787×1092　1/16

印　　张： 21.5

字　　数： 433千

版　　次： 2011年9月　第1版

印　　次： 2019年1月　第5次印刷

书　　号： ISBN 978-7-114-09388-3

定　　价： 39.00元

(有印刷、装订质量问题的图书由本社负责调换)

作　者　黄靖雄　赖瑞海

出版者　全华图书股份有限公司

http://www.chwa.com.tw

原著于2009年10月发行

编者序

一、本书自出版以来，由于内容充实、资料多元且题材新颖，深受各界好评与采用，谨致最诚挚的谢忱。

二、为答谢各界的爱护，促使作者再度进行本书的第三次修订，最大的变动除内容更新外，并新增许多实用的图片，更改各章、节的目录名称，以及重新调整版面配置，希望呈现给读者最优质的内容与阅读质量。

三、第1章——计算机控制。现代汽车在发动机、底盘、传动系统、电气系统等各主要系统的许多装置上，采用计算机控制的方式已越来越普遍。本章简要介绍了计算机控制系统及各零件的功能，详细叙述了计算机各主要零件的作用。

四、第2章——电控汽油喷射系统。本章除全面介绍了缸内汽油直接喷射系统的构造及欧洲汽车缸内汽油直接喷射系统的现况外，新增了电控汽油喷射系统的内容，包括汽车喷射系统的原理、连续燃料喷射系统的工作原理、电子控制间歇燃料喷射系统各部零件的构造与工作情形等。

五、第3章——电控柴油喷射系统。本章为新增内容，全面介绍了电控柴油喷射系统和共轨燃油喷射系统。

六、第4章——可变进气及可变气门正时(与举升)系统。详细介绍了可变进气及可变气门正时(与举升)系统的构造和作用。本章新增了部分图片及修改可变气门正时执行器(Actuator)作用时的各个插图，让读者能更容易了解气门正时的提前、保持与延迟的作用。

七、第5章——混合动力系统。本章已全新改写，以目前全球销售领先的Toyota Prius THS-II为主叙述，是不可多得的第一手数据。Toyota不认为混合动力系统是一种过渡期的产品，因此全力在其旗下各车系、各车型大力推广采用，混合动力汽车将是一个新时代汽车的主流，一个低碳、极低污染排放的车辆。

八、第6章——机械与涡轮增压系统。其内容与插图中均有较多的新数据。世界知名的瑞典萨博汽车旗下所有车系，不论汽油发动机、柴油发动机，几乎全系列安装涡轮增压器，三十余年的使用历史，累积了傲人的涡轮增压技术。

九、第7章——自动变速器。介绍了各种自动变速器的基本构造以及作用。

十、第8章——防抱死制动系统(ABS)。防抱死制动系统(ABS)是现代汽车的主动安全装置之一。所谓主动安全装置，是指在汽车发生撞击前产生作用的系统。除了

ABS外，EBD、BAS、TCS与ESP(或称VSC、VDC)等都是主动安全装置。而ABS是其他主动安全装置的基础，没有ABS，就无法附加EBD、TCS与ESP等装置。

十一、第9章——驱动力控制系统(TCS)及电子控制制动力分配系统(EBD)。本章将本田汽车公司采用的博世系统的插图全部调换，内容也做了修改，依据增压、保持压力、减压的次序叙述，并以表格形式显示各电磁阀的开、关状况及油泵的ON、OFF情况。从第8章的ABS起，到第11章的VDC，只要是采用博世系统的汽车(如Cefiro、Teana、Civic、Accord等)，所有对调压器的叙述，均采用相同的说明次序，让读者一看就能明白。

十二、第10章——制动力辅助系统(BAS)。介绍了制动力辅助系统的构造与作用。

十三、第11章——车身稳定控制系统。本章新增一节“日产汽车公司VDC的构造与作用”，让大家对博世的产品，从ABS、EBD、TCS至VDC，一系列的系统在构造与作用上的差异，能有所比较与更深入的了解。

十四、第12章——气囊。气囊与气帘是被动安全配备，所谓被动安全配备，是指车辆已经在失控的状态下，用来保护乘坐人员的装置。双前座气囊，目前已是国产汽车的标准配备。

十五、第13章——自动温度控制系统(ATC)。目前国产汽车已普遍采用左、右独立恒温空调设计。

十六、第14章——免钥匙行车系统(Keyless Go)。丰田称其为Smart Entry，日产称其为Intelligent Key(I-Key)；裕隆汽车的Bluebird采用的第三代I-Key系统，具有驾驶座椅姿势、后视镜角度等连动记忆功能，以配合不同需求的驾驶人。本书所提及的许多系统，以往只有在高级汽车上采用，现在国产汽车均已普遍采用。

十七、第15章——奔驰汽车新科技。7G-TRONIC七速手自动变速器，在2003年只有奔驰汽车采用，而现在已有部分其他高级汽车采用。另外主动转弯式前照灯系统，国产汽车常称为AFS，目前也已被普遍采用；高强度放电(HID)前照灯，附水平自动调整装置，再加上AFS，整套安装在国产车上(但AFS的应用方式有差别)。本书初版时(2002年)奔驰汽车新科技可说是独树一格，现在除了最新高科技外，国产汽车都已采用。

十八、第16章——电子控制系统的故障诊断。本章为新增内容，介绍了电子控制系统的故障诊断流程和一般方法。

十九、本书内容若有词句不清、疏忽之处，请各界专家及读者不吝指正，不胜感激！

编者

2011年6月

目录 CONTENTS

第5章 混合动力系统

第6章 发动机增压系统

第7章 自动变速器

第8章 防抱死制动系统（ABS）

第9章 驱动力控制系统（TCS）及电子控制制动力分配系统（EBD）

第1章

计算机控制

1.1 计算机控制系统

一、概述

现代汽车在其各主要系统的许多装置上，采用计算机控制的方式已越来越普遍。计算机能在千分之几秒(Milliseconds，ms)内，迅速改变输出信号，即当输入信号变化时，计算机可立刻改变输出信号，控制迅速、精确。以瑞典萨博汽车为例，其三重计算机发动机处理系统(TRIONIC)，采用的32位计算机，同时控制汽油喷射、点火与涡轮增压，运算速度高达每秒两百万次。

二、计算机控制的步骤

（1）计算机控制的步骤分为输入、处理及输出，如图1–1所示。

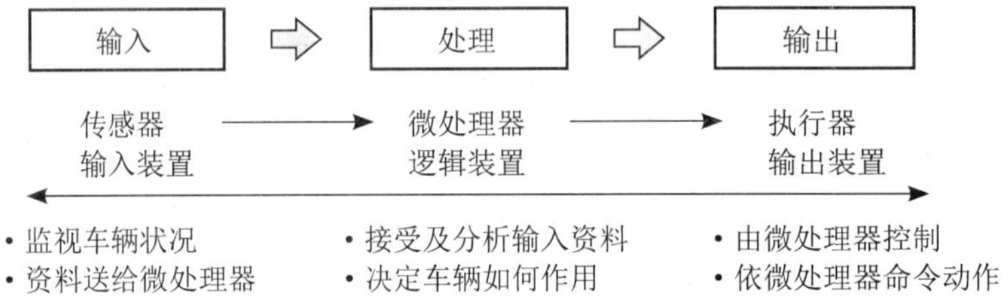

◆ 图1–1 计算机控制的步骤

（2）输入(Input)：各传感器(Sensors)将车辆状况转换为电压信号传送给计算机。

（3）处理(Processing)：计算机分析传感器送来的信号，并决定如何控制各执行器的动作。

（4）输出(Output)：计算机将指令传送给各执行器(Actuators)，如图1–2所示。

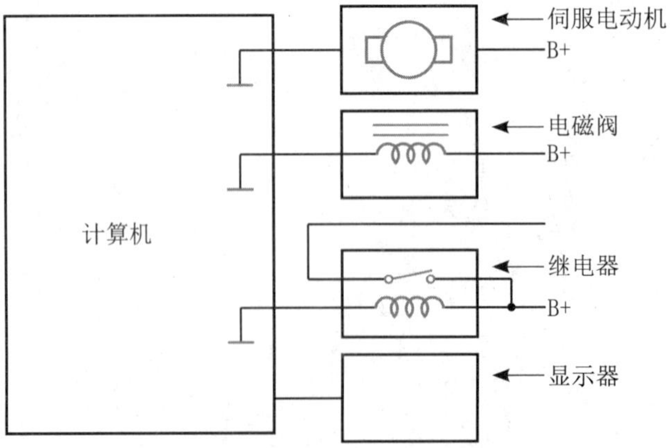

◆ 图1–2 计算机控制各执行器

三、传感器与执行器

1. 传感器按其构造分类

（1）可变电阻式(Variable Resistor Type)传感器：当温度、压力等发生变化时，传感器内的电阻值也随之变化。有NTC与PTC两种形式。

（2）电位计式(Potentiometer Type)传感器：当零件的位置产生变化时，传感器内电阻值也随之变化，将不同电压信号传送给计算机。

（3）磁电式(Magnetic Type)传感器：利用不同齿数转子的转动，感应电流产生电压信号传送给计算机，以测定发动机转速、车速及轮速，其信号也可用来控制点火正时与燃油喷射正时等。

（4）开关式(Switching Type)传感器：由传感器内电路的接通或切断产生信号，并将信号传送给计算机。

（5）电压发生器式(Voltage Generator Type)传感器：由传感器本身产生电压信号，并将信号传送给计算机。

2. 传感器按其作用分类

（1）主动式传感器(Active Sensor)：即传感器本身可产生电压信号传送给计算机，如氧传感器、爆震传感器、磁电式曲轴位置传感器等。

（2）被动式传感器(Passive Sensor)：即传感器本身无法产生电压信号，通常是由计算机提供5V的参考电压(Reference Voltage)，传感器的输出电压随其内部电阻值的变化而变化，如冷却液温度传感器、空气温度传感器、节气门开度传感器及开关式传感器等。如图1-3所示为开关式传感器的工作过程，当开关闭合时，输出为0V；当开关打开时，输出为5V，用以检测温度变化、压力变化及零件移动等。

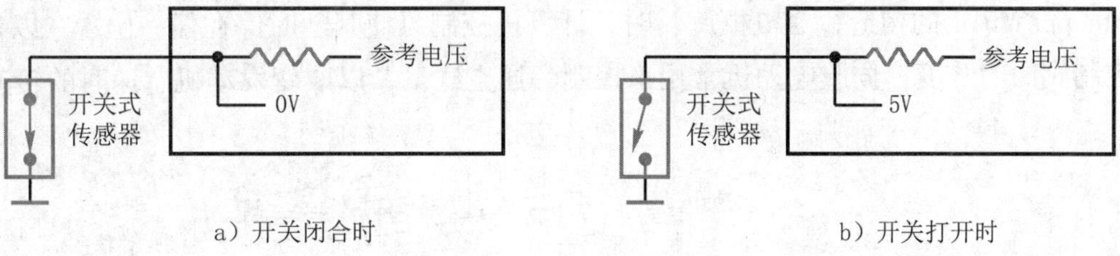

◆ 图1-3　开关式传感器的作用

3. 执行器按其构造分类

（1）电磁阀式(Solenoid Type)：电流流入电磁线圈产生磁力，使活塞或柱塞移动，以打开或关闭阀门，这种方式应用最为广泛。图1-4所示为车门锁使用电磁阀式执行器的作用，车辆运行时，车速传感器将信号送给计算机，达到一定速度时，计算机控制车门锁执行器线圈搭铁，电流流入线圈，磁力使柱塞下移，将车门锁按钮下拉锁住车门。图1-5所示为电磁阀式执行器的构造，控制空气控制阀的开度，改变旁通空气量，以调节发动机怠速。

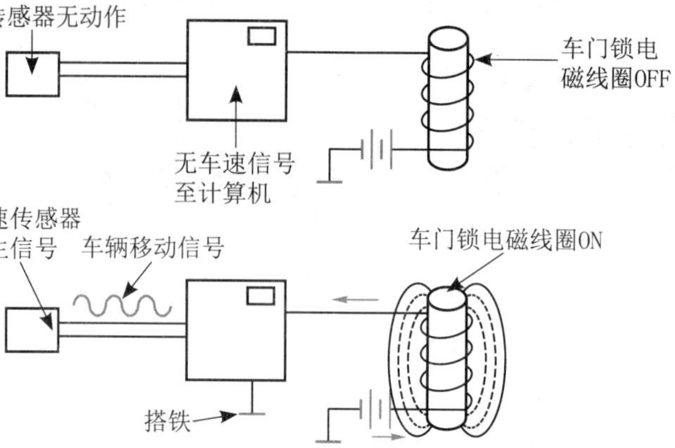

◆ 图1-4 电磁阀式执行器的作用

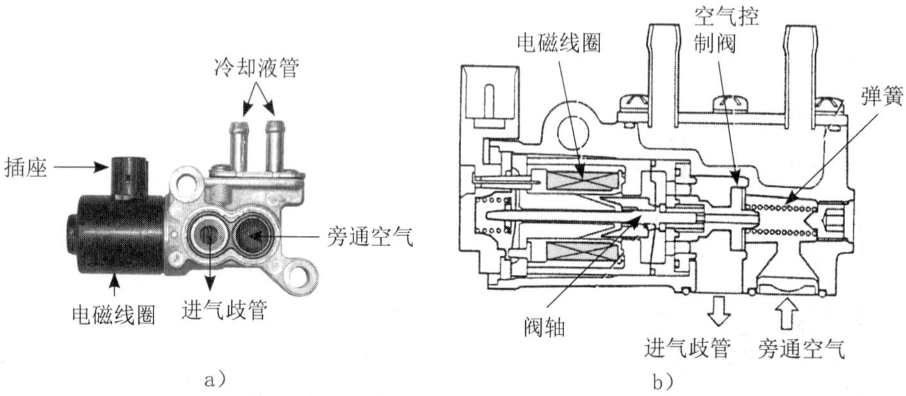

◆ 图1-5 电磁阀式执行器的外观与构造

（2）伺服电动机式(Servo Motor Type)：计算机控制电动机电路的搭铁，使电动机ON、OFF或可逆式回转，以控制零件、阀门的转动或移动。如图1-6所示，怠速电动机的柱塞移动，可以改变节气门的开度。图1-7所示为伺服电动机，又称步进电动机(Stepper Motor)的构造，当电枢旋转时，计算机控制可使其随时停在任一位置，以精确控制阀门的开度。伺服电动机常用来控制旁通空气量，以改变发动机怠速时的转速。

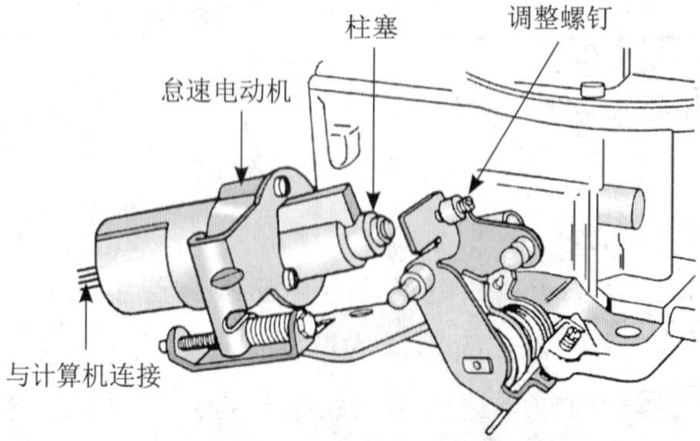

◆ 图1-6 伺服电动机式执行器的作用

（3）继电器式(Relay Type)：当控制的零件需要大电流时，继电器是一种很适用的电器。计算机控制继电器的线圈搭铁，使大电流通过，以使控制的零件产生作用。

如图1-8所示，当计算机检测到冷却风扇需要转动时，便会使继电器线圈搭铁，继电器内触点闭合，大电流流过触点传送给冷却风扇电动机。

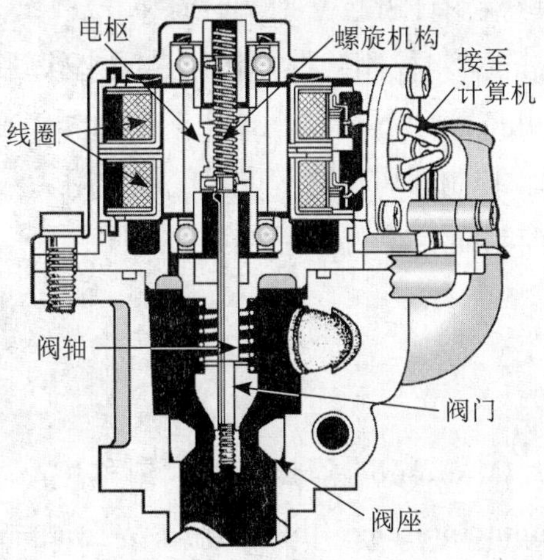

◆ 图1-7　伺服电动机式执行器的构造

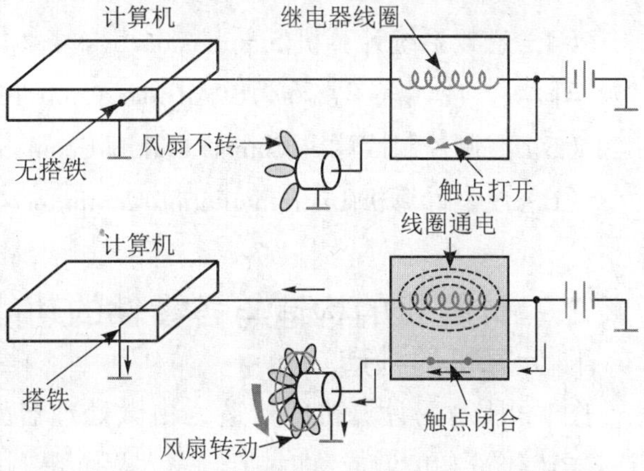

◆ 图1-8　继电器式执行器的作用

（4）显示器式(Display Type)：电流进入仪表板处的荧光显示器或液晶显示器，以提供驾驶人所需的信息。

1.2　计算机概况

一、概述

1. 计算机的位置

车用计算机(Computer)多置于仪表板下方，以避免高热、湿气及振动的影响，但也有置于座椅下、发动机舱或行李舱等处。

2. 计算机的名称

计算机的名称有许多种，常见的有：

（1）电子控制单元(Electronic Control Unit, ECU)。

（2）控制器(Control Unit, CU)。

（3）信息处理器(Processor)。

（4）微处理器(Microprocessor)。

（5）控制模块(Control Module)。

3. 计算机的分类

现代汽车均使用多个计算机，其主要分类为：

（1）发动机计算机(Engine Computer)：简称发动机ECU，通常称为发动机控制模块(Engine Control Module, ECM)，或称为动力传动控制模块(Powertrain Control Module, PCM)。

（2）自动变速器计算机(Automatic Transmission Computer)：简称AT ECU，或称为变速器控制模块(Transmission Control Module, TCM)。

（3）防抱死制动计算机(Anti-lock Brake Computer)：简称ABS ECU；近代汽车除ABS控制外，常配合TCS控制，两者组合为一体，称为ABS/TCS ECU；另现代汽车除ABS控制外，并有TCS、EBD、ESP等合并控制，其统称有ESP、VSC、VDC等。

（4）悬架系统计算机(Suspension System Computer)：控制减振器作用、乘坐软硬度及车高等，现代汽车常称为BCM(Body Control Module)。

（5）空调控制计算机(Climate Control Computer)：控制通风、冷气、暖气等作用。

（6）仪表计算机(Instrumentation Computer)：控制显示器的作用。

二、计算机的构造与各零件的功能

1. 计算机的构造

图1-9所示为计算机的构造，由微处理器晶片(Microprocessor Chip，或称IC)、定时器IC(Timer IC，或称时钟)、输入界面晶片(Input Interface Chip)、输出界面晶片(Output Interface Chip)、输出驱动器(Output Drivers)、放大器晶片(Amplifier Chip)、记忆体晶片(Memory Chips)、插座与外壳等组成。计算机内的主要零件配置，如图1-10所示。

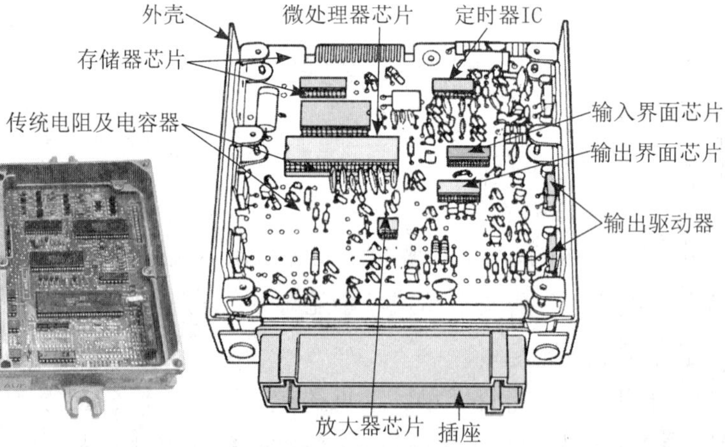

◆ 图1-9 计算机的构造

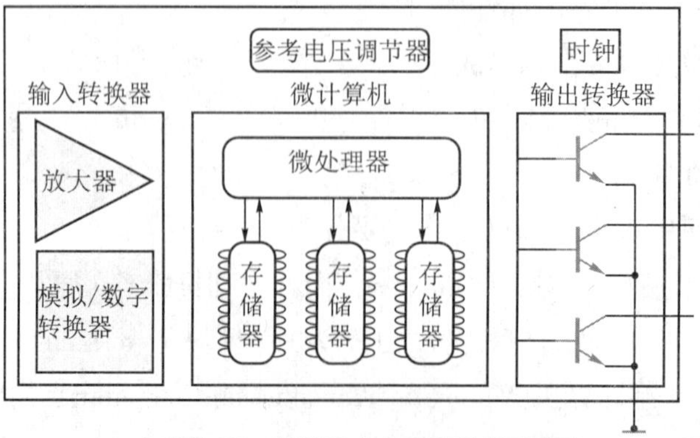

◆ 图1-10 计算机内主要零件的配置图

2. 主要零件的基本功能

（1）参考电压调节器(Reference Voltage Regulator)：其功能是提供较低的电压给计算机及传感器，常见的参考电压值为5V。

（2）放大器(Amplifiers)：其功能是提高输入信号的电压及电流，以供计算机使用。

（3）转换器(Converter)：或称状况器(Conditioner)、接口(Interface)，其功能是转换信号以供计算机或执行器使用。

（4）微处理器(Microprocessor)： IC芯片，其功能是替计算机进行计算(Calculations)或做决定(Decisions)。

（5）存储器(Memory)：IC芯片，其功能是替微计算机储存数据。

（6）时钟(Clock)：又称定时器(Timer)，其功能是IC装置产生一定的脉冲频率，以调谐计算机内的作用。

（7）输出驱动器(Output Drivers)：其功能是功率晶体管(Power Transistors)提高电流，使执行器作用。

（8）印制电路板(Circuit Board)：其功能是连接各零件及保持定位。

（9）插座：其功能是与传感器、执行器及其他计算机连接。

（10）外壳：其功能是金属外壳保护各电子零件。

1.3 计算机各主要零件的作用

一、参考电压调节器

参考电压调节器的作用是提供较低的电压给计算机内的电子零件及一些被动式传感器，此电压必须非常稳定。如图1-11所示，5V的参考电压送给热敏电阻式传感器，由于传感器内电阻的变化，使传感器输出电压发生变化。

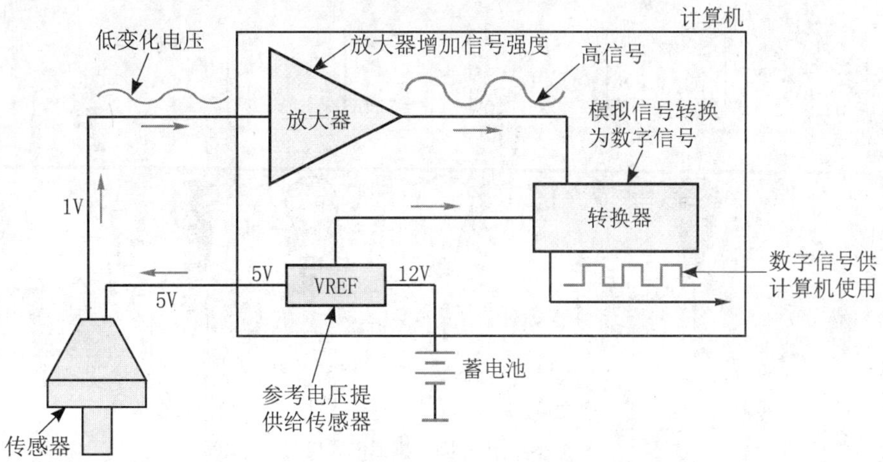

图1-11 参考电压送给热敏电阻式传感器的作用

二、放大器

放大器的作用是增强输入计算机内变化的信号。例如氧传感器，产生低于1V的电压，同时有微量电流流动，此种信号在输入微处理器之前，必须先放大，放大作用是由计算机内放大器芯片的放大电路完成，计算机易于判读处理放大后的信号，如图1-12所示。

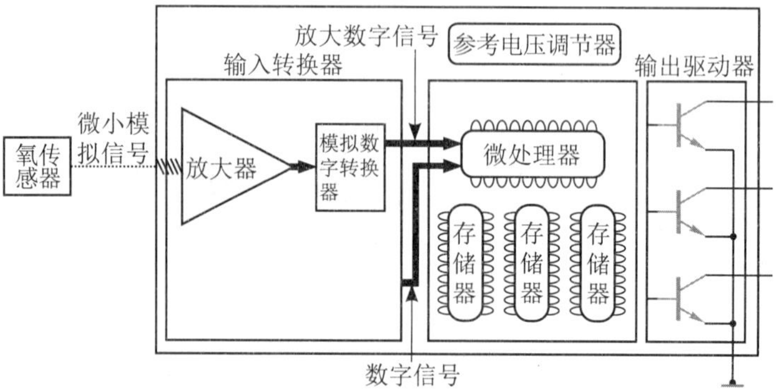

◆ 图1-12　放大作用

三、转换器

1. 信号的种类

（1）模拟电压信号(Analog Voltage Signals)。模拟电压信号在一定范围内做连续的变化，汽油喷射发动机的计算机控制系统，大多数的传感器都是产生模拟电压信号。

使用变阻器(Rheostat)来控制5V灯泡的亮或暗，为模拟电压的例子，如图1-13所示。变阻器电压低时，小电流流过灯泡，灯泡亮度暗淡，如图1-13 b)所示，相当于输出弱信号；当变阻器电压高时，大电流流过灯泡，灯泡亮度明亮，如图1-13 c)所示，相当于输出强信号。

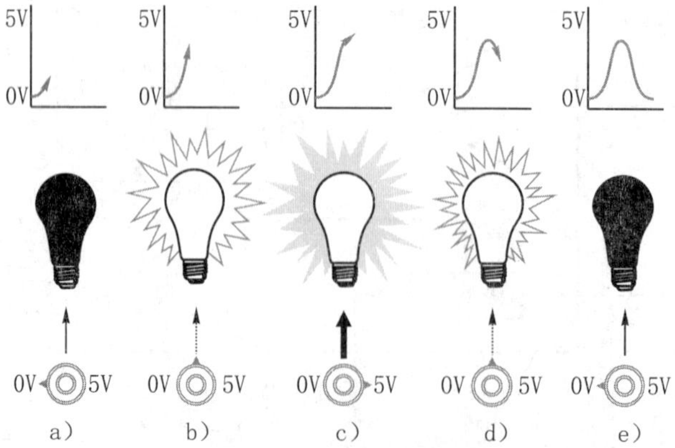

◆ 图1-13　模拟电压信号

（2）数字电压信号(Digital Voltage Signals)。将一个普通的ON/OFF开关与5V灯泡

连接，当开关OFF时，灯泡电压为0V，灯泡不亮；当开关ON时，5V电压送至灯泡，灯泡点亮。由开关传送出的信号为0V或5V，使电压信号为低或高，如图1-14所示，此种电压信号如同数字信号，当开关迅速ON、OFF时，矩形波(Square Wave)数字信号从开关传送至灯泡。

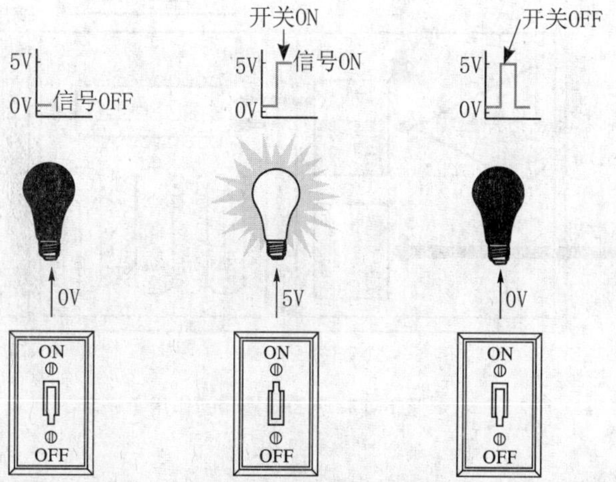

◆ 图1-14　数字电压信号

汽车计算机中的微处理器，包含有极大数量的微小开关，能在每秒内产生许多数字电压信号，用来控制各种执行器的作用。微处理器能改变ON、OFF的时间长短，以达到精确控制的目的，如图1-15所示。ON时间的宽度，称为脉冲宽度。

在低数字信号处指定一个值为0，而在高数字信号处指定另一个值为1，即称为二进制码信号，如图1-16所示。汽车的计算机系统，信息是以二进制码形式的数字信号传送。

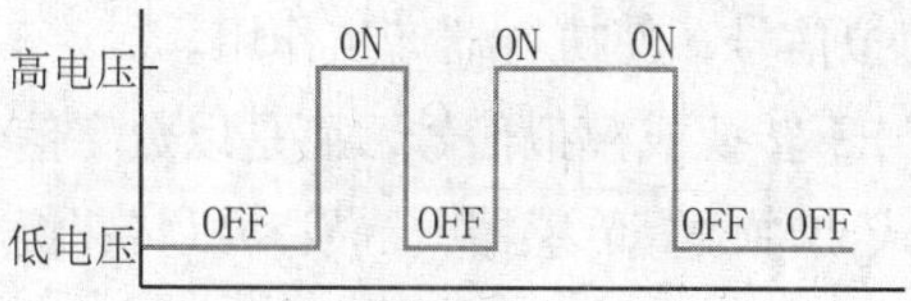

◆ 图1-15　时间可变的数字电压信号

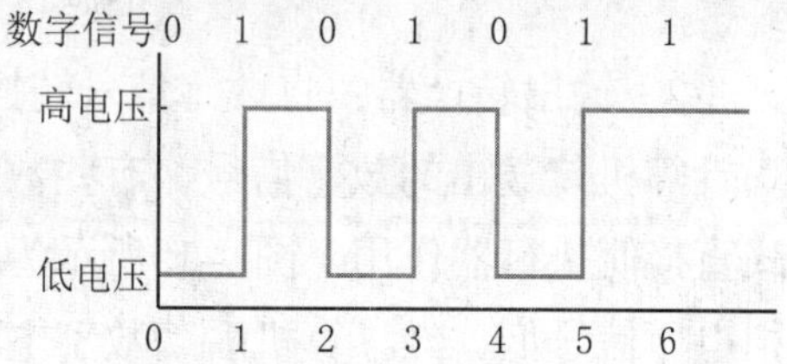

◆ 图1-16　二进制码信号的数字电压信号

2. 转换器的种类

（1）输入转换器：即模拟／数字转换器(Analog/Digital Converter)，简称A/D转换器。

A/D转换器用以处理传感器输入的数据，使其能被计算机使用。因大部分传感器产生的模拟信号(Analog Signal)，为一种逐渐升高或降低的电压信号，A/D转换器将模拟信号转换为0或1、OFF或ON、瞬间变化的数字信号(Digital Signal)，使其成为微处理器能了解并处理的数据，如图1-17所示。

A/D转换器的作用为连续扫描输入的模拟信号，如节气门位置传感器(TPS)产生的电压，在节气门全关时为0~2V，部分打开时为2~4V，全开时为4~5V，A/D转换器将TPS的电压值0~2V指定为数字1、2~4V指定为数字2、4~5V指定为数字3，按照不同的电压值指定其数字，再将数字转换为二进制码的数字信号，如图1-18所示。

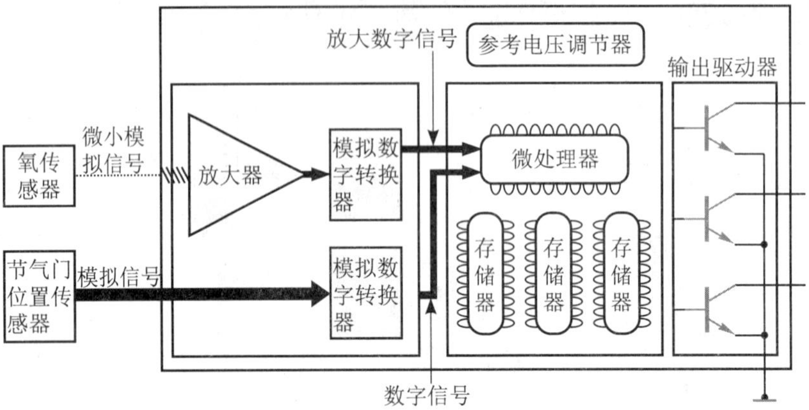

◆ 图1-17　A/D转换器的作用（一）

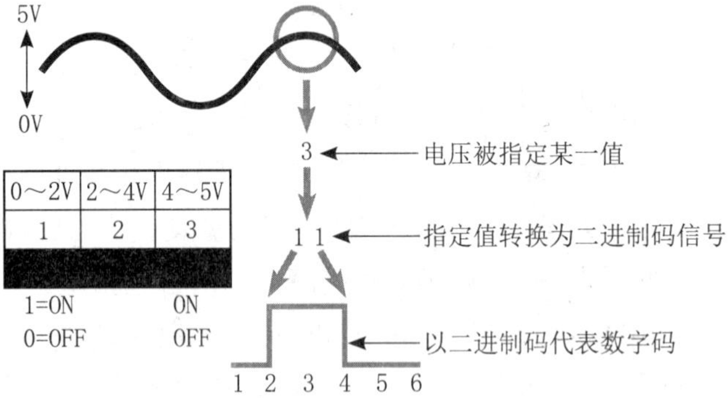

◆ 图1-18　A/D转换器的作用（二）

（2）输出转换器：将数字信号转换成模拟信号，使执行器产生作用。

计算机传送出的数字信号，有些数字信号不转换成模拟信号，而是以数字信号的形式直接使执行器作用。图1-19所示为磁电式曲轴位置传感器，当发动机转速慢时，模拟电压信号低，经计算机后，数字电压信号短，因此喷油器喷油少；当发动机转速快时，模拟电压信号高，经计算机后，数字电压信号长，因此喷油器喷油多。

四、微处理器

（1）计算机内的微处理器是用以计算并做决定的芯片，可以说是计算机内的“大脑”。其内含有大量微小的晶体管与二极管，晶体管如同电子开关，进行ON/OFF作用，晶体管等零件蚀刻在小如指尖的IC(Integrated Circuit，集成电路)上。

（2）微处理器与各种存储器芯片配合，存储器内储存数据，让微处理器能从存储器中读取数据，同时将新数据写入存储器，并帮助微处理器做各种决定。

（3）以空燃比控制为例，根据发动机及车辆的作用状况，各传感器将信号传送给计算机，微处理器从存储器读取理想的空燃比数据，与传感器传送的数据进行比较，微处理器会做出决定，使喷油器在最适当的时间作用，以提供发动机需要的空燃比。

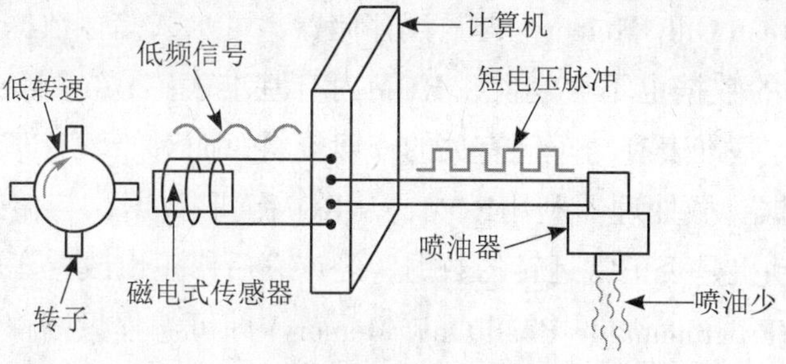

a）发动机转速慢时

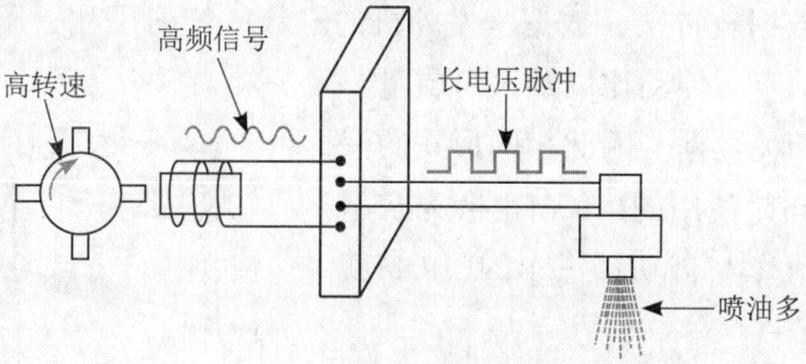

b）发动机转速快时

◆ 图1-19 计算机输出数字电压信号

五、存储器

（1）存储器有四种，即RAM、ROM、PROM及KAM，图1-20所示为各存储器作用的框图。数据从传感器输入，经输入转换器后转换为数字信号；当资料从一处送至另一处时，由定时器做调节；微处理器能从存储器读取或写入数据，并利用逻辑门(Logic Gates)决定输出，其结果传送至输出转换器，或直接传送至执行器。

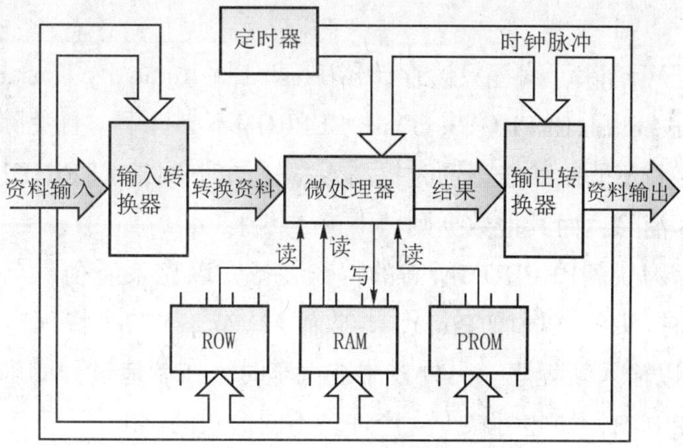

◆ 图1-20 各存储器作用的框图

（2）RAM(Random Access Memory) 即随机存取存储器，为暂时储存数据的存储器芯片。当微处理器需要时，可从RAM读取数据以进行计算，并可将数据写入RAM暂时储存，可以说是微处理器的“笔记簿”，用以记录输入及输出的数据，例如故障码就是储存在RAM内。当蓄电池接头拆开时，RAM内的资料均消除。

（3）ROM(Read Only Memory) 即只读存储器，可永久储存数据，即使将蓄电池接头拆开，ROM内的数据也不会消除。ROM内有基准表(Calibration Tables)及对照表(Look-up Tables)，基准表有与车辆有关的一般资料，而对照表有车辆如何在理想状况下运转的标准数据。微处理器利用ROM，从ROM读取数据，与传感器输入的数据进行比较，找出发动机是否正常运转的数据，经计算后修正以改善车辆性能。

（4）PROM(Programmable Read Only Memory) 即可编程只读存储器，微处理器能从PROM读取数据，但不能写入数据。PROM与ROM一样为可永久储存数据的存储器芯片，但其内部数据较特殊，数据为发动机的缸数、气门尺寸、压缩比、燃油系统形式，变速器换挡点、传动比以及汽车质量、选用配备与其他相关数据。因此相同形式的汽车，其配备的不同，使用的PROM也会完全不相同，如手动挡汽车与自动挡汽车的PROM就不相同。

PROM可从大多数的计算机上拆下，如图1-21所示。当更换计算机时，将PROM芯片拆下，装到新计算机上。PROM从计算机上拆下时，其内部数据不会消除。

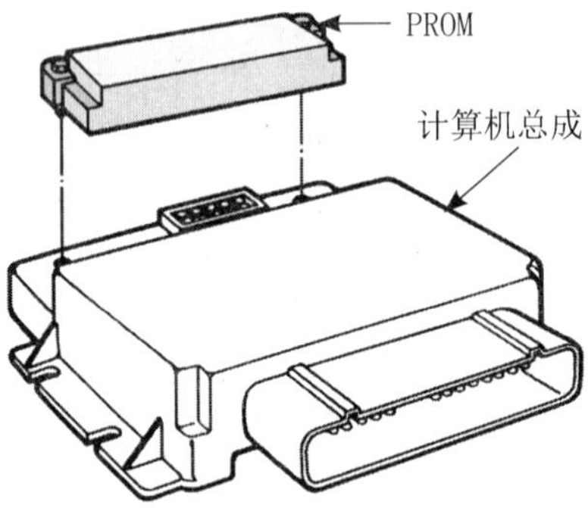

◆ 图1-21 可拆装式PROM

目前使用的第二代PROM芯片有两种：

① 可消除可编程只读存储器(Erasable Programmable Read Only Memory, EPROM)：要消除及再编程EPROM时，必须先将EPROM从计算机的电路板上拆下，并置于紫外线(Ultra Violet, UV)下一段时间，做消除动作；若EPROM是焊接在电路板上，则计算机必须换新。

② 快闪电子可消除可编程只读存储器(Flash Electronically Erasable Programmable Read Only Memory, Flash EEPROM)：Flash EEPROM不必拆下，且免除紫外线消除所需时间，让维修技术人员在维修车辆时提高效率；同时Flash EEPROM能进行选择性的消除(即部分数据消除，而其他数据则留下)后再编程。

图1-22所示为快闪EEPROM所需的特殊装备，以克莱斯勒汽车再编程计算机为例，当EEPROM接头的某插脚(Pins)，接收到12V或21V的高快闪电压时，CPU开启(Open The Door)以输入新程序。另外在制造汽车时，在制造过程的末端才将完整数据输入到Flash EEPROM，如此可减少生产许多不同形式的ECU。

再编程后，EEPROM如同新品，即计算机必须学习及适应新的工作环境。此种可编程存储器，已普遍使用在车身控制(Body Control)、安全及方便(Safety and Convenience)、免钥匙开启车门(Keyless Entry)、系统个人化(System Personalization)等各种设计上。

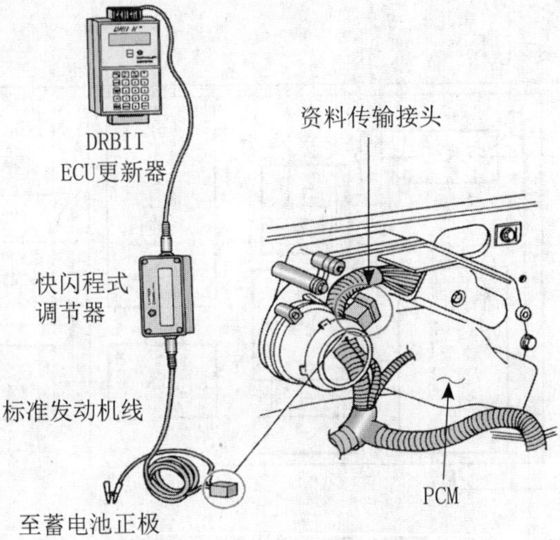

◆ 图1-22 EEPROM输入新程序

（5）KAM(Keep Alive Memory)即保持作用的存储器，KAM可暂时储存数据，微处理器能从KAM读取或写入数据。当点火开关OFF时，资料仍保存在KAM内，但当电源接头拆开时，KAM内的数据会消除。

KAM使计算机具有辨识能力(Adaptive Strategy)，当系统中由于传感器脏污或损坏，从传感器传送出不正常信号时，KAM使计算机仍能维持车辆正常的性能，KAM甚至能不理会错误的输入信号，以保持正确的驾驶性能(Driveability)。例如当氧传感器表面积炭而送出不正确信号时，KAM发觉后会传送出正确的输出信号给喷油器，以维持可接受的空燃比。

当损坏的传感器、执行器或其他零件被更换时，车辆可能会发生发动机快怠速或动力输出不良等现象，必须行驶6～8km，让KAM“学习”新装上的传感器，以修正原来错误的输入信号，将KAM内的数据更新为良好传感器的数据，并使发动机性能回复正常。

六、输出驱动器

（1）计算机内的输出驱动器由许多晶体管组成，微处理器使输出驱动器作用，输出驱动器控制各种执行器，如电磁线圈、继电器及显示器等的作用，如图1-23所示。例如每一缸喷油器内都有一组电磁线圈，当微处理器通知输出驱动器使电磁线圈作用时，输出驱动器使喷油器电磁线圈线路搭铁，喷油器针阀因吸力而打开，喷油器进行喷油，直至搭铁中断时喷油才停止。

（2）计算机控制冷却风扇电路也是一样，当输出驱动器使电路中继电器的线圈搭铁时，继电器内触点因吸力而闭合，电流从蓄电池经触点传送给冷却风扇电动机；当输出驱动器中断线圈的搭铁时，继电器内触点断开，冷却风扇电动机停止转动。

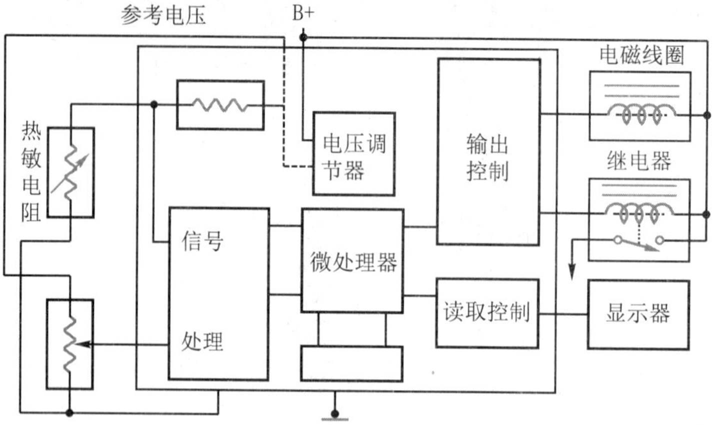

◆ 图1-23　输出驱动器的控制

理论测试

一、判断题

1. 监视车辆状况，是利用微处理器。（ ）
2. 翼板式空气流量计是利用磁电式，将不同电压信号传送给计算机。（ ）
3. 氧传感器是属于主动式传感器。（ ）
4. 伺服电动机式执行器，使控制阀做开或关两种动作。（ ）
5. 氧传感器的输出信号低，必须经放大器放大，使计算机易于判读处理。（ ）
6. 数字信号是一种逐渐升高或降低的电压信号。（ ）
7. 控制喷油器电磁线圈搭铁时间的长短，即可控制喷油量的多少。（ ）
8. 0或1、OFF或ON、瞬间变化的信号称为数字信号。（ ）

二、选择题

1. 执行器(Actuator)是属于______。
（A）逻辑装置 （B）输出装置 （C）计算机装置 （D）输入装置
2. 冷却液温度传感器是属于______传感器。
（A）磁电式 （B）电位计式 （C）开关式 （D）可变电阻式
3. 下述不是被动式传感器的为______。
（A）爆震传感器 （B）冷却液温度传感器
（C）节气门开度传感器 （D）空气温度传感器
4. 被控制的零件作用需大电流时，必须采用______。
（A）伺服电动机 （B）电磁阀 （C）继电器 （D）显示器
5. 下述不是发动机计算机的名称的是______。
（A）PCM （B）ECM （C）发动机ECU （D）ESP
6. 参考电压值通常约为______。
（A）2V （B）5V （C）8V （D）12V
7. 可永久储存数据，且可从计算机上读取的是______。
（A）ROM （B）RAM （C）PROM （D）KAM
8. 各缸喷油器内的电磁线圈，是由______控制。

（A）放大器　（B）转换器　（C）调节器　（D）输出驱动器

三、简答题

1. 什么是磁电式传感器？
2. 什么是被动式传感器？
3. 试述步进电动机的作用。
4. 什么是转换器？
5. A/D转换器的功用是什么？
6. 微处理器如何与存储器配合作用？
7. PROM内有何特殊数据？
8. 计算机控制冷却风扇如何作用？

第2章

电控汽油喷射系统

- 2.1　电控汽油喷射系统
- 2.2　缸内汽油直接喷射系统

2.1 电控汽油喷射系统

一、概述

燃料系统采用汽油喷射的方式，为现代汽油发动机的主流。与化油器式燃料系统相比，汽油发动机喷射系统，尤其是多点喷射系统，配合十六位以上的微型计算机电子控制，具有低污染、低油耗、高转矩、高输出与低温起动性极佳等优点，使现代汽车的性能大幅度提高。

二、汽油喷射系统的原理

汽油喷射系统按其控制方式、空气量检测方法与喷射位置等，可分为许多种类，现按各种不同分类，简述其基本的作用原理。

1. 按控制方式分类

按控制方式分类	机械控制式	K-Jetronic
		KE-Jetronic
	电子控制式	模拟电路式
		微型计算机集中控制式

（1）机械控制式：为德国博世公司（Bosch）所开发的控制方式，如K-Jetronic。由在空气流量计中的传感板，因空气通过量不同，而产生位置的变化，以改变燃油分配器送至各缸的喷油量，如图2-1所示。而KE-Jetronic，则是多了一个ECU，由传感器将信号传送给ECU，以修正在各种运转状态下的燃油喷射量，而达到减少排气污染的要求。

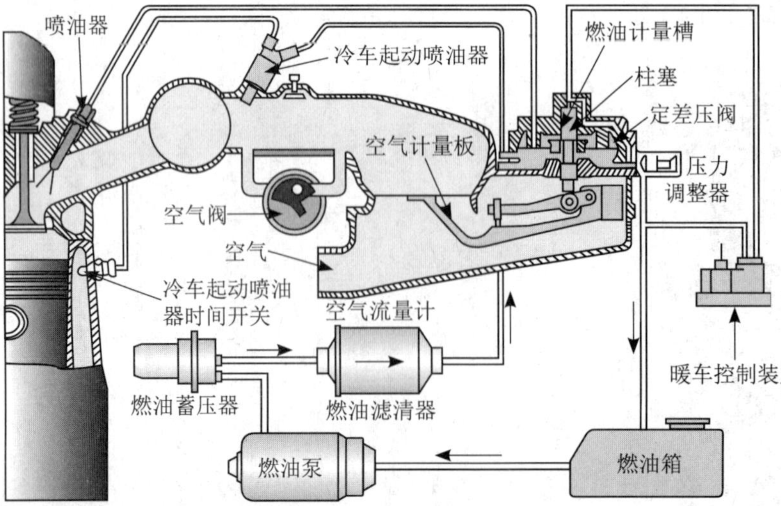

◆ 图2-1　机械控制式汽油喷射系统的组成

（2）电子控制式：利用各传感器，将发动机的各种工作状态，转变成电压信号传送给发动机控制模块（Engine control module，ECU，俗称计算机）。由计算机分析计算后，再将信号传送给执行器及喷油器等，提供给喷油器最适当的时间，以供应最佳的燃油喷射量，如图2-2所示。

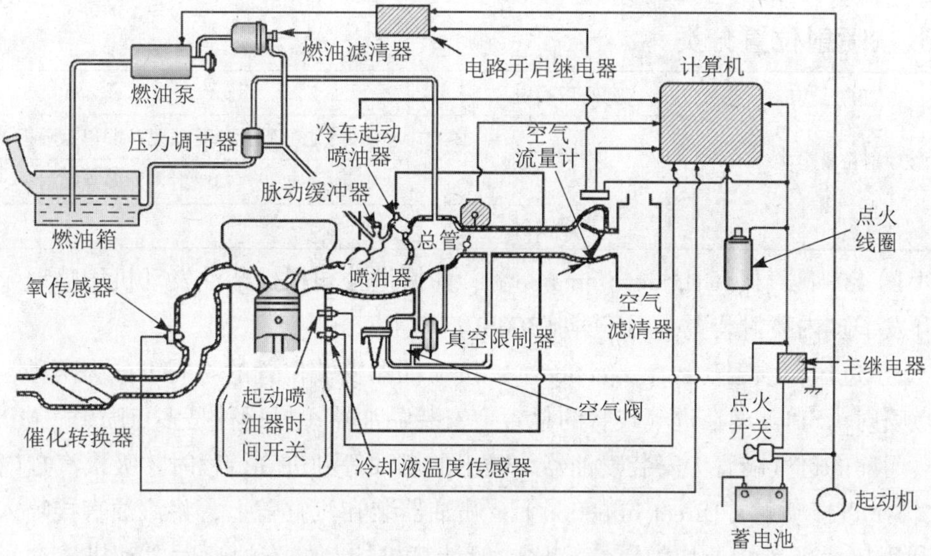

◆ 图2-2　电子控制式汽油喷射系统的组成

模拟电路式电子控制方式从1970年开始采用，根据电容器充放电时间得到喷油时间，进而控制燃油喷射量；而计算机集中控制式从1980年开始采用，博世公司称为Motronic，丰田汽车称为TCCS，日产汽车称为ECCS，本田汽车称为PGM-FI等，除控制喷油量外，并可做喷油时间控制、点火时间控制、怠速控制、燃油增减量补正、空调控制等，且具有自我诊断及故障码显示功能、故障安全功能及后援功能等。

2. 按空气量检测方法分类

- 按空气检测方法分类
  - 质量流量法
    - 翼板式
    - 热线式（或热膜式）
    - 卡门漩涡式
      - 光学式
      - 超音波式
  - 速度密度法
  - 节气门速度法

（1）质量流量法（Mass air flow，简称MAF）：质量流量法是利用空气流量计（Air flow meter）直接计测吸入的空气量，再参考发动机转速，以计算燃油喷射量。空气流量计有翼板式（L-Jetronic）、热线式（LH-Jetronic）与卡门漩涡式（Karman vortex）等数种。另外，机械式的K-Jetronic与KE-Jetronoic也属于此类型。

（2）速度密度法（Speed density）：即压力计量式（Manifold absolute pressure，简称MAP），车用系统称为D-Jetronic，是以发动机转速与进气歧管压力计算每一行程所吸入的空气量。以此空气量为基准计算燃油喷射量。本田汽车的PGM-FI

（Programmed fuel injection）与丰田汽车的D型EFI（Electronic fuel injection）属于此类型。

（3）节气门速度法（Throttle speed）：节气门速度法是以节气门开度与发动机转速，测量每一循环所吸入的空气量，以此空气量为基准计算燃油喷射量。采用此方法时，空气量不易检测，因此现已不采用。

3. 按喷射位置分类

按喷射位置分类	缸内喷射	
	进气口喷射	SPI（进气歧管总管喷射，即单点喷射）
		MPI（各缸进气口喷射，即多点喷射）
	直接喷射	

（1）缸内喷射（Cylinder injection）：如博世公司根据柴油发动机用喷射泵的原理，开发了缸内喷射装置，用于奔驰300SL汽车上。

（2）进气口喷射（Port injection）：按喷油器安装位置的不同可分为两种，一种是单点喷射（SPI），在进气歧管的总管上安装喷油器；另一种是多点喷射（MPI），在进气门前的进气歧管上安装喷油器，喷出的燃油等到进气行程时才吸入汽缸内。

（3）直接喷射（Direct injection）：喷油器装在汽缸盖上，将汽油直接喷入汽缸中。利用超稀薄燃烧及均匀燃烧，比一般计算机控制的汽油喷射发动机省油，减低CO_2排放及高功率输出。三菱汽车称为GDI（Gasoline direct injection，汽油直接喷射）发动机，日产汽车称为Di（Direct injection，直接喷射）发动机，丰田汽车称为D-4（Direct injection 4 cycle stroke gasoline，直接喷射4行程汽油）发动机。

4. 按喷射时间分类

（1）连续喷射（Continuous injection，CI）：连续喷射为博世公司所开发的机械控制式所采用，简称K-Jetronic。当油压高于喷油器的弹簧压力，即油压超过350kPa以上时，打开针阀，使燃油连续喷射，也就是发动机发动后即不停地喷射，图2-1所示为K-Jetronic系统的组成。

（2）间歇喷射（Timed injection）：电子控制式汽油喷射发动机系统都是采用间歇喷射。当喷油器通电时汽油喷出，喷油器断电时即结束喷油，如图2-2所示为电子控制汽油喷射系统的组成。

间歇喷射又分同步喷射、顺序喷射、分组喷射、混合喷射与变动喷射等，这些喷射方式都与曲轴转角有关。与曲轴转角无关，而与发动机转速有关的是超声波式的卡门漩涡式，发动机转速越快喷射次数越多。

① 同步喷射用于早期生产的汽车上，或现代新型汽车在起动、存在故障时，也有采用所有喷射器同步喷射，按设计不同，曲转每转180°、360°或720°，每缸同时喷油一次。

② 顺序喷射用于近期生产的汽车上，曲轴转角720°时，各缸按点火的顺序喷油一次。图2-3所示为八缸发动机采用顺序喷射的方式。

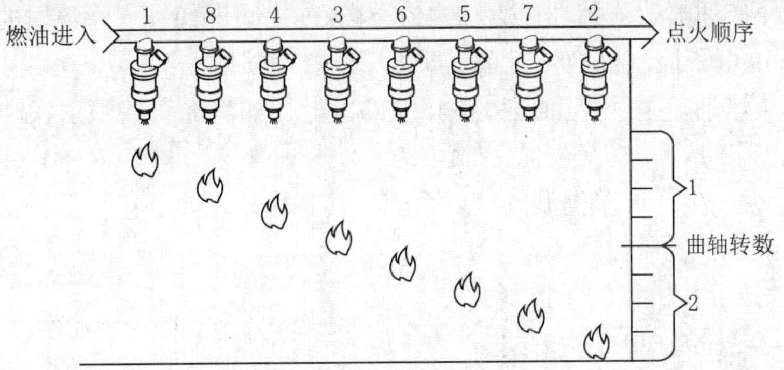

◆ 图2-3 八缸发动机采用顺序喷射

③ 分组喷射则将燃油喷射分成两组或三组，例如点火顺序1-5-3-6-2-4的六缸发动机，1、5、3缸为一组，6、2、4缸为一组，曲轴每转360°，各组喷油一次，常用在缸数较多的发动机。图2-4所示为八缸发动机采用分组喷射的方式。

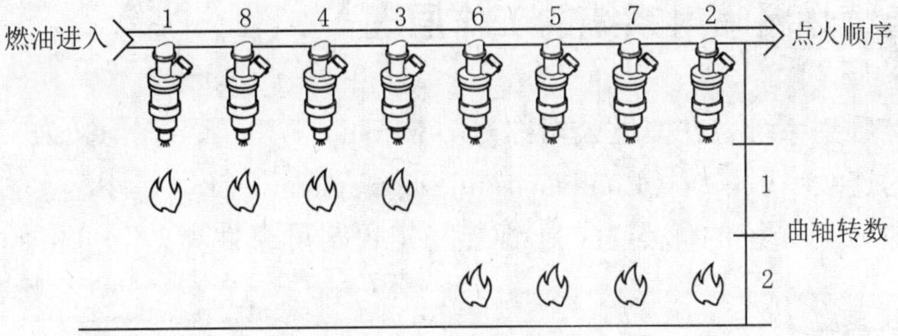

◆ 图2-4 八缸发动机采用分组喷射

④ 混合喷射则为新型汽车所采用，例如平常行驶时为顺序喷射，但汽车起动及存在故障时，则为同步喷射。

⑤ 变动喷射为具创新性发展的直接喷射发动机采用，基本上类似顺序喷射，但在低负荷时，是在压缩行程喷油，以达到类似柴油发动机般节省油耗；而在高负荷时，是在进气行程喷油，以达到比其他发动机输出高功率的特性。

5. 按喷油器的数目分类

（1）单点喷射式：又称节气门体喷射（Throttle body injection，TBI），博世公司称为Mono-Jetronic。喷油器安装位置与以往的化油器相同，是在节气门的上方，使用一个喷油器，外型较大，大多数喷油器内有一个喷油嘴，但也有使用两个喷油嘴的。

（2）多点喷油式：每缸均有喷油器，现代汽车大多数安装在进气门之前的进气歧管上。最新型的直接喷射式汽油发动机，是将喷油器安装在汽缸盖上，直接将汽油喷入汽缸中。

6. 按喷射压力分类

（1）低压燃油喷射：燃油压力在98kPa左右，如进气总管喷射的单点喷射系统即为低压燃油喷射。

（2）中压燃油喷射：燃油压力在245～343kPa之间，如进气管喷射的多点喷射系统与KE-Jetronic电子控制机械喷射系统即为中压燃油喷射。

（3）高压燃油喷射：燃油压力在4.9MPa以上，如汽油直接喷射发动机即为高压燃油喷射。

德国博世公司生产许多类型的喷射系统，其名称分述如下：

① K-Jetronic：机械控制式。

② KE-Jetronic：机械电子控制式。

③ Mono-Jetronic：单点喷射式。

④ L-Jetronic：空气流量计量式。

⑤ D-Jetronic：歧管压力计量式。

⑥ LH-Jetronic：热线式空气流量计量式。

⑦ Motronic：微型计算机集中控制式。

三、连续燃料喷射系统的工作原理

1. 概述

连续燃料喷射系统，在博世公司称为K-Jetronic，“K”字在德文为“连续”的意思，一般称为连续喷射系统（Continuous injection system，CIS）。

连续燃料喷射系统的优点为：①性能稳定；②可靠性高；③价格低廉；④检修容易。

2. 工作原理

图2-5所示为采用氧传感器闭路控制的K-Jetronic的组成，其工作原理如下：

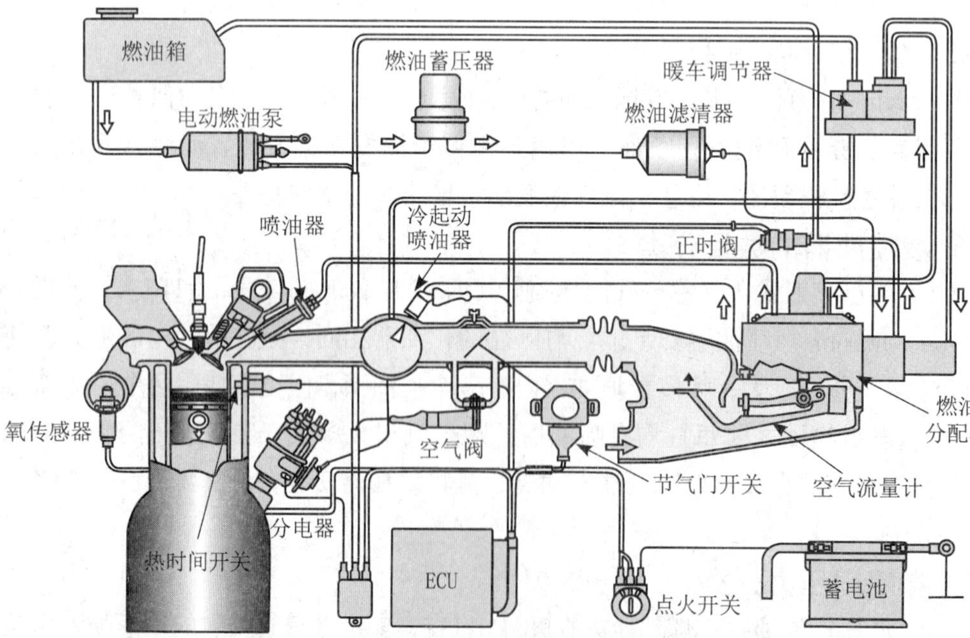

◆ 图2-5 采用氧传感器闭路控制的K-Jetronic的组成

（1）燃料系统：

① 燃油箱中的燃油利用电动燃油泵送至燃油蓄压器，经燃油滤清器过滤后，送至燃油分配器，如图2–6所示。

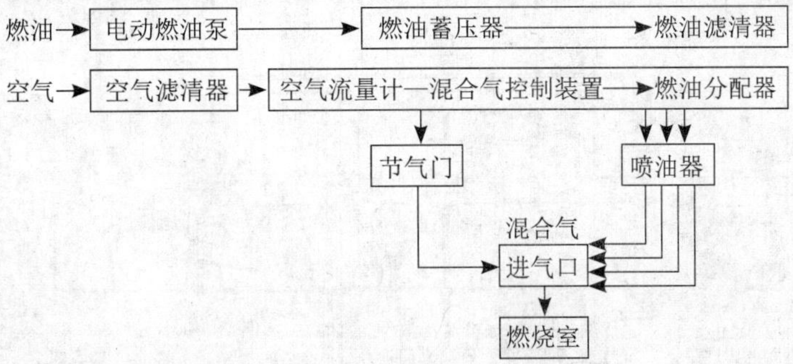

◆ 图2–6　K–Jetronic的作用原理

② 燃油分配器中燃油由空气流量计传感板控制，根据吸入空气量而移动时，改变柱塞的位置，从而控制经由柱塞至各缸喷油器的喷油量。

③ 混合气浓度可以适应各种作用情况，如冷发动机起动、暖车、怠速及全负荷等。其他的功能还有减速燃油切断、发动机最高转速限制及氧传感器闭路控制等。

（2）空气系统：

① 空气经空气滤清器，进入空气流量计，经传感板计量后，通过节气门，进入汽缸中，如图2–6所示。

② 部分空气在节气门前，经旁通道，通过空气阀，可作为冷车怠速控制用。空气阀的位置如图2–5所示。

3. KE–Jetronic

（1）与K–Jetronic相同，有一组机械液压系统，为连续喷射方式，另外利用电子控制器（ECU）来辅助基本系统，以提高适应能力及增加其他功能。

（2）增加的零件有计测进气的空气量传感器、能调节混合比的油压执行器（Pressure actuator），及能保持主压力一定与当发动机熄火时实施特别封闭功能的压力调节器（Pressure regulator）。

（3）与K–Jetronic不同之处是，KE–Jetronic是根据发动机的工作状况，利用传感器将信号传送给ECU，ECU再控制电磁油压执行器（Electro hydraulic pressure actuator），以补正在各种运转状态下的燃油喷射量。如果发生故障时，KE–Jetronic可回复基本的功能，使在发动机热时仍有良好作用的喷射系统。图2–7所示为配合氧传感器闭路控制的KE–Jetronic的组成。

（4）KE–Jetronic的优点是：低燃油消耗、多项运转状态的补正、低污气排出、高功率输出。

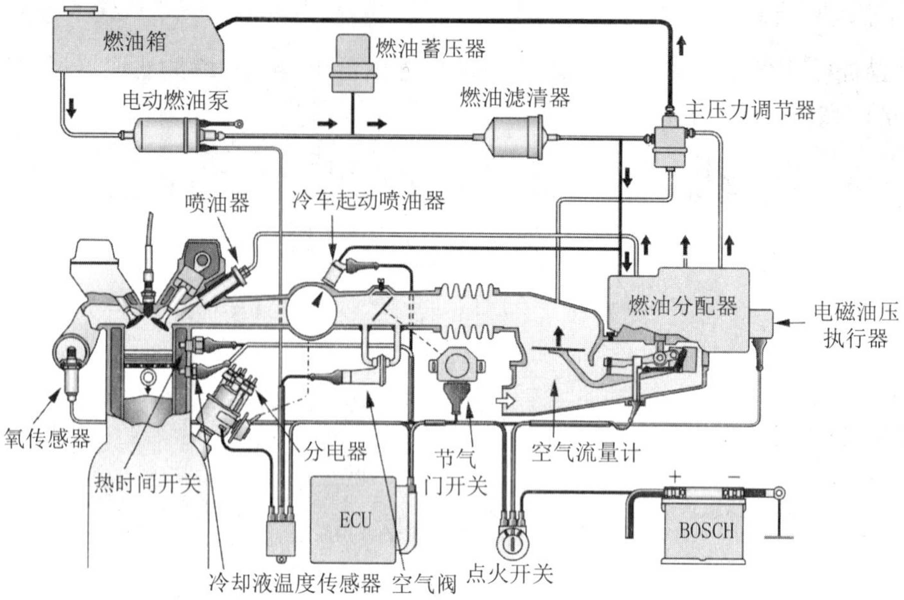

◆ 图2-7　有氧传感器闭路控制的KE-Jetronic组成

四、间歇燃料喷射的构造与工作原理

1. 空气系统

1）概述

空气从空气滤清器，流经空气流量计或歧管压力传感器，进入空气总管，流入空气总管的空气量按节气门开度而定。从空气总管空气分配至各缸进气歧管，最后吸入燃烧室，如图2-8所示。空气可经由空气阀旁通进入汽缸，以提高发动机怠速，如图2-9所示。或由ECM控制电磁阀开闭，以补正汽车在各种操作状况时的怠速。

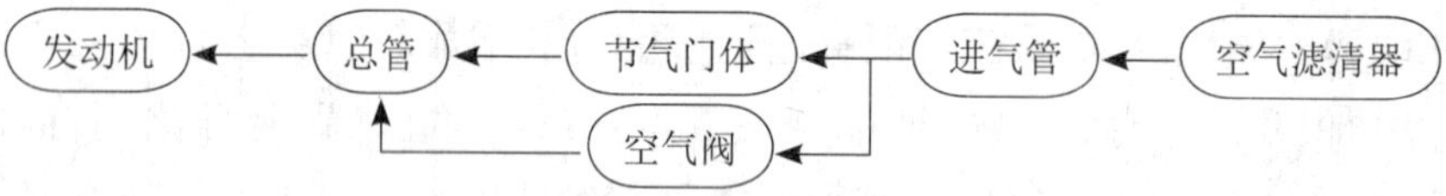

◆ 图2-8　空气系统的组成

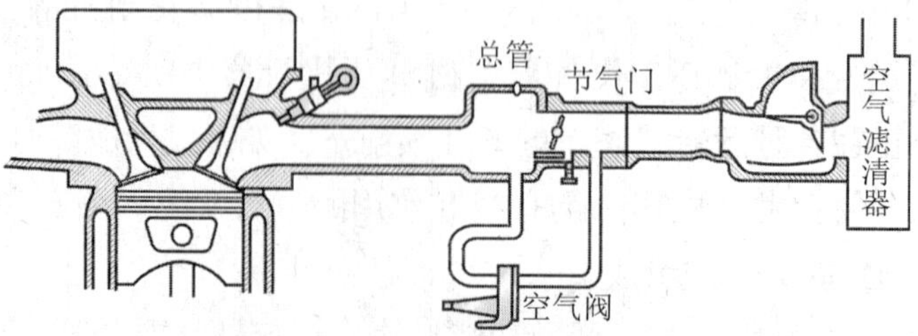

◆ 图2-9　旁通空气经空气阀进入汽缸

2）节气门体（Throttle body，TB）

（1）节气门体安装在空气流量计与发动机间的进气管上。节气门与加速踏板连接，使进气通道面积改变，以操纵发动机的运转状态，图2-10所示为节气门体的基本构造。其中旁通道及其调整螺钉为较早期的发动机所采用，发动机怠速可由调整通过旁通道的空气量而改变，顺时针转动调整螺钉，使通过旁通道的空气量减少，发动机怠速转速降低；逆时针转动调整螺钉，则增加旁通空气量，发动机怠速转速升高。

（2）门轴上装有节气门位置传感器，以传送出节气门开度大小的电压信号给ECM。有些发动机节气门体上同时安装有空气阀及怠速空气控制阀，以提供快怠速及修正发动机的怠速，如图2-11所示。

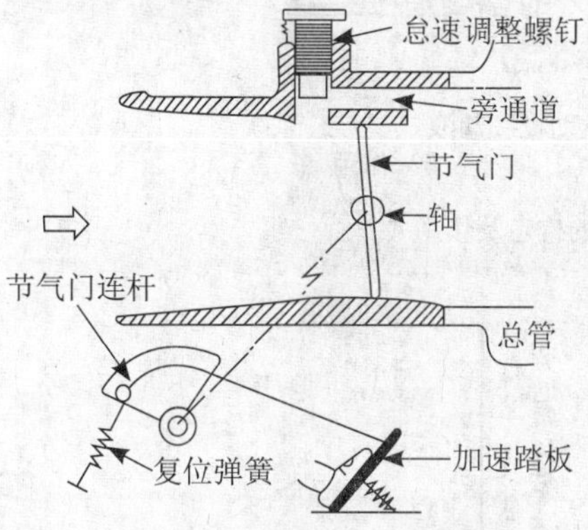

◆ 图2-10 节气门的基本构造

◆ 图2-11 节气门体上的各零件

（3）节气门体周围引入发动机冷却液，可防止在寒冷天气时节气门转子及阀门周围结冰。另设有缓冲器，以避免减速时车辆振动及排气污染。

3）空气阀（Air valve）

空气阀的作用是使冷发动机快怠速运转，提升怠速运转性能及迅速加温发动机。

空气阀有两种类型：

（1）热偶片式空气阀：由热偶片（Bimetal）、电热线圈、入口阀及复位弹簧等组成，如图2-12所示。入口阀一端与热偶片接触，热偶片的弯曲使入口阀旋转，开口面积变小。

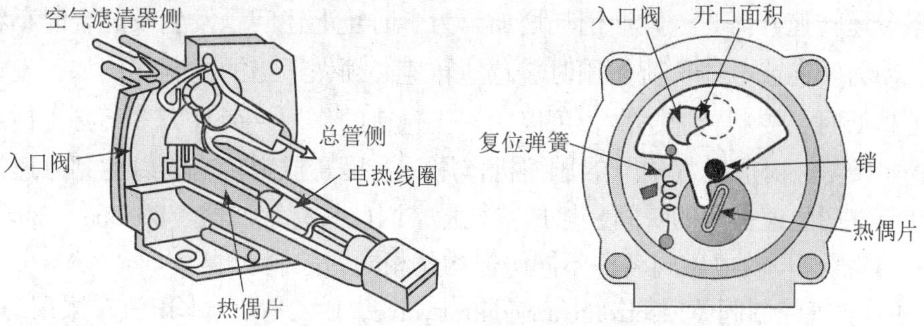

◆ 图2-12 热偶片式空气阀的构造及作用

冷发动机刚发动时，开口面积最大，怠速转速最高。随着电热线圈的加热，热偶片因热而慢慢往箭头方向弯曲，使入口阀逐渐关闭，怠速转速回复正常。

（2）蜡球式空气阀：由感温蜡球（Wax）、弹簧与提动阀等组成，如图2-13所示。发动机冷却液引入感温蜡球处，这种方式是根据冷却液温度控制通道的面积，使用最多。

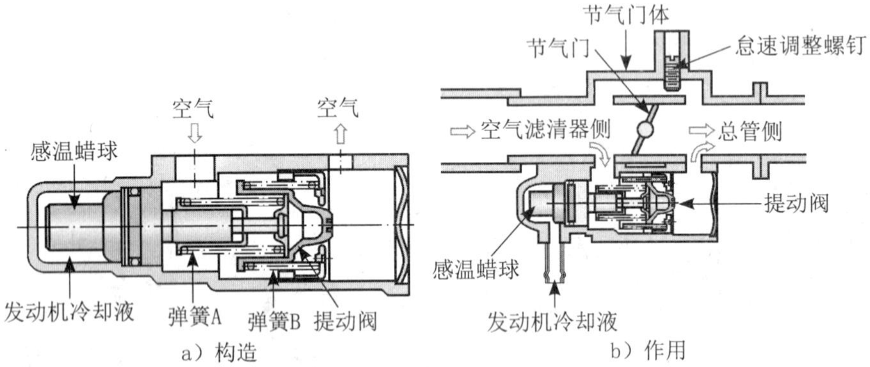

◆ 图2-13 蜡球式空气阀的构造及作用

发动机冷却液温度低时，感温蜡球收缩，弹簧B将提动阀打开，旁通空气通道面积最大，发动机以快怠速运转；随着冷却液温度的上升，感温蜡球膨胀，经弹簧A使提动阀逐渐关闭，怠速转速回复正常。其旁通空气流量特性如图2-14所示，冷却液温度超过80℃时，空气阀完全关闭。在关闭状态下，可能还有微量空气通过，影响怠速转速在50r/min以下。

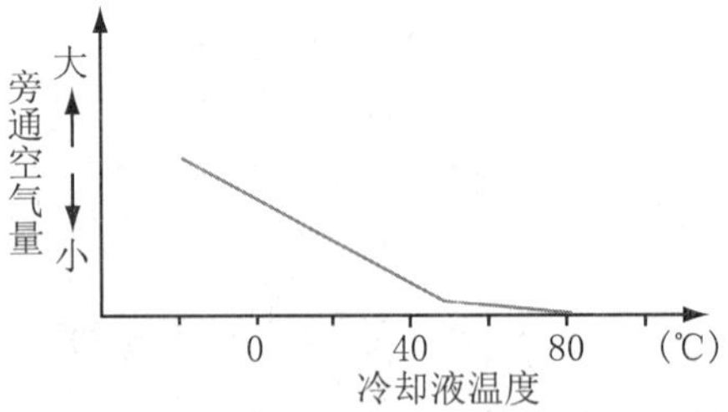

◆ 图2-14 蜡球式空气阀旁通空气的流量特性

4）怠速空气控制（Idle air control，IAC）阀

当发动机在怠速时，节气门是在全闭的状态，此时空气会通过节气门的间隙及怠速调整通道的旁通道，以供应发动机所需。发动机利用此空气的燃烧产生输出时，摩擦力可借由爆发动力吸收，但是发动机的摩擦力会随着时间的经过而变化，或节气门的间隙内附着微细的灰尘，使空气量发生变化时，怠速转速也会跟着变化。当怠速转速下降时，发动机会不稳定，使驾驶人感受到不舒适的振动，且发动机容易熄火；反之，如果怠速转速升高时，燃油消耗增加。为了防止上述问题发生及配合时车状况，如空调、动力转向或电器负荷作用时，怠速转速必须做适当的控制。例如，发动机冷却液温度越低时，控制转速越高，可以达到快怠速的作用，而且大多不必再使用空气阀（Air valve）；对应空气调节的压缩机作用时，提高控制转速，以达到怠速提升的作用；在节气门急速关闭的瞬间，增加空气量，因此具有缓冲器（Dashpot）的功能。

（1）各汽车厂的电磁阀名称不同，但均属相同的控制功能。

① 电子空气控制阀（Electronic air control valve，EACV），本田汽车采用。

② 怠速控制（Idle speed control，ISC）阀，丰田汽车采用。

③ 旁通空气（Bypass air control，BAC）阀，福特汽车采用。

④ 怠速空气控制阀（Idle air control valve，IACV），日产汽车采用。

（2）怠速空气控制阀的功用：由ECM控制通电时间的长短，改变旁通空气量，以进行发动机在各种状况变化时的怠速运转补正。

（3）怠速空气控制阀有四种类型：

① 直接驱动式。节气门直接驱动式的怠速空气控制构造如图2-15a）所示。由于节气门直接驱动式在控制时的力量必须大于节气门关闭方向的复位弹簧弹力，因此只有部分汽车采用此种体积较大的执行器，大部分都是采用旁通空气式怠速空气控制，如图2-15b）所示。

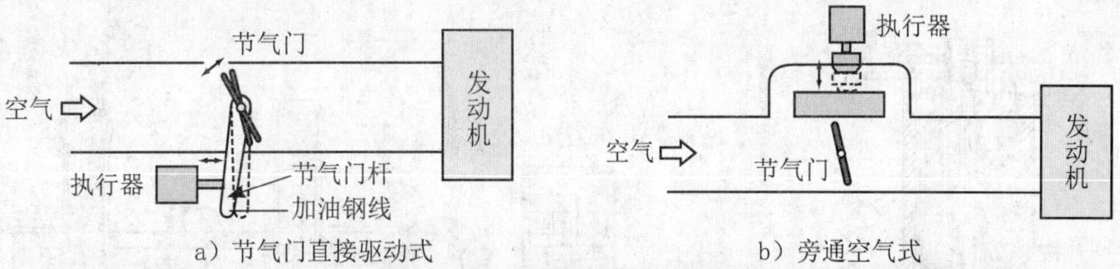

◆ 图2-15　两种怠速空气控制的方法

② 步进电动机式。图2-16所示为步进电动机的构造，由永久磁铁制的转子、一组或两组静子线圈、螺旋杆、锥形阀及阀座等组成。将流入复数静子线圈的电流转换成步进的形态来控制，可以使转子任意的以正、反方向旋转，使锥形阀上、下移动，以调节空气通过的通道面积。当发动机起动时，ECM是在阀全开或阀全闭时开始控制，同时还掌握经过控制的步进及正、反方向的运动状态，然后将最新的阀位置不断地输送到存储器中，因此很容易进行正确的控制；但是，因为每一次的控制都是依照步进的信号移动阀的位置，因此反应速度有一定的极限。

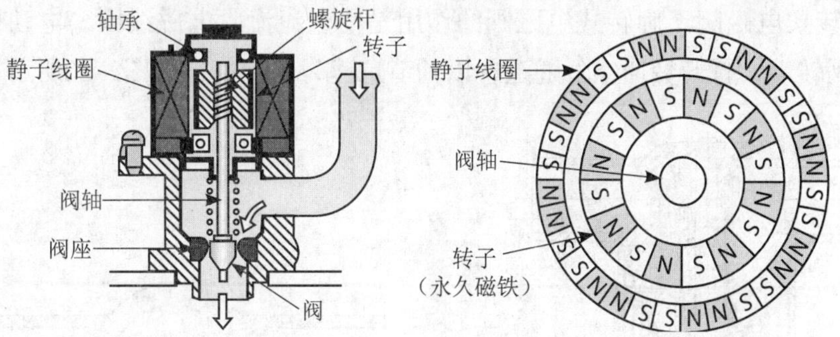

◆ 图2-16　步进电动机的构造

当电压信号作用在其中一组静子线圈时，转子会转动一定的角度，称为步进数（Steps）。若以相同的电压信号作用在另一组静子线圈时，则转子会向反方向转动一定的角度。如此使螺旋杆前后旋转，以控制锥形阀的开启或关闭，进而控制旁通空气量，以调节怠速转速。

步进数一般为200多个，若步进电动机一转为24个步进数，则每一步进数为15°。

步进电动机控制阀开度与空气流量的关系如图2-17所示。

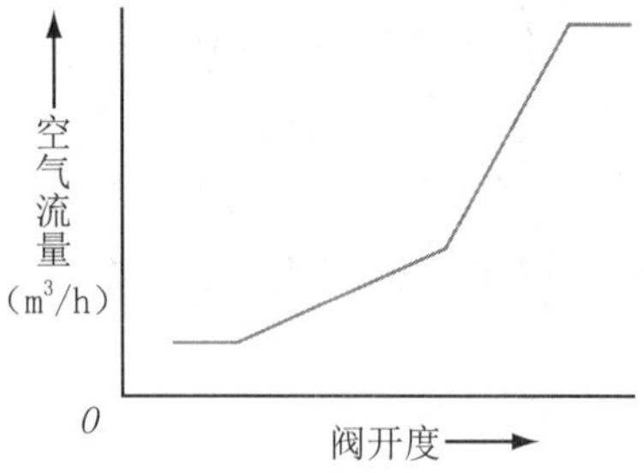

◆ 图2-17 阀开度与空气流量的关系

③ 直线式电磁阀。直线式电磁阀又称线性电磁阀，其作用为轴方向的位移，以打开旁通空气通道，使用很多，如图2-18所示。为使由阀上下方的压力差所产生的力，不影响阀的位置，可利用解除负压用的折盒，以达到力的平衡。图2-19所示也是直线式电磁阀，通电时电磁圈产生磁场，使阀轴前后移动，阀门打开一定开度，以调节旁通空气量。

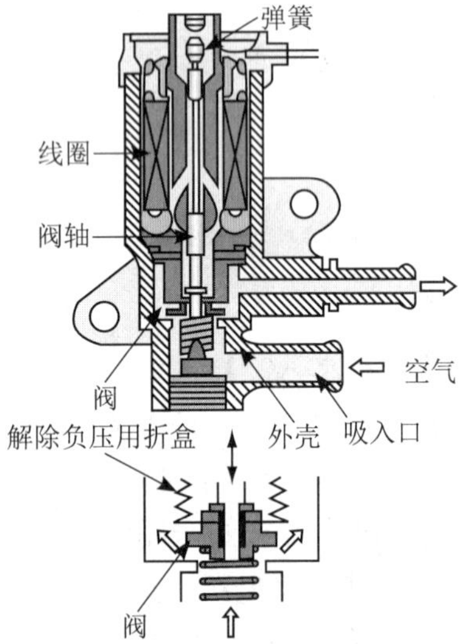

◆ 图2-18 直线式电磁阀的构造与作用（一）

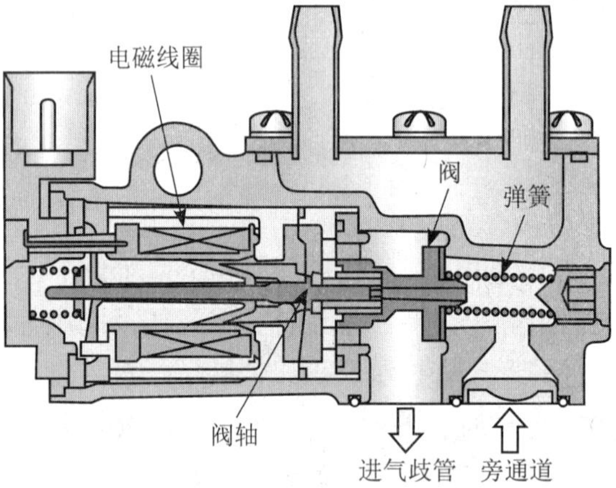

◆ 图2-19 直线式电磁阀的构造与作用（二）

④ 旋转式电磁阀。旋转式电磁阀的作用是使电流流入电磁线圈，电动机旋转，带动旋转阀转动，打开旁通空气通道，以调节怠速为一定值，如图2-20所示。

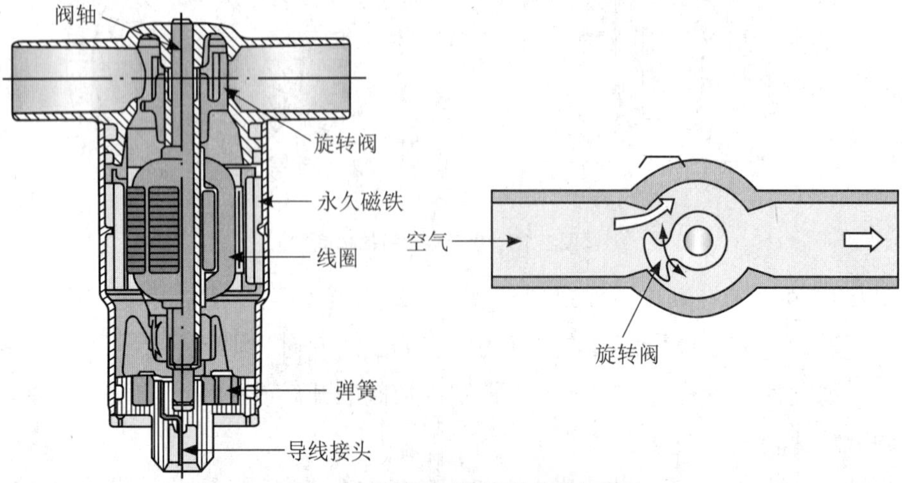

◆ 图2-20 旋转式电磁阀的构造与作用

5）进气总管

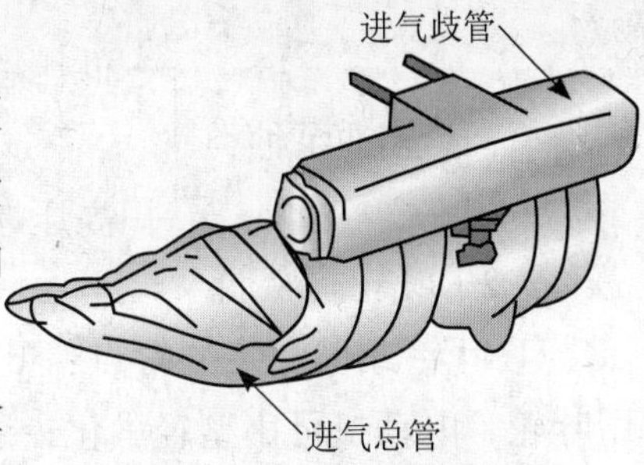

◆ 图2-21　进气总管的构造

由于空气是间歇吸入汽缸，此种进气脉动会使翼板式空气流量计的翼板产生振动，导致空气计量不准确，因此进气总管必须有相当的空间，以缓和空气的脉动，如图2-21所示。

进气总管及进气歧管总成，以往都是用铝合金制成，现代新发动机也有用玻璃纤维（Glass fiber）等制成的塑料式（Plastic type）进气歧管总成，如本田第七代思域（CIVIC FERIO）即是。塑料式进气歧管总成可减轻汽车质量，提高省油性，且不会传热给空气及油气，因此可提高容积效率，提高发动机转矩及功率，并可改善热车起动性能。

2. 燃油系统

1）概述

燃油系统供应汽缸内燃烧所需的适量汽油。燃油泵将汽油从油箱中吸出，经燃油滤清器，由压力调节器将油压调整为与进气歧管真空相加保持250kPa（2.55kg/cm^2）或290kPa（3.0kg/cm^2）的燃油压力，经燃油管路，送往喷油器与冷车起动喷油器，如图2-22与图2-23所示。

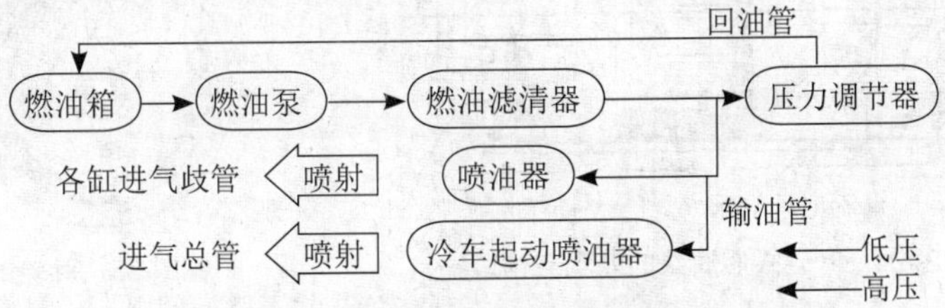

◆ 图2-22　燃油的流动路线

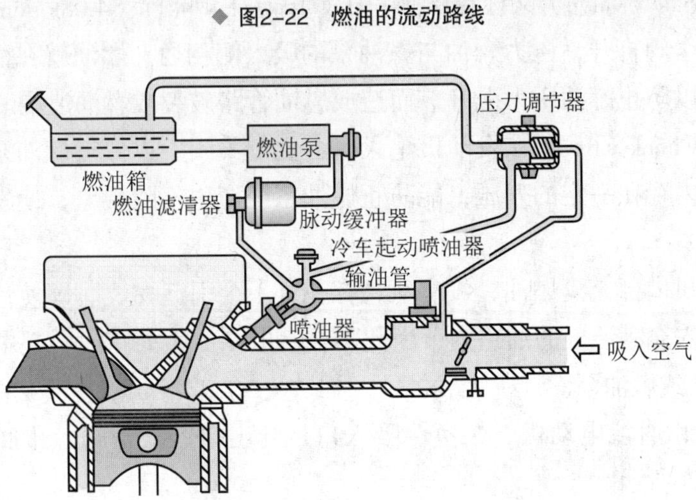

◆ 图2-23　燃油系统的组成（MPI）

2）燃油泵（Fuel pump，FP）

（1）种类：

燃油泵种类
- 低压燃油泵
  - 箱内式–叶轮式（Impeller type）
  - 外箱式–滚柱式（Roller type）
- 高压燃油泵

（2）叶轮式燃油泵。

① 叶轮式燃油泵的特点：吐出脉动小，不需调节阀，因此体积小，质量轻；使用叶轮，电动机可小型轻量化；装在油箱内不占空间，管路也简化；无气阻及燃油泄漏的问题。

② 构造：由直流电动机部、泵部、吸入口、吐出口、安全阀及止回阀所组成，如图2–24所示，现代发动机使用最多。

③ 作用：利用电动机驱动叶轮（Impeller），由叶轮外围的羽状叶片槽前后的液体摩擦作用，产生压力差。随着多数的叶片不断旋转，燃油压力升高，通过电动机内部，经止回阀，从吐出口送出，如图2–25所示。

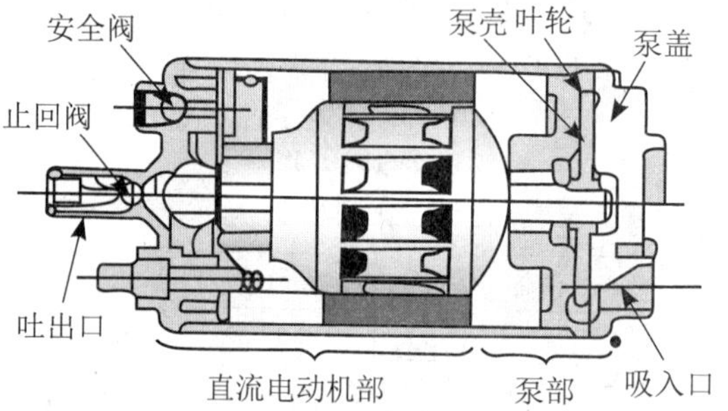

◆ 图2–24　叶轮式燃油泵的外观与构造

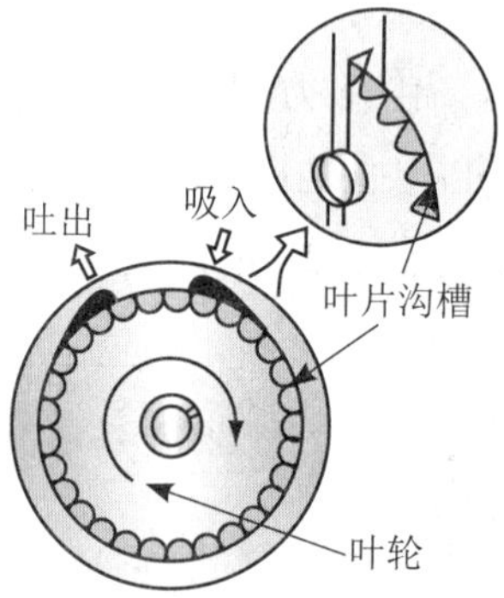

◆ 图2–25　叶轮的作用

安全阀（Safety valve）又称释压阀，压力设定在400kPa（4.08kg/cm^2）。当油压管路堵塞时，安全阀打开，压力燃油与燃油泵的吸入侧相通，燃油就在油泵与电动机间的内部循环，以防止燃油压力上升，而造成燃油管路破裂或燃油泄漏。

止回阀（Check valve）在发动机熄火时会立刻关闭，以保持燃油泵与压力调节器间的输油管路内存在一定的残压，能防止燃油系统产生气阻现象，使发动机在高温下容易再起动。

平时电动机内部充满燃油，没有氧气存在，不会引起燃烧。即使油箱没有汽油，空气也无法进入充满油气的油路内，因此不会有电刷产生火花而引起爆炸的危险。

（3）滚柱式燃油泵。

① 构造：由直流电动机、泵室、吸入口、吐出口、安全阀、止回阀与调节阀等组成，如图2–26所示。

② 作用：由直流电动机带动转子一起旋转，滚柱（Roller）因离心力沿着间隔环内壁移动，以此三个零件所包围容积的变化，将燃油吸入，经电动机外壳、止回阀及调节阀，最后由吐出口送出。

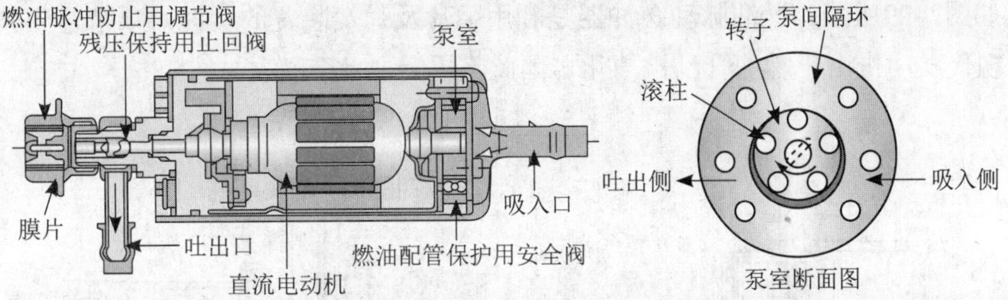

◆ 图2-26　滚柱式燃油泵的构造及作用

（4）高压燃油泵。直接喷射式燃油系统是由低压燃油泵、燃油滤清器、释放阀、高压燃油泵、高压调节阀、燃油压力传感器及高压喷油器等组成，如图2-27所示。

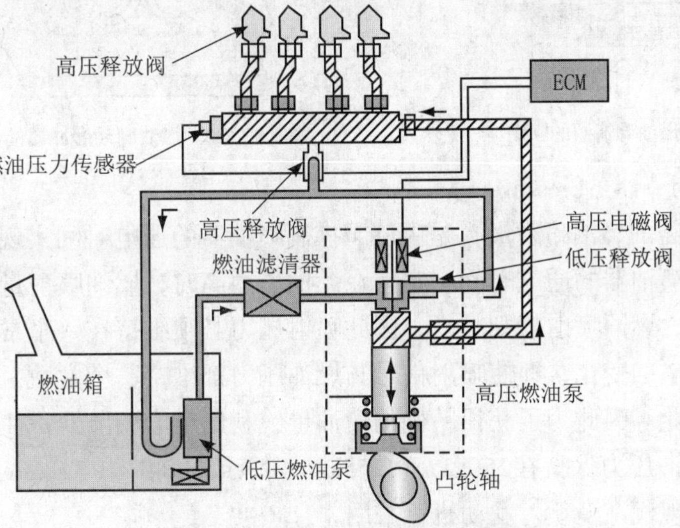

◆ 图2-27　直接喷射式燃油系统的构造

低压燃油压力过高时，打开低压释放阀，燃油流回油箱。高压燃油泵内的柱塞由进气或排气凸轮轴驱动，将油压提高到4.9～12.74MPa送入输油管，输油管上的高压释放阀可调节油压在一定值。当油压太高时，燃油压力传感器将信号送给ECM，由ECM控制高压电磁阀作用，以调节一定的高压燃油压力。

3）燃油滤清器（Fuel filter）

燃油滤清器的作用是除去供应发动机的燃油中所含的氧化铁、灰尘等固体异物，以防止缓冲器、喷油器等的堵塞及避免机械的磨损，确保发动机的稳定运转及耐久性。

燃油滤清器安装在燃油泵的出口侧，燃油滤清器的内部经常有200～300kPa（2.04～3.06kg/cm^2）的压力，因此要求燃油滤清器的抗压强度在500kPa（5.1kg/cm^2）以上，管线也采用螺纹旋紧式的金属配管，如图2-28所示。

4）燃油脉动缓冲器（Fuel pulsation damper）

燃油压力是由压力调节器维持在进气歧管真空有关的一定范围内。但在燃油喷射时，油管内的压力会有轻微的脉动，安装在燃油管上的脉动缓冲器就是用来吸收此脉动压力，并可减低噪声。

如图2-29所示，燃油脉动缓冲器是利用膜片及弹簧装置的缓冲效果来达到其功用的。现代发动机由于燃油管已被简化，因此不再需要此装置。

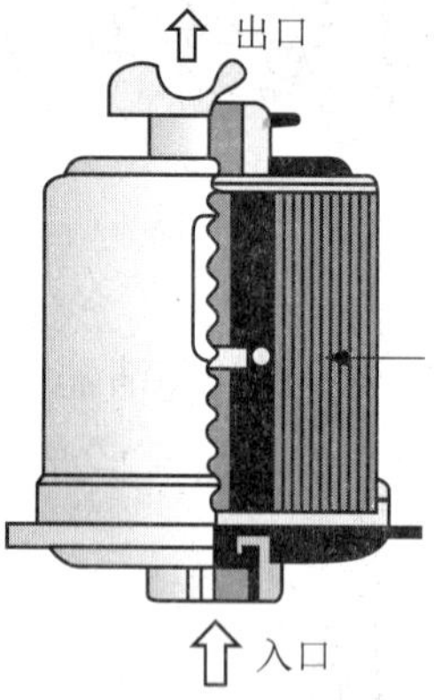

◆ 图2-28 燃油滤清器的断面

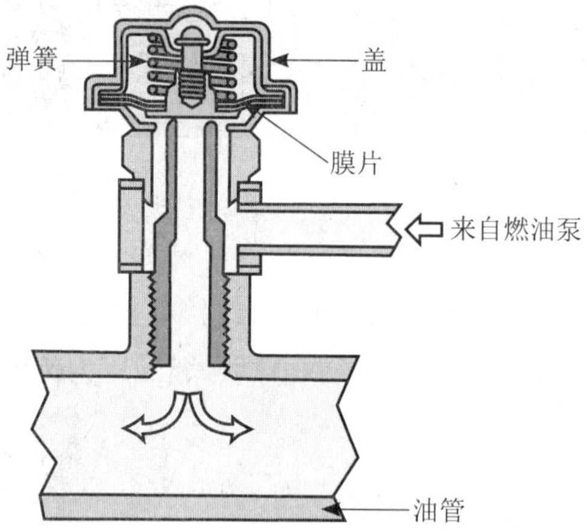

◆ 图2-29 燃油脉动缓冲器的作用

5）压力调节器（Pressure regulator）

发动机所需的燃油喷射量，是由ECM控制喷油器的通电时间实现的，若不控制燃油压力，即使喷油器的通电时间一定，在燃油压力高时，燃油喷射量也会增加；而在燃油压力低时，燃油喷射量则减少，因此喷射压力必须维持在一个常压。但由于油压及进气歧管真空的变化，即使喷射信号与燃油压力都维持一个常数，燃油的喷射量也会有轻微的变化。因此为了获得精确的喷油量，利用压力调节器，使油压与进气歧管真空相加的燃油压力保持在250kPa（2.55kg/cm^2）或290kPa（3.0kg/cm^2）左右，后者的燃油压力为现代许多喷射发动机所采用。

图2-30所示为压力调节器的安装位置，图2-31所示为压力调节器的构造。压力调节器外壳由金属制成，内部为橡胶制的膜片，分隔为弹簧室与燃油室。

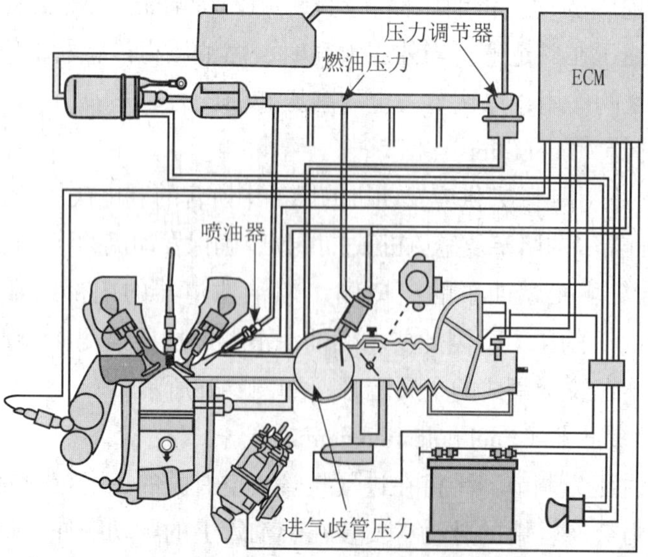

◆ 图2-30 压力调节器的安装位置

油压从入口进入压力调节器，压缩膜片，使阀门打开，回油量根据弹簧弹力而定。而进气歧管真空是接到弹簧室，会减弱弹簧的弹力，使回油量增加，降低燃油压力。但燃油压力只降低因进气歧管真空所造成压力降低的程度。因此燃油压力与进气歧管真空的总和需要维持在一定值，例如怠速时燃油压力为249.9kPa+（-49kPa）=200.9kPa；全负荷时的燃油压力为249.9kPa+0kPa=249.9kPa。当燃油泵停止工作时，压力调节器的阀门关闭，与燃油泵止回阀间的管路内保持一定的残压。

6）喷油器（Injector）

（1）功用：根据计算机控制信号，使喷油器阀门打开喷油，喷油量的多少，由信号时间的长短来控制。所谓信号，是计算机控制喷油器电路搭铁时间的长短，称为脉冲宽度（Pulse width），计算机使喷油器电路搭铁的时间越长，脉冲宽度越宽，喷油量越多。

（2）种类：

- 按喷油器的喷孔数量分
  - 单点喷射式喷油器
    - 进气口喷射式喷油器
    - 汽缸内直接喷射式喷油器
  - 多点喷射式喷油器
- 按喷油孔的型式分
  - 针阀式喷油器
  - 孔式喷油器
- 按电阻值分
  - 低电阻式喷油器
    - 电流控制式
    - 电压控制式
  - 高电阻式喷油器 —电压控制式

（3）单点喷射式喷油器的构造及作用。图2-32所示为单点喷射式喷油器的构造，由电磁线圈控制针阀的打开和关闭，喷雾角度为60°左右。燃油由下方进入，出口在上方，喷油器高度可缩短，以降低节气门体的高度。燃油一直在喷油器内流动，以防止发生气阻。

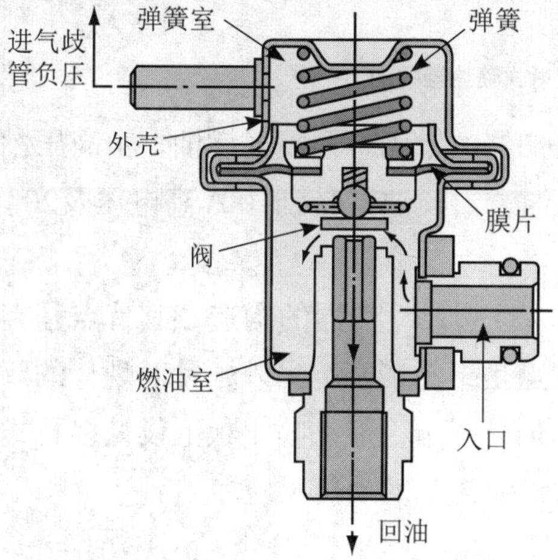

◆ 图2-31 压力调节器的构造

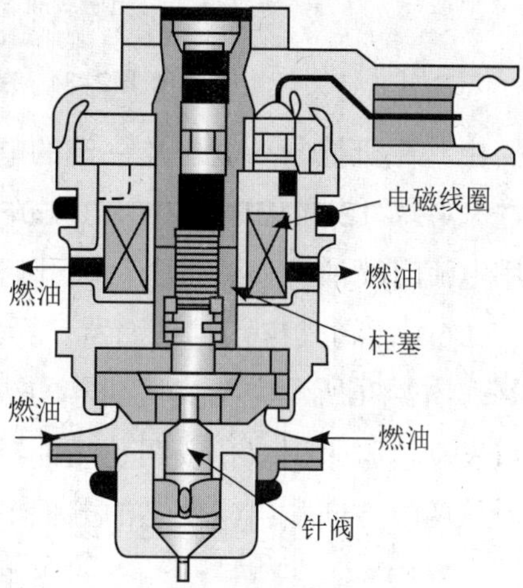

◆ 图2-32 单点喷射式喷油器的构造

（4）进气口喷射式喷油器的构造及作用。图2–33所示为进气口喷射式喷油器的构造，由阀座、针阀、柱塞、弹簧、电磁线圈及导线接头等组成。安装在靠各缸进气门的进气口上。当电磁线圈接收到计算机控制的信号时，柱塞被吸引，由于针阀与柱塞连成一体，所以针阀也被吸离阀座，开始喷油。针阀的打开行程是固定的，喷油量的多少由信号持续时间的长短而定。

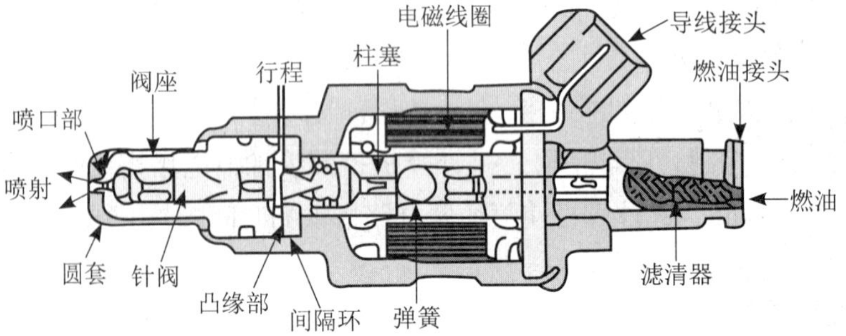

◆ 图2–33 进气口喷射式喷油器的构造

（5）缸内直接喷射式喷油器的构造及作用。

最新缸内直接喷射式喷油器的构造及安装位置，如图2–34所示。其控制方式与进气口喷射式喷油器类似，但其喷射压力为4.9 ~ 12.74MPa（50 ~ 130kg/cm^2），是一般进气口多点喷射发动机的20 ~ 40倍。

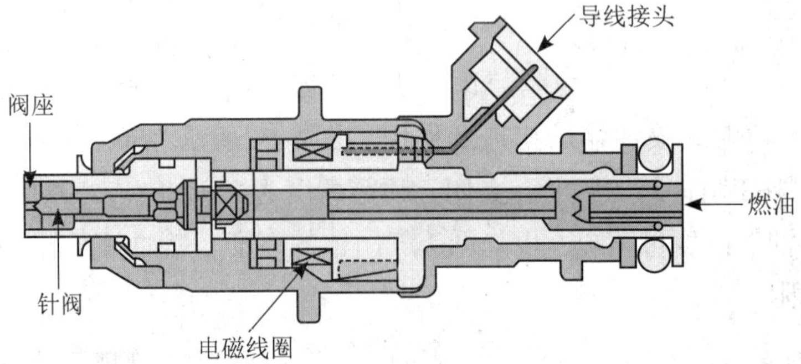

◆ 图2–34 汽缸内直接喷射式喷油器的构造

由计算机控制高电压及一定的电流，使喷油器的针阀打开喷射燃油。由高压燃油泵送来4.9 ~ 12.74MPa（50 ~ 130kg/cm^2）的燃油，当喷油器受到100V高电压及20A的作用电流时喷油。喷油量由针阀开启时间而定。

（6）针阀式与孔式喷油器。图2–35所示为针阀式喷油器的构造，其特点是雾化良好。图2–36所示为孔式喷油器的构造，其特点是不易堵塞。另外，针对现代的双进气口发动机，采用双孔或四孔喷油器，其针轴仍是一个，但在喷出板上设计多孔式，燃料从两个方向喷出，使燃油分配平均，以改善油耗及发动机反应。

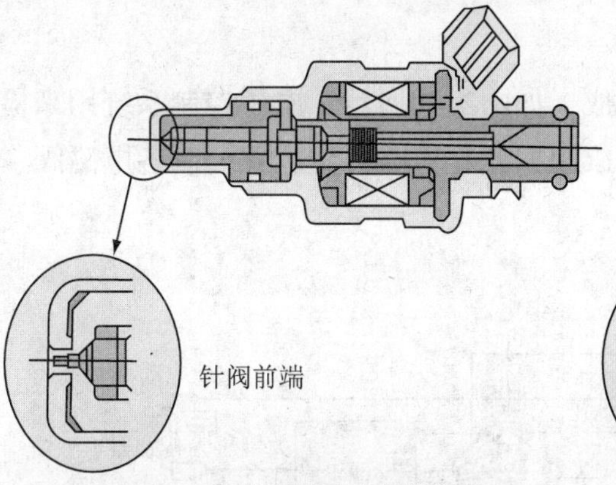

◆ 图2-35 针阀式喷油器的构造

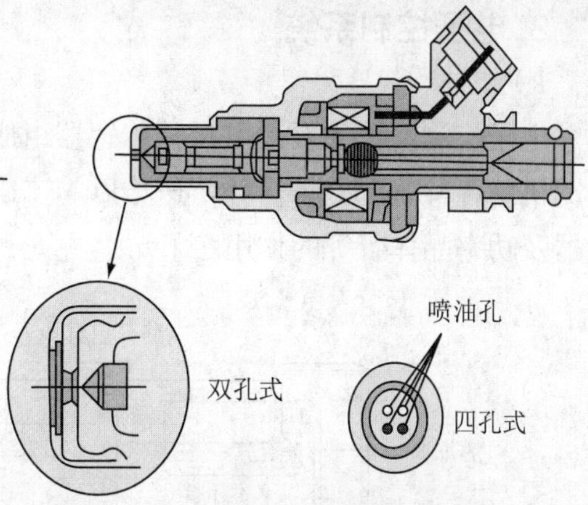

◆ 图2-36 孔式喷油器的构造

（7）低电阻式与高电阻式喷油器。电阻值在0.6～3.0Ω的喷油器，称为低电阻式喷油器；电阻值在12～17Ω的喷油器，称为高电阻式喷油器，使用较普遍。图2-37所示为电压控制高电阻式喷油器的电路图。喷油器外接电阻的方法如图2-38所示，共有两种方法，均为串联式。

当ECM内部的晶体管接通搭铁时，从电流开始流动，到喷油器阀门打开、燃油喷出为止的时间，以电流控制低电阻式最短，电压控制低电阻式次之，电压控制高电阻式最长。

喷油器外接电阻，可减少喷油器内电磁线圈的圈数，使流入线圈的电流上升快，以缩短从ECM发出信号至喷油器针阀打开的无效喷射时间；或采用高电阻喷油器，也可达到相同目的。

ECM根据发动机不同的运转工况，控制不同的脉冲宽度信号给喷油器。脉冲宽度越宽，喷油时间越长，喷油量越多，如图2-39所示。

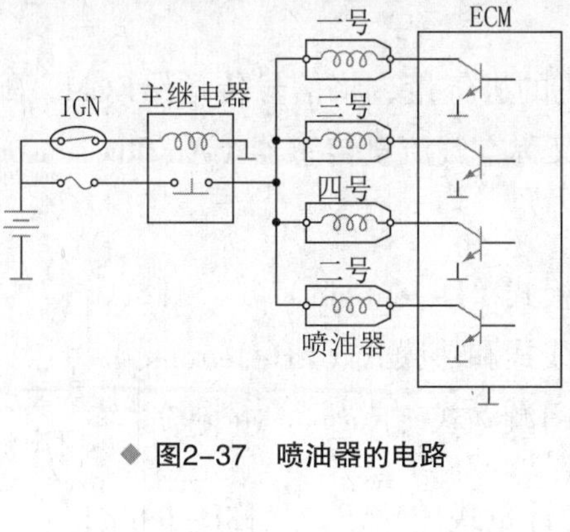

◆ 图2-37 喷油器的电路

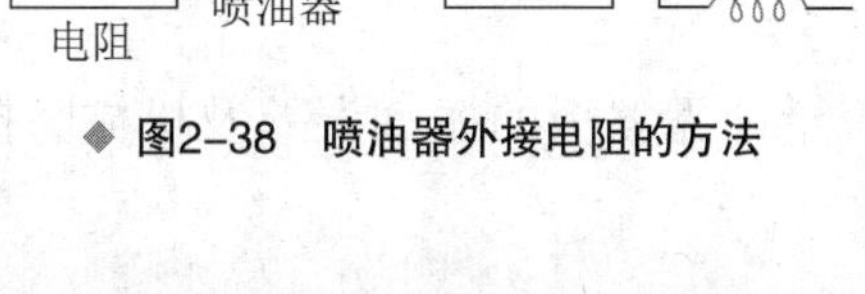

◆ 图2-38 喷油器外接电阻的方法

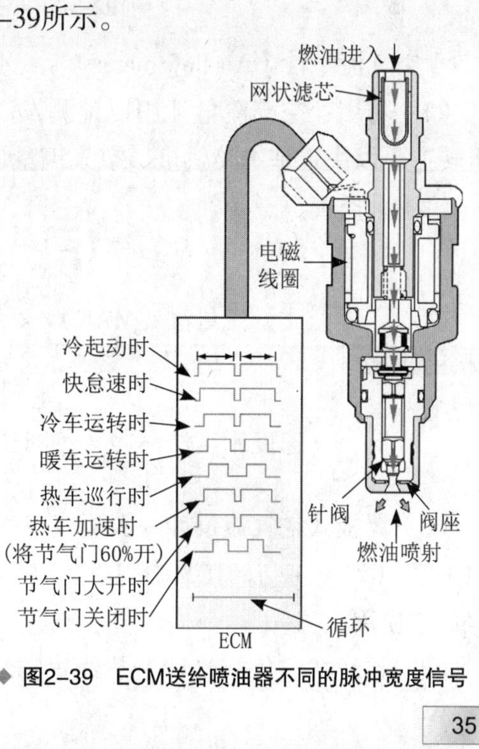

◆ 图2-39 ECM送给喷油器不同的脉冲宽度信号

3. 电子控制系统

1）概述

电子控制系统主要是由各种传感器组成，如图2–40所示。电子控制系统用来检测发动机的各种状况，将信号传送给ECM，ECM据此计算喷射量，并控制各电磁阀、继电器及功率晶体管等的作用。

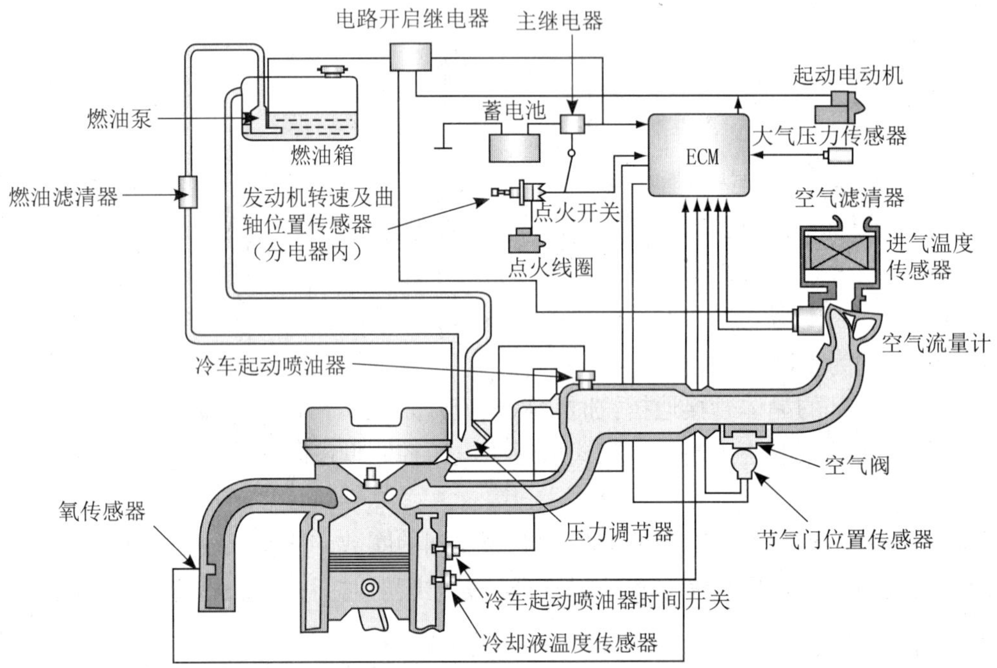

◆ 图2–40　电子控制系统的组成

2）空气流量计（Air flow meter）

（1）功用：空气流量计用以计测发动机的进气量，将信号传送给ECM，配合发动机转速，以决定基本喷射量。空气流量计又称空气流量传感器（Air flow sensor）。

（2）种类：

- 按空气量检测方法分类
  - 质量流量法（MAF）
    - 翼板式（L–Jetronic）
    - 热线式和热膜式（LH–Jetronic）
    - 卡门漩涡式（Karman vortex）
      - 光学式
      - 超声波式
  - 速度密度法—歧管绝对压力计量式（MAP，又称D–Jetronic）

（3）翼板式空气流量计。翼板式空气流量计用于L–Jetronic。L–Jetronic由德语的“LUFT”（空气）与“JETRONIC”（喷射）组合而成，以往许多汽车制造厂采用，现今已不使用。

（4）热线式空气流量计。热线式空气流量计无翼板的振动误差及机械磨损，且体积小、构造简单、反应速度快与计量精确，因此已取代翼板式，成为质量流量计测法的主流。因是计测空气质量，非翼板式的空气体积，因此不需要进气温度传感器与高度补偿用的压力传感器。日产汽车、通用汽车等采用。

热线式空气流量计有两种：一种为主流计测方式，用于较大排气量发动机，如图2-41所示；另一种为分流计测方式，用于较小排气量发动机，如图2-42所示。其组成有防护网、入口温度传感器（冷线温度）、70μm细铂线、惠斯通桥式电路等。

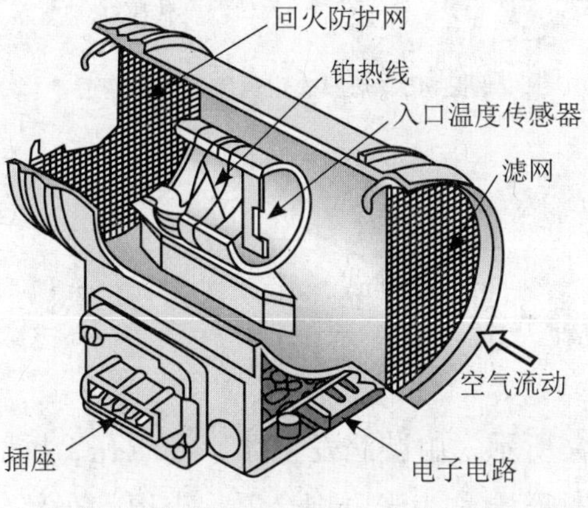

◆ 图2-41　主流计测热线式空气流量计的构造

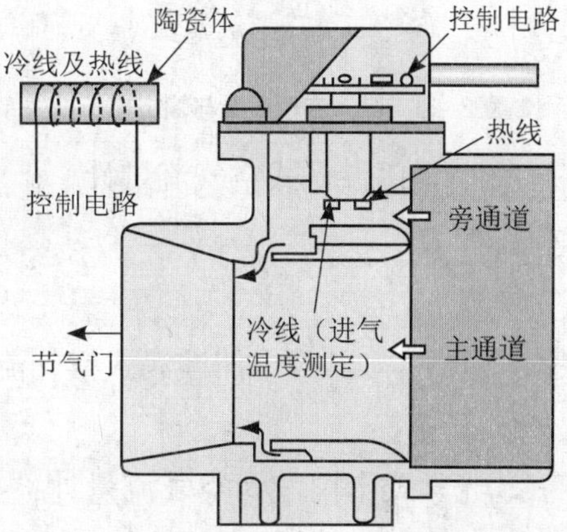

◆ 图2-42　分流计测热线式空气流量计的构造

热线式空气流量计作用的基本原理是保持吸入空气温度（冷线）与细铂线（热线）间的温度差一定。因此当流经热线的空气量少时，为保持温度差一定，送往热线的电流量少；反之，当空气量多时，流经热线的电流量也多，供应的电流在500～1200mA。电流的变化，经惠斯通桥式电路输出电压信号给ECM，即可测出吸入的空气量，如图2-43所示。吸入空气的质量与输出电压的关系如图2-44所示。

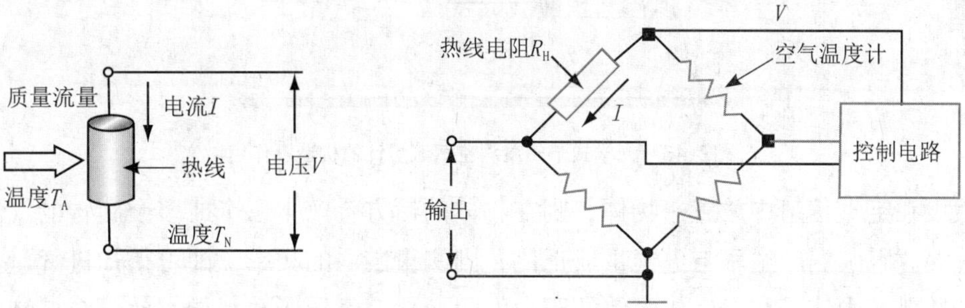

◆ 图2-43　热线式空气流量计的计测原理

新型热线式空气流量计的热线因有特殊防污材料涂层，已不需要在发动机熄火后瞬间通电除污。

（5）热膜式空气流量计。热膜固定在薄树脂上的金属箔，如图2-45所示，其作用原理与热线式相同。与热线式相比，具有较为耐用的特性。

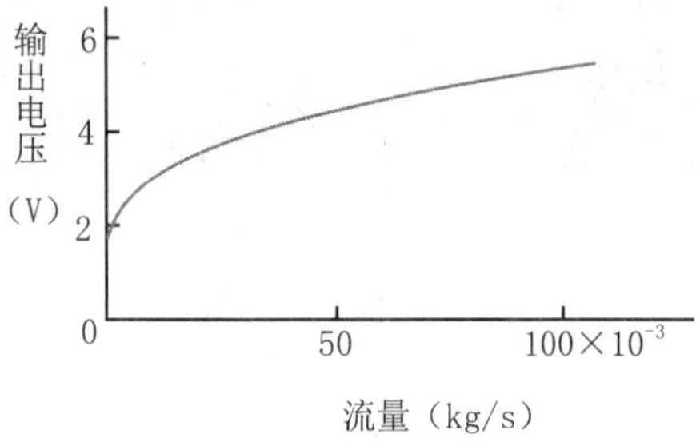

◆ 图2-44　吸入空气质量与输出电压的关系

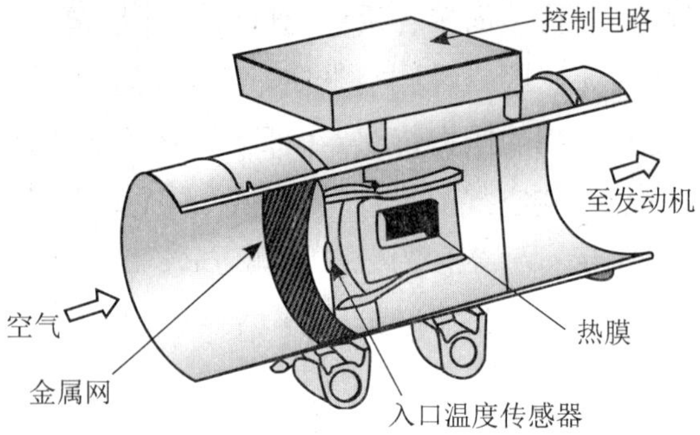

◆ 图2-45　热膜式空气流量计的构造

（6）卡门漩涡式空气流量计。

① 种类：

卡门漩涡式空气流量计的种类：光学式；超声波式

② 光学式卡门漩涡空气流量计：如图2-46所示，由漩涡发生体、导压孔、反射镜、LED、光敏晶体管等组成。LED与光敏晶体管合称为光电耦合器，丰田汽车部分发动机采用这种形式。

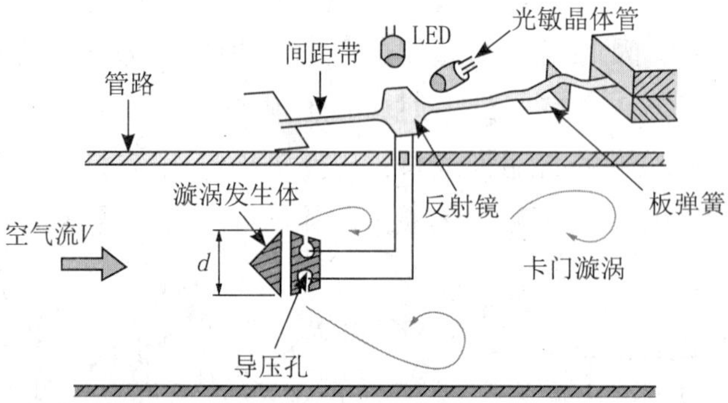

◆ 图2-46　光学式卡门漩涡空气流量计的构造及作用

假设在空气信道中放置一物体，则在物体的后方会产生一个或多个旋转的气流，称为漩涡。因漩涡产生率与进气量成正比，则测量漩涡的频率，即可得知进气量。空气流经漩涡发生体，在发生体两侧的压力发生变化，经导压孔引导，使薄金属制的反射镜产生振动，由LED与光敏晶体管检测反射镜的振动，以其反射光为信号，检测漩涡数。

③ 超声波式卡门漩涡空气流量计：如图2-47所示，由漩涡发生柱、稳定板、超声波信号发射器、信号接收器与脉冲电路等组成。三菱汽车采用这种形式。

在空气信道处的信号发射器，连续发出一定的超声波，由信号接收器所接收信号的密度变化（就是被漩涡数所扰乱的）而检测出漩涡数，可得知进气量。

卡门漩涡式空气流量计的成本比翼板式空气流量计高，其优点是空气通道阻力小且输出数字信号，适合ECM处理。

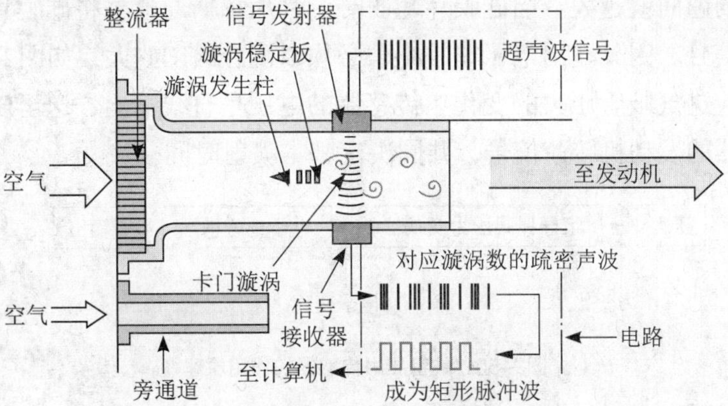

◆ 图2-47 超声波卡门漩涡空气流量计的构造及作用

（7）歧管绝对压力（Manifold absolute pressure，MAP）计量式：简称歧管压力传感器或压力传感器，或称为真空传感器（Vacuum sensor），为现代D-Jetronic喷射系统最重要的传感器。其功能与翼板式空气流量计相当。博世公司的D-Jetronic，是由德语“DRUCK”（压力）与“JETRONIC”（喷射）所组成。本田汽车称为PGM-FI系统。丰田部分发动机及福特、通用汽车部分车型采用。

图2-48所示为歧管压力传感器的安装位置，图2-49所示为其构造，由压力变换器与放大变换器输出信号的混合式IC所组成。

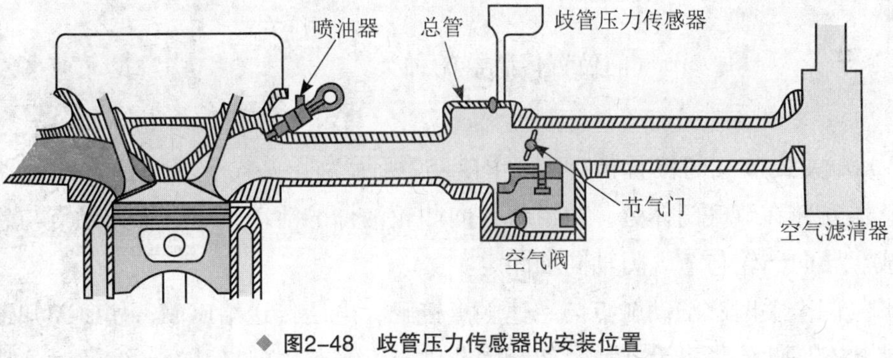

◆ 图2-48 歧管压力传感器的安装位置

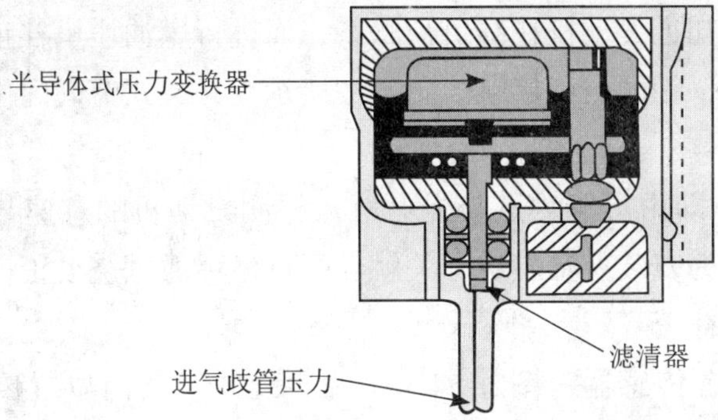

◆ 图2-49 歧管压力传感器的构造

压力变换器采用半导体式压电（Piezo）电阻效果的硅膜片，硅膜片一边是真空室，另一边则导入进气歧管压力。由于硅膜片上方是真空，因此检测的进气歧管压力越高，硅膜片的翘曲就越大。当硅膜片翘曲时，利用惠斯通电桥将硅膜片上印制电阻值转换成电子信号。因其输出电压非常小，必须以混合式IC放大，如图2–50所示。图2–51所示为对应进气歧管压力的变化，传感器的电压呈直线输出，送至ECM，与来自曲轴角度传感器的发动机转速信号，共同决定基本喷射时间。

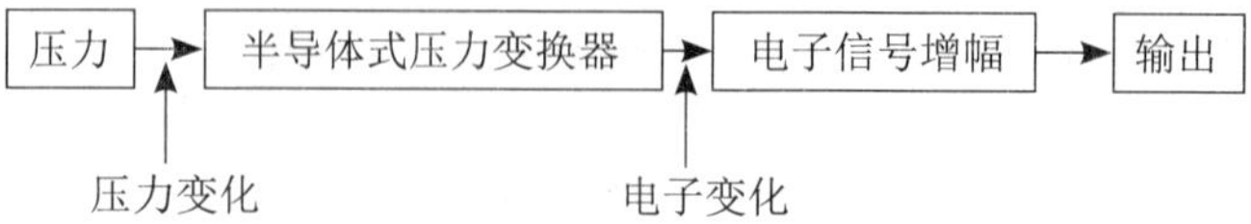

◆ 图2–50　歧管压力传感器的作用原理

3）节气门位置传感器（Throttle position sensor，TPS）

（1）功用：检测节气门开度，将电压信号传送给ECM，以控制对应节气门开度的喷油量，如减速时的燃油切断、高负荷时的燃油增量补正，或其他用途等。节气门位置传感器又称节气门位置开关（Throttle Position switch，TP switch）。

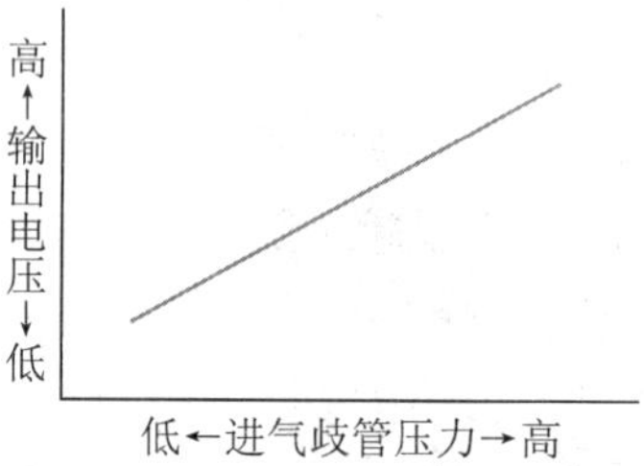

◆ 图2–51　歧管压力传感器的电压输出

（2）种类：

节气门位置传感器的种类
- 开关式
- 直线式

（3）开关式节气门位置传感器：图2–52所示为开关式节气门位置传感器的构造。传感器安装在节气门体旁，由沿着导向凸轮沟槽的活动触点、强力触点与怠速触点等组成。导向凸轮与节气门轴同轴固定。

当节气门全关时，活动触点与怠速触点接触，电压传送给ECM，使ECM知道发动机在怠速状态，此信号可为减速时切断燃油供应；当节气门打开至约50° 时，活动触点与强力触点接触，使ECM知道发动机在高负荷状态，而进行燃油增量补正，使发动机功率提升；在其他位置时，铂触点不接触。图2–53所示为开关式节气门位置传感器的输出信号情形。

以上叙述为双触点式，即由怠速触点与强力触点检测发动机的怠速与高负荷状态。有的节气门位置传感器另安装有稀燃烧开关触点，可做稀薄燃烧校正；而加速开关触点，可做加速燃油增量补正等。

（4）直线式节气门位置传感器：图2–54所示为直线式节气门位置传感器的构造，由与节气门同步动作的两个电刷、印制电阻器等组成。

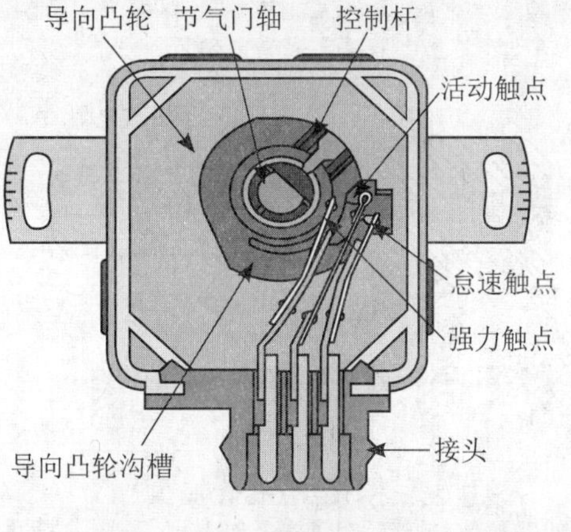

◆ 图2-52　开关式节气门位置传感器的构造

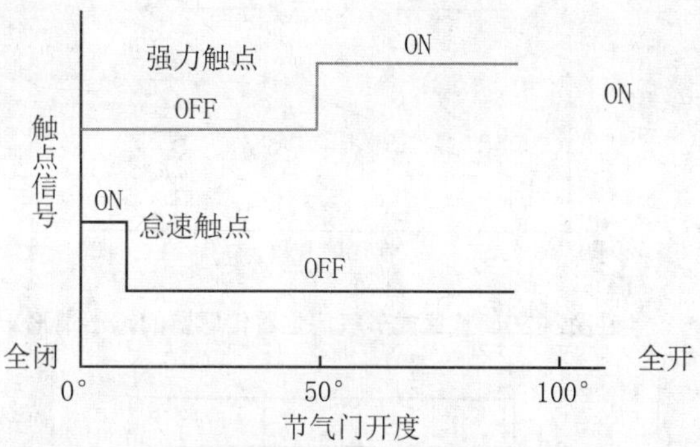

◆ 图2-53　开关式节气门位置传感器的输出信号

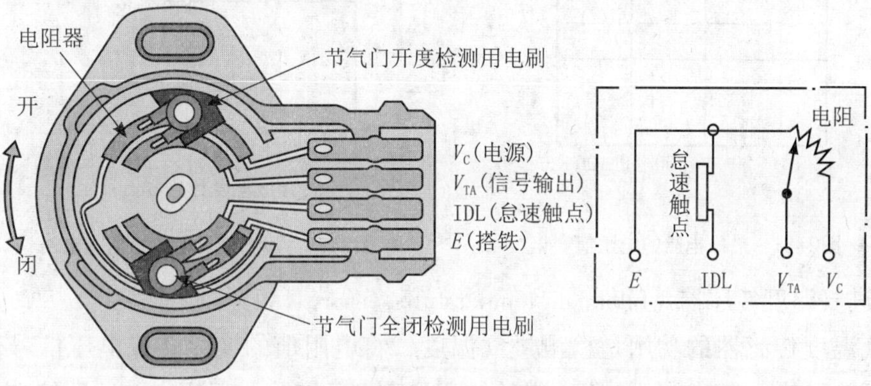

◆ 图2-54　直线式节气门位置传感器的构造

由触点在印制电阻器上移动可得对应节气门开度的线性输出电压，传送给ECM，即可得知节气门的开启程度，如图2-55所示。其构造较复杂，但能够精确检测节气门开度。

4）发动机冷却液温度传感器（Engine coolant temperature sensor，ECTS）

功用是检测冷却液温度，将不同的电阻值转成电压信号传送给ECM，以修正基本喷射时间。

图2-56所示为冷却液温度传感器的构造，由对温度电阻值变化的热敏电阻（Thermistor）所组成。冷却液温度传感器安装在冷却液的出口处，当冷却液温度低时，电阻变大；而当冷却液温度高时，电阻变小，如图2-57所示。当冷却液温度低时，高电压信号传送给ECM，以增加燃油喷射量；而当冷却液温度高时，低电压信号传送给ECM，以减少燃油喷射量。

如图2-58所示，ECM内的电阻R与冷却液温度传感器内的热敏电阻串联。当热敏电阻的电阻值改变时，ECTS的电压信号也随着改变。

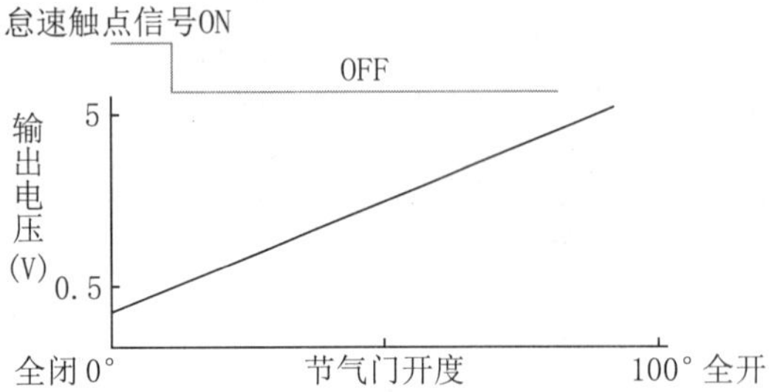

◆ 图2-55　直线式节气门位置传感器的输出情形

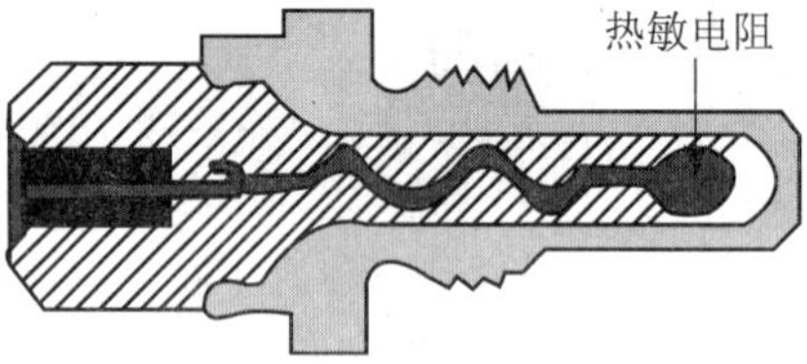

◆ 图2-56　冷却液温度传感器的构造

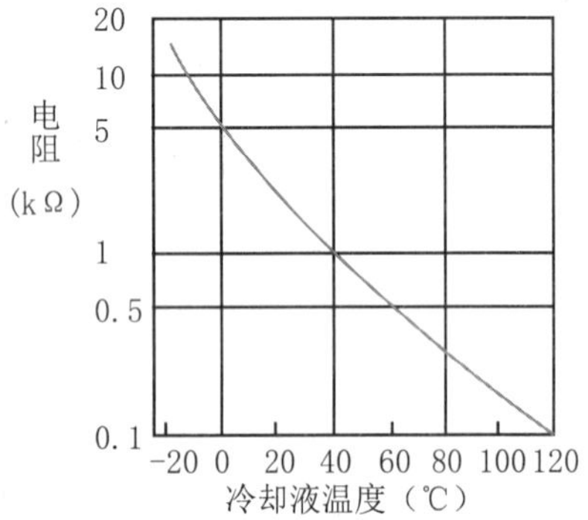

◆ 图2-57　热敏电阻的电阻值变化

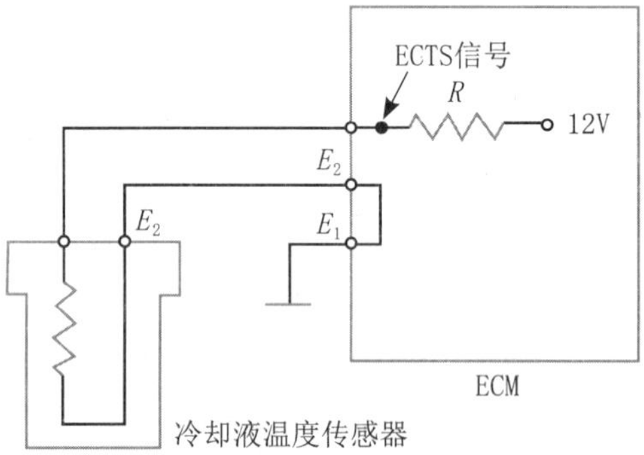

◆ 图2-58　冷却液温度传感器的电路

5）进气温度传感器（Intake air temperature sensor，IATS）

进气温度传感器的功用是检测进气温度，将电阻值的变化转成电压信号传送给ECM，以修正基本喷射时间。因空气的体积及密度的变化与温度有关，即使空气流量计所测得的空气量是相同的，但燃油的喷射量必须根据进气温度的高低而改变。

图2-59所示为进气温度传感器的安装位置。翼板式与卡门漩涡式空气流量计安装在其附近；D-Jetronic则安装在空气滤清器或进气总管上。

进气温度传感器的构造与冷却液温度传感器相同，都是由热敏电阻组成，如图2-60所示。通常ECM以20℃为准，温度较低时，空气密度较大，喷油量增加；温度较高时，空气密度较小，喷油量减少。进气温度传感器电阻变化特性与冷却液温度传感器相同，但其感温部分的热容量较小，因此信号的反应性比冷却液温度传感器快。

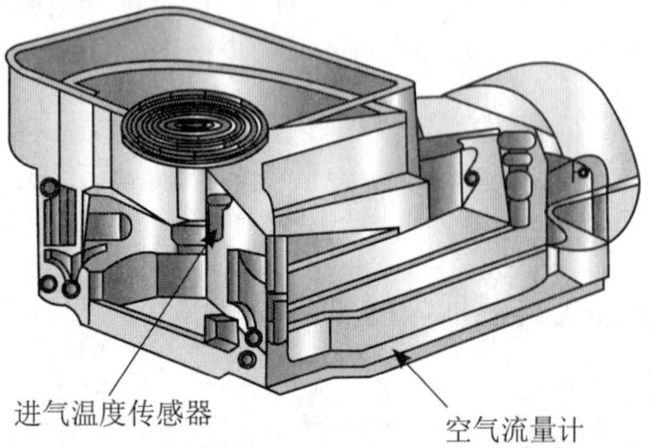

◆ 图2-59　进气温度传感器的安装位置

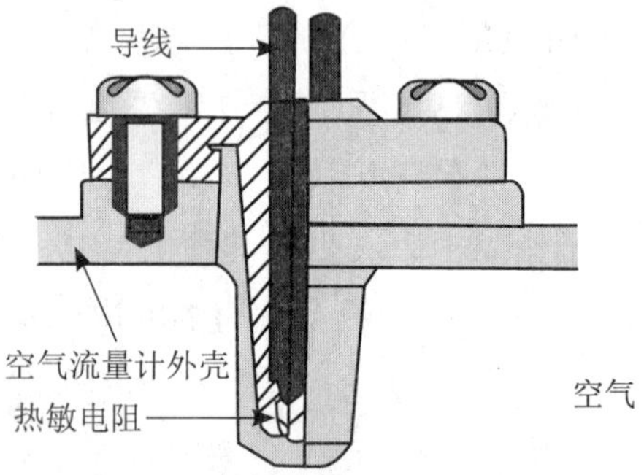

◆ 图2-60　进气温度传感器的构造

6）大气压力传感器（Atmospheric pressure sensor）

使用翼板式、卡门漩涡式空气流量计或其他形式的空气流量计时，随着地区海拔的变化，即大气压力的变化，吸入的空气密度也会发生改变，因此必须安装大气压力传感器，以补正燃油喷射量。

大气压力传感器通常安装在ECM内或其附近。其构造及作用与D型喷射系统的歧管压力传感器相同，都是使用具有压电效果的半导体式压力传感器。

7）曲轴位置传感器（Crankshaft position sensor，CKPS）

（1）功用：判定第一缸位置、各缸位置及检测发动机转速、将脉冲信号传送给ECM，以进行切断流入点火线圈电流、点火正时、喷射量与顺序喷射等控制。其中第一缸活塞位置通常为压缩上止点位置，但某些发动机不一定为压缩上止点位置。传感器安装在分电器内的最多，也有安装在飞轮、曲轴或凸轮轴处的。曲轴位置传感器又称曲轴角度传感器。

（2）种类：

曲轴位置传感器种类
- 磁电式（Magnetic pulse type）
- 霍尔效应式（Hall effect type）
- 光电式（Optical type）

（3）磁电式曲轴位置传感器：如图2-61所示，由永久磁铁、正时转子与拾波线圈等组成，安装在分电器内。永久磁铁的磁力线，经正时转子后，再通过拾波线圈。当正时转子旋转时，转子突出部与拾波线圈铁芯间的空气间隙产生变化，因此通过拾波线圈的磁力线数也跟着变化，拾波线圈感应出交流电压并输出，如图2-62所示。

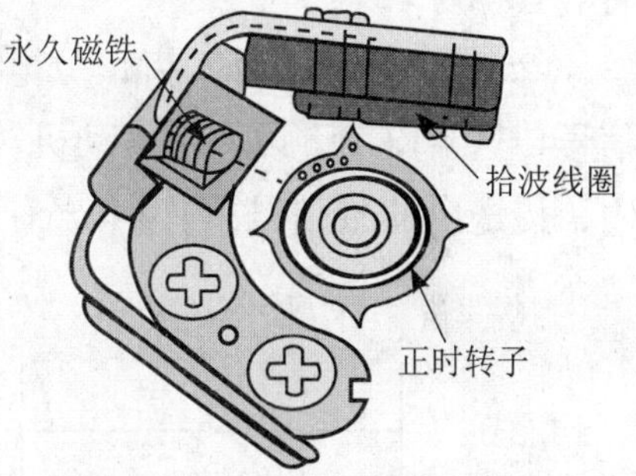

◆ 图2-61　磁电式传感器的基本构造

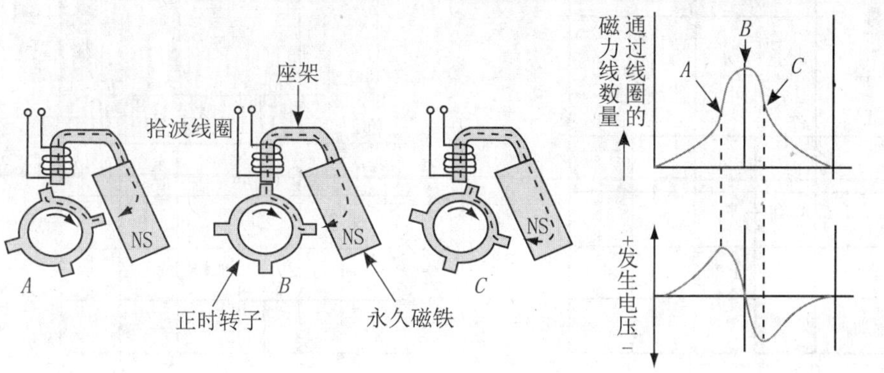

◆ 图2-62　磁电式传感器的基本作用

图2-63所示为磁电式曲轴位置传感器的构造之一，由G正时转子与两组拾波线圈及Ne正时转子与一组拾波线圈等组成，安装在分电器内。G正时转子有1齿，Ne正时

转子有24齿。有的发动机G信号产生器与Ne信号产生器分别安装在两处，如丰田V6发动机，G与Ne信号产生器分别安装在凸轮轴与曲轴处。

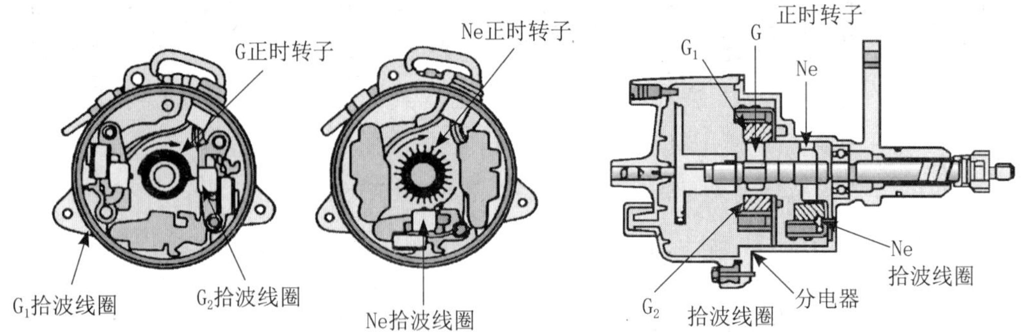

◆ 图2-63　磁电式曲轴位置传感器的构造（一）

① G正时转子与分电器转轴一起旋转，分电器轴转一转（相当于曲轴转两转），转子的齿经过G_1与G_2两拾波线圈，感应出两次交流电压，以检测第一缸与第四缸压缩上止点的位置，如图2-64所示，使在起动时，能在曲轴一转内完成汽缸的判断，来进行点火控制，以免影响起动性能。在曲轴两转内，有的曲轴位置传感器传送一次G信号，有些则传送两次或四次G信号。G信号传送给ECM，以决定喷射正时与点火正时等。

② Ne正时转上有24齿，分电器转一转，在拾波线圈产生24个交流电压，将脉冲信号传送给ECM，以测定发动机转速，如图2-65所示。有些四缸发动机，在曲轴两转内，传送出的Ne信号只有4个，有的发动机则有360个。

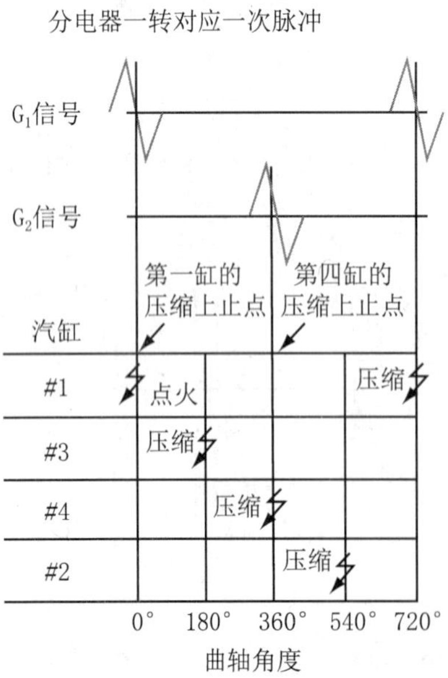

◆ 图2-64　G_1与G_2的信号

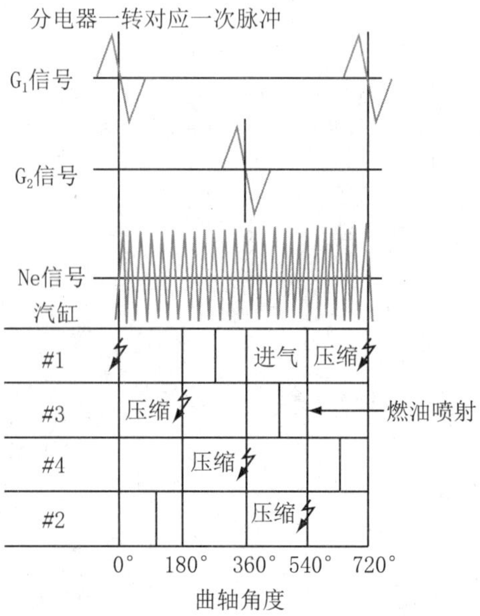

◆ 图2-65　G_1、G_2与Ne信号

③ 本田汽车在分电器轴上另安装有一组汽缸传感器（CYL sensor），由一个齿的

正时转子与一组拾波线圈组成，检测第一缸位置，以进行顺序喷射，如图2-66所示。图2-67所示为各传感器的交流电压信号。

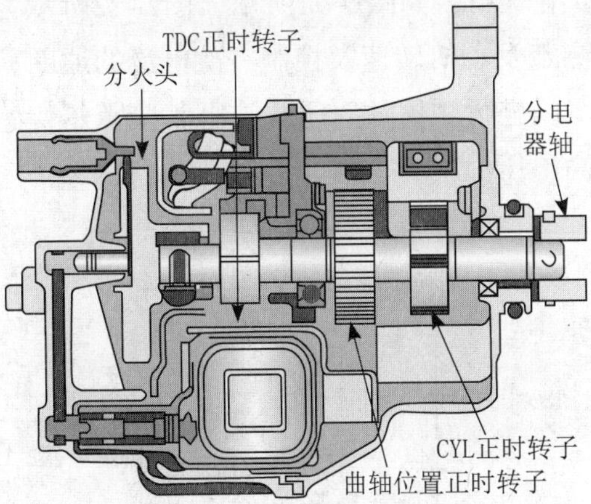

◆ 图2-66 磁电式曲轴位置传感器的构造（二）

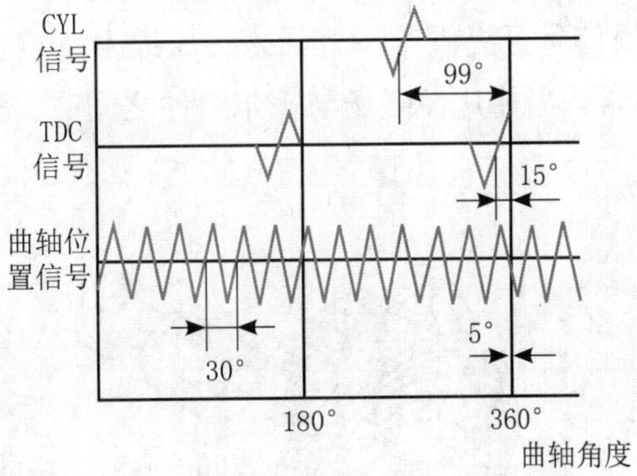

◆ 图2-67 各传感器的交流电压信号

安装在飞轮处的磁电式曲轴位置传感器，为发动机转速与曲轴位置传感器并用的杆型（Rod type）传感器，如图2-68所示，博世公司的Motronic喷射系统采用。其作用原理与磁电式相同，有磁性的软铁芯，其磁力线经飞轮齿后回到软铁芯；当飞轮旋转时，由于间隙的变化使磁通量发生变化，绕在软铁芯周围的线圈感应出交流电压，经电子电路处理成ON-OFF的矩形波数字信号后传送给ECM。

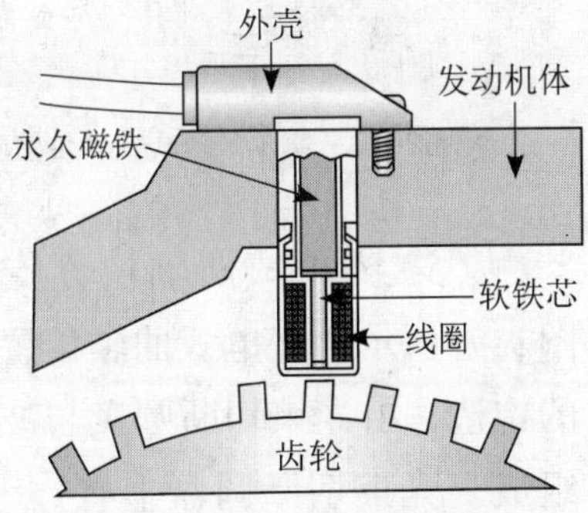

◆ 图2-68 博世Motronic采用的发动机转速及曲轴位置传感器

（4）霍尔效应式曲轴位置传感器：如图2-69所示，当仅电流流经霍尔组件的半导体薄片时，不会产生垂直方向的电压；但若有磁力线通过半导体时，将会产生小量电压，称为霍尔电压。以电压有无，即可测知活塞位置及发动机转速。

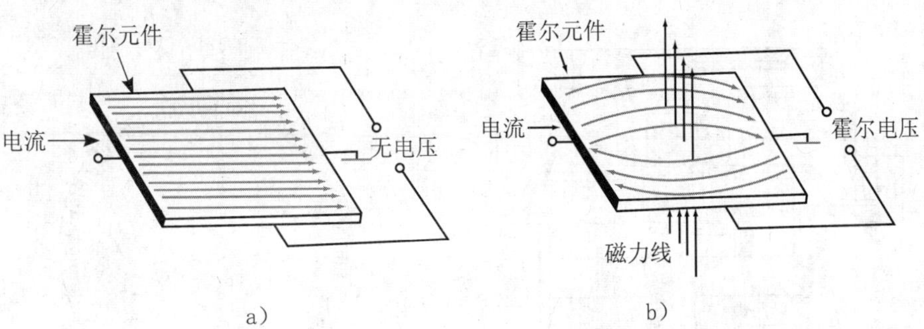

◆ 图2-69 霍尔效应式传感器的基本原理

霍尔效应式曲轴位置传感器由磁铁、霍尔半导体组件及圆盘等组成，如图2-70所示，四缸发动机圆盘上有四个凸出翼片（即有四个凹槽）。

当圆盘随分电器轴旋转，翼片在磁场与霍尔组件之间时，磁力线被阻隔，无电压产生；而当圆盘凹槽在磁铁与霍尔组件之间时，磁力线可通过，产生垂直电压，经电子电路传送ON-OFF的矩形G及Ne数字信号给ECM，如图2-71所示。图2-72所示为Ne与G的输出信号，Ne信号传送给ECM，可测定发动机转速及控制一次电流的通断；G信号可提供第一缸活塞在压缩上止点位置，以进行顺序喷射等。注意某些霍尔传感器，当翼片在磁场与霍尔组件之间时，送出高电压。

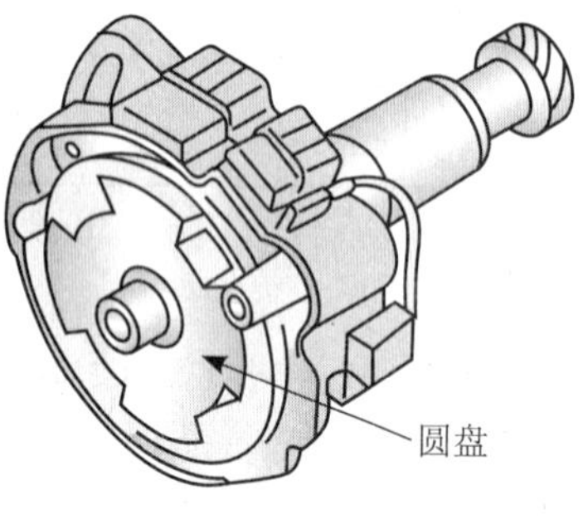

◆ 图2-70 霍尔效应式曲轴位置传感器的圆盘

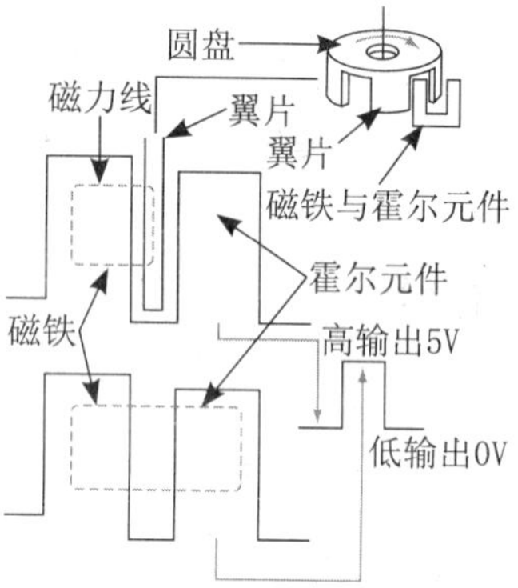

◆ 图2-71 霍尔效应式曲轴位置传感器的作用

（5）光电式曲轴位置传感器：图2-73所示为光电式曲轴位置传感器的构造，由光束切断圆盘与波状电路组成。光束切断圆盘上有1°信号槽孔360个；180°信号槽孔4个（以四缸发动机为例），其中第一缸信号槽孔较宽，传送出的信号宽度比其他三个缸大，如图2-74所示。波状电路上安装发光二极管（LED）与光敏二极管，两者隔着光束切断圆盘相对。

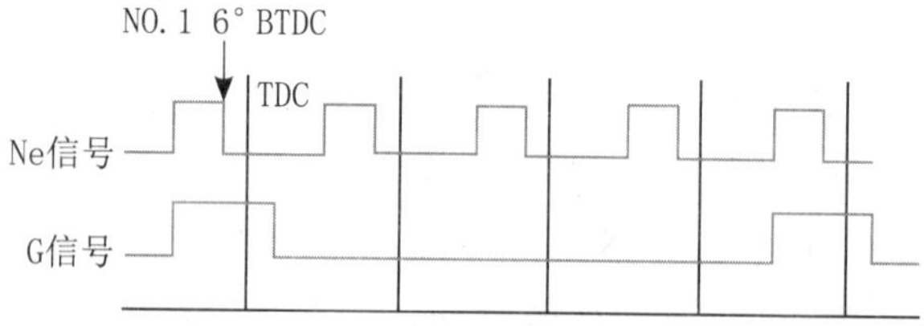

◆ 图2-72 Ne与G的输出信号

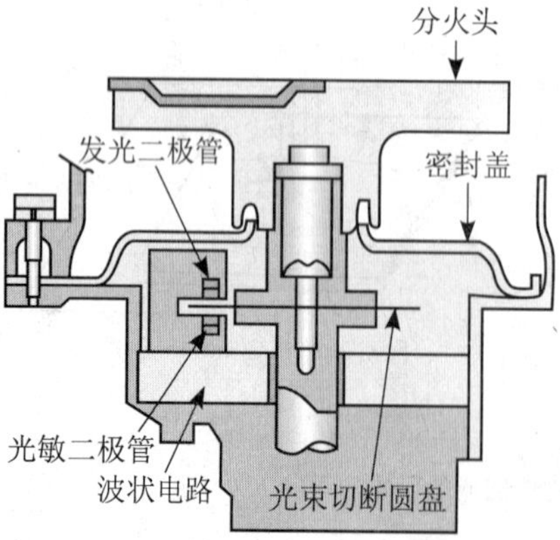

◆ 图2-73 光电式曲轴位置传感器的构造（一）

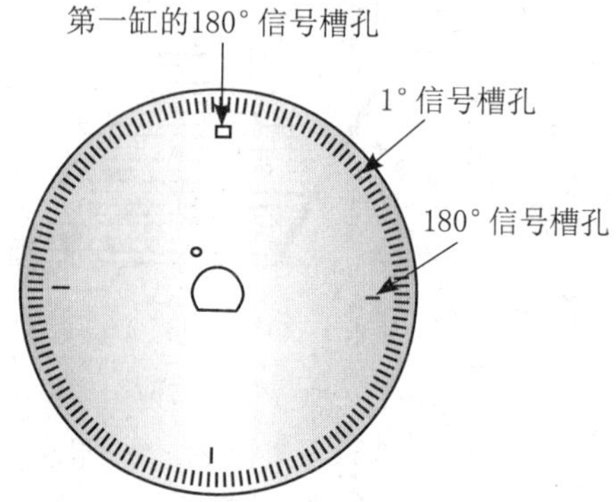

◆ 图2-74 光束切断圆盘的构造

光束切断圆盘随着分电器轴或凸轮轴转动，当LED的光束被切断时，光敏二极管的电阻变大；当LED的光束能通过槽孔时，光敏二极管的电阻变小。由电阻的改变，使电压产生变化，再由电子电路转化成ON-OFF的矩形数字信号传送给ECM。LED的光束能通过时为高输出，光束被切断时为低输出。

图2-75所示为另一种光电式曲轴位置传感器的构造，分电器轴转一圈时，G信号只有1个，Ne信号也只有4个，如图2-76所示。Ne信号传送给ECM，可测定发动机转速及控制一次电流的通断等。G信号可提供第一缸活塞在压缩上止点位置，以进行顺序喷射等。

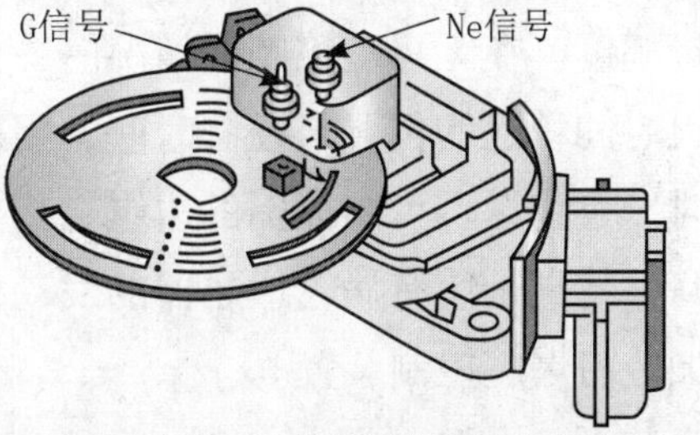

◆ 图2-75 光电式曲轴位置传感器的构造（二）

8）车速传感器（Vehicle speed sensor，VSS）

车速传感器的功用是将车速信号传送给ECM，以做怠速、EEC、EGR等各项控制的依据之一。

图2-77所示为车速传感器的安装位置，图2-78所示为车速传感器的构造，由线圈、磁铁与驱动齿轮组成。当驱动齿轮转一圈时，线圈产生8个交流电压，经仪表板内电子电路处理后，成矩形4脉冲输出至ECM，如图2-79所示。

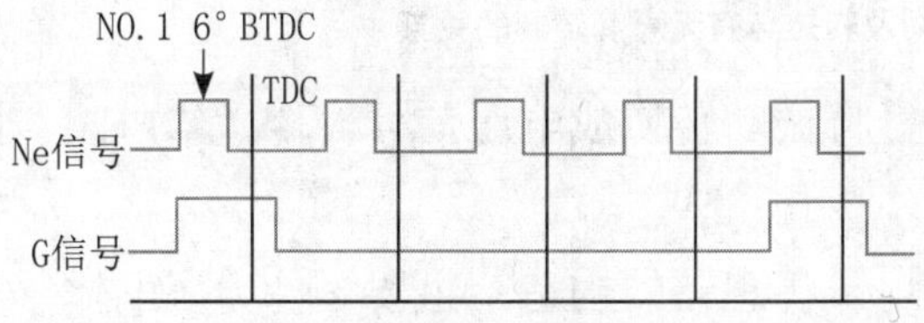

◆ 图2-76 Ne与G的输出信号

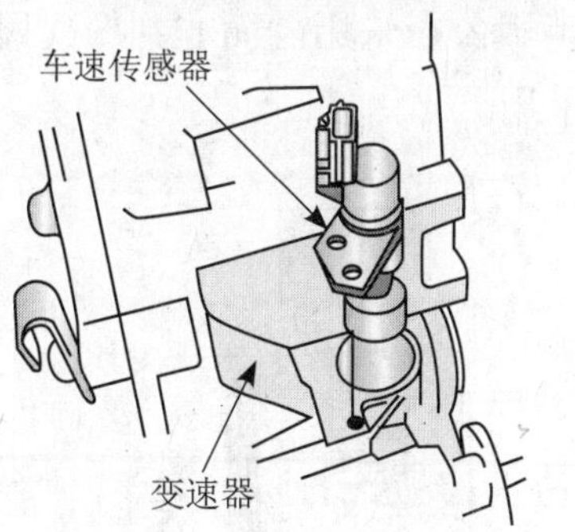

◆ 图2-77 车速传感器的安装位置

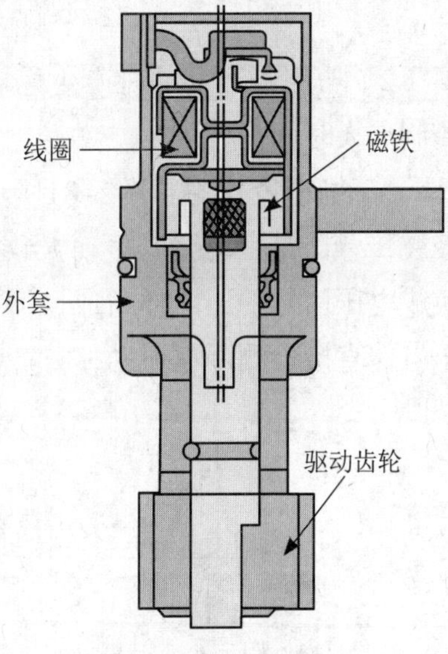

◆ 图2-78 车速传感器的构造

9）爆震传感器（Knock sensor，KS）

（1）概述：当爆震产生时，由于燃烧气体的振动有助于热能的传导，因此若爆震持续进行，会造成火星塞电极或活塞的过热、熔解，使发动机的零件损坏，因此爆震

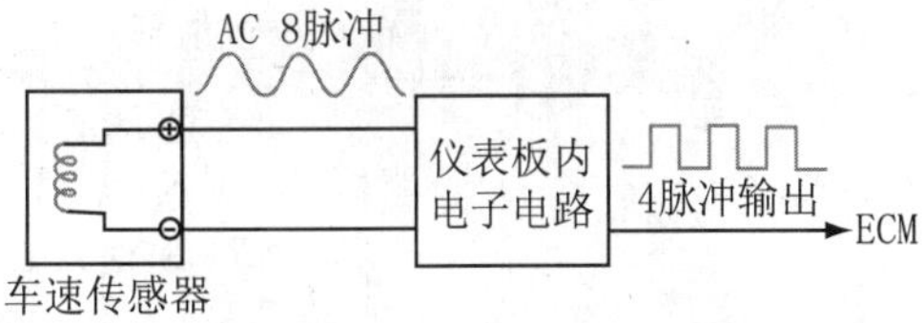

◆ 图2-79 车速传感器的电路

对发动机而言是最需要避免的有害现象。

图2-80所示为点火时间及转矩与有无爆震控制的关系。当发动机产生最大转矩时的点火时间（Minimum spark advance for best torque，MBT），是在开始产生爆震的点火时间时，即爆震极限附近，在设定点火时间时，必须考虑因爆震极限所必需的余量幅度。在无爆震控制的情况时，为确保此余量幅度，一般都是在产生最大转矩的点火时间稍迟的位置来控制时间，因此转矩降低；爆震极限如果是以爆震传感器来检测时，可在爆震可能范围的边缘，找出最适当的提前点火时间，使发动机的输出转矩提高。特别是装有涡轮增压器的发动机，在进气增压时很容易产生爆震现象，因此大多加装有爆震控制装置。

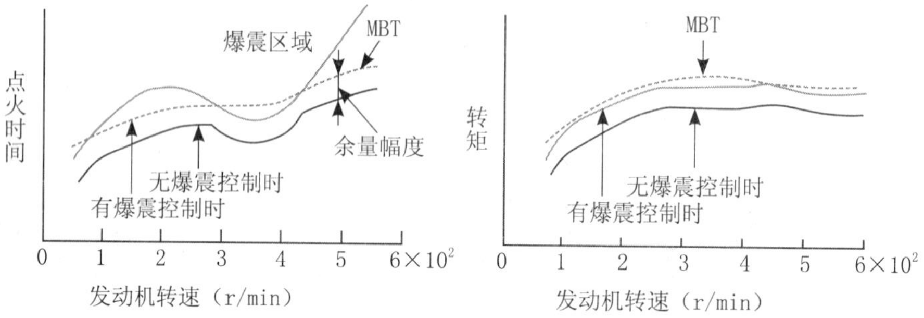

◆ 图2-80　点火时间及转矩与有无爆震控制的关系

（2）功用：当发动机产生爆震时，将振动转换成电压信号，传送给ECM，以适当控制点火时间。

（3）构造及作用：图2-81所示为爆震传感器的构造，主要零件为压电体。共振式爆震传感器是由与爆震振动大致相同的共振频率的振动体及检测振动体振动压力并转换成电压信号的压电体组成，博世公司及丰田公司采用。而非共振式爆震传感器是以压电体直接检测爆震振动，日产汽车公司采用。

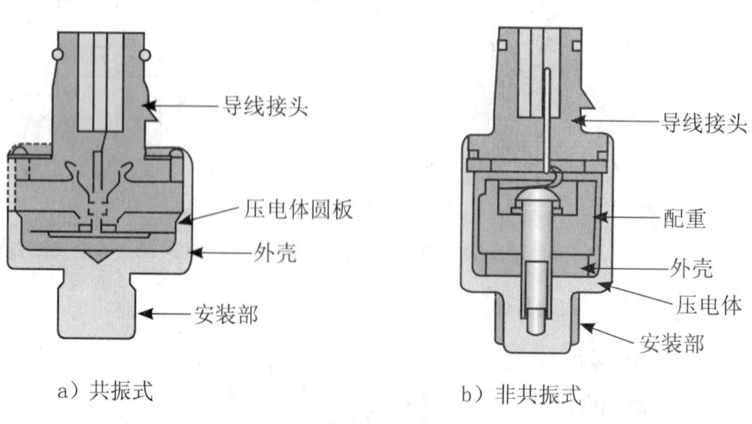

◆ 图2-81　爆震传感器的构造

爆震传感器的信号需经滤波处理及爆震判定，再将信号传送给微型计算机，直接延迟点火时间，在爆震现象停止时，再慢慢提前到原有角度，如图2-82所示。

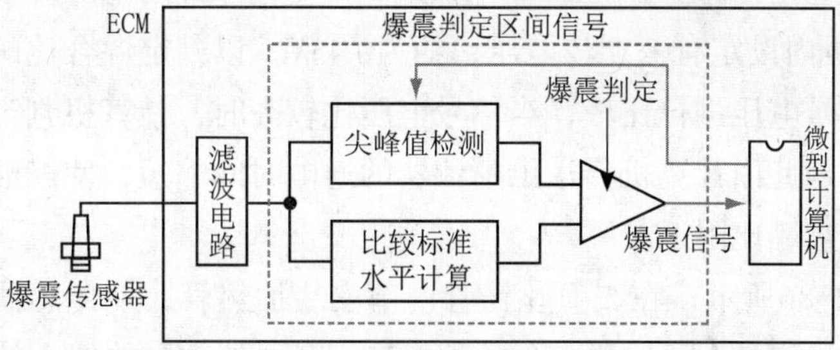

◆ 图2-82 爆震传感器的处理电路

10）氧传感器（Oxygen sensor，O_2S）

因三元催化转换器对CO、HC与NO_x的净化效果，在理论空燃比附近时最高，如图2-83所示。氧传感器用来检测排气中的氧气浓度，将电压信号传送给ECM，以修正喷油量，将供应给发动机的空燃比控制在理论空燃比附近的狭小范围内。

图2-84所示为使用最多的二氧化锆（ZrO_2）式氧传感器的构造，由能产生电压的二氧化锆管组成，其内外侧均涂上铂，外侧铂有一层陶瓷涂层，以保护电极。二氧化锆管内侧导入大气，外侧则与排气接触。因接近理论空燃比时的电动势变化小，难以检测出电压，因此利用具有催化作用的铂，可使电压变化加大。

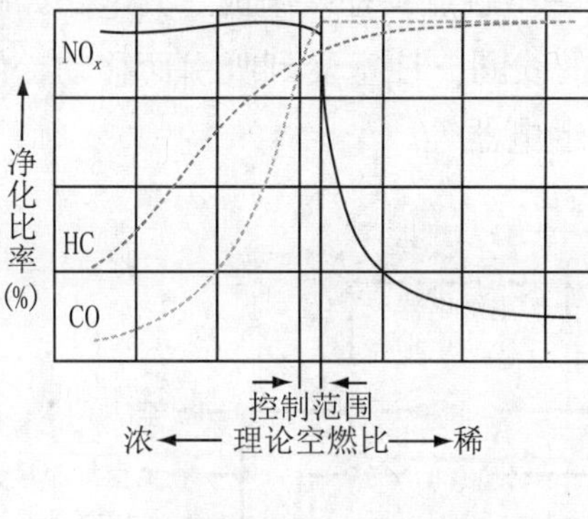

◆ 图2-83 三元催化转换器的净化特性

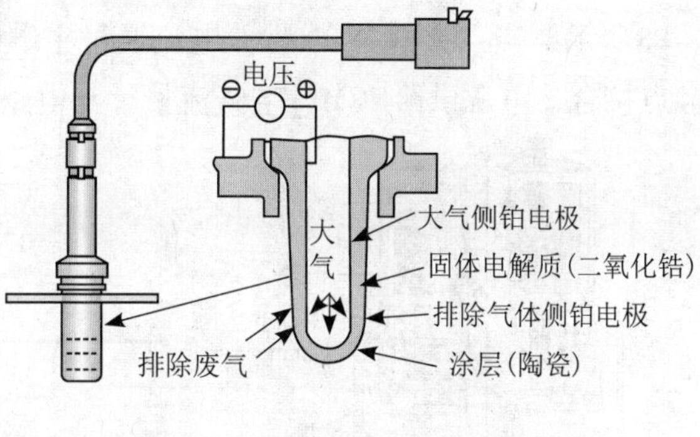

◆ 图2-84 二氧化锆式氧传感器的构造

（1）浓混合气燃烧后排出的废气，接触到铂时，因铂的催化作用，使残存的低浓度氧气与排出废气中的一氧化碳（CO）或碳氢化合物（HC）发生反应，因外侧铂表面的氧气几乎不存在，因此氧传感器内外侧的氧气浓度差变成非常大，产生大约1V的电压，如图2-85所示。新型的二氧化钛式，可产生约1.2V的电压。

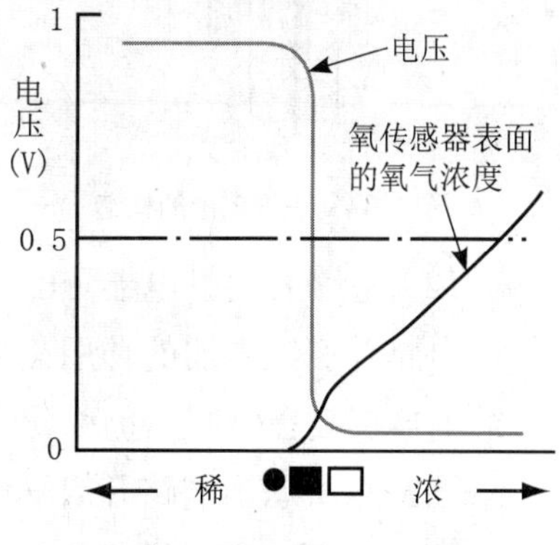

◆ 图2-85 氧传感器产生的电压

（2）稀混合气燃烧时，因排出废气中含有高浓度的氧气（O_2）与低浓度的一氧化碳，即使一氧化碳与氧气发生反应，也还剩下多余的氧气，因此二氧化锆管内外侧浓度差小，几乎不产生电动势，电压为0V。新型二氧化钛式，产生约0.2V的电压。

（3）计算机内设定有一比较电压，约为0.45V，以判定混合比的稀浓。与从氧传感器传送来的信号电压进行比较，当信号电压比较高时，计算机判定供应的混合气比理论混合比浓，因此由计算机传送给喷油器的通电时间缩短，使燃油喷射量减少，混合比回复到理论空燃比附近。

（4）如图2-86所示，在二氧化锆管内部安装加热管，使传感器的安装位置有选择性，并能获得稳定的电压输出。传感器上有三条导线：加热线、信号线、搭铁线。

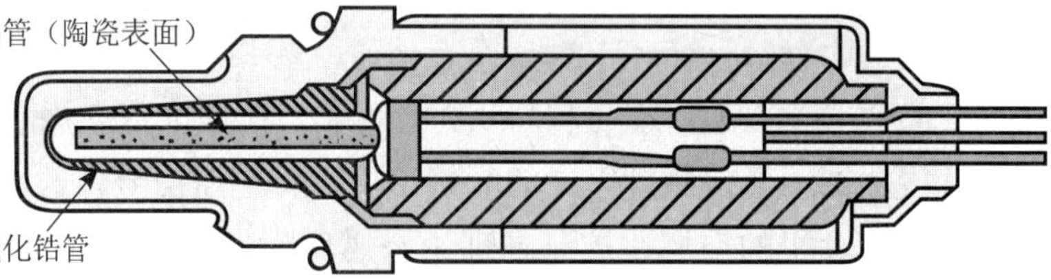

◆ 图2-86　氧传感器内安装加热管

11）主继电器（Main relay）

主继电器的功用是控制送往ECM的电源，防止ECM电路的电压降低并供应电源至电路开启继电器（Circuit opening relay），以控制燃油泵的作用。

图2-87所示为主继电器的构造，由一组线圈、一组触点及柱塞组成。其电路如图2-88所示，当点火开关ON时，电流通过主继电器的线圈，柱塞受到吸引而移动，使触点接合，电源供给ECM、空气流量计与电路开启继电器等。

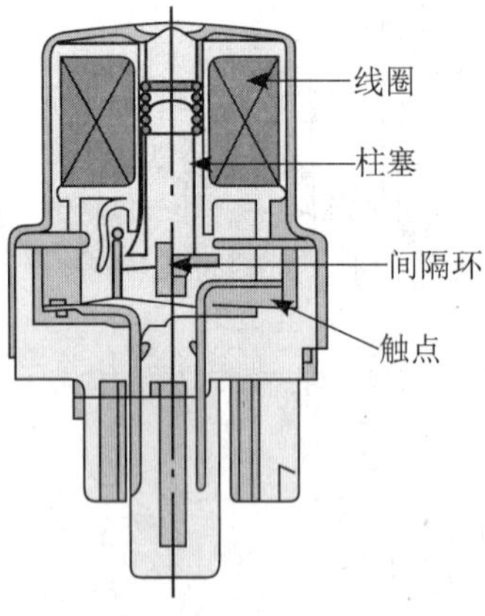

◆ 图2-87　主继电器的构造

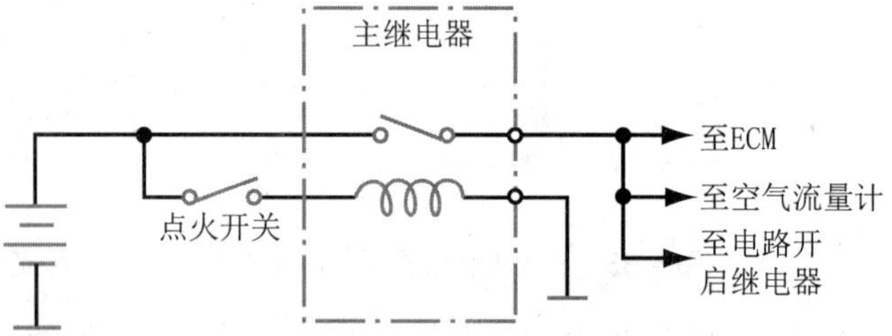

◆ 图2-88　主继电器的电路

12）电路开启继电器（Circuit opening relay）

电路开启继电器的功用是控制送往燃油泵的电源。有些车型将电路开启继电器与主继电器合装在一起，仍称为主继电器。

图2-89所示为电路开启继电器的构造及内部电路，由两组线圈及触点组成。

图2-90所示为翼板式空气流量计控制电路开启继电器的作用。起动电动机时，L_2

线圈通电，触点接合，燃油泵开始泵油；发动机发动后，空气流量计内翼板打开，燃油泵开关接合，L_2线圈通电，因此继电器内触点继续保持闭合，燃油泵持续作用。当发动机因故停止运转时，空气流量计内燃油泵开关断开，燃油泵停止作用，以免发生危险。

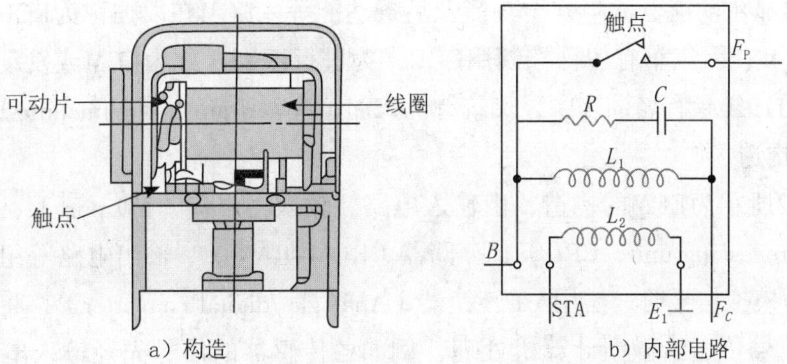

◆ 图2-89 电路开启继电器的构造及内部电路

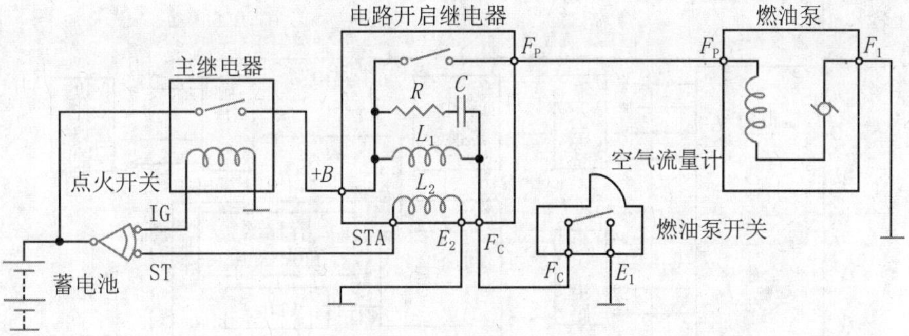

◆ 图2-90 翼板式空气流量计控制式电路开启继电器电路

图2-91所示为卡门漩涡式空气流量计、热线式空气流量计及速度密度式空气流量计等所采用的ECM控制式电路开启继电器的作用。以ECM的晶体管代替燃油泵开关，控制燃油泵的作用。当点火开关转到ON尚未起动时，ECM会使线圈通电2～5s，使燃油泵先泵油；当发动机停止运转时，晶体管断路，使燃油泵停止作用。

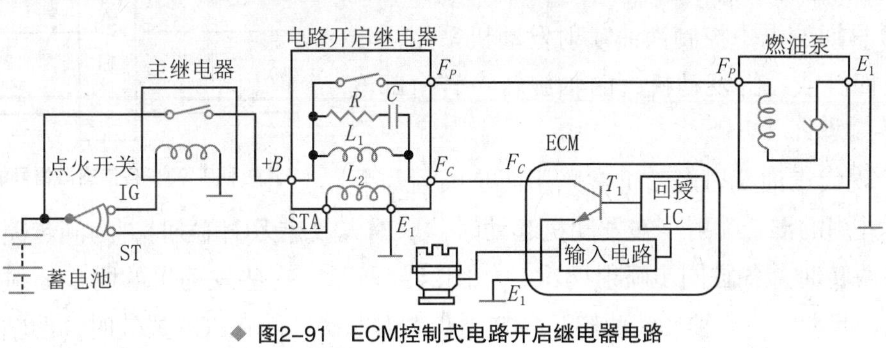

◆ 图2-91 ECM控制式电路开启继电器电路

13）发动机控制模块（Engine control module，ECM）

（1）概述。

从1980年起，汽车的电子控制系统已经进入微型计算机控制，能将数个控制功能集中在一个ECM中，称为集中控制（Integrated control）。现代汽车均属集中控制系统，除具有喷射正时、喷油量、点火时间、怠速、燃油泵等控制外，并能进行燃油增浓补正、燃油减量补正、EGR控制、EEC控制、空调控制等多项控制，还具备自我诊断与故障码显示功能、故障安全功能及后援功能等。ECM在以往称为ECU（Electronic control unit），因汽车有各种控制用ECU，为进行区别，称为ECM或发动机ECU；在最新的SAEJ1930专有名词表中，又统称为PCM（Powertrain control module）。

（2）构造。

图2-92所示为ECM的构造，由输入电路、输入输出口（I/O port）、中央处理器（Central processing unit，CPU）、存储器（ROM-RAM）、输出电路等组成。若传感器的信号为模拟信号时，需用A/D转换器（Analogic /digital converter），将模拟信号转换成数字信号传送给微型计算机处理，例如各传感器的信号先经输入电路，除去噪声，将模拟的正弦波信号转换成数字的矩形波信号，并降低电压后再输出，如图2-93所示。

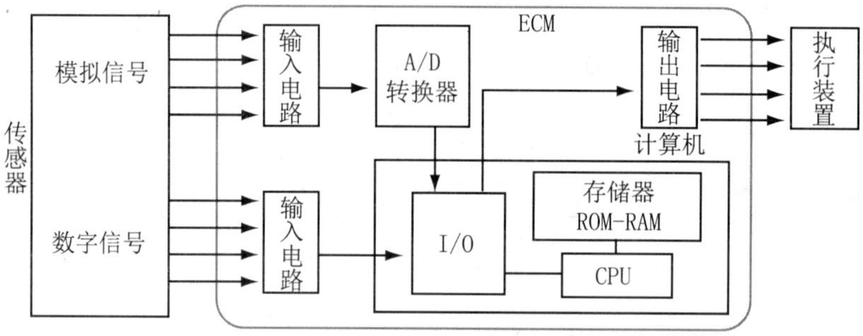

◆ 图2-92　ECM的构造

（3）燃油喷射正时控制。

① 早期是利用点火线圈负极的一次信号（IG信号）来决定喷射正时，现代发动机则都是利用曲轴位置传感器的信号。

② 早期的电子控制汽油喷射发动机采用同步喷射，四缸或六缸发动机，曲轴旋转一转全部汽缸喷射一次。

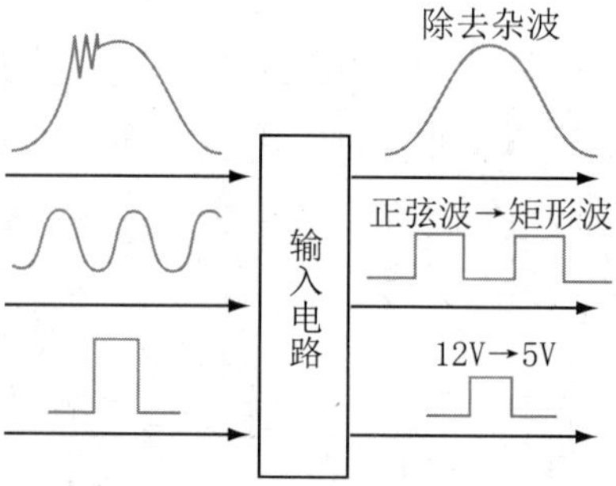

◆ 图2-93　各传感器信号的处理

③ 现代汽油喷射发动机常采用同步喷射与顺序喷射并用的混合喷射。在发动机起动时，ECM失效或无G信号时，为同步喷射，曲轴旋转两转时，各缸同步喷射两次，如图2-94所示。有些发动机的同步喷射次数不同，例如起动时，曲轴旋转两转，各缸同步喷射四次；而在ECM失效时，曲轴旋转两转，各缸同步喷射一次。在一般的运转状态时，为顺序喷射，做点火顺序，将燃油喷入，如图2-95所示。

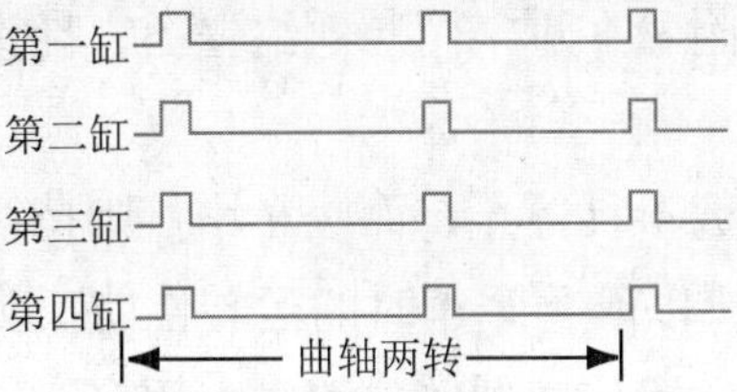

◆ 图2-94 同步喷射

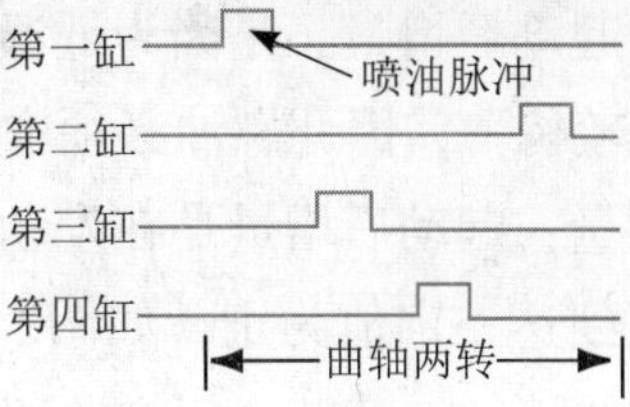

◆ 图2-95 顺序喷射

（4）燃油喷射量控制

① 基本喷射量：在质量流量方法中是以发动机转速与进气量为基础，而速度密度方法中是以发动机转速与进气歧管负压为基础，配合运转状态，将最适当的基本喷射时间记忆在ECM中，如图2-96与图2-97所示。基本喷射量是由基本喷射时间决定的。

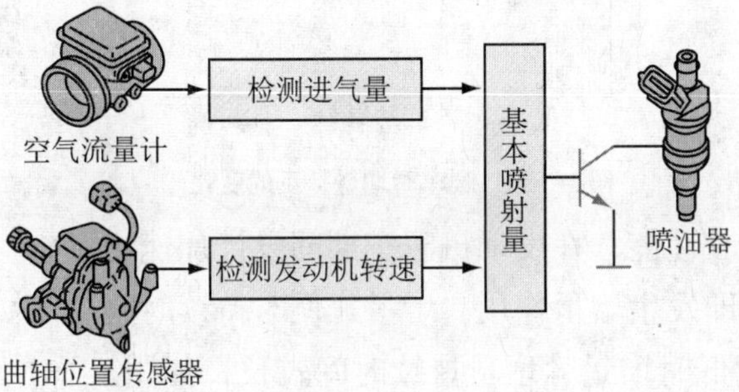

◆ 图2-96 基本喷射量的决定

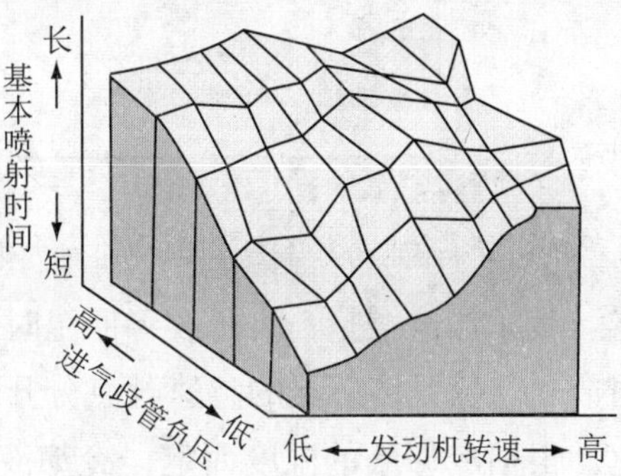

◆ 图2-97 基本喷射时间的三次元图形

② 燃油喷射量补正：以记忆在ECM中的基本喷射时间为基准，再依据各传感器的信号进行补正，以决定出配合所有环境及运转条件的最适当喷射时间，向喷油器输出电压脉动，使其喷射燃油，如图2-98所示。

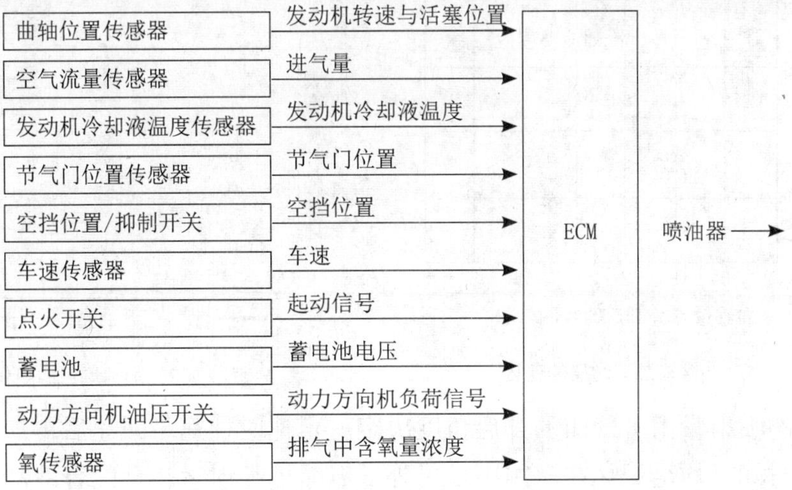

◆ 图2-98 与燃油喷射相关的各传感器及开关

起动与起动后增量：此增量是根据冷却液温度而变化的。冷却液温度越低，燃油增量越多，增量补正的时间也越长，如图2-99所示。

起动与起动后增量，是因为低温时，汽油附着在进气门与汽缸壁上，导致气化不良，空燃比较稀薄，因此燃油必须增量补正。

暖车增量：起动后增量是在发动机发动后数十秒停止，而暖车增量则持续增量至冷却液温度到达一定值为止，如图2-100所示，以改善暖车时的运转性能。为减少暖车期间燃油的消耗，若节气门全关闭，节气门位置传感器的怠速触点闭合时，增量的比例会减少。

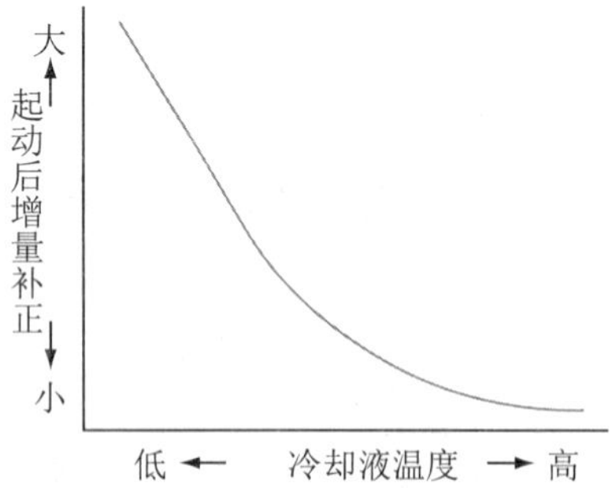

◆ 图2-99 起动后增量补正的变化

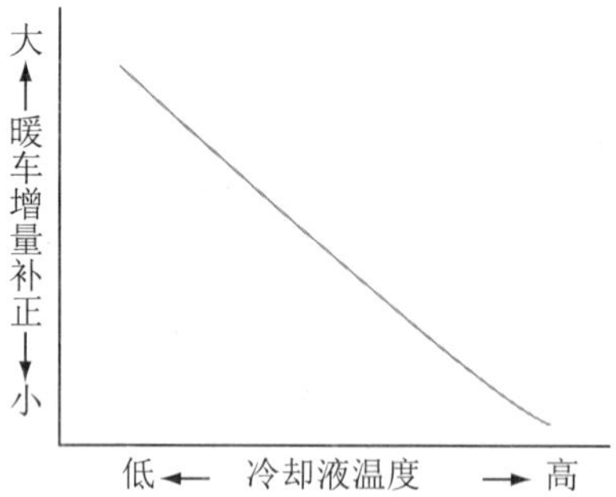

◆ 图2-100 暖车时增量补正的变化

暖车加速增量：为了改善低温时的驾驶性能，在发动机暖车期间设计加速增量。当节气门位置传感器的怠速触点分开时，即发生增量作用。增量比例与持续时间的变化，根据冷却液的温度而定，冷却液温度低时增量，增量持续时间较长，如图2-101所示。

加速增量：加速时汽油会附着在进气门及附近，一段时间后才能气化；且因进气歧管压力变大，使汽油的气化速度变慢，因此必须进行加速增量补正，如图2-102所示。

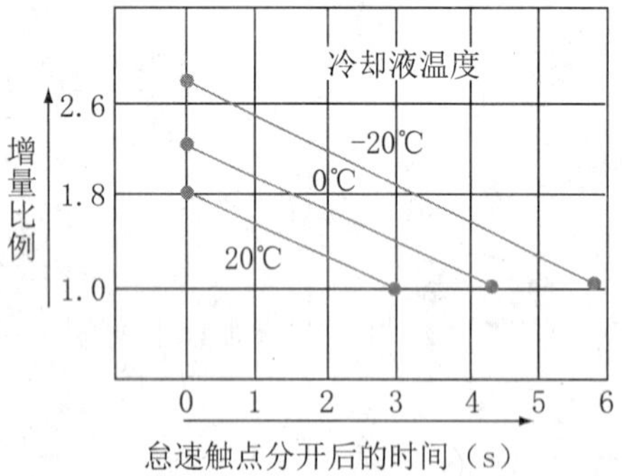

◆ 图2-101 暖车加速增量的变化

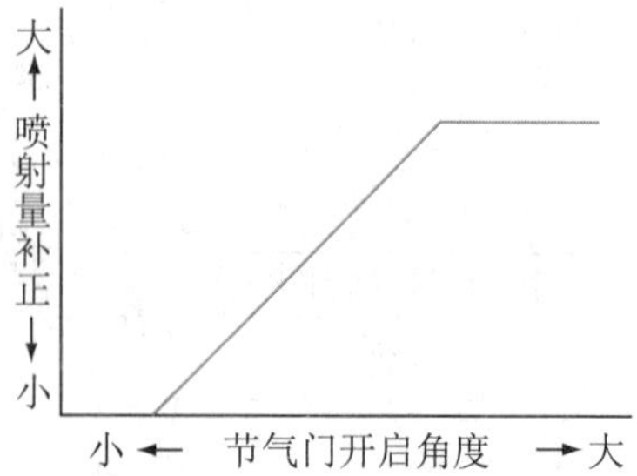

◆ 图2-102 加速增量的变化

加速时的喷射量由节气门的开启角度决定。定速时加速与减速后再加速，各有其基本加速时间，均会记忆在ECM中。另外低温时的喷射量，会配合冷却液温度而补正。

减速减量：节气门关闭减速时，进气歧管压力变小，会促进汽油气化，尤其在节气门全关闭时。ECM配合减速时节气门的开度而修正喷射时间，尤其在节气门几乎全关闭时的燃料减量，如图2-103所示。

全负荷增量：当节气门开度，从关闭位置算起超过50°时，燃油喷射量增加。其增量比例为基本喷射量的1.2倍左右。

进气温度补正：使用翼板式空气流量计时，必须根据进气温度的高低，进行喷射量补正，否则当进气温度低时，混合比会变稀；进气温度高时，混合比会变浓。

ECM由进气温度传感器传送来的信号而改变混合比。以20℃（68℉）为准，进气温度低于标准时，燃油喷射量增加；进气温度高于标准时，燃油喷射量减少，如图2-104所示。

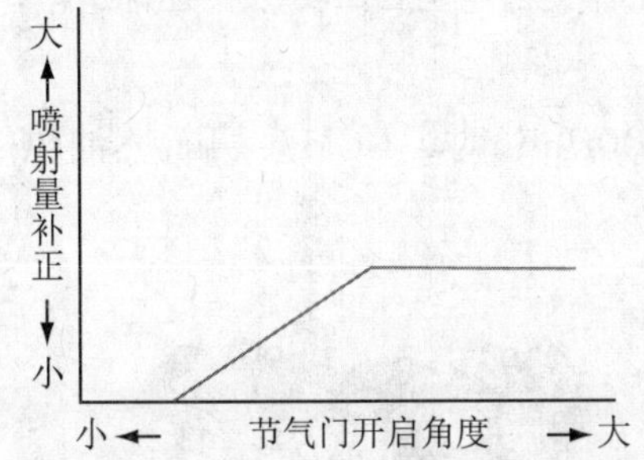

◆ 图2-103　减速减量的变化

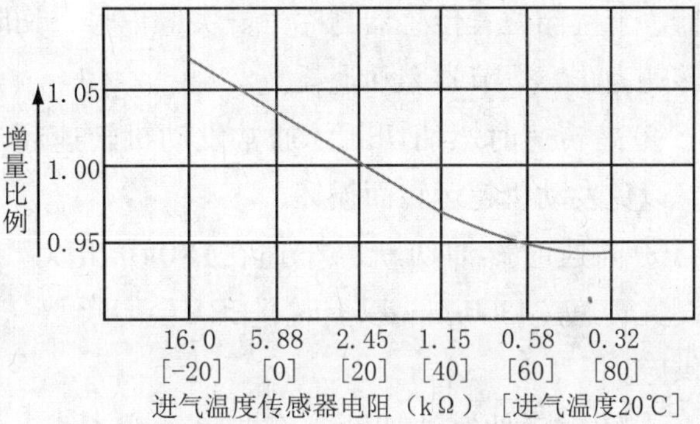

◆ 图2-104　进气温度补正的变化

电压补正：ECM传送适当时间的电压信号给喷油器，但从ECM发出信号，到喷油器阀门全打开，会有轻微的时间延迟T0，此期间无燃油喷射，会造成混合比变稀，不符合发动机的需求，如图2-105所示。

为了确保正确的混合比，喷油器的开启时间，必须与ECM所决定的持续时间相等。因此ECM传送出的喷射信号时间等于无喷射时间加上燃油喷射持续时间。

而喷油器作用延迟时间，即无喷射时间的变化，根据蓄电池电压而定。当蓄电池电压高时，延迟时间短；电压低时，延迟时间长，因此必须进行电压补正，以蓄电池电压14V为基准而补正喷射时间，如图2-106所示，喷射信号时间等于电压补正时间（无喷射时间）加上燃油喷射持续时间。

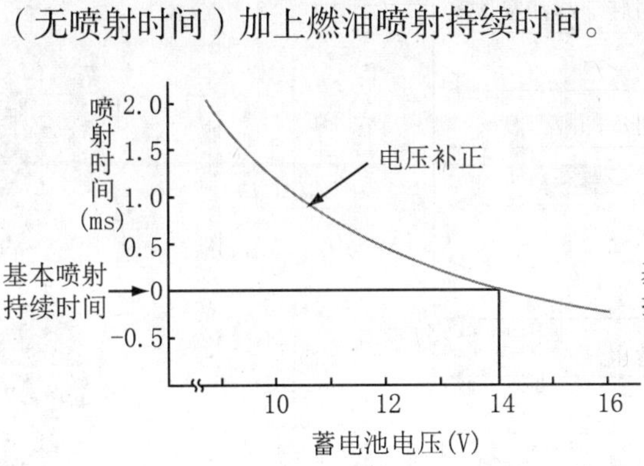

◆ 图2-105　电压补正作用

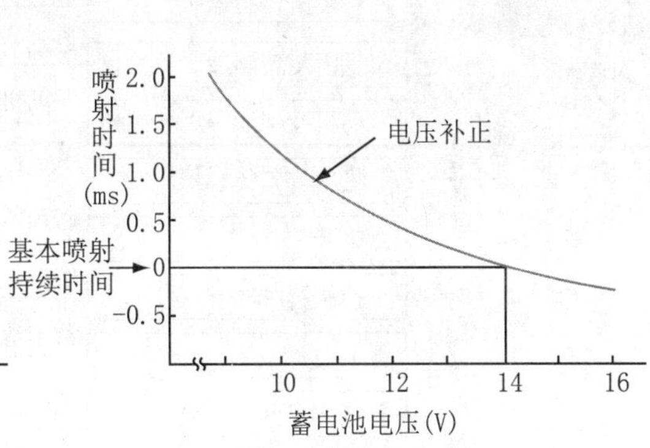

◆ 图2-106　补正喷射时间

混合比回馈补正：使用在三元催化转换器车型。ECM由来自氧传感器的0～1V电压信号变化，补正喷射时间，以精确控制混合比在理论空燃比，使三元催化转换器能同时减少CO、HC及NO_x的排放量。混合比回馈补正期间，为闭回路控制（Close loop control）。

ECM检测到以下状况时，会停止回馈补正作用，以维持稳定燃烧，此时为开回路控制（Open loop control）：起动及暖车时；怠速时；减速时；至负荷时；冷却液温度低于设定标准时；氧传感器及其回路故障时。

（5）燃油切断控制。

① 减速时燃油切断：车辆在减速时，ECM根据曲轴位置传感器、冷却液温度传感器、节气门位置传感器与冷气开关等信号，切断燃油供应，直至发动机转速减到一定转速为止，以节省燃油消耗。

② 高转速时燃油切断：通常发动机转速超过6500r/min时，ECM会切断燃油供应，以免发动机超运转而损坏。

③ 高速时燃油切断：车速在180km/h以上，且转速在4300r/min以上时，ECM会切断燃油供应。

④ 转矩降低燃油切断：有些自动变速汽车，在升挡时暂停第二缸及第三缸燃油供应，以降低转矩，减少换挡振动。

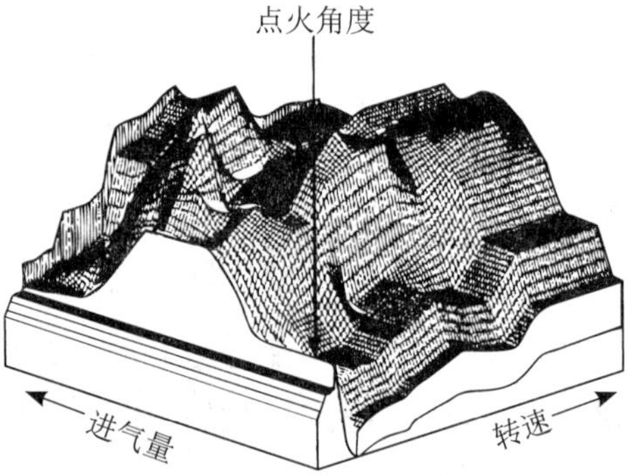

◆ 图2-107 ECM中的点火图形

（6）点火时间控制。

① 图2-107所示为发动机功率试验器上测试而得的点火图形（Ignition map），ECM依据发动机进气量及转速，决定基本的点火角度，储存在ECM中。再根据节气门传感器、冷却液温度传感器、爆震传感器等各信号，修正点火时间，由ECM决定最理想的点火正时，如图2-108所示，使发动机在功率输出、燃油消耗及排气污染等各方面能有极佳的表现。

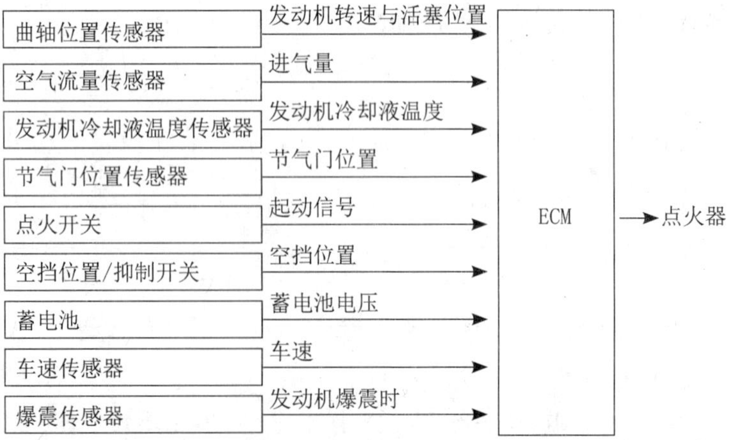

◆ 图2-108 与点火时间控制相关的各传感器及开关

②点火时间补正：

怠速时补正：配合怠速转速，修正点火正时，以得到低污染、圆滑运转及节省燃油的效果。

低温时补正：根据冷却液温度传感器信号，在低温时，ECM使点火提前，以保持低温运转性能。

高温时补正：根据冷却液温度传感器及进气温度传感器，在高温时，ECM使点火延后，以免产生爆震。

爆震时补正：发生爆震时，ECM使点火时间延迟，以免爆震情况发生，以保护发动机。

换挡时补正：自动换挡汽车在换挡时，延迟点火时间，降低发动机转矩，以减少换挡振动。

（7）怠速转速控制。

ECM依据各传感器及开关的信号，控制IAC阀的打开时间，以控制旁通空气量，使怠速转速在各种运转状况时均能符合记忆在ECM中的基本目标值与修正值，而能保持在最适当及稳定的状态，如图2-109所示。

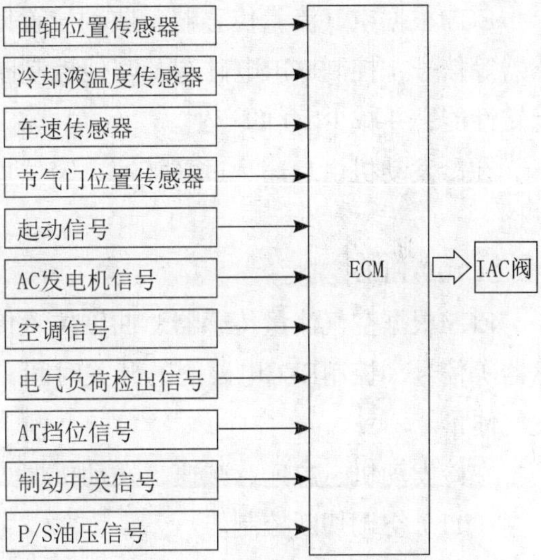

◆ 图2-109 与怠速转速控制相关的各传感器及信号

①起动时及起动后补正：发动机起动时及起动后的一定时间内，ECM使IAC阀增加旁通空气量，使怠速转速上升，防止怠速不稳定或熄火。

②暖车时补正：冷却液温度低时，ECM使IAC阀增加旁通空气量，以确保适当的快怠速运转。

③车辆长期使用后补正：车辆长期使用后，因堵塞或磨损所造成的怠速转速下降，ECM使IAC阀增加旁通空气量，以修正至一定的怠速转速。

④电器负荷时补正：当前照灯、刮水器、冷却风扇与除雾线等电器负荷大而造成怠速转速下降时，ECM使IAC阀增加旁通空气量。

⑤A/T变速杆置于“N”、“P”以外位置时补正：A/T变速杆置于“N”、“P”以外位置时，ECM使IAC阀增加旁通空气量，以防止怠速转速下降。

⑥动力转向时补正：使用动力转向时，动力转向机油压开关将负荷信号传送给ECM，ECM使IAC阀增加旁通空气量，以维持怠速转速在一定值。

⑦空调时补正：空调作用时，ECM使IAC阀增加旁通空气量，以防止怠速转速下降。

（8）燃油泵控制。

现代汽油喷射发动机均由ECM控制继电器ON–OFF动作，以控制燃油泵的作用。

当点火开关转至ST位置时，ECM控制使燃油泵作用2～5s，以维持发动机的起动性能，如图2–110所示。发动机发动及运转时，ECM接收到Ne信号，使燃油泵产生作用；发动机一旦停止转动，无Ne信号时，燃油泵不作用，减少耗电，并确保安全性。

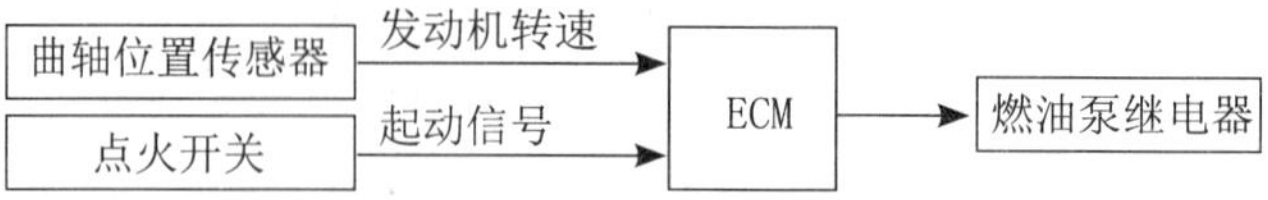

◆ 图2–110　与燃油泵控制相关的传感器及开关

（9）EGR控制。

ECM根据空气流量传感器、曲轴位置传感器、节气门位置传感器、冷却液温度传感器等信号，控制EGR电磁阀及其他控制阀门的开闭时间，以精密调节EGR量，提高运转性能，并减少NO_x的产生。

在冷发动机、怠速、过高转速、突然加速及减速时，EGR停止作用，以确保稳定燃烧。

（10）EEC控制。

ECM根据空气流量传感器、曲轴位置传感器、节气门位置传感器、冷却液温度传感器等信号，控制EEC电磁阀的开关时间，以精密调节从活性炭罐吸入进气歧管的蒸发气体量。

在冷发动机、怠速、减速、发动机熄火等状况时，蒸发气体停止进入发动机中。

（11）空调切断控制。

ECM根据节气门位置传感器、冷却液温度传感器、空调开关、点火开关等信号，以进行表2–1所示发动机状况时的空调切断控制。

空调切断的发动机状况　　表2–1

发动机状况	切断时间	目　　的
（1）发动机起动后	4s	改善冷车怠速
（2）怠速时加速（A/T）	2s	提高加速性能
（3）节气门全开	5s	提高加速性能
（4）冷却液温度超过116℃	直至冷却液温度低于113℃	防止发动机过热

（12）冷却风扇控制。

ECM根据冷却液温度传感器、空调开关、车速开关等信号，以控制冷却风扇的作用时间与转速。使用自动变速器的汽车，其风扇常分三段控制，即停止、低速与高速。

（13）ECM其他功能。

① 自我诊断（Self diagnosis）与故障码显示功能。ECM随时检测来自各传感器的信号，当发现有异常时，仪表板上发动机警告灯会点亮，警告驾驶人车辆已经发生故

障，如图2-111所示。

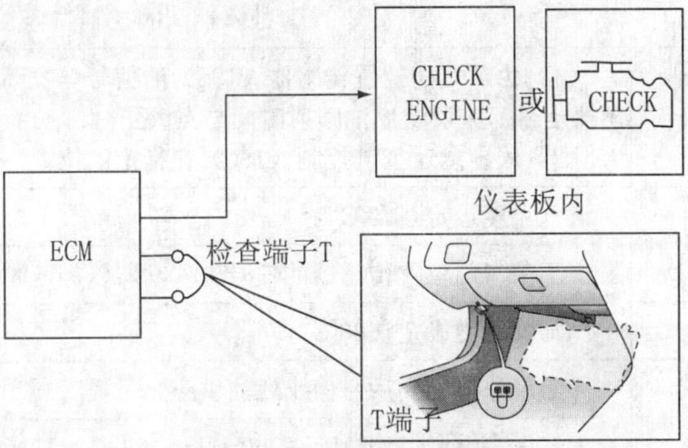

◆ 图2-111 自我诊断显示

利用发动机舱内或驾驶舱内的诊断接头，将专用线搭铁，发动机警告灯会闪烁，即可读出故障码，找出故障的传感器，如图2-112所示，由上至下，分别表示无故障及故障码为1、3、14、24。也可利用各汽车制造厂的专用检测仪器，与测试接头连接，读出故障码。同时有两种以上的传感器产生故障时，故障码可依序显示。

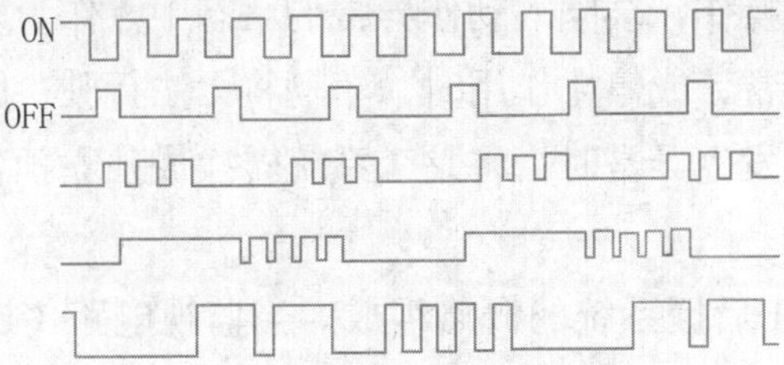

◆ 图2-112 发动机警告灯各种不同闪烁方式

故障码的号码及其表示的故障项目，见表2-2。

故障码及其表示的故障项目 表2-2

故障码	故障项目	故障码	故障项目
11	氧传感器	24	车速传感器
12	空气流量传感器	25	大气压力传感器
13	进气温度传感器	31	爆震传感器
14	节气门位置传感器	41	喷油器
21	冷却液温度传感器	44	点火线圈及功率晶体管
22	曲轴位置传感器	61	发动机ECU与A/T-ECU的连接线
23	凸轮轴位置传感器	64	发电机FR端子

② 故障安全（Fail safe）功能。当ECM的自我诊断功能检测到主要传感器或执行器故障时，车辆就由预先储存在ECM中的设定代替值来控制，见表2-3，以确保车辆在安全情况下行驶。

传感器或执行器故障时ECM中的设定代替值　表2-3

故障项目	故障期间的控制内容
空气流量传感器	（1）由节气门位置传感器（TPS）的信号与发动机转速信号（曲轴位置传感器信号）来决定燃油喷射时间与点火正时； （2）固定怠速空气控制（ISC）在指定的位置，所以怠速控制没有作用
进气温度传感器	进气温度设定在25℃
节气门位置传感器	由于节气门位置传感器的信号失效，所以加速时燃油喷射量没有增加
冷却液温度传感器	冷却液温度设定在80℃
曲轴位置传感器	异常现象检测到后，停止燃油供应4s
大气压力传感器	大气压力设定在101kPa（760mmHg），即1大气压
爆震传感器	将点火正时由高辛烷值汽油的点火正时转变成标准辛烷值汽油的点火正时
点火线圈、功率晶体管	由于点火信号异常，所以切断供应至汽缸的燃油
氧传感器	空燃比回馈控制（闭回路控制）不作用
发动机ECU与A/T-ECU的连接线	变速器换挡期间点火正时不会延迟

③后援（Backup）功能又称备用功能。当微型计算机产生偶发性故障时，例行的控制程序则无法正常操作，会陷入动作异常的状态中。作为发动机控制系统中枢的微型计算机，一旦有异常，或停止作用时，车辆将无法行驶，因此必须监视微型计算机的异常状态，才能在发生异常时，将整个系统转换成独立预备回路的后援电路进行基本的控制。

图2-113所示为CPU后援系统的概略组成。当监视电路传送来发动机转速信号、节气门全闭信号、起动信号等异常时，后援电路将会自动切换至简易控制系统，并传送出喷射信号及点火信号，使车辆能行驶至最近的维修厂。此时发动机警告灯会不断闪烁，以警告驾驶人。

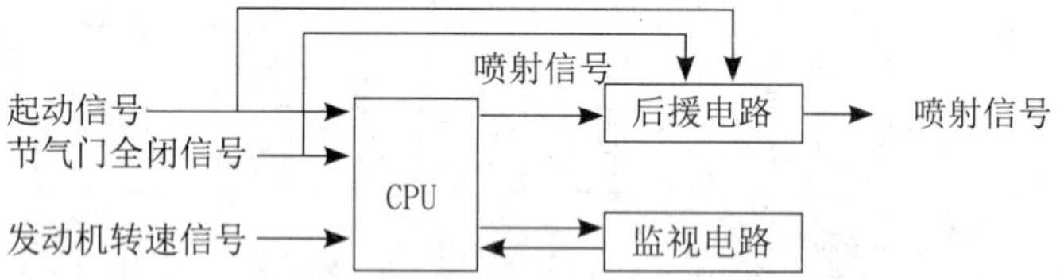

◆ 图2-113　后援系统的组成

2.2　缸内汽油直接喷射系统

一、概述

1. 缸内汽油直接喷射发动机的优点

缸内汽油直接喷射发动机的两大优点为省油及高输出功率。省油即可减少CO_2的排放量，再配合新式设计及装置，缸内汽油直接喷射发动机也可大幅降低CO、HC及

NO_x的排放，因此三菱汽车公司将其汽油直接喷射（Gasoline Direct Injection，GDI）发动机定位为全球环保发动机。

1）缸内直接喷射发动机省油的原因

（1）低负荷时，利用层状气体分布，压缩行程末期喷射的燃料被气流及活塞顶部的球形曲面保持在火花塞附近，为易于点燃的最佳混合比，而周围则为空气层，整个燃烧室内成为40：1的超稀薄空燃比仍能稳定燃烧，达到省油效果。

（2）低负荷成层燃烧时，由于超稀薄空燃比能进行燃烧，因此节气门开度可以变大，可减低泵动损失（Pumping Lose）；另外在燃烧气体与汽缸壁间的空气层具有断热效果，因此冷却损失（Cooling Lose）较少。图2-114所示为丰田汽车公司D-4缸内汽油直接喷射发动机，与一般喷射发动机在泵动损失及冷却损失间的差异。所谓泵动损失，是指活塞在汽缸内移动时的动能损失，如摩擦损失，活塞下行进气时的真空吸力阻止其移动的损失，以及活塞上行压缩时的动力损失（这就是为什么Atkinson Cycle发动机延后进气门关闭的原因）。

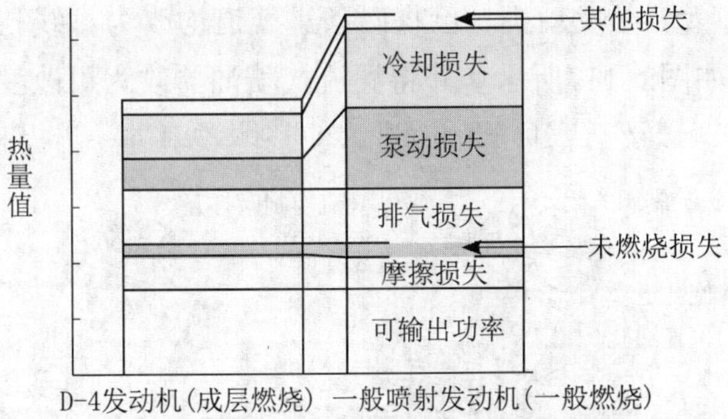

◆ 图2-114 两种发动机在泵动损失及冷却损失间的差异

（3）怠速转速可设定在较低值，例如三菱汽车的GDI发动机怠速为600r/min。

2）缸内直接喷射发动机高输出（功率及转矩）的原因

（1）进气行程时就开始喷射燃料，整个燃烧室为均匀混合至约理论空燃比的均匀混合气。

（2）进气行程就开始喷油，燃料气化的吸温冷却效果，使空气密度增加，可提高容积效率，因此比一般喷射发动机的输出高。

（3）直接喷入汽缸中燃油的气化作用，降低空气温度，发动机不易爆震，因此压缩比可提高，如GDI发动机压缩比可达12.0：1。

2. 缸内汽油直接喷射发动机的特殊设计

缸内汽油直接喷射发动机为达到省油及高输出，比一般喷射发动机的特殊设计为：

（1）高压喷油器：安装在汽缸盖上，配合高压汽油泵，将汽油直接喷入汽缸中，喷油压力达4.9～11.76MPa（50～120kg/cm^2）之间。

（2）气流产生装置：

① 三菱汽车公司采用两条垂直进气道，产生滚动流（Tumble），进气道中不安装控制阀，如图2-115所示。

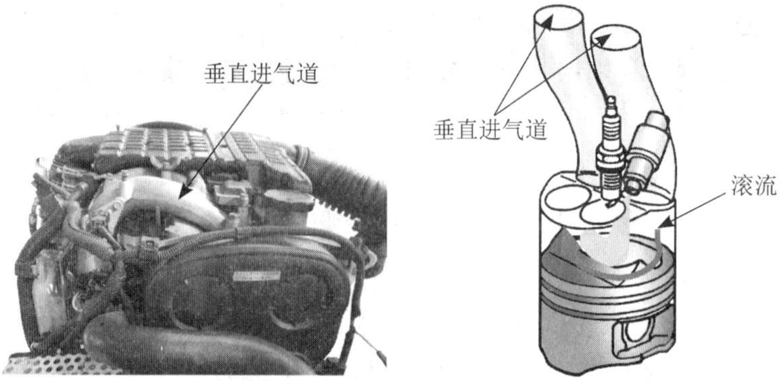

a)　　b)

◆ 图2-115　三菱汽车公司采用的气流产生装置

② 丰田汽车公司两条进气道：一为直线孔道，一为螺旋孔道，直线孔道中设涡流控制阀，低负荷时关闭，空气经螺旋孔道进入汽缸，可形成强烈的涡流（Swirl），如图2-116所示。新型D-4发动机，已将两条进气道均改为直线孔道，配合气流控制阀而产生滚动流，如图2-117所示。并将涡流式喷油器改为可改变燃料喷雾形状的裂缝（Slit）式喷油器，以及活塞顶部的改进，使整体效率进一步提高。

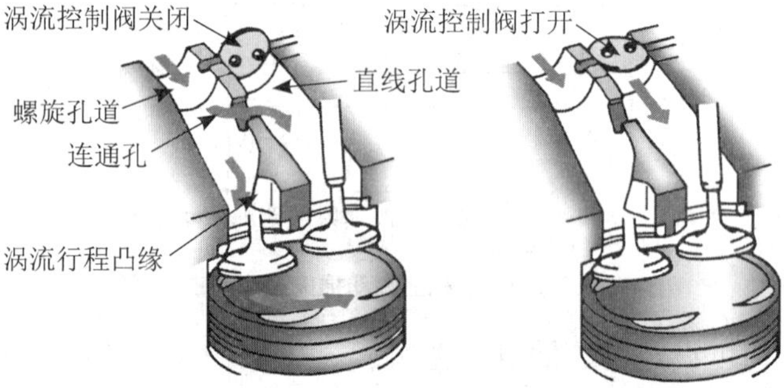

a）低负荷时　　b）高负荷时

◆ 图2-116　丰田汽车公司采用的气流产生装置（一）

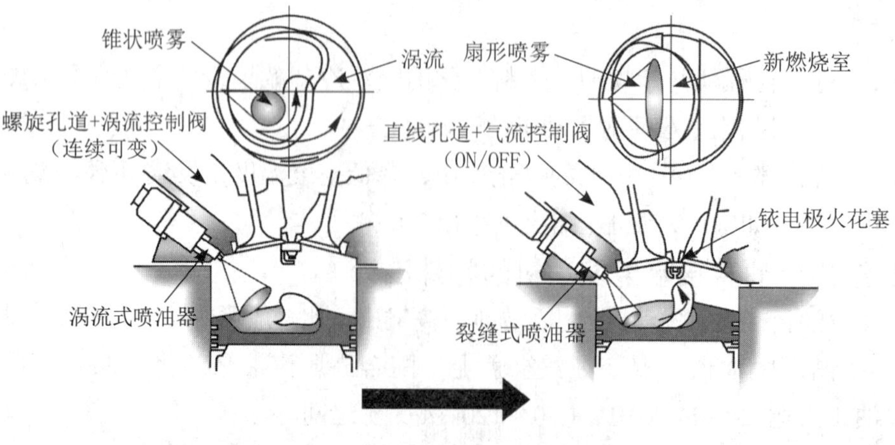

◆ 图2-117　丰田汽车公司采用的气流产生装置（二）

③日产汽车公司采用两条进气道，其中一条进气道安装有气流控制阀，如图2-118所示。

（3）特殊活塞：活塞顶部凹陷为浅碗或深碗形，并削成不规则形状，图2-119所示为各种特殊活塞的构造。

（4）电子控制节气门：因缸内汽油直接喷射发动机的燃烧形态有多种模式，空燃比变化时导致转矩变动，因此利用计算机控制节气门，以迅速且精确控制吸入空气量，来改善转矩的变动。

3. 各种缸内汽油直接喷射发动机特点的差异

表2-4所示为三菱GDI发动机、日产Di发动机与丰田D-4发动机特点的差异。

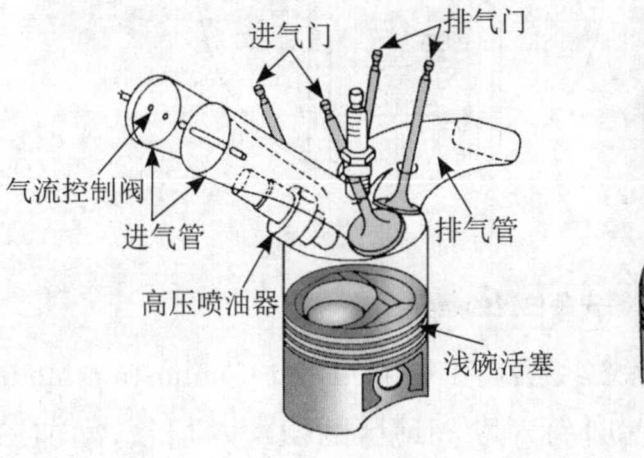

◆ 图2-118 Nissan采用的气流产生装置

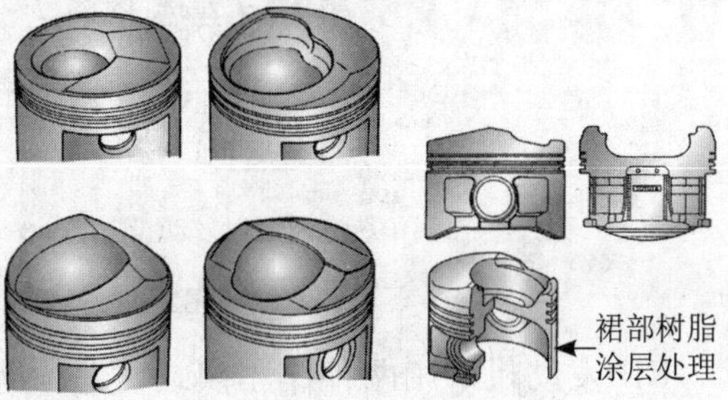

◆ 图2-119 各种特殊活塞的构造

GDI、Di与D-4发动机特点的差异　　表2-4

项目＼发动机形式	GDI发动机	Di发动机	D-4发动机
喷射压力	4.9MPa（50kg/cm^2）	6.86～8.82MPa（70～90kg/cm^2）	11.76MPa（120kg/cm^2）
活塞顶部形式	深碗形	浅碗形	深碗形
进气涡流	滚动流	成层燃烧时为涡流 均匀燃烧时为滚动流	涡流（新型D-4发动机已改为滚动流）
燃烧形态时的空燃比	超稀薄燃烧模式30～40:1 高输出模式12～15:1	成层燃烧40:1 均匀燃烧14.7:1	成层燃烧25～50:1 弱成层燃烧20～30:1 稀薄领域均匀燃烧15～23:1 正常领域均匀燃烧12～15:1
与原有相同形式喷射发动机比较	油耗减35% CO_2减35% 最大功率增10% 最大转矩增10%	油耗减20%～30% CO_2减20%～30% 最大功率增5%～7%	油耗减30% CO_2减30% 最大转矩增10%

二、缸内汽油直接喷射系统的构造与作用

1. 三菱汽车公司GDI发动机

1）概述

三菱汽车公司在1996年9月发表GDI发动机装用在Galant汽车上，1.8L 4G93的GDI

（Gasoline Direct Injection，汽油直接喷射）发动机，具备出色的发动机输出、如同柴油发动机般的油耗、大幅降低CO_2的排放。

GDI发动机汽油是直接喷入汽缸中，且喷射正时精确，不像传统式的汽油喷射发动机，汽油在汽缸外喷射，如图2-120所示，汽油与空气无法成层状混合，且汽油会附着在进气管壁及进气门上，同时喷射正时较不理想。

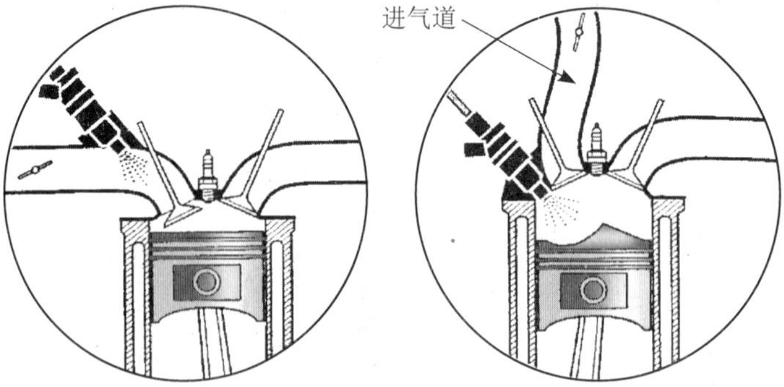

a）传统汽油喷射发动机　　b）汽油直接喷射发动机

◆ 图2-120　喷油器安装位置的差异

GDI发动机采用两种作用模式，超稀薄燃烧模式（Ultra-Lean Combustion Mode）与高输出模式（Superior Output Mode），另外针对欧洲地区的GDI发动机，增加二段混合模式（Two-Stage Mixing Mode）。当在轻负荷巡行状态，车速低于120km/h时，为超稀薄燃烧模式；当在高负荷，或车速高于120km/h时，自动转换为高输出模式；当从静止或低速急加速时，则转换为二段混合模式。

（1）GDI发动机的省油性能：

① 怠速时的燃油消耗：即使在很低的怠速转速，GDI发动机仍能维持稳定的燃烧，如图2-121所示，GDI发动机怠速转速为600r/min，而传统MPI发动机则为750r/min，因此在怠速时，GDI发动机比传统MPI发动机省油40%。

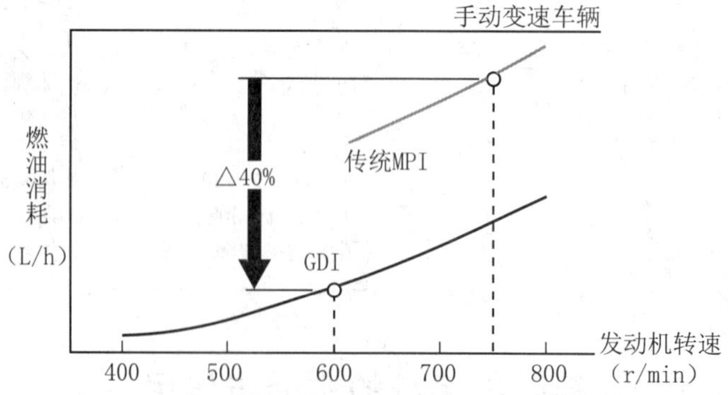

◆ 图2-121　三菱汽车公司GDI发动机怠速时的省油性能

② 巡行时的燃油消耗：如图2-122所示，以时速40km/h时为例，GDI发动机比传统MPI发动机省油35%。

③ 市区行驶时的燃油消耗：根据日本表示市区行驶的10/15模式测试，GDI发动机比传统MPI发动机省油35%，甚至比柴油发动机省油，如图2-123所示。

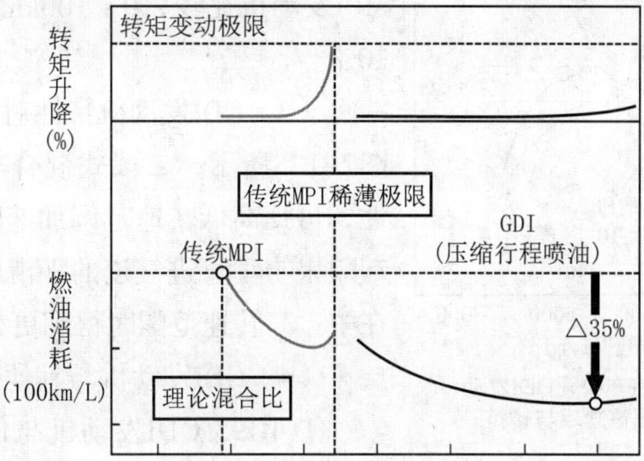

◆ 图2-122 三菱汽车公司GDI发动机巡行时的省油性能

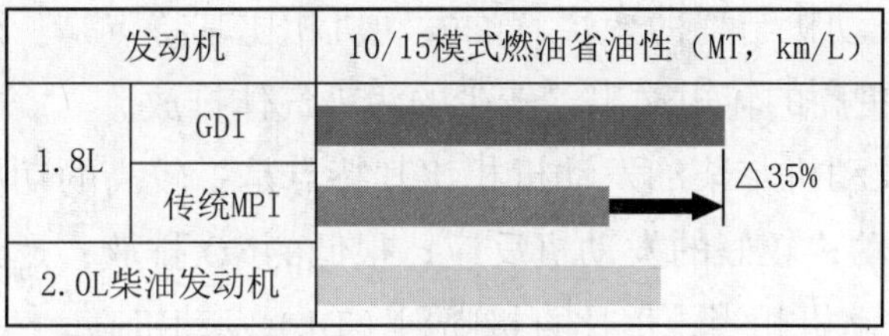

◆ 图2-123 三菱汽车公司GDI发动机市区行驶时的省油性能

（2）GDI发动机的高输出性能：

① 提高容积效率：垂直进气道使进气更流畅，且汽油在汽缸内喷射蒸发会冷却进气，因此可以提高容积效率，从低转速至高转速，GDI发动机容积效率均比传统MPI发动机高，类似增压器的增压效果，如图2-124所示。

② 提高压缩比：汽油蒸发使进气冷却的另一益处是可减低爆震，因此允许GDI发动机压缩比达12.0：1，可提高燃烧效率，如图2-125所示。

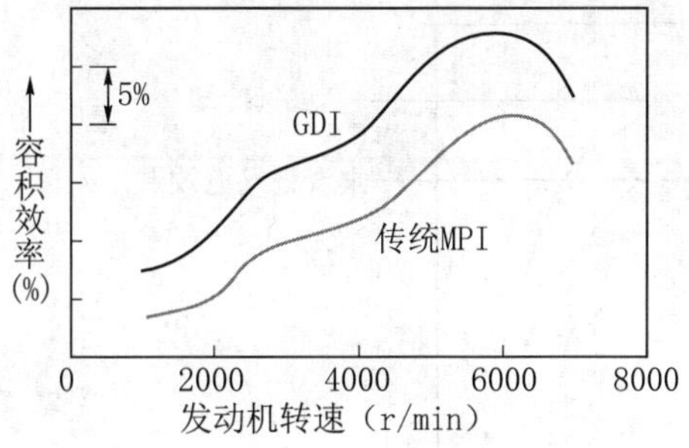

◆ 图2-124 三菱汽车公司GDI发动机的高容积效率

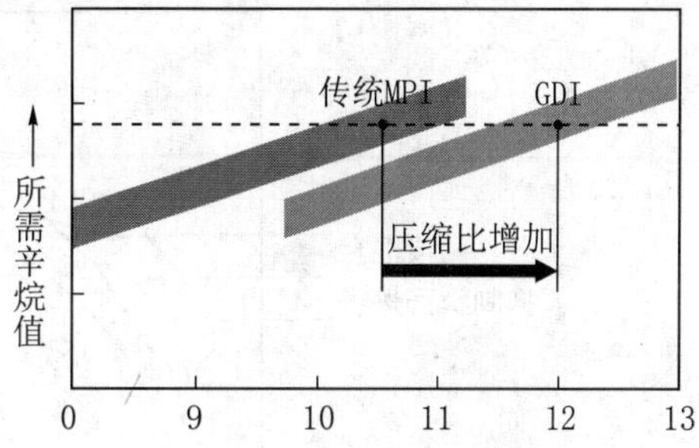

◆ 图2-125 三菱汽车公司GDI发动机的高压缩比

③ 输出高功率与转矩：与同条件的传统MPI发动机相比，在所有转速时，GDI发动机输出的功率与转矩，均高10%以上，如图2-126所示。

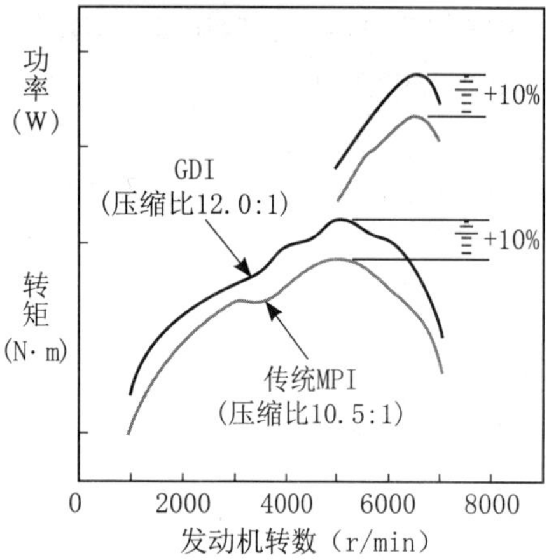

◆ 图2-126　三菱汽车公司GDI发动机输出高功率与转矩

④ 加速性能：在高输出模式时，GDI发动机提供优异的加速性能，如图2-127所示，与传统MPI发动机比较，0～100km/h的加速时间减少约10%。

（3）GDI发动机特性对提高转矩的影响，如图2-128所示，二段式混合与抑制瞬间爆震的特性，可提高低转速范围加速时的转矩；而进气冷却效果与垂直进气道的平滑顺畅进气的特性，可在中、高转速范围时得到更大的输出转矩。

（4）GDI发动机与其他形式发动机的比较：

① 4G93 GDI发动机与传统汽油发动机相比其特点是：很好的低燃油消耗；相同的最高功率输出；较高的转矩输出，尤其是在低转速时；较少的污染气体排放。

② 4G93 GDI发动机与稀薄燃烧汽油发动机相比其特点是：较好的低燃油消耗；较高的功率输出；更高的转矩输出；较少的污染气体排放。

③ 4G93 GDI发动机与柴油发动机相比其特点是：较高的功率与转矩输出；较安静的运转；较少振动；较好的发动机反应；很低的NO_x排放；燃油消耗率与大部分非直接喷射（IDI）发动机相当，但比直接喷射（DI）发动机高。

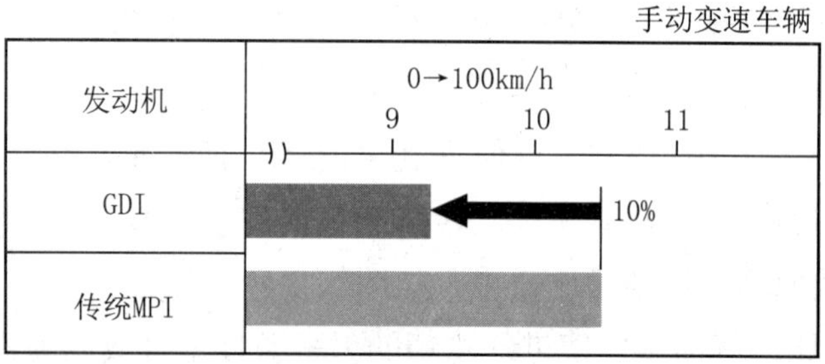

◆ 图2-127　三菱汽车公司GDI发动机的加速性能

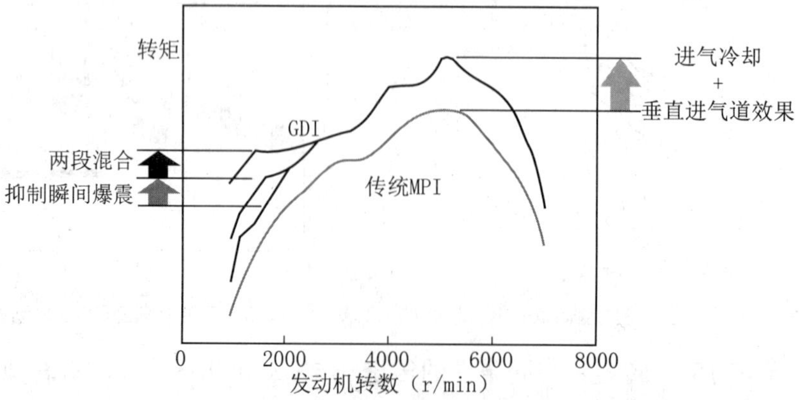

◆ 图2-128　GDI发动机特性对提高转矩的影响

2）GDI发动机的构造与作用

GDI发动机的四项创新关键设计，如图2-129所示。

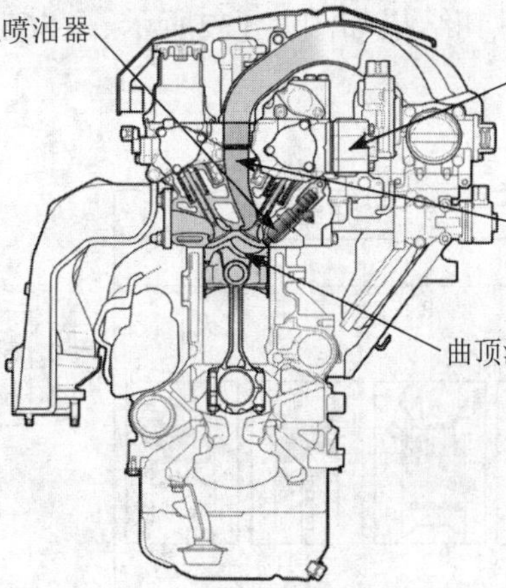

◆ 图2-129 三菱汽车公司GDI发动机的四项创新关键设计

（1）GDI发动机在各模式时的作用：

① 超稀薄燃烧模式。适用一般行驶时，车速稳定，无瞬间加速，车速在120km/h以下，此时混合比为30～40：1。

在进气行程时，吸入垂直气流，空气因活塞顶部的曲面而向上反卷，形成强烈的顺时针方向滚动气流；在压缩行程末期，高压涡流喷油器喷入涡流状汽油，配合滚动气流及活塞的位移，使雾状汽油，即浓混合气，集中在火花塞附近，易于点火燃烧，而周围的混合气较稀薄，成层状分布，如图2-130所示；整个燃烧火球控制在球形穴内，没有燃料浪费，且空燃比最稀可达40：1仍能完全燃烧。

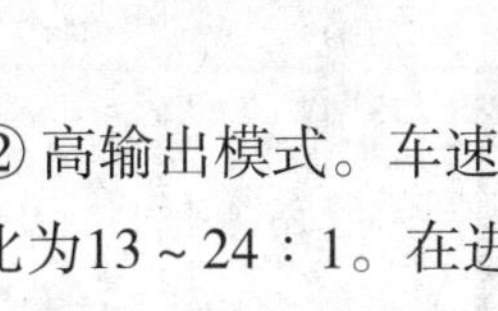

a）喷油开始

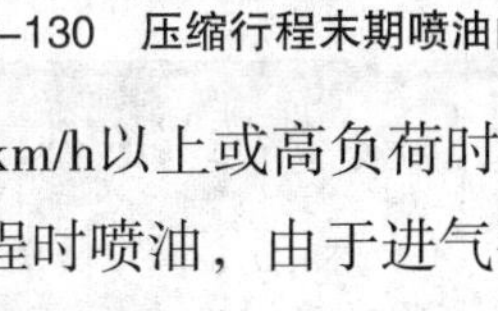

b）喷油中

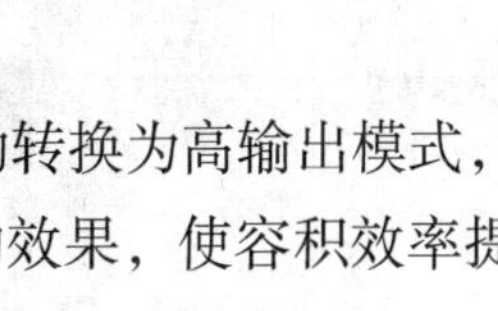

c）喷油结束

◆ 图2-130 压缩行程末期喷油的情形

② 高输出模式。车速在120km/h以上或高负荷时，自动转换为高输出模式，此时混合比为13～24：1。在进气行程时喷油，由于进气冷却的效果，使容积效率提高，因此功率及转矩的输出比传统MPI发动机高。

③ 二段混合模式。针对欧洲地区使用的4G93 GDI发动机设计，除可提升低、中转速的转矩，尤其是低速转矩，使车辆起步强劲外，并可抑制爆震的发生。

所谓二段混合，是将全部喷射量的1/4左右燃料，在进气行程时喷入汽缸中，为第一段喷射，此时混合气非常稀薄，空燃比约为60：1，不可能发生自燃现象；另外的3/4燃料，在压缩行程末期喷入汽缸中，为第二段喷射，如图2-131所示，瞬间形成的浓混合气，空燃比约为12∶1，立刻点火燃烧，根本没有时间让混合气发生反应而造成爆震，同时其结果如图2-132所示，在650r/min时，其转矩输出比传统燃烧方式高55%。

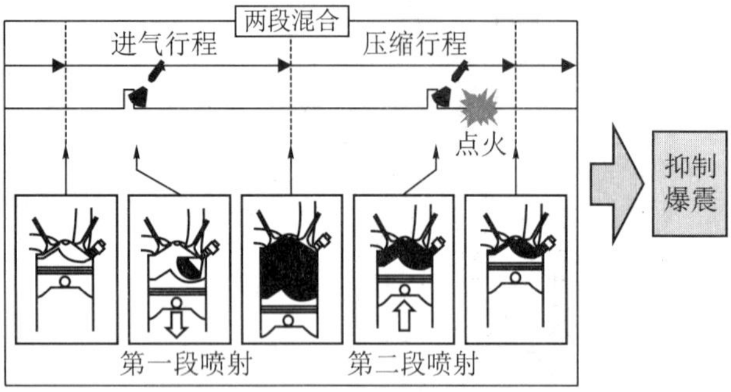

◆ 图2-131 二段混合模式的作用

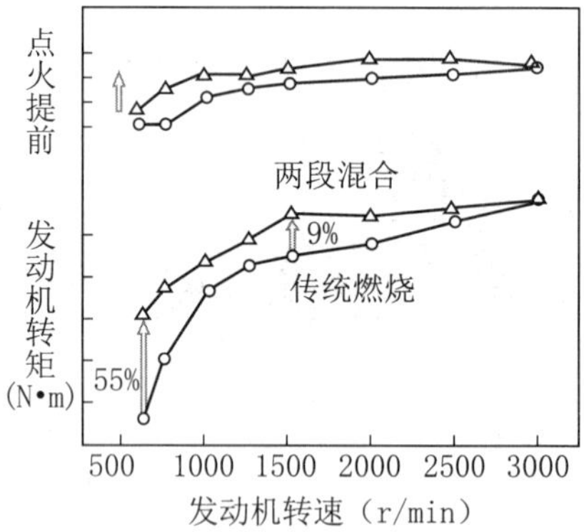

◆ 图2-132 二段混合模式时的转矩输出

（2）GDI发动机的汽油系统：如图2-133所示，由低压汽油泵、低压汽油调节器、高压汽油泵、高压汽油调节器、油压传感器、汽油共管及喷油器等组成。高压汽油泵的安装位置如图2-134所示。

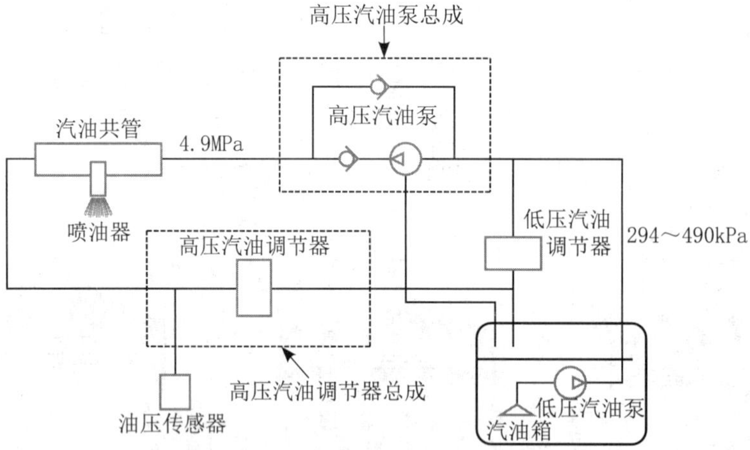

◆ 图2-133 三菱汽车公司GDI发动机汽油系统的组成

◆ 图2-134 高压汽油泵等的安装位置

① 高压汽油泵：由进气凸轮轴直接驱动，能在发动机所有运转范围内，提供汽油雾化所需的5MPa油压。

② 高压汽油调节器：将高压汽油泵送来的油压调节为5MPa，当油压超过时，释放阀打开，以维持油压在一定压力。

③ 高压涡流喷油器：产生强烈涡流使汽油雾化，以达到汽油粒子微粒化的效果。

④ 喷油器驱动器（Injector Driver）：喷油器的动作利用喷油器驱动器，喷油器驱动器为高电压驱动器，因此即使在超稀薄燃烧模式，喷油器针阀打开的短暂时间内，5MPa的压力能精确喷射汽油，也就是能提高喷油器的反应能力，因此增加喷油的准确性。

喷油器驱动器提供高电压及高电流给喷油器，如图2-135所示，动作瞬间电压及电流可达100V及20A，喷油器的开启时间，在怠速与节气门全开时，分别只有MPI发动机喷油器的1/8与1/4。

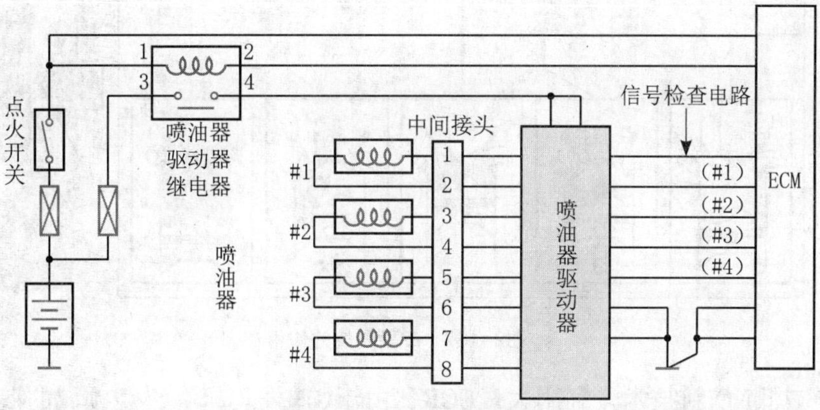

◆ 图2-135　高压喷油器电路

3）GDI发动机的排气污染控制技术

GDI发动机的净化技术为着重于如何减低HC及NO_x的排放，采用二段燃烧（Two-Stage Combustion）模式、反应型排气歧管（Reactive Type Exhaust Manifold）及大量EGR与稀薄燃烧NO_x催化转换器（Lean NOx Catalytic Converter）等新技术。

（1）减低HC排放新技术。利用二段燃烧，因排气温度升高，使三元催化转换器的催化剂提前活性化，及利用反应型排气歧管，使排气停留，并与空气混合，以确保燃烧反应继续进行，排气升温，以使催化提前活性化，如图2-136所示。也就是这两种新技术，可使冷发动机发动后，在很短的时间内，使三元催化转换器到达其250℃以上的工作温度，因此HC排出量迅速降低。

二段燃烧，在层状燃烧模式的怠速时，除了在压缩行程末期喷油外，还在排气行程末期追加喷射汽油，再度产生燃烧作用，如图2-137所示，使发动机起动后怠速时的排气温度高达800℃，比一般发动机200℃的排气温度高了许多。GDI发动机可设计二段燃烧，而传统MPI发动机，因喷油器装在汽缸外，无法如GDI发动机般设计。

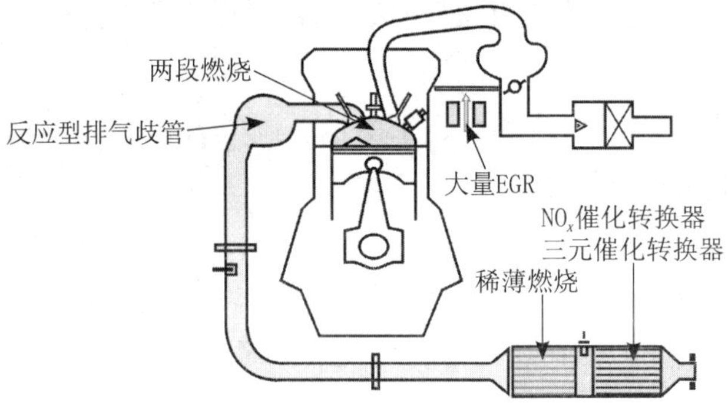

◆ 图2-136　GDI发动机的排气控制技术

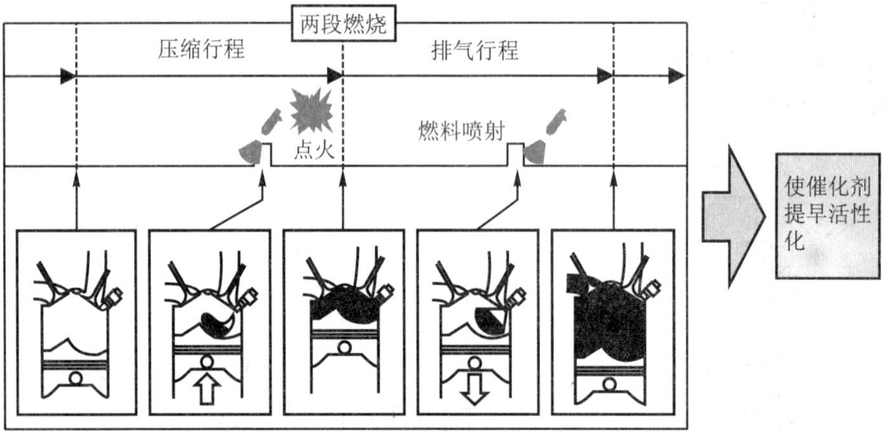

◆ 图2-137　二段燃烧的作用

（2）减低NO_x新技术。利用大量EGR，由于GDI发动机在燃烧领域的混合气浓度高，即使有大量EGR气体，也不会影响燃烧的稳定性，因此EGR的利用率可达70%，使NO_x排出量大幅度降低。

利用稀薄燃烧NO_x催化转换器，其转换器为在稀薄条件下仍可净化NO_x的转换器。欧洲地区由于汽油中含硫量较高，因此使用选择还原型催化（Selective Reduction Type Catalysts）；而日本由于汽油中含硫量较低，因此使用NO_x捕捉型催化（NOx Trap Type Catalysts）。

2. 丰田汽车公司D-4发动机

1）概述

为减少地球环境中的二氧化碳，同时为节省石油能源，丰田汽车公司开发的高性能、低油耗环保发动机，称为D-4发动机，在一般转速时，空燃比可达50：1的超稀薄燃烧，实现前所未有的省油性能；同时搭配VVT-i与电子控制节气门机构，使发动机反应更灵敏，能产生更高的功率与转矩。

D-4的含义为直接喷射四行程汽油发动机（Direct Injection 4 Cycle Stroke Gasoline Engine），另外四个D也可用来表示直接汽油喷射（Direct Gasoline Injection）、充

分的混合形成（Dynamic Mixture Formation）、精确的燃烧控制（Decisive Combustion Control）及愉悦的性能（Delightful Performance）等。

D-4发动机系统的组成如图2-138所示。

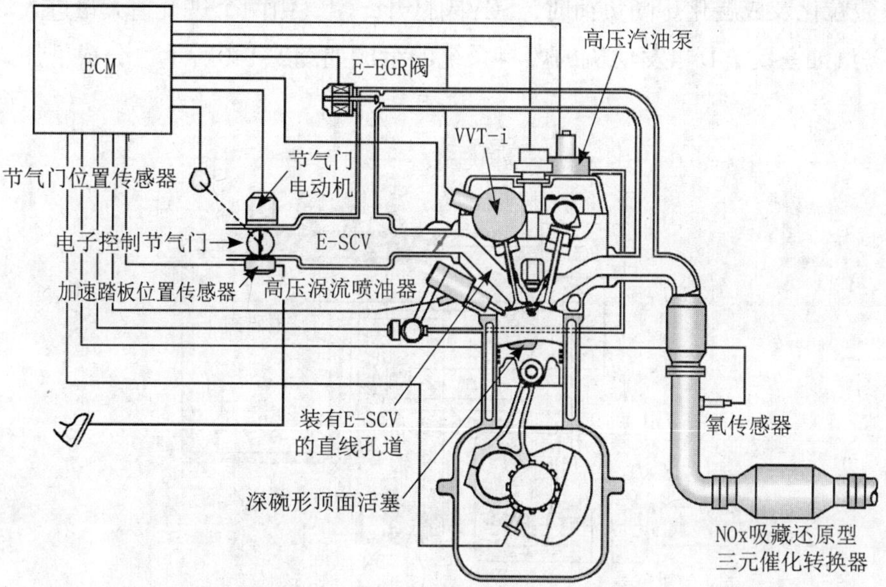

◆ 图2-138　D-4发动机系统的组成

2）D-4发动机的构造与作用

（1）发动机本体。D-4发动机为2.0L的DOHC直列四缸十六气门发动机，其压缩比为10∶1。

重点是活塞顶部燃烧室的设计，呈深碗形。在凹陷部内混合气成层化的形成，如图2-139所示，当压缩行程活塞接近上止点时，喷油器从与火花塞稍为偏斜的方向喷射汽油，与进气涡流混合气化，并向火花塞处移动，汽油与空气成层化分布，接着火花塞点火，混合气迅速燃烧。

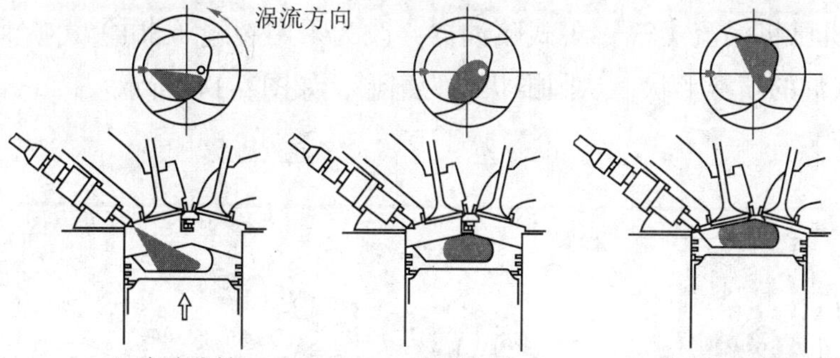

◆ 图2-139　活塞凹陷部内混合气成层化的形成

（2）进气系统。每个汽缸均设有两个进气道，一个是直线孔道，另一个是螺旋孔道，直线孔道上设有电子控制的涡流控制阀（Swirl Control Valve，SCV），如图

2–116与图2–138所示。

低、中负荷时，SCV阀关闭，空气仅能由螺旋孔道进入，并经连通孔，高速进入直线孔道。由螺旋孔道进入的空气，由于涡流形成凸缘的设计，产生强烈进气涡流，可促进燃料微粒化及成层化。高负荷时，SCV阀打开，空气由两个进气道大量进入汽缸。

（3）汽油系统。D–4发动机的燃料系统的组成如图2–140所示，分成低压与高压两部分。

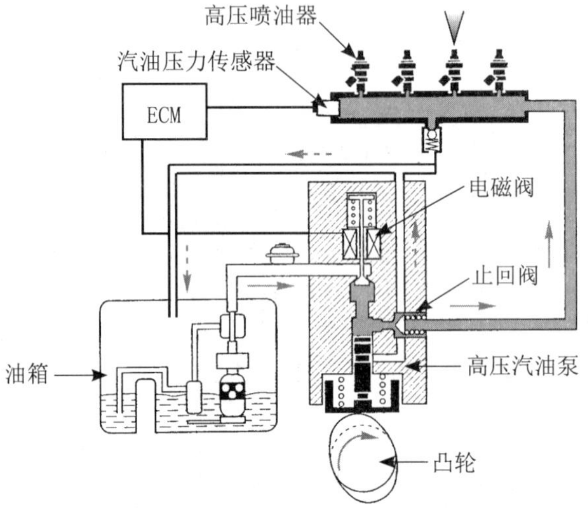

◆ 图2–140　D–4发动机汽油系统的组成

高压汽油泵内的柱塞，由排气凸轮轴上的特殊凸轮驱动，如图2–141所示，将低压汽油提高至8～13MPa（82～133kg·f/cm^2）的高压，再送至汽油共管中。当油压太低或太高时，汽油压力传感器将信号送给ECM，ECM使电磁阀打开或关闭，以调节一定的油压，如图2–142所示。

高压涡流喷油器，是利用电容放电式、瞬间的高电压及定电流的方式驱动喷油器，在进气行程初期或压缩行程末期作用，其喷射压力为12MPa（122kg·f/cm^2）。新型D–4发动机已将涡流（Swirl）式喷油器，改为采用裂缝（Slit）式喷油器，如图2–143所示。汽油的喷雾形状，从圆锥状改为扇形，如图2–144所示。

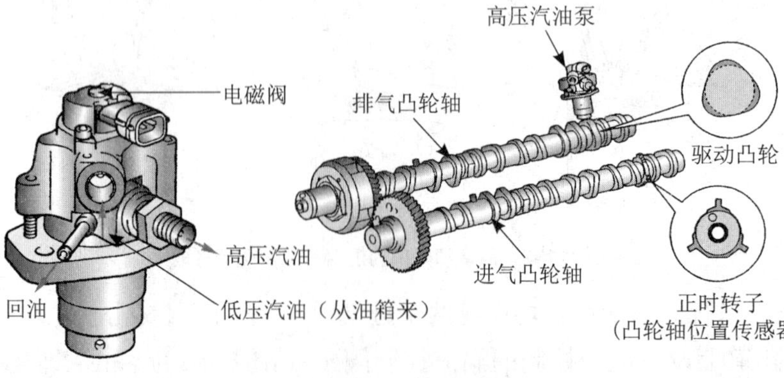

◆ 图2–141　高压汽油泵的构造与驱动

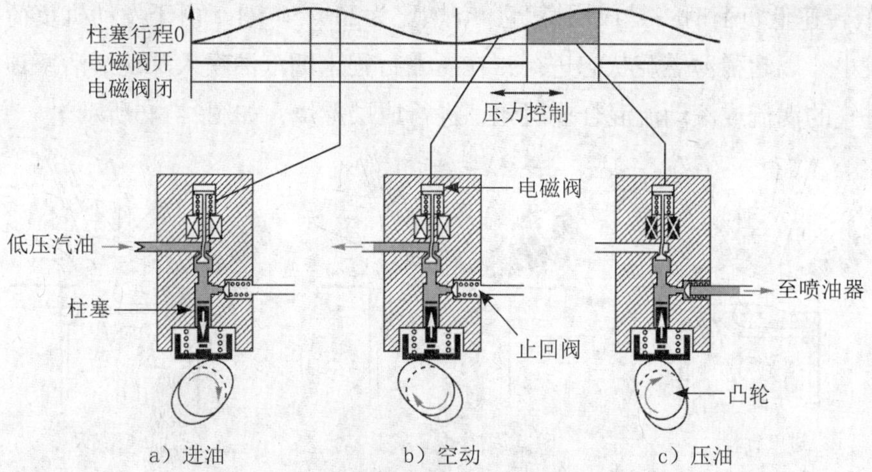

◆ 图2-142 高压汽油泵的作用

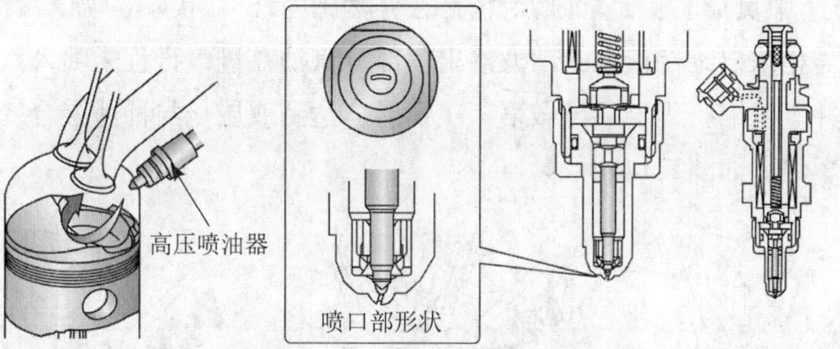

◆ 图2-143 裂缝式喷油器的构造

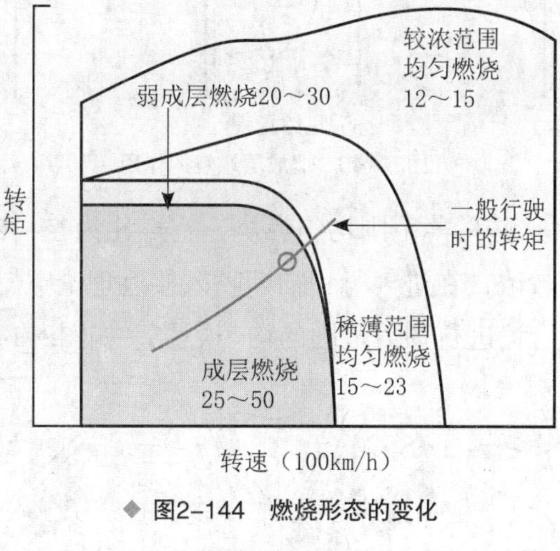

◆ 图2-144 燃烧形态的变化

（4）汽油喷射控制。为实现在各种运转条件下，均能稳定的燃烧，因此根据发动机转速与负荷，做最适当的汽油喷射量与喷射正时控制。汽油喷射量控制，即是空燃比的控制，如图2-144所示，随着空燃比的变化，燃烧形态也有四种变化。从成层燃烧的超稀薄燃烧，转移至稀薄范围的均匀燃烧过程中，设有一弱成层燃烧范围，其目的是在空燃比发生变化时，用以抑制转矩变化的冲击。

① 低转速低负荷时：是成层燃烧，空燃比为25～50：1。由于发动机负荷小，所需动力较小，以超稀薄燃烧状态进行；在压缩行程末期汽油喷入深碗形活塞顶的燃烧室，与进气的涡流或滚动流混合成层化，进行成层燃烧，如图2-145所示。

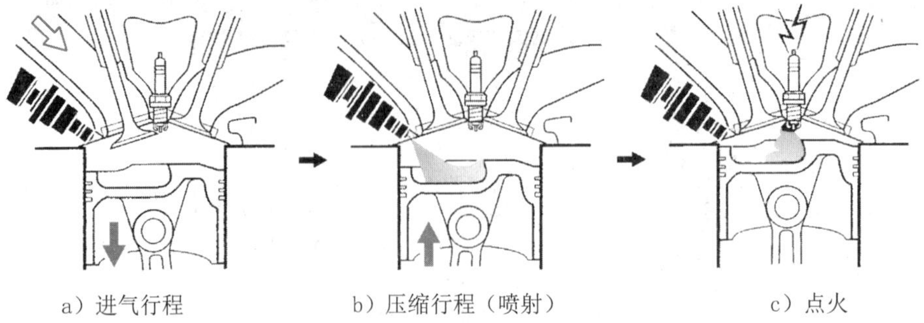

◆ 图2-145　成层燃烧的作用

② 低转速中负荷时：是弱成层燃烧，空燃比为20～30：1。当发动机负荷增加时，混合气需稍浓以维持正常的动力输出，部分汽油在进气行程先喷入汽缸中，先行充分混合，并于压缩行程末期再做第二次喷射，达到成层化与稀薄混合气的结果，以进行弱成层燃烧，如图2-146所示。

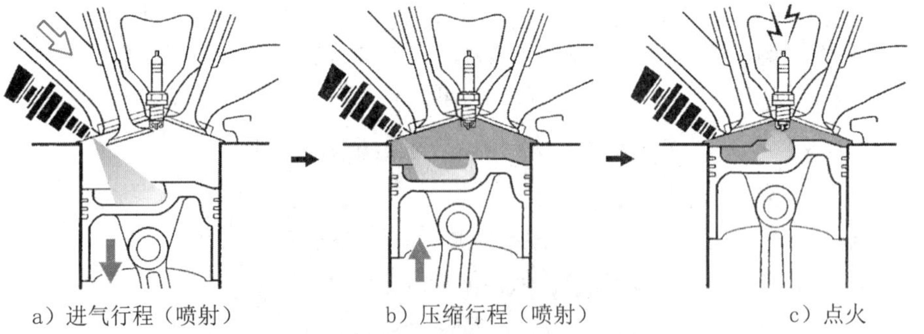

◆ 图2-146　弱成层燃烧的作用

③ 中转速中负荷时：是稀薄范围均匀燃烧，空燃比为15～23：1。为保持一定的转矩值，此时混合气须较浓，在进气行程初期喷入接近理论空燃比的汽油，经进气行程及压缩行程的均匀混合，进行稀薄范围的均匀燃烧，如图2-147所示。

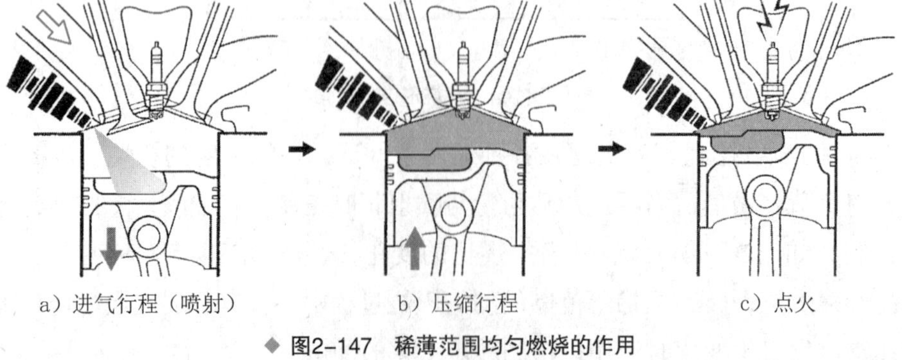

◆ 图2-147　稀薄范围均匀燃烧的作用

④高转速高负荷时：是较浓范围均匀燃烧，空燃比为15～23：1。此时发动机必须发挥最大转矩值，因此在进气行程喷入较多的汽油，使空燃比维持在理论空燃比附近，进行较浓范围的均匀燃烧。

3）D-4发动机的排气污染控制技术

采用大量EGR控制，EGR回流量最大可达40%，能降低燃烧温度，减少NO_x产生。大量EGR虽然会造成燃烧不稳定，但是采用涡流及层状混合气的技术，可稳定燃烧状况。

由于传统式的三元催化转换器，在理论混合比附近的净化效果最好，而汽油直接喷射发动机经常是在稀薄燃烧状态，因此D-4发动机采用NO_x吸藏还原型催化转换器，在稀薄燃烧范围时，铂（Pt）使O_2与NO化合成NO_2，并由吸藏物质（R）吸附，此时为吸藏时期；当发动机运转状态转变为理论空燃比的燃烧范围时，吸藏物质上的NO_2释放至铂上，与排气中的HC与CO发生还原反应生成N_2、CO_2与H_2O，如图2-148所示。

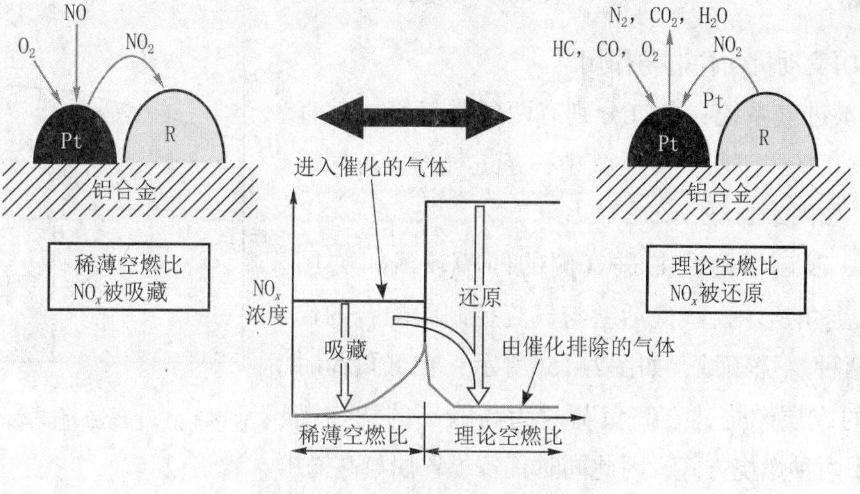

◆ 图2-148 NO_x吸藏还原型催化转换器的作用

3. 日产汽车公司Di发动机

1）概述

日产汽车公司的Di（Direct injection）汽油发动机，是继三菱GDI发动机与丰田D-4发动机之后，另一部汽油直接喷射发动机。

Di发动机也是兼顾环保与行驶性能的发动机，能大幅度提高省油性及发动机的输出。例如，将VQ30DE型MPI发动机改成VQ30DD型直接喷射发动机后，其油耗减少20%～30%，而输出则提高5%～7%。

Di发动机系统的组成如图2-149所示。

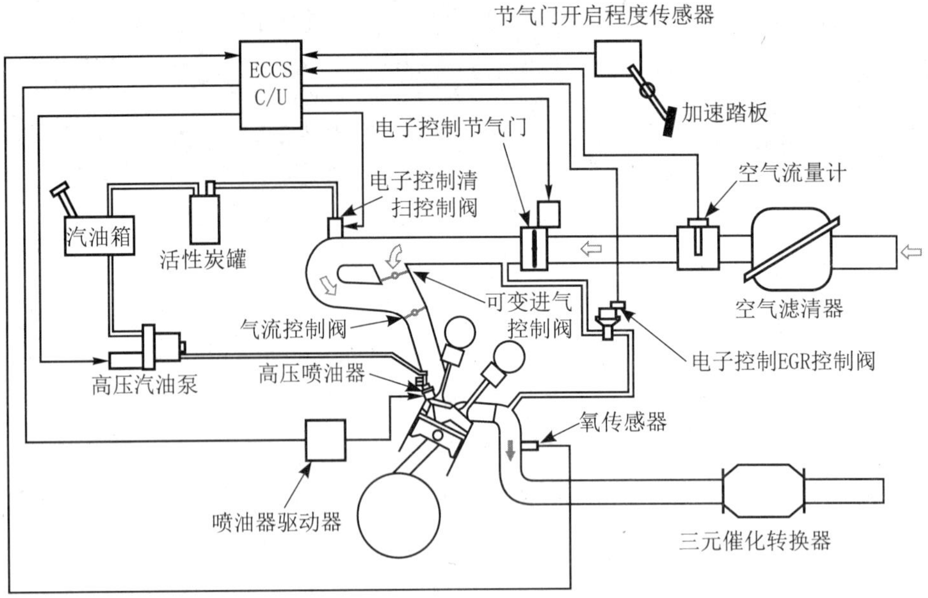

◆ 图2-149　Di发动机系统的组成

2）Di发动机的构造与作用

（1）进气系统：各缸分别有两条进气管，其直立角度比一般发动机大，且其中一条进气管设有气流控制阀，如图2-118所示。

（2）浅碗活塞：其进气侧的凹槽较浅，如图2-119左上角所示。浅碗活塞与气流控制阀配合的作用分成两种燃烧领域，如图2-150所示，在低负荷时为省油的成层燃烧，在高负荷时为高输出的均匀燃烧，应用两种燃烧方式，因此同时具备了省油与高输出。

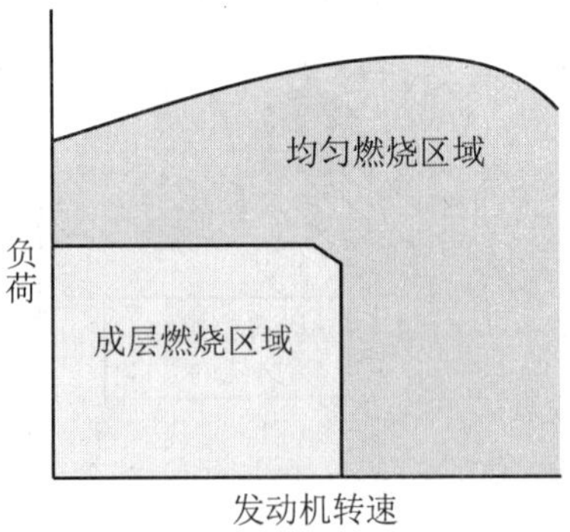

◆ 图2-150　Di发动机的两种燃烧领域

① 成层燃烧：为低、中负荷时的作用，此时气流控制阀关闭，空气从单侧进气管进入，在汽缸内产生涡流，如图2-151所示；接着在压缩行程末期喷入的燃料，被涡流保持在火花塞附近，在被上推的混合气扩散前，火花塞点火成层燃烧，此时汽缸内的空燃比约为40：1。

② 均匀燃烧：为高负荷时的作用，此时气流控制阀打开，空气从两个进气管进入，在汽缸内产生滚动流，如图2-152所示；燃料在进气行程时即喷入，整个汽缸内为均匀的混合气，加上进气冷却效果，因此可获得比传统MPI发动机高的输出。

（3）高压喷油器：Di发动机采用高电压喷油器，喷射压力介于GDI发动机与D-4发动机之间，为7.0～9.0MPa（70～90kg·f/cm^2），并采用冷车起动喷油器。

（4）转矩变动控制：产生相同转矩时，均匀燃烧比成层燃烧所需的空气较少，因此从成层燃烧转换成均匀燃烧时，电子控制节气门会瞬间关闭，同时汽油喷射量、喷射正时、点火正时与EGR量等也会精密变动，因此转矩平顺转换，使驾驶质感优良。

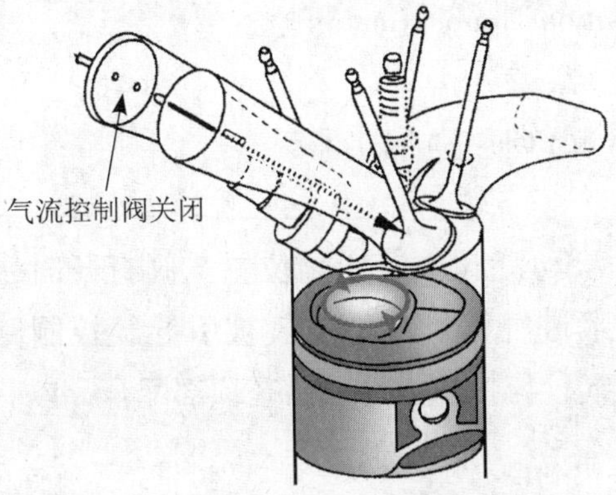

图2-151　成层燃烧的作用

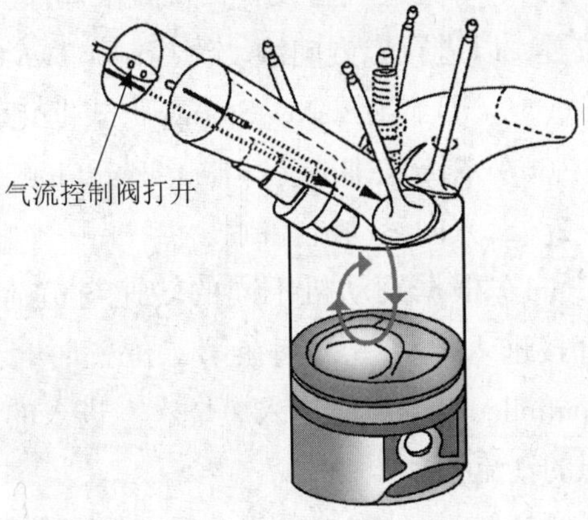

图2-152　均匀燃烧的作用

三、欧洲汽车缸内汽油直接喷射系统的现况

1. 奥迪汽车公司

奥迪汽车的汽油直接喷射发动机，简称为FSI（Fuel Stratified Injection）。奥迪首先在1997年的德国法兰克福车展中展出三缸汽油直接喷射发动机，此项技术已普遍应用在2001年起的奥迪各款汽车上。

1.6 FSI、2.0 FSI及与2.0 FSI对照的传统汽油喷射发动机2.0mu规格，见表2-5。奥迪表示，FSI发动机的省油性可达15%。

1）FSI发动机的核心技术

（1）单柱塞高压喷射泵，配合共管（Common Rail）式汽油喷射系统，喷射压力达11.0MPa。

奥迪三种发动机的规格　表2-5

项目＼形式	1.6 FSI	2.0 FSI	2.0 mu
最大功率	112.5PS（5800r/min）	151.7PS（6000r/min）	134PS（5700r/min）
最大转矩	15.8kgf·m（4500r/min）	20.4kgf·m（3500r/min）	19.5kgf·m（3300r/min）
0～100km/h	9.8s	9.1s	10.2s
极速	202km/h	211km/h	205km/h
平均耗油量	16.9km/L	14.5km/L	12.7km/L
压缩比	12.1:1	12.0:1	10.3:1

注：①1PS=735.499W。
②1kgf·m=9.80665N·m。

（2）四气门汽缸盖旁装喷油器（注：奥迪绝大部分发动机都是五气门）。

（3）连续可调整进气凸轮轴。

（4）每缸进气管设有二位置滚动流阀（Two Position Tumble Flap），根据需要变化位置，以进行二方向滚动流控制（Two Position Tumble Control）。

（5）NO_x储存（NO_x Storage）式催化转换器。

（6）双路式排气冷却器（Two-Line Exhaust Gas Cooler）。

2）二方向滚动流控制技术

（1）根据发动机不同的转速与负荷，滚动流阀不断变化位置。阀打开时，空气直接进入燃烧室；阀在第二位置时，遮蔽进气管下端，空气被引导经控制路径（Controlled Path），进入燃烧室。进入的空气，与特殊设计的活塞顶部配合，以获得理想的气流移动。

（2）有两种作用模式，根据需要进行最佳切换：

① 成层模式（Stratified Mode）：为FSI发动机的经济模式。汽油在压缩行程末期喷入，被卷动的气流带向火花塞，易点火的混合气在火花塞周围，其他充足的空气则成层充满在燃烧室中。

② 均匀模式（Homogeneous Mode）：高负荷时转为此模式作用。

3）排气污染控制技术

NO_x仍是困扰汽油直接喷射发动机的问题，在过量空气燃烧过程中，使用传统式催化转换器无法有效还原NO_x。因此奥迪采用一系列的方法（Seriesof Measures），以解决NO_x的问题。

（1）采用特殊设计EGR系统，在成层稀薄燃烧作用时，可减少70%的NO_x排放量。

（2）再安装两个催化转换器，一个是原来的三元催化转换器，另一个是以钡（Barium）涂层的NO_x储存式催化转换器，钡可与NO_x结合，当转换器饱和时，发动机混合比会短暂增浓，提高稍浓排气的温度，转换器内的钡分子会释放NO_x，并转化为氮气。另外因为NO_x储存式催化转换器最有效率的工作温度介于250～500℃之间，因此将排气冷却器安装在NO_x储存式催化转换器的前面，以维持一定的排气温度。

（3）2.0 FSI甚至安装三个催化转换器。

2. 奔驰汽车公司

奔驰汽车公司新一代四缸CGI发动机，或称为层状进气汽油喷射（Stratified Charged Gasoline Injection）发动机，采用各项先进技术，以达到在所有转速时均有充足的转矩、节省汽油及符合严格的排气标准。

奔驰汽车公司各项先进技术为：

（1）汽油直接喷射发动机。

（2）机械增压器。

（3）每缸四气门。

（4）逆转平衡轴。

（5）连续可调整进气及排气凸轮轴。

3. 德国博世公司

在汽油直接喷射技术方面，事实上，博世早在20世纪30年代就已经将汽油直接喷射技术应用在飞机发动机上；在20世纪50年代初期，将此技术应用在Mercedes-Benz 300 SL及600c.c.Gutbrod汽车发动机上，当时是为了提高发动机功率，而时至今日，则必须同时兼顾省油及低污染。

今天，博世将其纯熟的柴油发动机高压直喷（Direct Injection，DI）技术应用在汽油发动机上，喷射压力达12MPa，由Motronic MED7计算机控制作用模式。部分负荷时，为层状进气（Stratified Charge）模式，将燃烧室分成在火花塞周围于热隔离气层（A Thermally Insulated Layer Comprising Air）内的易点火混合气与残余气体（Residual Gas）两个区域；当负荷增加时，Motronic MED7将作用模式切换为均匀进气（Homogeneous Charge）。

博世 Motronic MED7汽油直接喷射系统，其汽油消耗平均减少15%，在部分负荷怠速时甚至可达40%；而在均匀进气模式时，其转矩可提高5%。

理论测试

一、判断题

1. 缸内汽油直接喷射发动机的两大优点为省油及高输出。 ( )
2. 缸内汽油直接喷射发动机比一般喷射发动机的输出高，是因为其在压缩行程时喷油。 ( )
3. 日产汽车缸内汽油直接喷射发动机，其两个进气道都没有装控制阀。 ( )
4. 汽油喷射压力最高的是GDI发动机。 ( )
5. GDI发动机的进气流动为滚动流。 ( )
6. Di发动机的活塞顶部为浅碗形。 ( )
7. GDI发动机的怠速为750r/min。 ( )
8. GDI发动机的容积效率从低转速到高转速，均比传统MPI发动机低。 ( )
9. GDI发动机的加速性能比传统MPI发动机好。 ( )
10. 一般行驶，车速在120km/h以下时，GDI发动机是超稀薄燃烧模式状态。 ( )
11. GDI发动机的汽油喷射压力为50MPa。 ( )
12. GDI发动机喷油器开闭动作比传统MPI发动机的喷油器快2倍。 ( )
13. GDI发动机在超稀薄燃烧模式时，喷油器在进气行程喷油。 ( )
14. GDI发动机利用反应型排气歧管，可减少NO_x。 ( )
15. D-4发动机活塞顶部为深碗形。 ( )
16. 旧型D-4发动机在两个进气道的螺旋孔道设涡流控制阀。 ( )
17. Di发动机在均匀燃烧时的进气流动为涡流。 ( )
18. Di发动机的喷射压力介于GDI发动机与D-4发动机之间。 ( )
19. 奥迪与博世的汽油直接喷射系统，其省油性均可达15%。 ( )
20. 奥迪与博世的汽油直接喷射系统，其作用模式是相同的。 ( )

二、选择题

1. GDI发动机的压缩比可达______。

(A) 9.5：1　(B) 10.5：1　(C) 12.0：1　(D) 14.5：1

2. 缸内汽油直接喷射发动机的压缩比可提高，是因为______。

（A）汽油辛烷值高　　（B）汽油在汽缸中气化，降低空气温度

（C）为多点喷射　　（D）发动机工作温度较低

3. D–4发动机的汽油喷射压力为______MPa。

（A）2.94　　（B）4.9　　（C）6.86 ~ 8.82　　（D）11.76

4. 各种缸内直接喷射发动机，其空燃比最稀均可达______。

（A）20：1　　（B）30：1　　（C）40：1　　（D）50：1

5. GDI发动机______。

（A）喷射正时精确　　（B）汽油在汽缸外喷射

（C）汽油会附着在进气管壁上　　（D）汽油与空气无法成层状混合

6. GDI发动机从静止或低速急加速时，为______。

（A）超稀薄燃烧模式　　（B）高输出模式

（C）二段混合模式　　（D）均匀燃烧模式

7. 进气冷却及垂直进气道的效果，使GDI发动机______。

（A）加速时不易爆震　　（B）低转速有较高转矩

（C）减少运转振动　　（D）中、高转速有更高的转矩输出

8. GDI发动机的二段混合模式，其全部燃料的______分别在进气及压缩行程喷入汽缸。

（A）1/3，2/3　　（B）1/4，3/4　　（C）1/5，4/5　　（D）1/2，1/2

9. GDI发动机喷油器的动作电压及电流可达______。

（A）12V，3A　　（B）24V，6A　　（C）36V，10A　　（D）100V，20A

10. GDI发动机利用二段燃烧，以减少______。

（A）CO　　（B）HC　　（C）NO_x　　（D）CO_2

11. D–4发动机的高压汽油压力为______MPa。

（A）3.92 ~ 5.88　　（B）6.86 ~ 8.82　　（C）8.036 ~ 13.034　　（D）14.7 ~ 17.64

12. D–4发动机的燃烧形态有______种变化。

（A）二　　（B）三　　（C）四　　（D）六

13. D–4发动机的成层燃烧，空燃比为______。

（A）25 ~ 50：1　　（B）20 ~ 30：1　　（C）15 ~ 23：1　　（D）12 ~ 15：1

14. D–4发动机，在压缩行程末期喷油的是______模式。

（A）成层燃烧　　（B）弱成层燃烧

（C）稀薄范围均匀燃烧　　（D）较浓范围均匀燃烧

15. 为适应缸内汽油直接喷射发动机因燃烧变化的转矩变动，一般均设置____。
（A）垂直进气道　　（B）涡流式喷油器
（C）高压汽油泵　　（D）电子控制节气门

三、简答题

1. 写出缸内汽油直接喷射发动机高输出的原因。
2. 缸内汽油直接喷射发动机为什么要设置电子控制节气门？
3. GDI发动机各燃烧模式分别在什么时间作用？
4. GDI发动机为什么容积效率会比传统MPI发动机高？
5. GDI发动机与稀薄燃烧汽油发动机相比有哪些优点？
6. 二段混合模式有哪些特点？
7. GDI发动机高压喷油器有哪些特点？
8. GDI发动机减低HC排放的新技术是什么？
9. 二段燃烧如何作用？
10. 试述D-4发动机进气道SCV阀在低、中负荷时的作用。
11. D-4发动机设有弱成层燃烧的目的是什么？
12. 试述D-4发动机在低转速中负荷时的作用。
13. 试述D-4发动机NO_x吸藏还原型催化转换器的作用。
14. 试述Di发动机均匀燃烧的作用。
15. 试述Di发动机的转矩变动控制。

第3章

电控柴油喷射系统

- 3.1 电控柴油喷射系统
- 3.2 共轨燃油喷射系统（Common Rail Fuel Injection System）

3.1 电控柴油喷射系统

一、计算机控制分配式燃料系统概述

为提高柴油发动机的动力性能、燃料经济性，以及减少怠速噪声、提高加速性能、降低排气污染，柴油发动机开始采用各种传感器、计算机及执行器来控制柴油的喷射量及喷射时间。

日本五十铃汽车公司的I–TEC柴油发动机及丰田汽车公司的2L–TE柴油发动机为世界上最早使用计算机控制的柴油喷射系统。这两种系统均以博世VE型高压分油式喷射泵做基础，加上各种执行器来进行操作。执行器根据各种传感器信号经计算机计算后的指令动作，以供应各种运转状况下最适当的喷油量及喷油时间。

二、五十铃I–TEC计算机控制柴油喷射系统

1. 概述

五十铃I–TEC计算机控制柴油喷射系统的构成如图3–1所示，其控制方法框图如图3–2所示，该系统用在双子星（Gemini）牌轿车上。该轿车装有自动行驶装置，其中六个开关用来控制自动行驶系统，六个传感器提供发动机运转信号给计算机（CU），

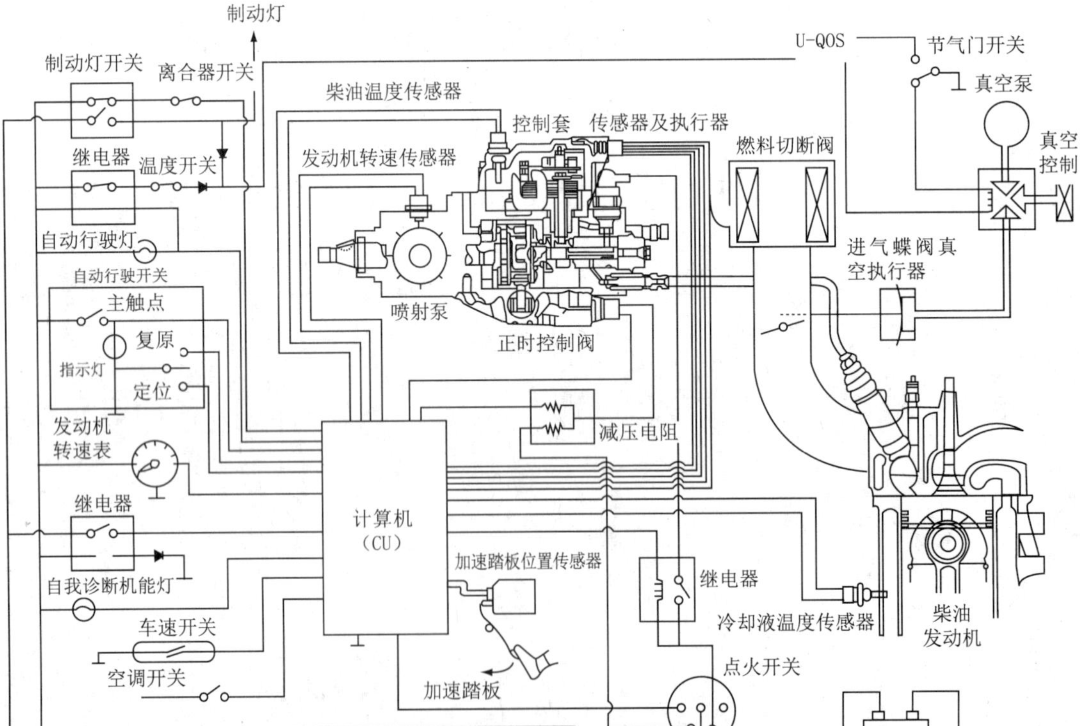

◆ 图3–1 五十铃I–TEC计算机控制柴油喷射系统构成图

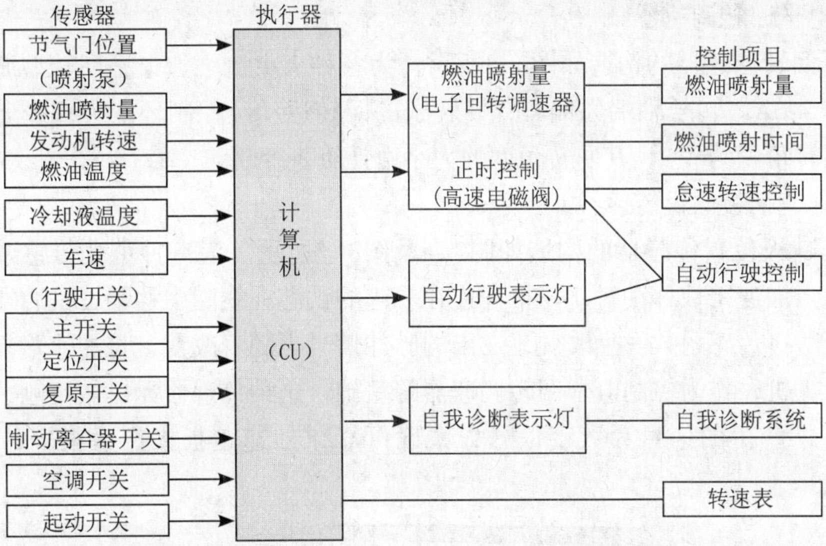

◆ 图3-2　五十铃双子星牌轿车I-TEC计算机控制柴油喷射及自动行驶控制系统作用框图

经计算后指示安装在喷射泵上的电子回转调速器及正时控制阀等执行器作用，以控制喷油量及喷油时间。本系统有故障自我诊断及修正系统，为世界上最早计算机化控制的柴油发动机动力轿车。

2. 燃料控制系统

博世VE型高压分油式喷射泵的喷油量是利用移动控制环来改变喷射泵柱塞的有效行程来控制的。泄放孔开得越早，喷射量越少，开得越晚，喷油量越多。控制环的移动以机械方式控制较为容易。I-TEC计算机控制柴油喷射系统使用电子回转型机械调速器来使控制环移动，如图3-3所示。电子回转调速器的动作由计算机指示，六个传感器根据运转条件将接收的信号传送给计算机，计算后下达指令。

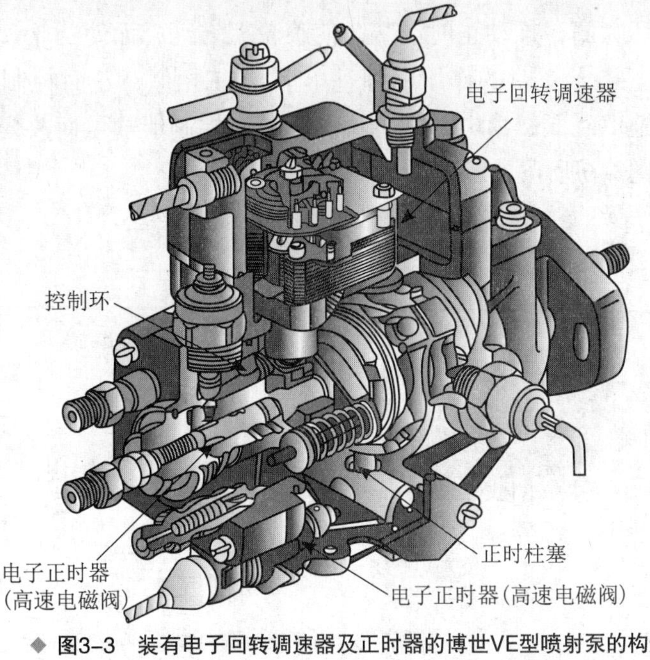

◆ 图3-3　装有电子回转调速器及正时器的博世VE型喷射泵的构造

1）电子回转调速器

电子回转调速器的构造如图3-3所示，为一种大电流强力电子回转型调速器，动作电流为5~6A。转子轴端为偏心，使转子的回转运动经控制环变为直线运动。转子的最大回转角度约60°，其回转角度的大小由计算机控制。

2）加速踏板位置传感器

加速踏板位置传感器的构造如图3-4及图3-5所示，为一种可变传感系数式信号发电机。当加速踏板移动时，与推杆连在一起的铁芯在线圈中移动，铁芯在线圈中的位置改变时，传感系数发生改变，发出的脉冲信号也随着改变，将加速踏板位置信号传送给计算机，作为控制电子回转调速器的基础。这种传感器无机械接触，耐久性及稳定性好，产生的信号为数字信号，精确可靠，加速踏板操作力很轻，使加油反应轻巧灵敏。

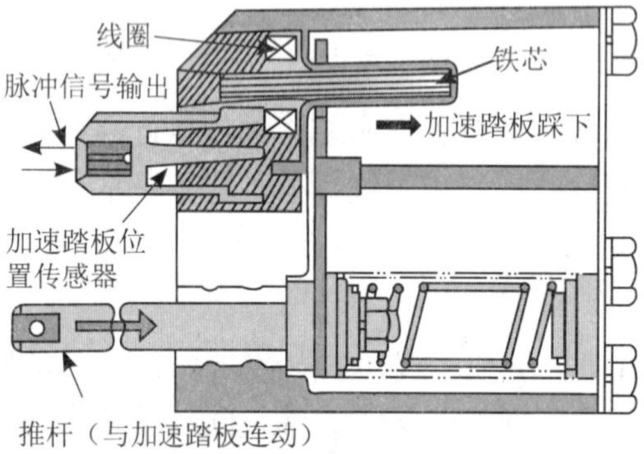

◆ 图3-4　加速踏板位置传感器（一）

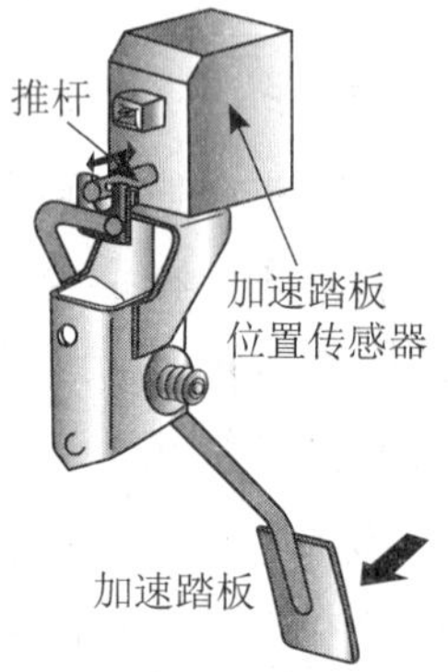

◆ 图3-5　加速踏板位置传感器（二）

3）电子正时器

普通博世VE型高压分油式喷射泵喷油时间的控制由喷油泵的转速决定。转速高时，供油泵送油压力高，推动正时活塞，使滚轮架转动，而使凸轮盘上升时间提早，使喷油时间提前。电子正时的作用原理基本上与VE相似，正时控制阀是与汽油喷射器相似的精密高速电磁阀，由电磁阀电流的通断来控制泄油量而改变作用在正时活塞的油压，构造如图3-6所示。

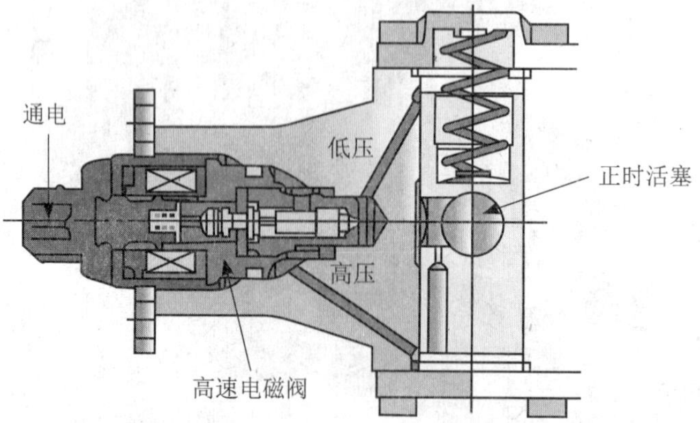

◆ 图3-6　电子正时器的构造

3. 进气量控制

一般使用博世VE型高压分油式喷射泵的柴油发动机，进气系统不加控制。I-TEC计算机控制系统为了改变发动机性能，减少怠速运转噪声，在进气管中装有蝶阀。蝶阀的开闭由真空操纵，非计算机控制。

4. 故障自我诊断及修正系统

五十铃双子星牌计算机控制柴油发动机轿车装有故障自我诊断及修正系统，其诊断项目及修正处理见表3-1。当七项自我诊断项目中有一项故障时，在仪表板左侧的发动机检查灯会发生闪亮，告知驾驶人需立刻将汽车送至维修厂检修，安全对策自动修正系统能立即产生作用，使汽车仍能行驶。

故障自我诊断及修正系统功能　　表3-1

故障自我诊断项目	诊断内容	修正处理	备考
冷却液温度传感器信号系统	断路或短路	固定在冷却液温度80℃	正常后复原
燃油温度传感器信号系统	断路或短路	固定在燃油温度50℃	
发动机转速传感器信号系统	无输入信号	燃油切断	
车辆速度传感器信号系统	无输入信号	自动行驶装置完全解除	
加速踏板位置传感器信号系统	断路或短路	怠速状态	
燃油喷射量控制系统	执行器、传感器及控制部不正常	燃油切断	
自动行驶开关信号系统	短路	自动行驶装置完全解除	

5. 迅速起动装置

五十铃I-TEC计算机控制柴油发动机使用迅速预热起动装置U-QOS（ultra quick on system）。使用一般预热系统的普通柴油发动机，在低温情况下发动发动机前至少需预热20～30s，但U-QOS系统在-10～-20℃的低温下预热起动仅需3.5s，起动性与汽油发动机完全相同。

6. 怠速转速控制

I-TEC计算机控制柴油喷射系统附有怠速转速控制装置，正常怠速为620r/min。当发动机冷却液温度低于20℃或使用冷气机或蓄电池电压低于11V时，其能自动提高怠速转速为800r/min，如图3-7所示。

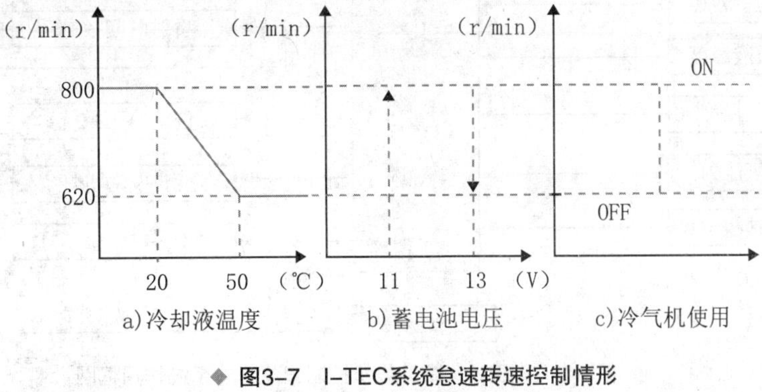

◆ 图3-7　I-TEC系统怠速转速控制情形

三、丰田2L-TE计算机控制柴油喷射系统

1. 概述

丰田汽车公司皇冠（Crown）轿车所使用的2L-TE计算机控制柴油发动机构造及作用与五十铃I-TEC系统有很大差异。2L-TE型柴油发动机安装有排气涡轮增压进气装置，喷油量及正时的控制方法与I-TEC完全不同，图3-8所示为2L-TE计算机控制柴油喷射系统的组成图，其控制框图如图3-9所示。

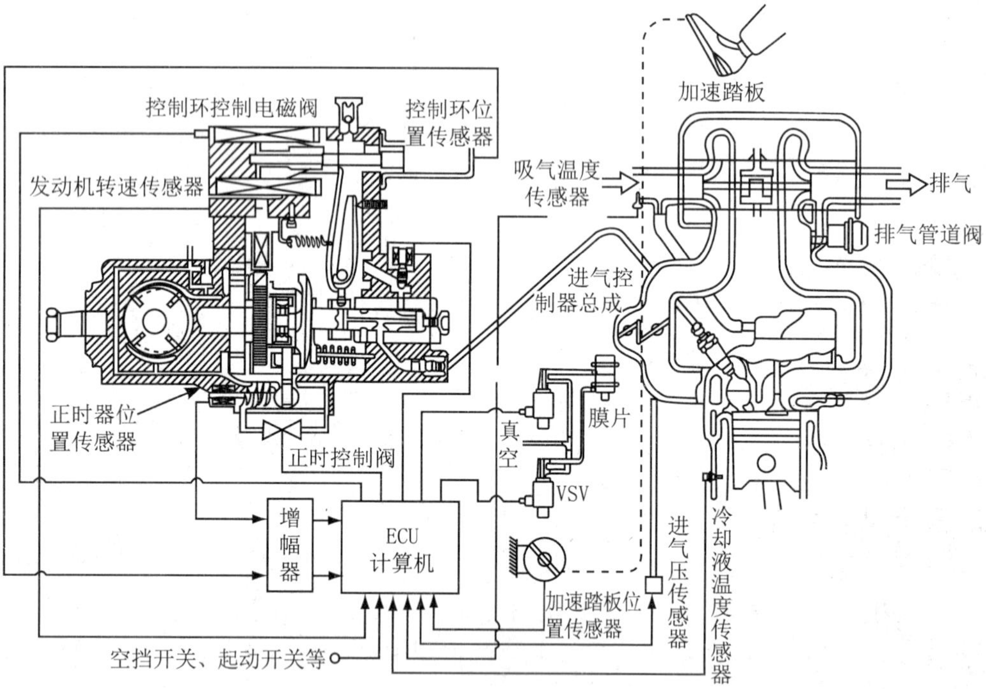

◆ 图3-8　丰田2L-TE计算机控制柴油喷射系统组成图

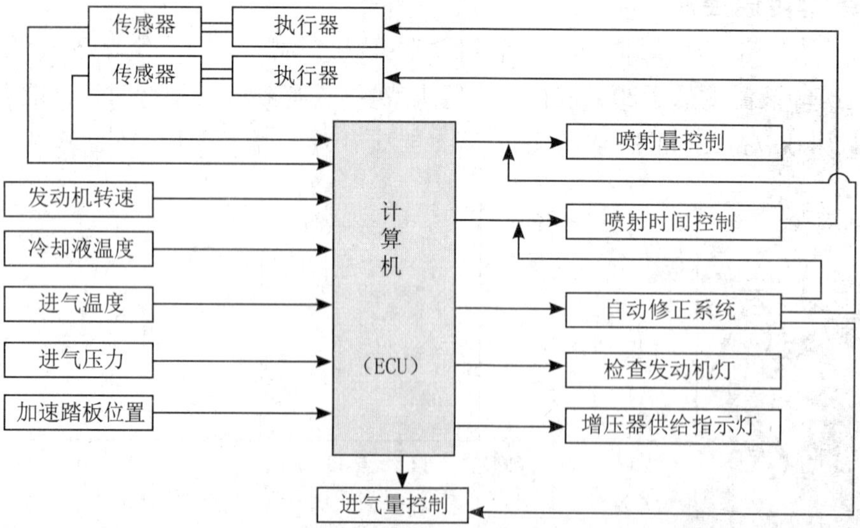

◆ 图3-9　丰田2L-TE计算机控制柴油喷射系统作用框图

2. 喷油量控制

燃油喷射量的多少由泄放孔开放时间的早晚而定，泄放孔开放时间由控制环位置决定，控制环的移动由电磁阀的铁芯经连杆进行操纵，如图3-8所示。电磁阀铁芯的移动量由加速踏板位置及发动机转速的基本信号加上冷却液温度、进气温度等修正信号共同提供给计算机，计算机计算后决定。

1）控制环控制电磁阀

控制环控制电磁阀的构造如图3-10所示，电磁阀的驱动电流为0.4 ~ 0.9A。

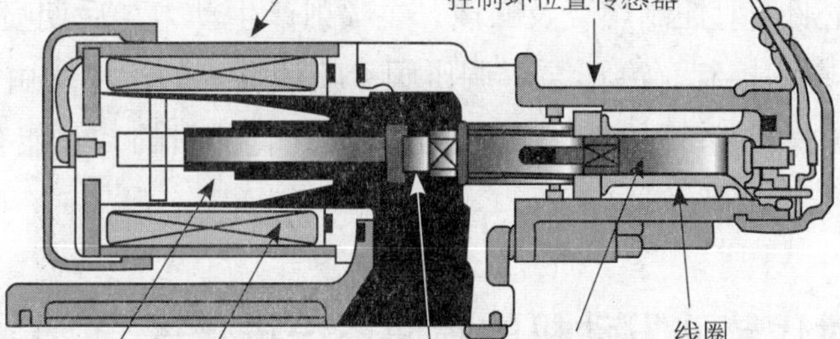

◆ 图3-10 控制环控制电磁阀及控制环位置传感器构造

2）控制环位置传感器

控制环位置传感器装置如图3-10所示，提供控制环位置信息给计算机，据以做更精密的控制。

3）进气压力传感器

进气压力传感器安装在进气歧管上，如图3-8所示。当发动机进气过量时，能提供信号以增加喷油量，增大发动机动力；在海拔高于900m以上时，也能提供信号以修正喷油量，防止冒黑烟。

3.2 共轨燃油喷射系统

一、概述

在传统柴油发动机中，高压柴油是由喷射泵提供的。柴油离开喷射泵而成为高压柴油后，直接顶开喷油嘴的针阀喷入燃烧室中。在此区间内，有许多不稳定的因素，如高压喷射管的膨胀收缩、喷油嘴针阀的开启压力及密合度等，都会影响喷入燃烧室的喷油量，造成不同汽缸的喷油量有差异、喷射时间不同或出现滴油等，并且喷射正时为机械式调整的固定提前角度，使柴油无法根据发动机各种不同的工作状况而调整到最佳的喷射时机。种种限制使得传统的柴油发动机有很多缺点，如排放黑烟、有毒的废气量较高、控制不精确等。

现今的共轨燃油喷射系统可将上述缺点一一消除，因为共轨系统采用类似汽油喷射发动机的控制方式，高压柴油是使用高压泵来加压（加压至160～200MPa，依各汽车制造厂而定），再将加压后的高压柴油送到一个共同油轨（Common Rail）中。此共同油轨装有调压阀，能使其中的油压保持一定，并将多余的柴油透过回油管送回油箱。再由此共同油轨连接个别的高压油管到位于各个汽缸上的压电式或电磁控制式喷油嘴，使喷油嘴中随时充满高压柴油。ECU接收来自各个传感器的信号后，在适当的时机发送控制喷油嘴通电时间及周期（喷油可能分为3～5段）的控制信号给喷油嘴驱动装置，由喷油嘴驱动装置产生作用于喷油嘴的电压及电流并送至喷油嘴，使高压柴油根据计算机控制的通电时间及周期喷入燃烧室中。这样的控制方式可使喷油嘴进行多段式的喷射（例如先期喷射控制燃烧及噪声，主喷射产生动力，后期喷射清除炭粒）并使喷射量得到更精密的控制。高压泵、调压阀、喷油嘴等的运作均由ECU来控制，也可减少柴油发动机燃油系统的零件数量，达到轻量化的目的，并能有效改善发动机的噪声、振动、性能、油耗及环保。

二、新/旧时代柴油发动机的喷油系统进化差异

由于柴油的分子比汽油大且重，故比汽油难雾化。传统式柴油发动机的喷射压力会随着发动机的转速而变动。当发动机的转速提高时，喷射压力变大，雾化的效果越好，但在低转速时，因喷射压力不足，柴油分子无法完全雾化，不仅使燃烧效益不佳、功率不足，且会造成严重的空气污染。新时代柴油发动机所使用的共轨喷射系统可让喷射油压不会下降，并使各缸之间的喷射误差几乎为零，并可使喷油量稳定，使功率及转矩均得以提高。传统柴油发动机与新时代柴油发动机的喷油系统差异见表3-2。

传统柴油发动机与新时代柴油发动机的喷油系统差异 表3-2

	传统柴油发动机	新时代柴油发动机
高压柴油产生方式	喷射泵或单件式高压喷射器	高压泵
柴油计量方式	机械式油量计量装置根据转速及负荷进行预设的喷油量调整	ECU接收来自各个传感器的信号，判断发动机目前的工作状况，如转速、负荷、是否处于爆震、急加速、减速、废气排放情况等，再控制喷油嘴于正确的喷油时机喷入正确的喷油量
喷射阶段	单阶段：仅主喷射	多阶段：先期喷射、主喷射、后期喷射（Fiat甚至将主喷射再分为三段小喷射，使燃烧能更渐进且完全）
喷油嘴内的压力变化	因柴油压力与燃油喷射同步，故发动机转速升高，喷油量增加时喷射压力会随之升高，但喷油一结束，喷油嘴的喷射压力会立即下降	柴油压力由高压泵加压，并以调压器维持在一定的高压（160～200MPa），与燃油喷射为独立分开，故喷油结束后，喷油嘴内的压力仍会保持高压
燃烧及废气排放情况	发动机转速的高低，影响燃烧情形较大，故燃烧效益变动大，进而造成较严重的空气污染	先期喷射可提高汽缸内的温度及压力，此稳定的压力可使主喷射时的燃烧效益提高，并使功率加大，再以后期喷射强迫汽缸内的气体完全燃烧，减少空气污染

三、博世共轨喷射系统

1. 博世共轨喷射系统的发展史

1997年，博世公司首次推出车用共轨喷射系统，2000年开始批量生产第二代喷射系统，最大系统压力提高160MPa，并开始使用具有油量调节功能的高压泵、经改良后的电磁阀喷油器(嘴)和多次喷射系统。2002年10月，博世公司已生产1000万套柴油共轨喷射系统。

2003年5月，博世公司开始大量生产第三代整合型压电式直接控制式喷油器(图3-11)共轨喷射系统，这是柴油共轨喷射技术领域的重大创举。该系统在160MPa(约1600kg/cm²)系统压力和无排气后段处理的状况下用于重型汽车时，废气排放值即可达到欧规4期环保排放标准。

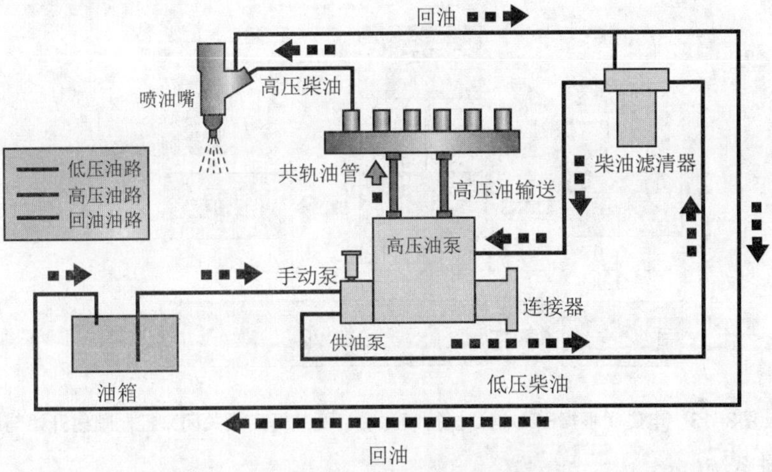

◆ 图3-11 共轨柴油系统回路图

博世公司第三代共轨喷射系统可降低柴油发动机废气排放量高达20%，此外还能提高功率5%、降低燃油消耗3%、降低噪声3dB(A)。以下仅介绍博世 cp 3.3第三代共轨喷射系统及其配件零件相关位置功能，如图3-12所示。

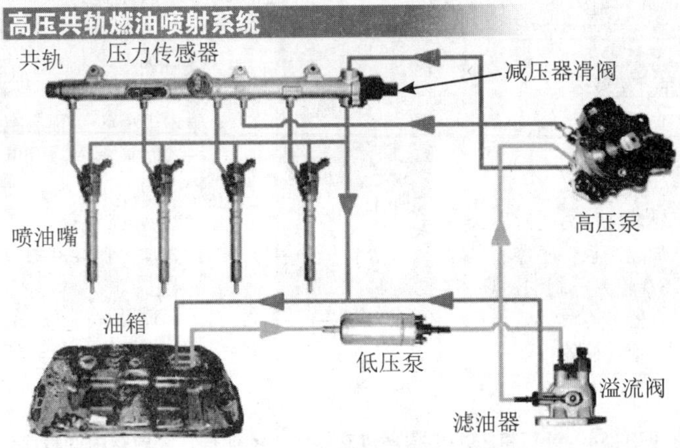

◆ 图3-12 博世第三代共轨喷射系统及其配件零件相关位置

2. 共轨喷射系统组件介绍

1）概述

所谓“共管（轨）式燃料系统”即是以各种传感器检测出发动机的状态（发动机转速、节气门开度、冷却液温度等），并根据上述状态由微型计算机将燃料喷射量、燃料喷射时间、喷油压力等做综合性的控制，使发动机运转在最适当的状态与动作的系统。另外，在计算机上，主要的构成零组件可由计算机自行诊断，发生异常时，具备有通知驾驶人的警示及警报功能，依据异常的组件性质让发动机停止的故障保护功能以及替换（取代）控制方法而能继续行驶的回馈功能等。

2）燃料系统

由供油泵产生的高压燃料共轨装置分配到各汽缸，依据喷射器内的电磁阀执行喷油嘴针阀的开启及关闭来控制喷射开始与终止，如图3-13所示。

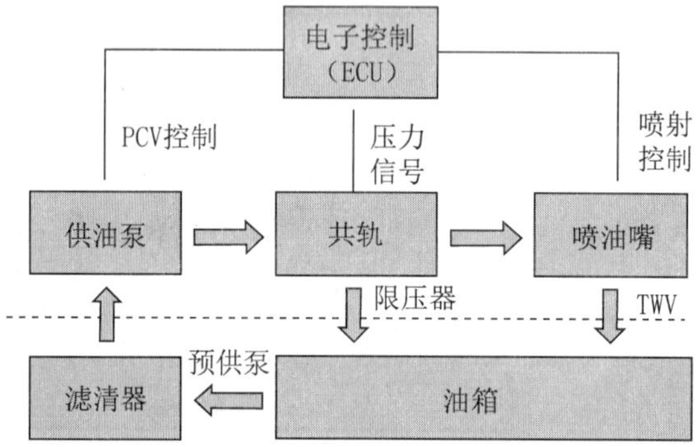

◆ 图3-13 电磁阀根据ECU指令执行喷油嘴针阀的开启及关闭来控制喷射开始与终止

3）控制系统

计算机ECU根据各传感器输入的信号，经内存中的程序计算后输出，指令喷油嘴、燃油轨控制阀、各继电器、EGR的VAC调节器、CAN等各种控制器按照不同工况做最适当的动作，使发动机在最佳情况下运转，如图3-14及图3-15所示。

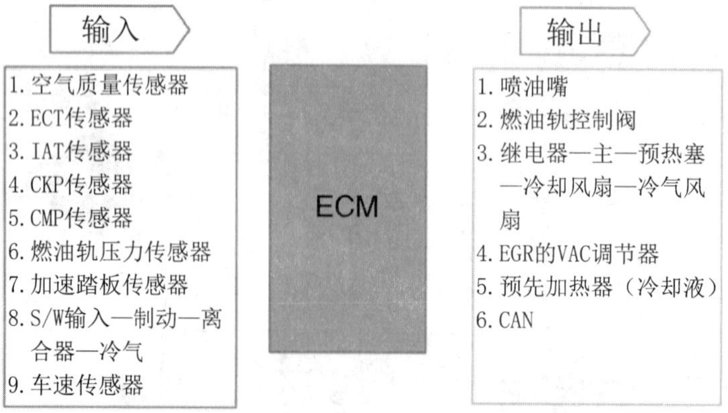

◆ 图3-14 计算机ECU根据各传感器输入的信号，经内存中的程序计算后输出，指令各种控制器按照不同工况做最适当的动作

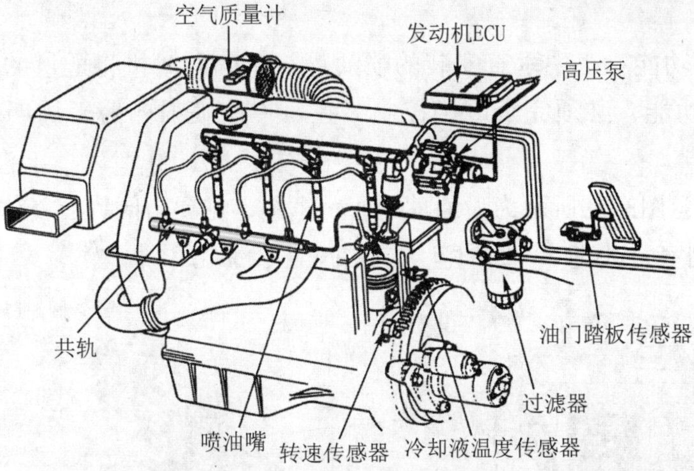

◆ 图3–15 控制系统ECU、各种传感器及执行器位置

4）燃油共轨及高低压管路

（1）主要功能：高压蓄压器，或称为燃油共轨，储存高压燃油。即使当大量的燃油被排出时，燃油共轨仍能维持其内部恒定的压力。

（2）构造：燃油共轨与各喷油嘴以高压油管连接，另有低压回油管接油箱。图3–16及图3–17所示为燃油管路 。

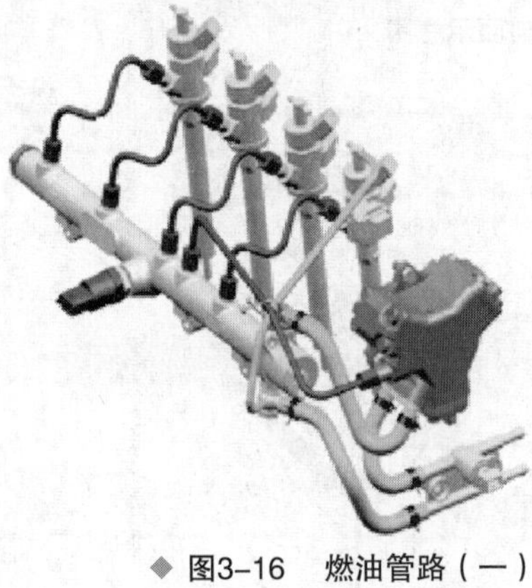

◆ 图3–16 燃油管路（一）

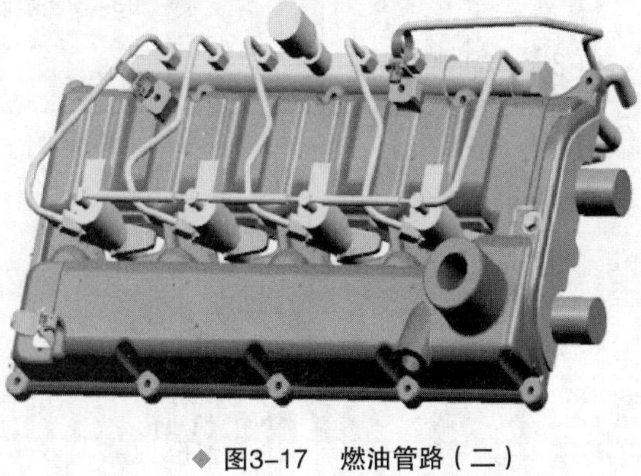

◆ 图3–17 燃油管路（二）

5）高压泵

（1）主要功能：将低压侧电动泵送来油的压力转换成高压后，再送至各缸喷油嘴喷射。

（2）构造：图3–18所示为博世第三代共轨喷射系统采用的CP3．X型高压泵，油量可调式高压柴油泵是一种径向柱塞泵，它有3个柱塞分别安装在相隔120°方向上，可使泵轴轴承受力分散并相互抵消，由安装在钢壳体中的多边凸轮轴驱动。油泵转速可达到4000r/min，最高能提供达160MPa的喷油压力。

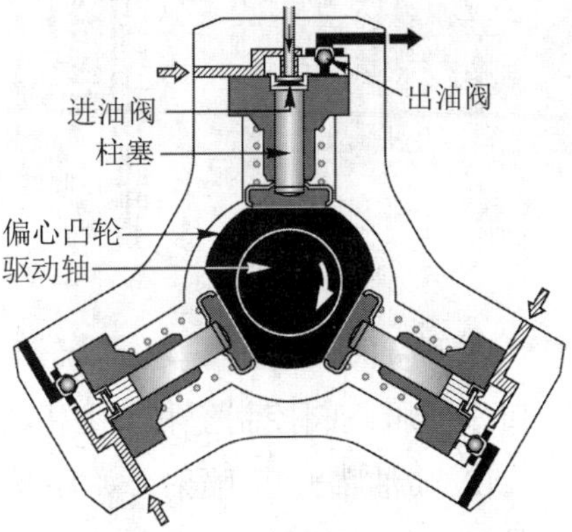

◆ 图3–18 高压泵剖面示意图

6）喷油嘴

（1）主要功能：正中垂直安装的喷油嘴在正确的时机将适量的燃油喷入燃烧室。欲达到此功能，必须完全电子控制，在每一次喷射的短暂周期内可产生多重喷射。

（2）构造：图3–19所示为喷油嘴剖面示意图，主要由阀针、复位弹簧、控制柱塞、阀体、控制室、进油口、回油口、电磁阀等零件组成。

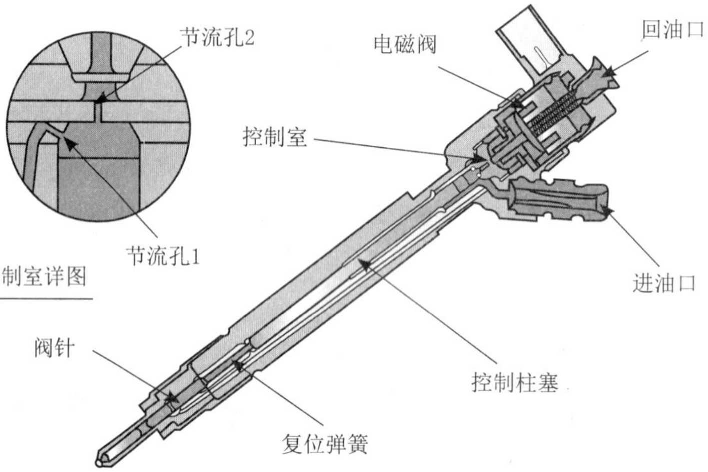

◆ 图3–19 喷油嘴剖面示意图

（3）喷油嘴工作（图3–20）：

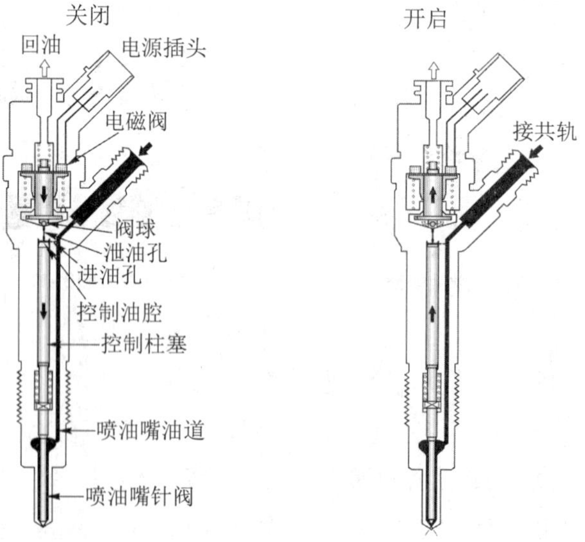

◆ 图3–20 喷油嘴操作

① 喷油嘴关闭（不动作状态）：电磁阀不动作且泄放口关闭，阀弹簧将阀钢珠向泄放口座加压，阀控制室和喷嘴室之间呈现相同的压力。

② 喷油嘴开启(喷射开始)：电磁阀有吸入电流动作且作用力超过泄放口开启的阀弹簧压力。当泄放口开启时，燃油会从阀控制室经回油管流到油箱。如此使阀控制

室和喷嘴室之间的压力产生不平衡。阀控制室内降低的压力使喷嘴针阀打开并开始喷射。

③ 喷油嘴关闭(喷射结束)：只要电磁阀不再动作，阀弹簧会将电枢向下加压，使阀钢珠关闭泄放口。泄放口关闭造成控制室建立压力。此建立的压力使阀控制室和喷嘴室之间的压力获得平衡，喷嘴关闭。

7）压力控制阀

压力控制阀如图3–21所示。

（1）主要功能：依据发动机的转速和负载计算，控制发动机需要的喷射压力。

发动机转速和负载高时：燃烧室内的扰动程度高，因此需要高压燃油以促进燃烧。

发动机转速和负载低时：若低负载时喷射压力太高，喷油嘴的渗透压力将会过高，部分燃油将会直接喷射到汽缸壁，造成黑烟和生成未燃烧的碳氢化合物。

（2）压力控制过程：

① 由燃油轨压力传感器测量当时的燃油轨压力；

② 信号传给EDC(电子柴油控制)；

③ 依据发动机转速和负载，计算适当的油量；

④ 由PWM(脉冲宽度调节)控制压力控制阀，以达到需要的压力值。

（3）压力控制阀形式。

出口控制：位于蓄压器管路末端，并由增加或减少总回油量控制高压泵的输出压力。

入口控制：和高压泵整合并控制从供油泵到高压泵的燃油量。

8）燃油滤清器

共轨柴油系统因为以下原因需要比传统柴油系统更干净的燃油：

特别是在寒冷气候时，水分和固体污染物会造成磨损、腐蚀、滤清器阻塞、金属表面腐蚀、压力损失和高压泵的润滑不良。为了减少这些潜在性问题的出现，燃油滤清器安装了水分分离装置和燃油预先加热器，外观如图3–22所示。

◆ 图3–21 压力控制阀

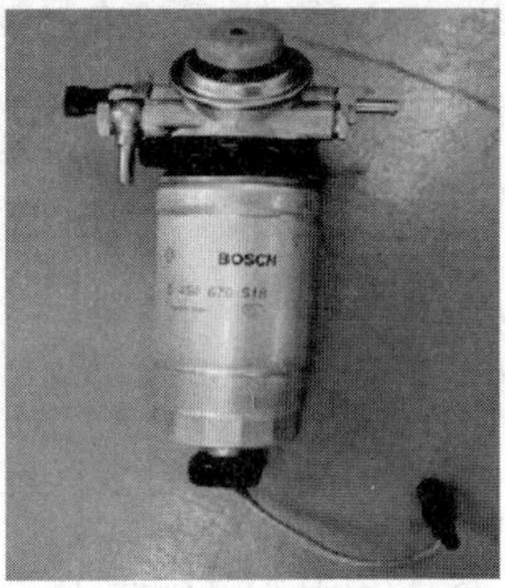

◆ 图3–22 燃油滤清器和燃油预先加热器

9）燃油加热系统

（1）主要功能：防止柴油蜡质生成(在寒冷气候时，稳定柴油的特性)。

（2）作用：工作温度，ON时低于零下5℃，OFF时超过3℃，如图3-23所示。图3-24所示为燃油加热器外观。

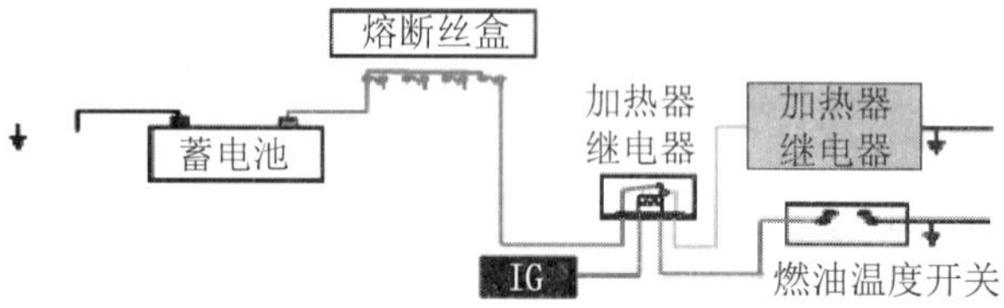

◆ 图3-23　燃油加热系统

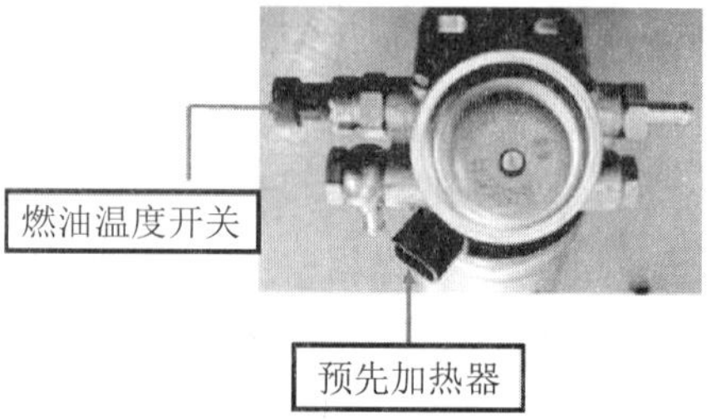

◆ 图3-24　燃油加热器外观

10）加速踏板位置传感器

（1）主要功能：传递驾驶人踩下加速踏板的信号至ECM系统。

（2）构造及作用：图3-25所示为加速踏板位置传感器的位置，图3-26所示为加速踏板位置传感器联机接头编号，图3-27 所示为加速踏板开度与电压变化。

11）凸轮轴位置传感器

主要功能：传送发动机凸轮轴位置信号，传送第一缸信号到ECM系统。图3-28所示为凸轮轴位置传感器接插脚编号，图3-29所示为凸轮轴位置传感器位置及外观。

◆ 图3-25　加速踏板位置传感器的位置

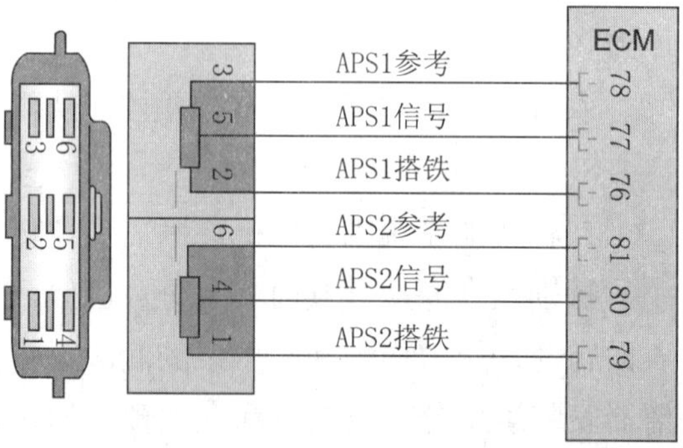

◆ 图3-26　加速踏板位置传感器联机接头编号

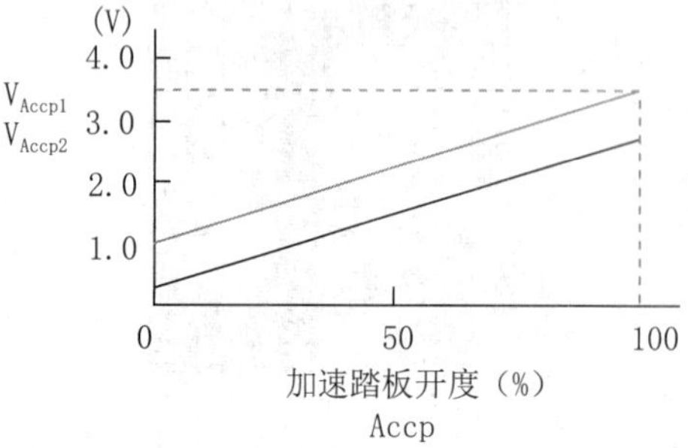

◆ 图3-27　加速踏板开度与电压变化

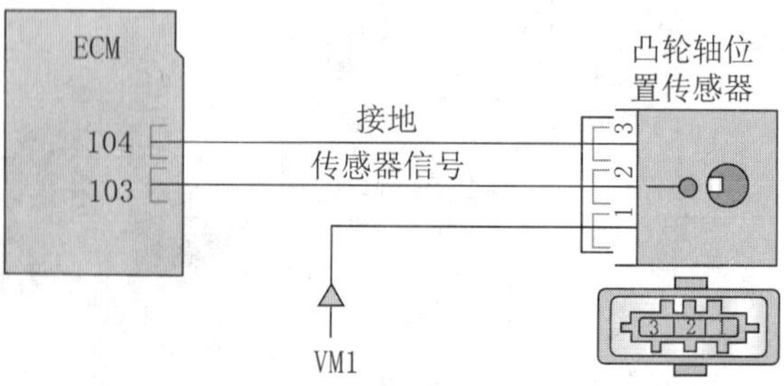

◆ 图3-28　凸轮轴位置传感器接插脚编号

◆ 图3-29　凸轮轴位置传感器位置及外观

12）曲轴位置传感器

主要功能：传送发动机曲轴位置信号到ECM系统。图3-30所示为曲轴位置传感器接插脚编号，图3-31所示为曲轴位置传感器位置示意图。

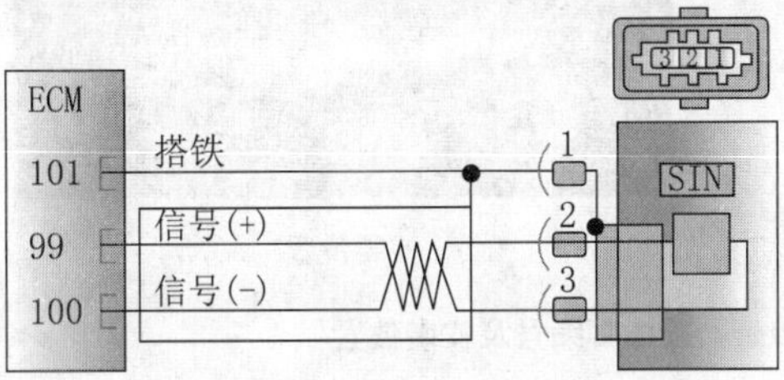

◆ 图3-30　曲轴位置传感器接插脚编号

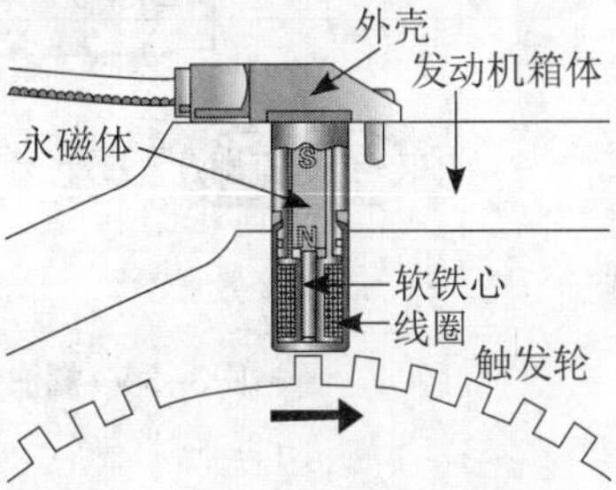

◆ 图3-31　曲轴位置传感器位置示意

13）空气流量传感器

主要功能：与汽油发动机不同的是，柴油发动机的空气流量传感器主要作为符合废气限定、EGR(废气再循环)用，与进气温度传感器整合在一起。图3-32所示为空气流量传感器接插脚编号，图3-33所示为空气流量传感器安装位置图。

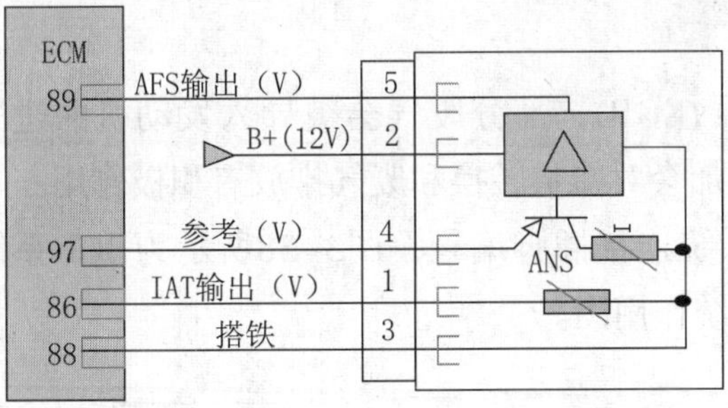

◆ 图3-32　空气流量传感器接插脚编号

◆ 图3-33　空气流量传感器安装位置

14）燃油轨压力传感器

主要功能：测量燃油轨内的实时压力并以相对于作用压力的输出电压信号传递给ECM。图3-34所示为燃油轨压力传感器插接脚编号及安装位置。

15）预热塞系统

（1）主要功能：预热塞系统负责确保有效的冷车起动。它可以缩短暖车时间，其作用直接对废气排放产生影响。

（2）预热塞系统有三种操作模式(图3-35)：

① 预先(前)加热。

② 开始(起动)加热 。

③ 主(后)加热。

（3）构造：在每一个汽缸上安装一只预热塞，由继电器控制电路的ON、OFF，如图3-36所示。

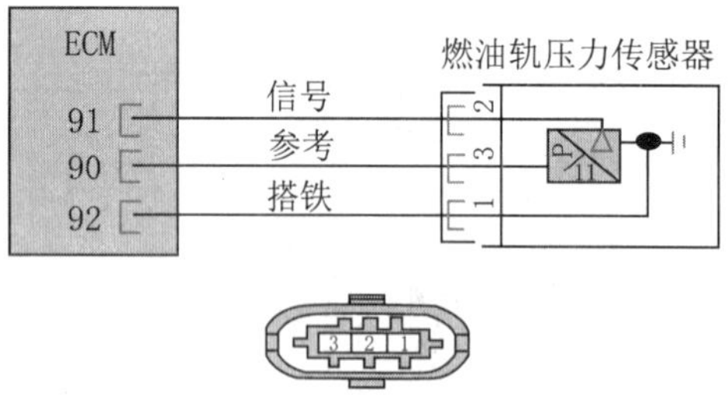

a）插接脚编号

b）安装位置

◆ 图3-34　燃油轨压力传感器接插脚编号及安装位置

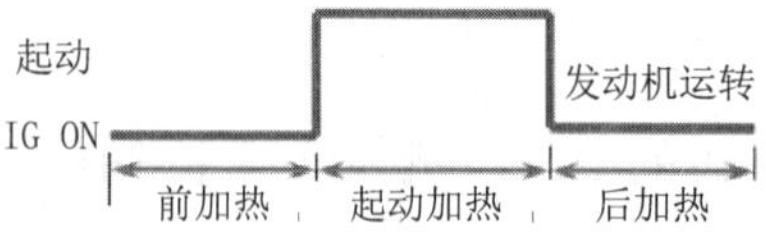

◆ 图3-35　预热塞系统的操作模式

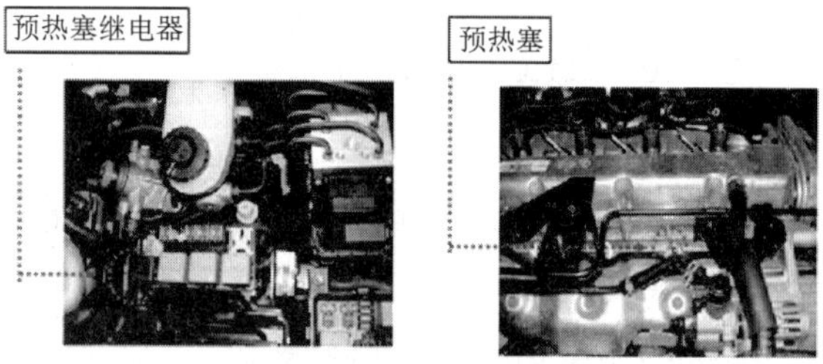

◆ 图3-36　预热塞与继电器

16）废弃再循环（EGR）控制系统

（1）主要功能：具备废气再循环 (EGR)，部分废气会被导入发动机的进气系统。当达到某一程度时，残余废气的增加会对能量转换和废气排放有积极作用。

（2）构造：图3-37所示为EGR系统连接插脚编号，图3-38所示为EGR系统的EGR阀与继电器，图3-39所示为EGR系统作用图。

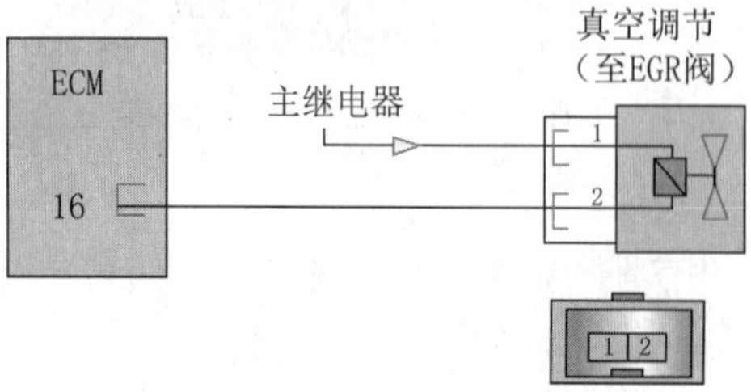

◆ 图3-37　EGR系统连接插脚编号

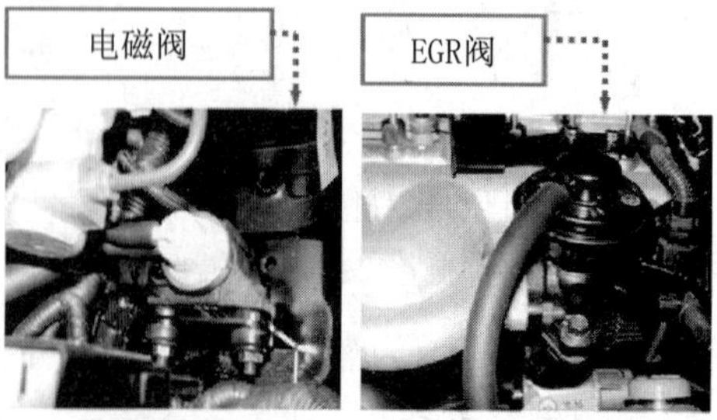

◆ 图3-38　EGR系统的EGR阀与继电器

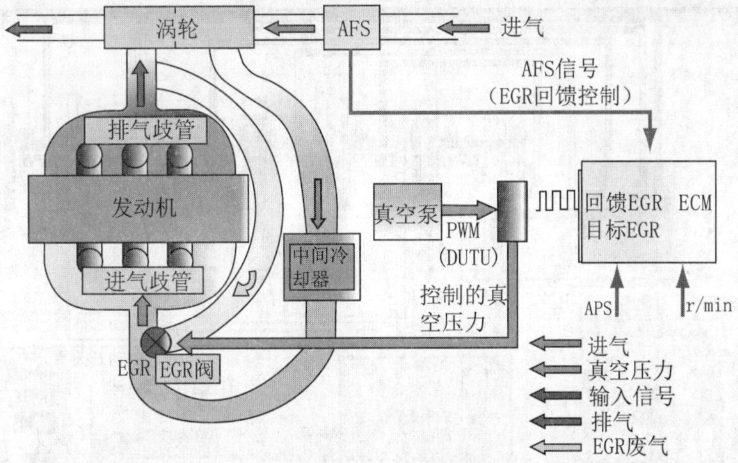

◆ 图3-39　EGR系统作用图

（3）作用：

EGR ON 时机(图3-40)：

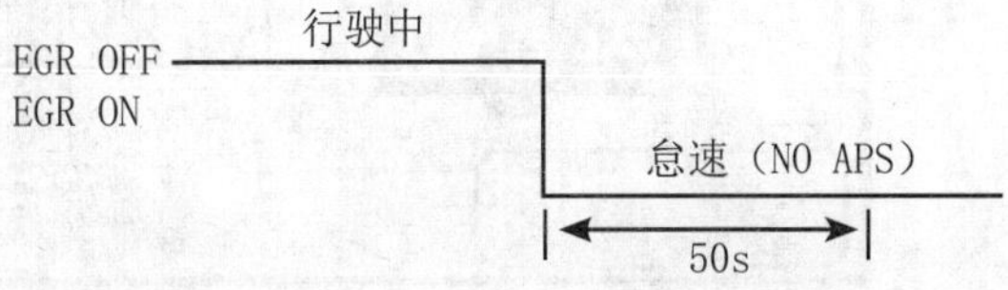

◆ 图3-40　EGR ON 时机

① 发动机转速 1100～3000 r/min。

② 冷却液温度ECT＞60℃。

③ 大气压力：海拔超过 1700 m。

④ 空气流量传感器（AFS）无故障。

⑤ 喷射油量少于 42 mm^3。

⑥ 常态怠速 EGR OFF，释放节气门动作50 s。

17）EGR 冷却器

（1）主要功能：使用 EGR 冷却器的主要目的为降低EGR的废气温度、在EGR作用时可提高容积效率。

（2）构造：图3-41所示为EGR冷却器的外观，让排气绕冷却液管周围降温后再送到进气歧管，可使燃烧室内降温效果更好。

◆ 图3-41　EGR冷却器的外观

3. 博世 cp3.3第三代柴油共轨喷射系统

图3-42所示为一部6缸柴油发动机用的博世第三代共轨喷射系统布置图。

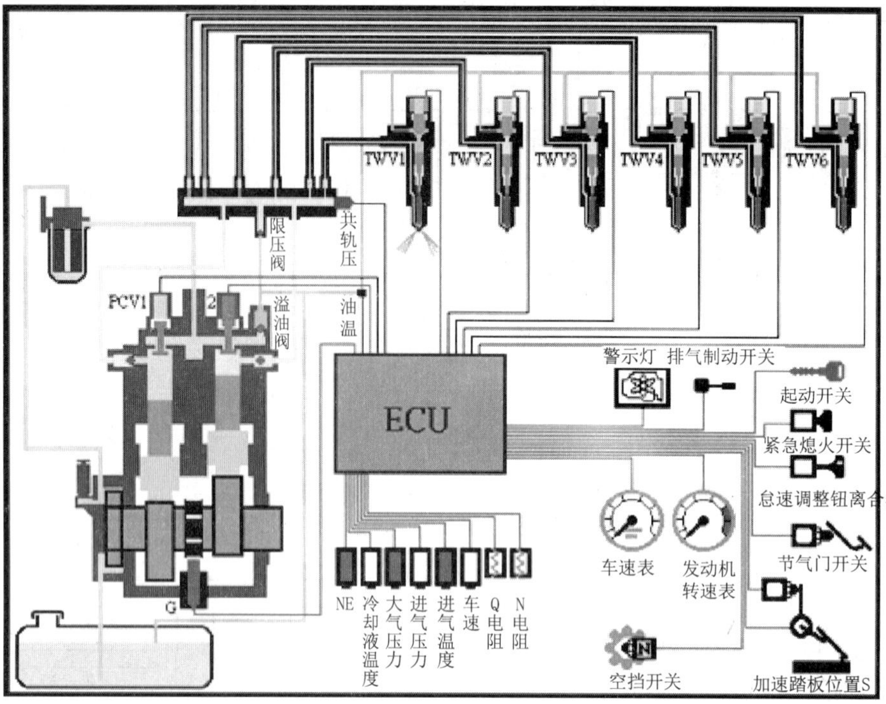

◆ 图3-42　6缸柴油发动机用的博世第三代共轨喷射系统布置图

4. 博世 cp3.3工作原理

首先燃油(柴油)由低压电动燃油泵(部分采用机械齿轮式低压燃油泵)输送给具有泵油量调节功能的高压油泵，分配单元将进入的燃油分成两路，一路供给泵油组件，另一路用以冷却传动机构和润滑轴承。高压油泵将燃油压缩至最高压力160MPa，并将其输入油轨中。被锁紧固定在油轨上的油轨压力传感器收集实际压力值，并透过整合在高压油泵上的分配单元进行燃油压力调节，而被锁紧固定在油轨上的压力调节阀则用于车辆加速行驶时快速泄压。

高压燃油经油轨到压电喷油器(喷油嘴)，它由电子控制单元依据车辆行驶状态加以控制，能精确地调节喷油始点和喷油延续期，并且可柔性塑造喷油曲线(喷油正时、喷油次数和喷油量)形状。

1）燃料系统主要的控制组件

（1）供给泵(Supply Pump)：供应燃油 。

（2）共轨管(Common Rail)：收集及储存高压燃油 。

（3）喷油嘴(Injector)：负责喷油 。

（4）发动机控制单元(ECU)：修正及控制。

2）燃料系统主要的喷油控制

（1）Injection Quantity　　喷油量。

（2）Injection Timing　　喷油正时。

（3）Injection Pressure　　喷油压力。

（4）Injection Rate　　　　喷油率。

（5）MPROP　　　　　　　　共轨压力控制阀(会控制喷油压力)。

（6）Injector　　　　　　　喷油嘴(控制喷油量、喷油正时、喷油率)。

3）博世 cp3.3控制模块ECU主要功能（发动机控制部分，图3-43)

• 喷油方式控制 高达4次喷射	• 转矩控制 瞬态转矩 加速转矩 低速转矩补偿 最大转矩控制 瞬态冒烟控制 增压器保护控制
• 喷油量控制 预喷油量自学习控制 减速断油控制	• 过热保护
• 喷油正时控制 主喷正时 预喷正时 正时补偿	• 各缸平衡控制 • EGR控制
• 轨压控制 正常和快速轨压控制 轨压建立和超压保护 喷油器泄压控制 轨压Limp home控制	• 辅助起动控制（电动机和预热塞） • 系统状态管理 • 电源管理 • 故障诊断

◆ 图3-43　博世 cp3.3控制模块ECU主要功能（整车部分）

（1）挡位计算——车速和发动机转速计算挡位，用于入挡及怠速控制，改善驾驶性能。

（2）车速计算及输出——供仪表和最高车速限制使用。入挡时发动机负载加大，采用驱动怠速控制可以实现分挡控制；此时PID参数和指令怠速转速均发生变化。

（3）巡航控制——需要时开通此功能。

（4）防抖振ASD控制——改善车辆在入挡起步、急加速和急减速过程的平顺性。

（5）空调控制——根据空调负载调节发动机怠速转速。根据车辆对动力性的需求和发动机的工作状况对空调压缩机进行开/关控制。

（6）风扇控制——电风扇驱动控制。

（7）故障诊断——在线诊断并储存/输出故障码，具有Limp－home(跛行模式)功能。

（8）CAN通信——整合其他控制器和仪表之间的通信。

（9）离合器开关——改善驾驶性能。

（10）制动开关。

（11）节气门合理性判断。

（12）巡航控制关键起动条件。

5. 博世 cp3.3共轨系统各传感器主要功能

（1）曲轴传感器：计算曲轴位置，用于喷油时刻和喷油量计算、转速计算。

（2）凸轮轴传感器：判缸别和limp home。

（3）进气温度传感器：测量进气温度、修正喷油量和喷油正时，过热保护。

（4）增压压力传感器：监测进气压力，调节喷油控制，与进气温度整合在一起。

（5）冷却液温度传感器：测量冷却液温度，用于冷起动、目标怠速计算等，同时还用于修正喷油提前角、最大功率保护等。

（6）共轨压力传感器：测量共轨管中的燃油压力，保证油压控制稳定。

（7）加速踏板位置传感器：将驾驶人的信息传送给控制器ECU。

（8）车速传感器：提供车速信号给ECU，用于整车驱动控制，由整车提供。

（9）大气压力传感器：用于校正控制参数，整合在ECU中。

6. 博世 cp3.3泵油量可调式高压油泵介绍

高压供给泵(Supply Pump)附属组件主功能(图3-44)：

（1）初级供油泵(Feed Pump)：外接式的齿轮将油箱的燃油压送至MPROP内。

（2）共轨压力控制阀(MPROP)：ECU用duty signal控制 MPROP的ON-OFF时间来调整流量，从而控制共轨压力。

（3）溢流阀(Overflow Valve)：当MPROP压力过高时，溢流阀会打开让燃油流回油箱。

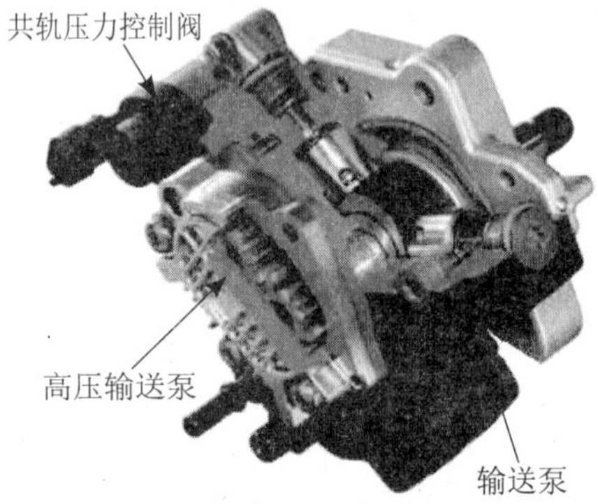

◆ 图3-44　高压供油泵解剖图

博世 cp3.3型系列高压油泵具有各种不同结构尺寸的机型，能满足小排气量轿车至大型货车柴油发动机的需要。博世公司制造出各种不同壳体尺寸、柱塞直径和行程的分级来改变泵油量。此外，还可分别使用外加式电动燃油初级供油泵或整合一体式齿轮驱动燃油初级供油泵，以及可选用爪式、锥型或十字型联轴器。

博世 cp3.3高压供油泵燃油管路的动作如图3-45所示。

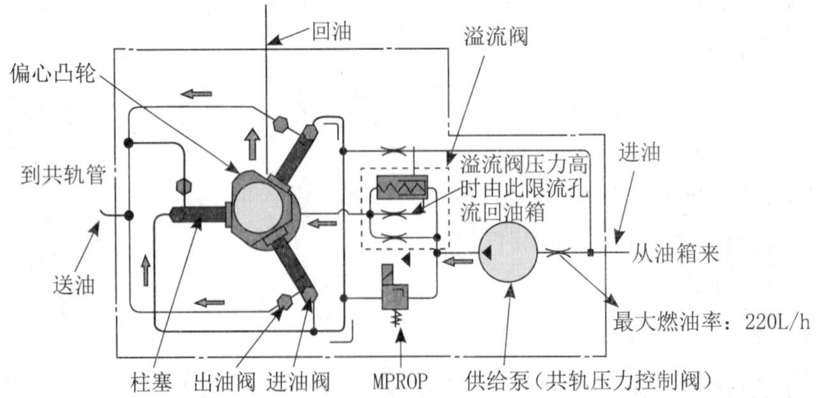

◆ 图3-45　高压供油泵燃油管路的动作

7. 高压油管、调压阀和油轨总成

为了调节油轨压力，在油轨两端轴向安装有最新一代的压力传感器和调压阀，如

图3-46所示。

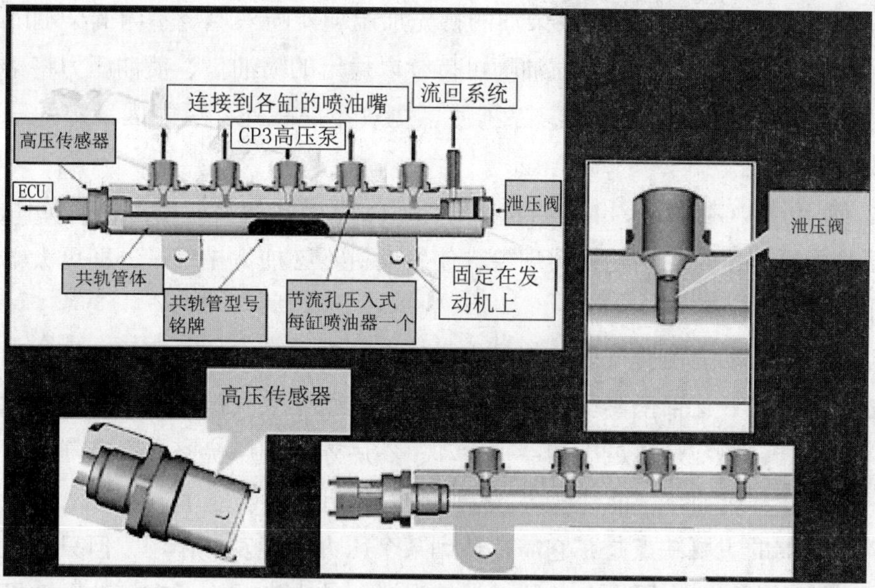

◆ 图3-46 附加压力传感器和调压阀的燃油轨总成

电磁调压阀由供电电流占空比(负荷比例)来控制，通过电磁回路和减少磁阻回路能迅速和精确地调节油轨压力，这样就有可能在各种不同的容积流量下保持恒定的油轨压力。

油轨容积必须足够大，以便补偿缓冲燃油压力脉冲，将其对喷射的影响力降至最低。另一方面，油轨容积又必须足够小，以便确保起动时迅速建立起油压。图3-47所示为附加压力传感器和流量限制阀及压力限制阀的燃油轨总成剖面图。

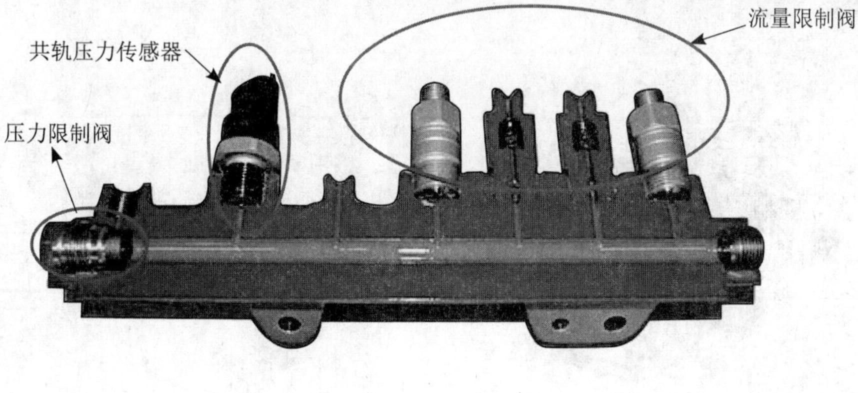

◆ 图3-47 附加压力传感器和流量限制阀及压力限制阀的燃油轨总成剖面

四、各厂家柴油发动机系统简介

1. 福特 TDCi 柴油涡轮共轨喷射

福特 TDCi 柴油涡轮增压共轨喷射，采用最新的共轨供油系统，完全消除了旧时代柴油发动机的缺点。因为共轨的设计可使各汽缸间的喷射压力及喷油量误差接近零，而高达 160MPa的喷油压力及柴油的预先加温均使喷入燃烧室内的柴油能够更充分的雾化。德国 Siemens 的电磁喷油嘴可持续以稳定的喷油量、喷油压力将柴油依据计算机控制的时间喷入燃烧室内，除了使燃烧效益提高外，更能因稳定的压力使功率、转矩提高。

TDCi使用了 VGT (Variable Geometry Turbo) 可变几何涡轮增压器，如图3-48所示，以便改善低转速时的涡轮迟滞现象，使发动机不必加大排气量，即可大幅度提高发动机输出的功率及转矩。

涡轮增压器的动力由排气内的能量提供。它含有两片涡轮叶片，叶轮位于排气流侧。它透过连接的一支轴来驱动一个压缩机轮，这就是空气被压缩的地方。受到压缩过程加热的空气，通常是透过冷却器来冷却，然后才送到燃烧室。冷空气所占的体积比热空气小，冷却压缩空气能让较多燃烧用的氧气进入燃烧室。

涡轮增压器的主要缺点是，它需要达到某个压力才能发挥作用，但只有在发动机转速够高时才能产生这个压力，此即“涡轮迟滞”的由来。为了在较低发动机转速达到最佳效率，涡轮增压器需要采取措施来控制排气压力。

在VTG涡轮增压器中，有一个机械导叶可改变排气流入口动力侧的剖面，如图3-49所示。如果在较低发动机转速时气压降低，控制系统会调整导叶到一个缩小剖面的位置，以加速排气流和增加压力。当排气压力随着发动机转速增加而上升时，控制系统会改变导叶的位置，让入口剖面变大。具有可变涡轮叶片几何技术的涡轮增压器，在部分负载范围内增加功率特别有效，“涡轮迟滞”就不再是一个问题。它们能让发动机拥有较大的功率输出并改善响应性。此外，它们会对废气排放有正面的影响。

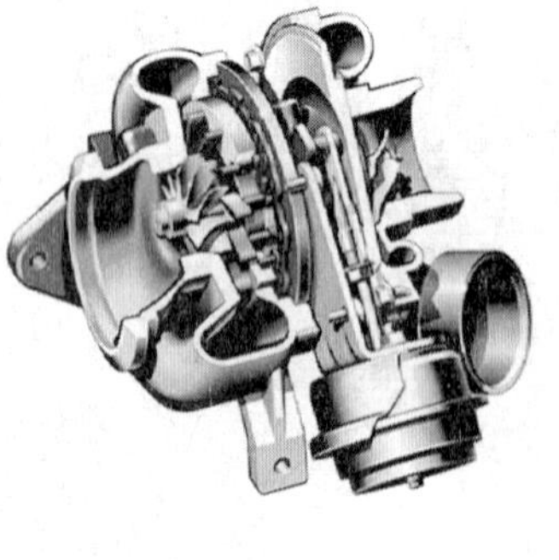

◆ 图3-48 VGT可变几何涡轮增压器排气流入口动力侧的剖面

◆ 图 3-49 由一支轴来驱动压缩机轮外导叶位置

举例来说，如 Focus S2.0 TDCi 在加入各种柴油共轨及涡轮增压的先进技术后，其所拥有的320.46N · m (32.7 kg · m) 转矩不仅比同排气量的汽油发动机高68%，甚至超越了3.0L汽油发动机的表现，而到达了2.5L涡轮增压汽油发动机的转矩输出水平。

如此强劲的动力输出，让 S2.0 TDCi 的 0 ~ 100 km/h 加速仅需 9.3s即可完成，并可达到 203 km/h 的安全极速。

2. 菲亚特 Multijet 第二代涡轮增压共轨喷射

Multijet 第二代涡轮增压柴油发动机是 FIAT 汽车最新一代的技术，此型发动机不仅安静，并有媲美汽油发动机的优异反应及性能水平，且耗油量更低。

1）工作特点

一般柴油发动机的共轨喷射，若排除先期喷射及后期喷射，其主喷射的部分大都仅有一个阶段，但 Fiat-GM Powertrain 的工程师将此主喷射分为更多阶段(3 ~ 5 次)，即 Multijet(多次喷射)。为了增加喷射的次数，喷油嘴的喷射间隔时间从1500 μ s大幅下降至 150 μ s，而喷油嘴的最低喷射量也从$2mm^3$下降至低于$1mm^3$。由于此改变，控制装置也需要变得更聪明，才能够持续改变喷射策略以调整发动机转速、所需转矩及发动机温度三个参数的变化。由于 Multijet 仅是将主喷射分成多次的小喷射，所喷入的油量并没有增加，汽缸内所燃烧的柴油量仍然相同，但却可使燃烧进行得更渐进且完全，因而使燃烧更为安静并同时减少污染排放、增加动力输出。

2）最佳化控制策略

Multijet 第二代共轨喷射系统利用自动最佳化的控制策略来控制上述的柴油喷射，而使其达到预定的设定及平衡，同时减少噪声、振动并降低污染。

3）Garrett VGT 17 涡轮应用

使用电子控制可变几何的 Garrett VGT 17 涡轮，大幅度提高动力输出，并在低速时产出高转矩 (1750 ~ 3250 r/min 之间可输出 90% 的转矩)，可避免发动机低转速时的涡轮迟滞现象。

4）结构特点

菲亚特 Multijet 拥有体积小、质量轻、油耗低 (Mini MPV-IDEA 高速时22.2 km/L)、寿命长 (250000 km不需更换发动机零件) 的特点。对于顾客而言，Multijet 新技术所代表的是宁静度提高 (多次喷射)、舒适感提高 (振动降低)、愉悦的驾驶乐趣 (顺畅而强大的转矩及优异的反应性) 及油耗和污染的下降，各项优点均使 Fiat Multijet 上升到市场上的领先位置。

第4章

可变进气及可变气门正时(与举升)系统

4.1 可变进气系统

一、概述

（1）自然进气的现代汽油发动机，为提高低、中转速及高转速时的转矩，利用可变进气系统，以达到目的。

（2）利用可变进气歧管长度及断面积的方式时，在低、中转速，空气必须经过较细长的进气歧管，由于进气流速快，且进气脉动惯性增压的结果，使较多的混合气进入汽缸，提高转矩输出；而在高转速时，空气则经过较短的进气歧管，管径变大，进气阻力小，充填效率高，以维持高转矩输出。

（3）利用可变进气道的方式时，在低转速，一个进气道被控制阀封闭，仅一个进气道进气，进气气流增快，提高进气惯性，改善进气效率，且造成强横涡流或纵涡流，使燃烧迅速，因而提高转矩输出；而在高转速时，两个进气道均进气，进气充足，可维持高转矩输出。

二、可变进气系统的构造与作用

1. 可变进气系统的种类

可变进气系统的种类
- 可变进气歧管长度及断面积式
- 可变进气道式

2. 可变进气歧管长度及断面积式

（1）如图4-1所示，控制阀安装在较粗短的副进气歧管上，当发动机低、中转速时，控制阀关闭，空气从较细长的主进气歧管进入汽缸；当发动机高转速时，控制阀打开，空气从主、副进气歧管进入汽缸。图4-2所示为本田汽车公司采用的可变进气系统，其构造及作用与上述相似。如图4-3所示为日产汽车公司采用的可变进气系统(Nissan Variable Induction System, N-VIS)，构造及作用也相同。

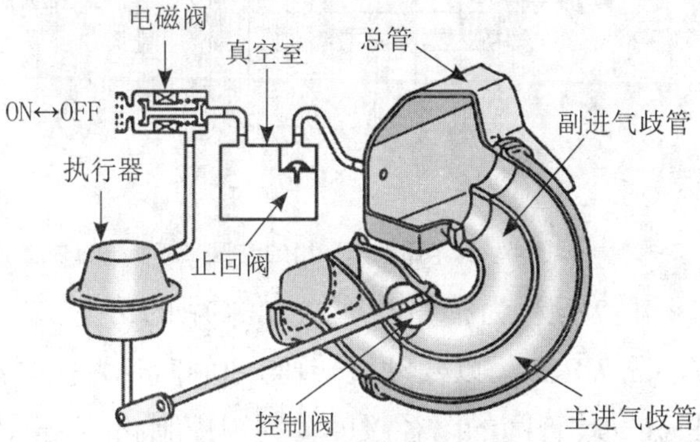

◆ 图4-1 可变进气歧管长度及断面积式进气系统的构造

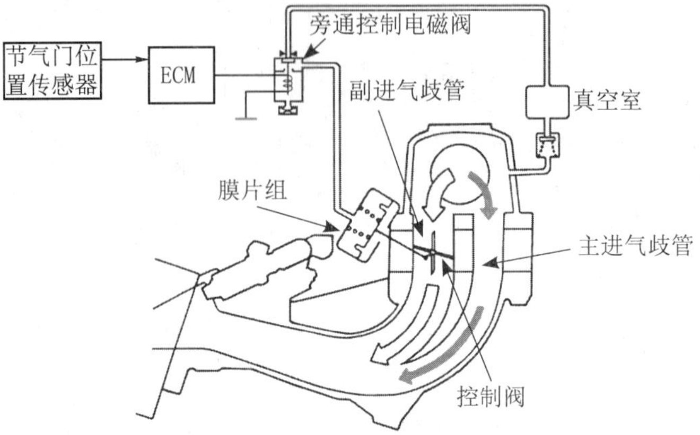

◆ 图4-2 本田汽车采用的可变进气系统

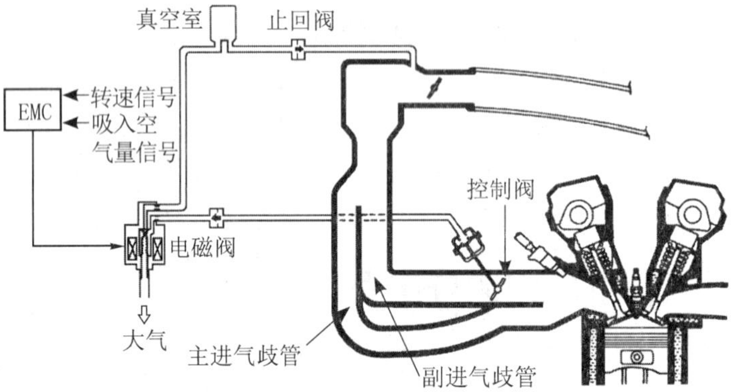

◆ 图4-3 日产汽车采用的可变进气系统

（2）图4-4与图4-5所示为丰田汽车公司采用的进气控制系统(Acoustic Control Induction System, ACIS)，其控制阀安装在每个汽缸的进气室2之前，当发动机低、中转速时，控制阀关闭，可得到延长进气歧管长度相同的效应；当发动机高转速时，控制阀打开，可得到缩短进气歧管长度相同的效应。

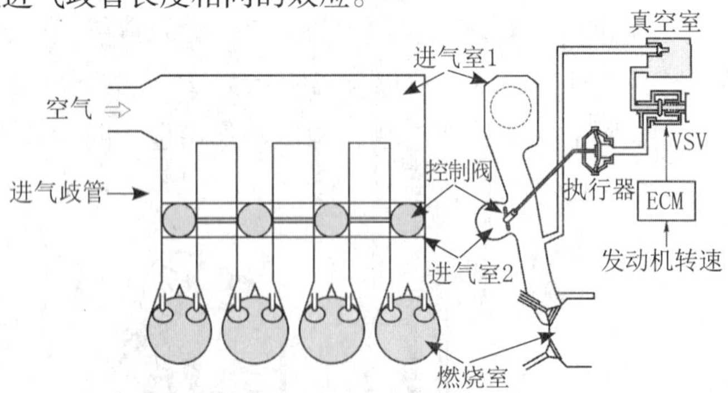

◆ 图4-4 丰田汽车采用的进气控制系统的构造

（3）图4-6与图4-7所示为福特汽车公司采用的可变进气控制系统(Variable Induction Control System, VICS)，以发动机转速4,800r/min为控制阀关闭或打开的切换点，可改变进气室与进气歧管间的路径长度，利用控制阀的关闭和打开，得到较高的转矩及较宽的转矩带，如图4-8所示。

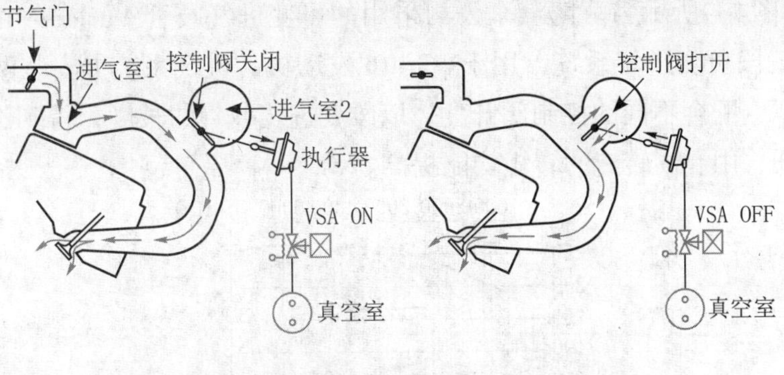

◆ 图4-5 丰田汽车采用的进气控制系统的作用

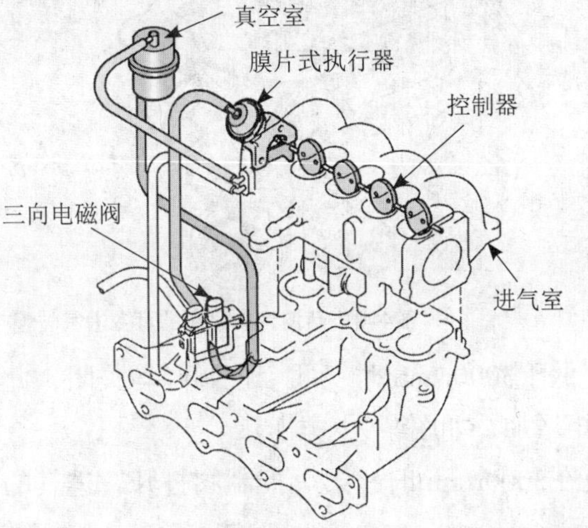

◆ 图4-6 福特汽车采用的可变进气控制系统的构造

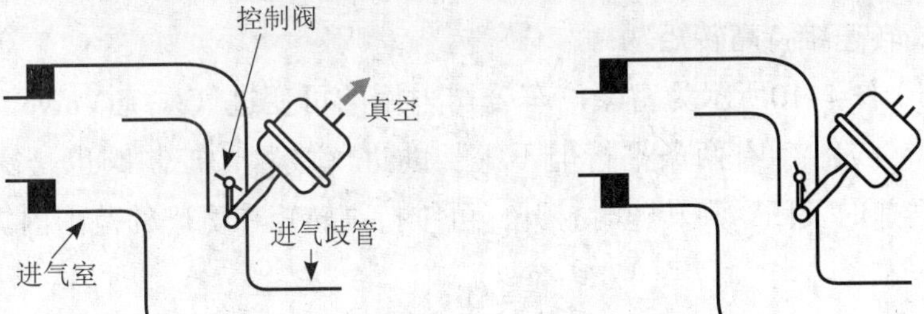

◆ 图4-7 福特汽车采用的可变进气控制系统的作用

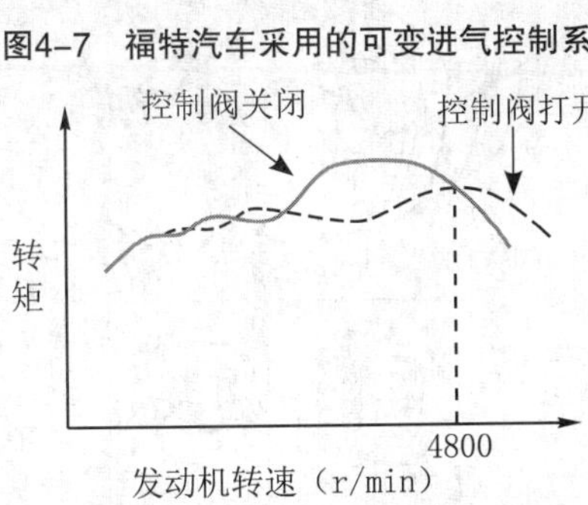

◆ 图4-8 可变进气控制系统的功能

（4）图4-9所示为萨博汽车公司采用的可变进气歧管(Variable Intake Manifold, VIM)，为三段可变进气系统，用于V6 3.0L发动机，进气系统上安装两个控制阀，在不同转速下，配合不同的控制阀开度，以改变进气歧管的长度，得到不同的空气共鸣作用，使低、中、高转速的转矩均能提高。

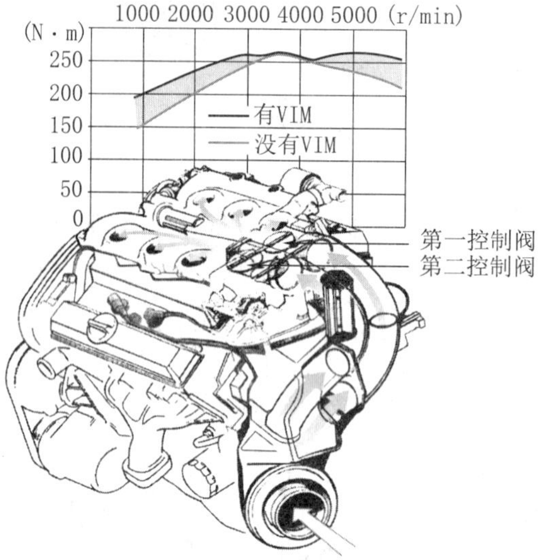

◆ 图4-9　萨博汽车采用的可变进气歧管

① 发动机转速低于3000r/min时：两个控制阀均关闭，此时进气的共鸣导管长度最长，使低转速转矩增加，如图4-9上方所示。

② 发动机转速在3000r/min时：第一控制阀打开，进气的共鸣导管长度缩短，使中转速转矩增加。

③ 发动机转速超过4000r/min时：两个控制阀均打开，进气的共鸣导管长度最短，使高转速维持高转矩。

（5）图4-10所示为富豪汽车公司采用的可变进气系统(Volvo Variable Induction System, V-VIS)，有两条平行但不等长的进气歧管，控制阀也是安装在短进气歧管上，低转速时关闭，高转速时打开，可维持高转矩在宽广的范围内。

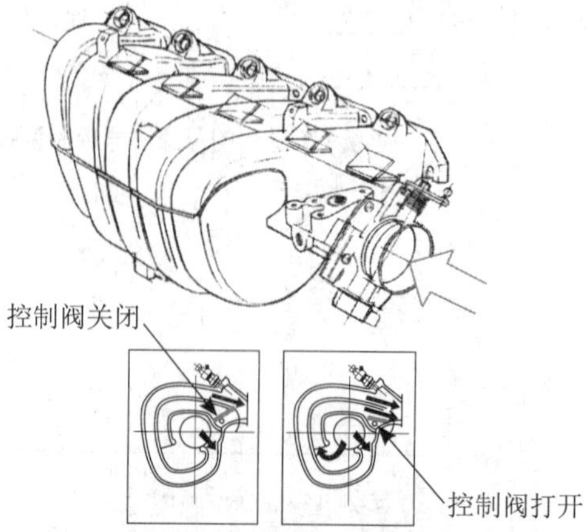

◆ 图4-10　富豪汽车采用的可变进气系统

（6）图4–11所示也是可变进气歧管长度及断面积式，但其控制阀依据发动机转速而逐渐改变开度，与上述各种系统的控制阀开启方式不相同。转矩与控制阀开度的关系如图4–12所示。

① 低转速时：副进气歧管上的控制阀全关闭，进气流速快，加上进气惯性效果，使充填效率提高，因此输出转矩增加。

② 中转速时：发动机转速上升，控制阀慢慢打开，进气歧管的断面积增大，使进气阻力减小，加上进气惯性效果，因此输出转矩增加。

③ 高转速时：控制阀全打开，进气断面积最大，进气阻力最小，充填效率最高，发动机输出功率及转矩均增加。

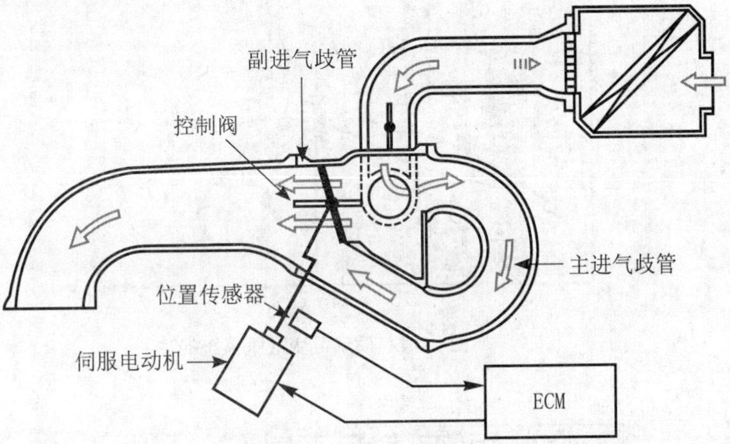

◆ 图4–11 可变进气歧管长度及断面积式进气系统的构造

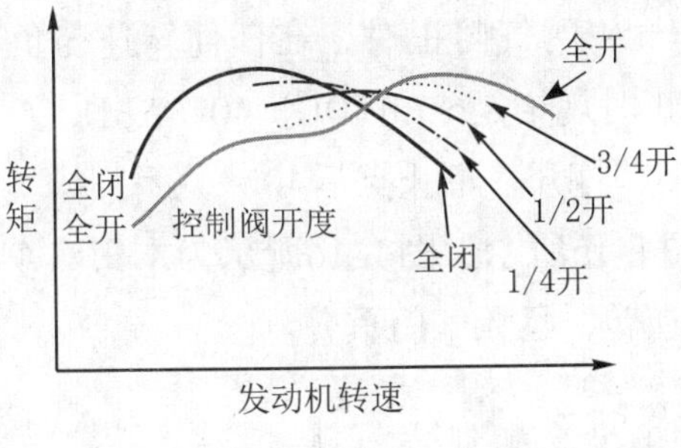

◆ 图4–12 可变进气歧管长度及断面积式进气系统的功能

3. 可变进气道式

图4–13所示为丰田汽车公司采用的可变进气系统(Toyota Variable Induction System, T–VIS)，在两个进气道中，一个进气道上安装控制阀，低、中转速时控制阀关闭，高转速时控制阀打开，可得到图4–14所示的结果，以提高低转速时的转矩，同时也不会影响四气门发动机在高转速时高输出的特性。

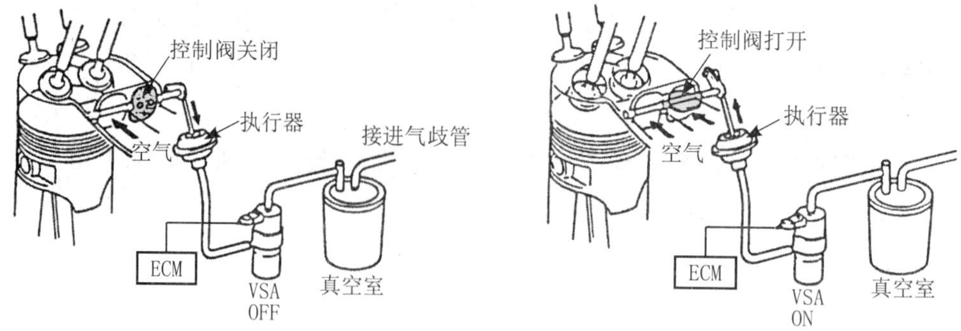

图4-13　丰田汽车采用的可变进气系统

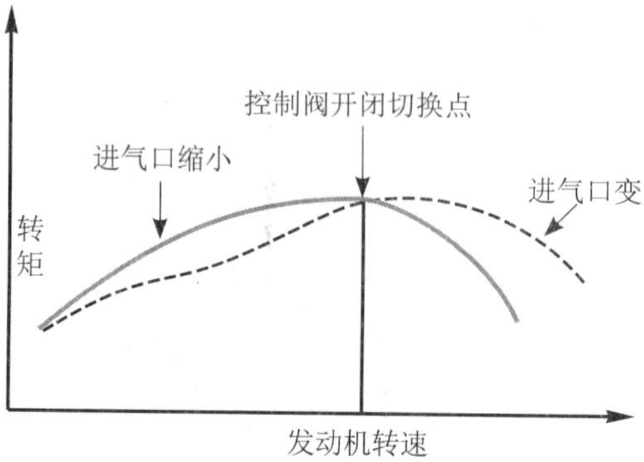

图4-14　采用可变进气系统的功能

4.2　可变气门正时(与举升)系统

一、概述

一般发动机进、排气门的气门正时，在任何转速与负荷时，都是在固定位置开闭，例如发动机的气门正时规格是6° BTDC、40° ABDC、31° BBDC与9° ATDC时，表示进气门在上止点前6° 打开，下止点后40° 关闭；排气门在下止点前31° 打开，上止点后9° 关闭，如图4-15所示。图4-16所示为本田汽车公司ZC SOHC发动机的气门正时，注意其曲轴是逆转，且无气门重叠。

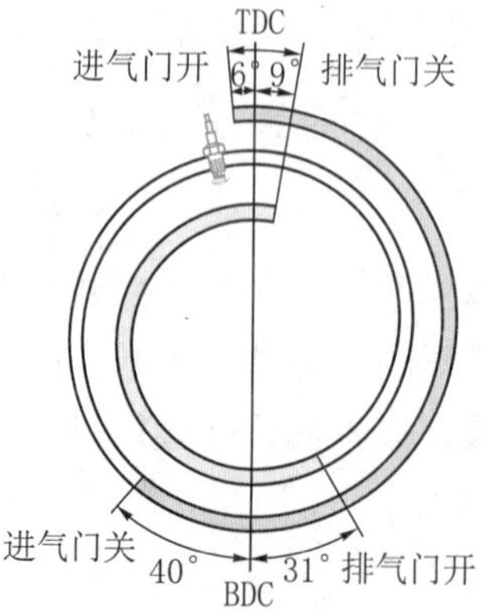

图4-15　气门正时(一)

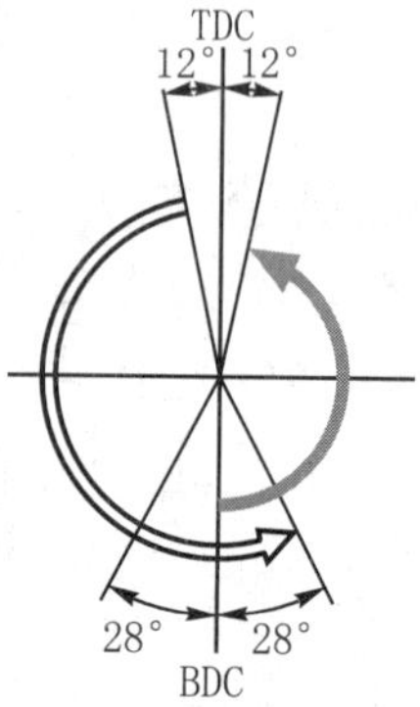

图4-16　气门正时(二)

日产汽车公司较早期的VTC设计，是在一定的作用条件时，使进气门提前打开，发动机可在较低转速时产生较高转矩，可变气门正时只有一段变化；日产较新的C-VTCS，丰田汽车公司的VVT-i与宝马(BMW)汽车公司的VANOS设计，均为连续可变气门正时系统，气门开度是一定的，即举升(Lift)是一定的，但气门开闭时间随发动机转速与负荷而连续可变，可达到省油、怠速稳定、提高转矩、增大动力输出及减少排气污染的目的。

本田汽车公司的VTEC设计，是可变气门正时与举升系统，其气门打开的举升可变，因此气门正时随之改变，但气门举升改变是分段式，目前最多分成三段，同样可达到低转速时省油、稳定、提高转矩，及高转速时增大动力输出的目的。

可变气门正时(与举升)系统的种类

可变气门正时（与举升）系统的种类
- VTC
- VANOS
- VVT-i
- VTEC
- MIVEC

二、可变气门正时(与举升)系统的构造及作用

1. VTC、C-VTCS

1）VTC

日产汽车公司称为气门正时控制(Valve Timing Control, VTC)，为可变气门正时系统，仅改变进气门的气门正时，用于Sentra系列的发动机。

VTC的组成如图4-17所示，由进气凸轮轴前端的控制器总成、气门正时控制电磁阀、ECM及各传感器组成。气门正时控制电磁阀的安装位置如图4-18所示。

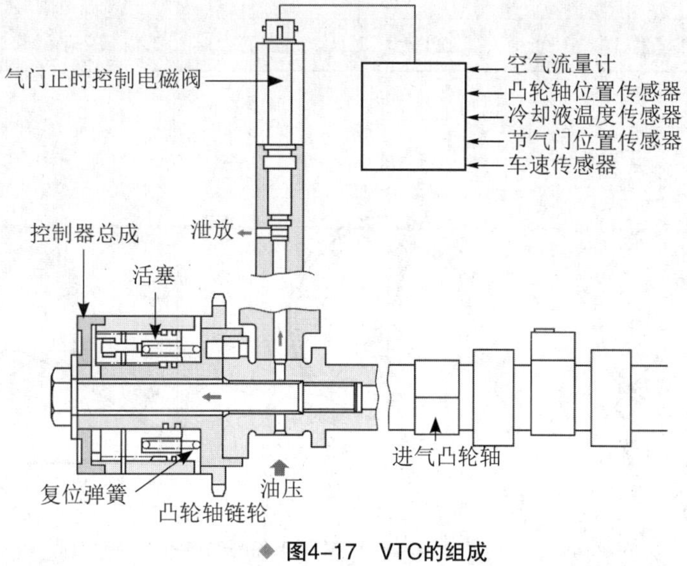

◆ 图4-17 VTC的组成

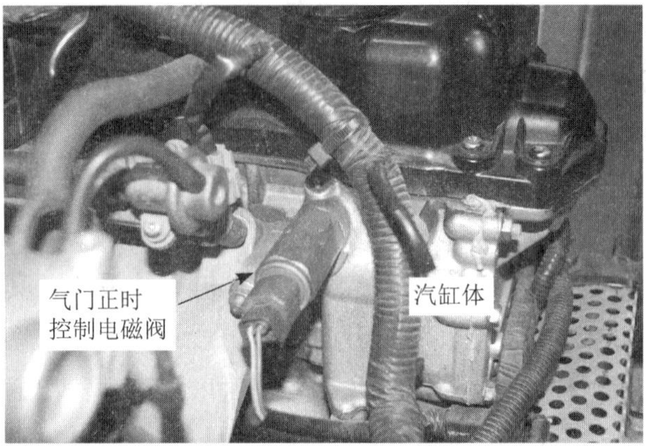

◆ 图4-18　气门正时控制电磁阀的安装位置

ECM根据各传感器传送的信号，并依据表4-1所示条件，使气门正时控制电磁阀OFF或ON。当气门正时控制电磁阀OFF时，电磁阀打开，油压从电磁阀泄放，进气门正常时间打开和关闭，由于无气门重叠角度，因此怠速平稳；且由于进气门关闭较晚，因此高转速时充填效率高。当气门正时控制电磁阀ON时，电磁阀关闭，油压进入控制器，使进气凸轮轴位置改变，进气门提前20°打开，如图4-19b)所示，在较低转速时，即可得到较高的转矩，如图4-19c)所示的曲线。

VTC执行条件　　表4-1

发动机操作条件	气门正时控制电磁阀	进气门开启时间	气门重叠	发动机转矩曲线
（1）发动机冷却液温度在70℃（158℉）或更高； （2）发动机转速在1500～5100 r/min之间； （3）发动机负荷高时	ON	提前	增加	B
上述以外的条件	OFF	正常	无	A

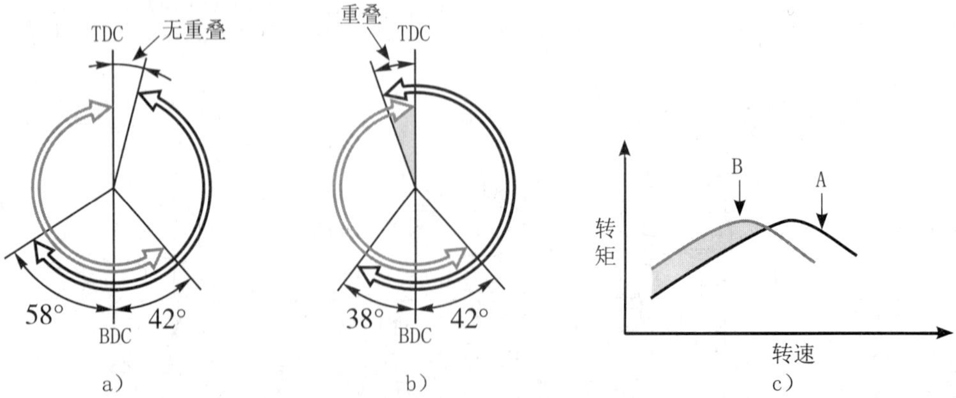

◆ 图4-19　VTC电磁阀的作用

2）C-VTCS

日产汽车公司称为连续气门正时控制系统(Continuous Valve Timing Control Sytem)，裕隆汽车公司2009年各系列车型的发动机均安装此系统。

C-VTCS的构造及作用，与Toyota的VVT-i相同，执行器是设在进气凸轮轴上，也是分提前、保持及延迟三种作用，如图4-20所示。其构造与作用的详细内容请参阅4.2.2.3 VVT-i。

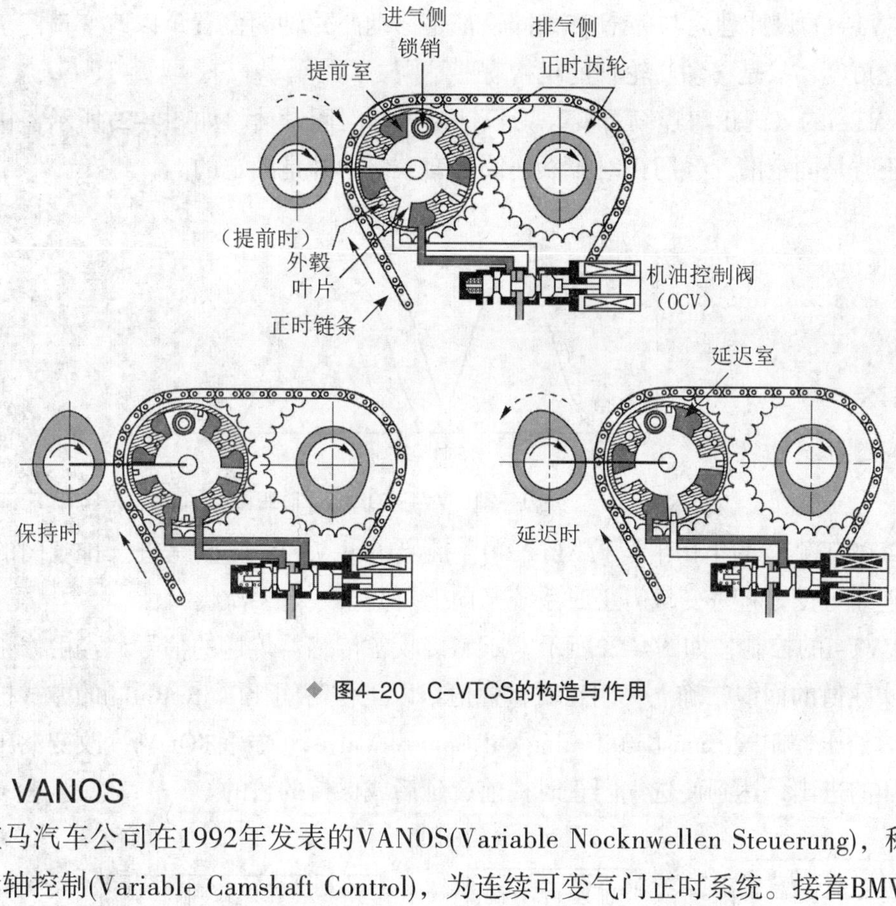

◆ 图4-20 C-VTCS的构造与作用

2. VANOS

宝马汽车公司在1992年发表的VANOS(Variable Nocknwellen Steuerung)，称为可变凸轮轴控制(Variable Camshaft Control)，为连续可变气门正时系统。接着BMW又研发出Double VANOS，为双可变凸轮轴控制，即进、排气凸轮轴均有VANOS装置，进气门的可变角度达40°，而排气门可达20°，进、排气门正时(Timing)及重叠角度(Duration)为连续可变。

VANOS利用一个电磁阀，在不同转速与负荷时，控制电磁阀的位置，改变油压进入黄色或绿色的管路，不同管路的油压使活塞移动，进而推动螺旋齿轮，使凸轮轴改变位置，得到气门正时与重叠角度连续变化，在低转速时，凸轮轴位于使进气门较晚打开的位置，减少气门重叠角度；而在高转速时，凸轮轴移到使进气门早打开的位置，使进气时间提前，并增加气门重叠角度，如此使怠速稳定，低中转速转矩提高，高转速功率大，并减少排气污染。

3. VVT–i

1）概述

丰田汽车公司称为智能型可变气门正时(Variable Valve Timing–intelligent, VVT–i)，为连续可变气门正时系统，最初应用在丰田汽车的高级房车Lexus上，目前国产化的Camry、Corolla Altis、Vios等也都已采用。不同的排气量与发动机时，进气门的开启度数有不同变化，例如Corolla Altis在2°～42° BTDC时进气门开启，50°～10° ABDC时进气门关闭。

VVT–i的设计理念与VANOS相同，都是移动凸轮轴的位置，以改变气门正时与气门重叠角度，只是移动凸轮轴的机构有些不同。

VVT–i的气门正时连续可变，为只针对进气门而设计，如图4–21所示，排气门的气门正时是固定的。气门正时虽然连续可变，但举升是固定的。

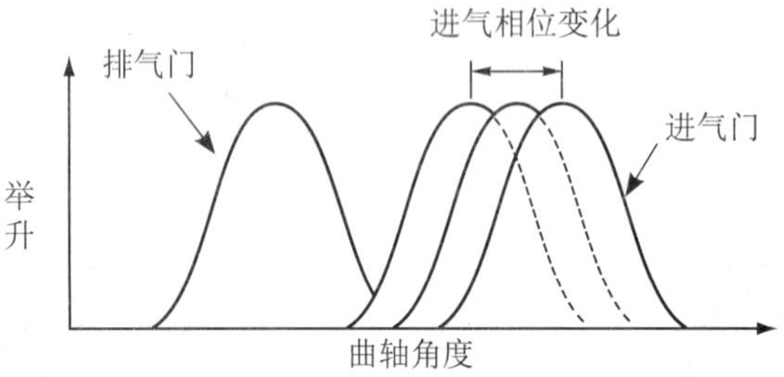

◆ 图4–21　VVT–i的气门正时变化

2009年生产的丰田卡罗拉Altis 2.0，推出Dual VVT–i，则是进、排气门的气门正时均连续可变，将可变气门正时系统又向上提高了一个层次。

VVT–i的控制，如图4–22所示，ECM接收各传感器传送的信号，经由修正及气门正时实际值的回馈，确立气门正时目标值，以工作时间比(Duty Ratio)的方式控制凸轮轴正时油压控制阀(Camshaft Timing Oil Control Valve，或简称OCV)，改变油压的方向或油压的进出，达到使进气门正时提前、延后或保持的目的。

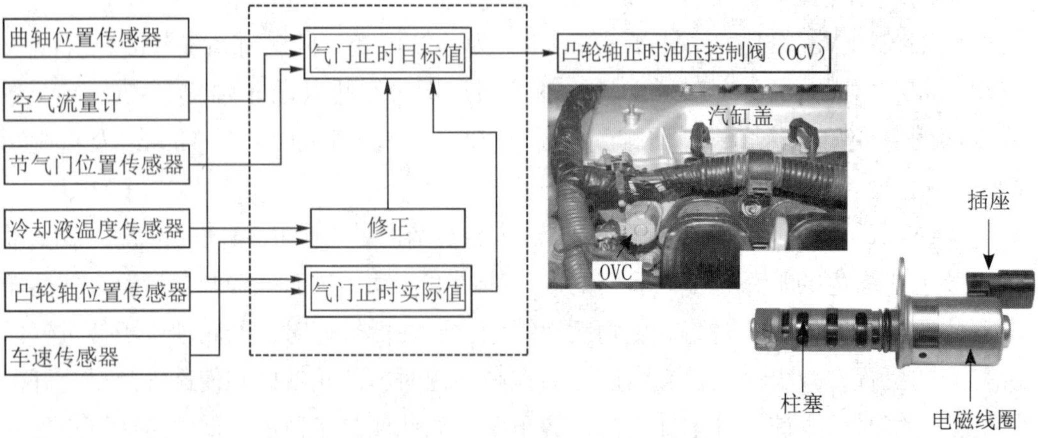

◆ 图4–22　VVT–i的控制过程与OCV

2）VVT-i的构造与作用

（1）VVT-i的组成如图4-23所示，VVT-i执行器安装在进气凸轮轴的前端，凸轮轴位置传感器安装于进气凸轮轴的后端。

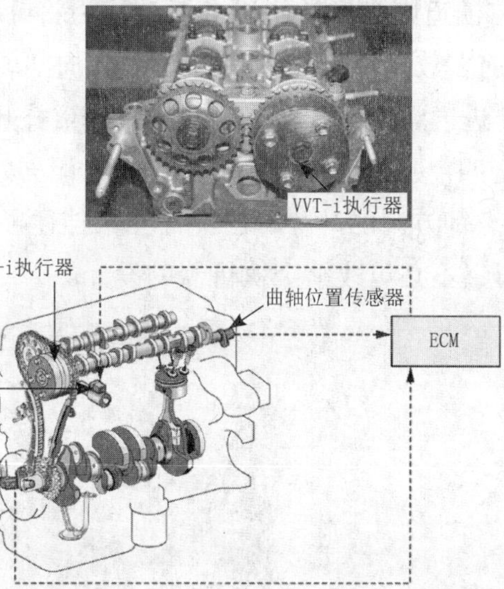

◆ 图4-23　VVT-i的组成

（2）VVT-i执行器(Actuator)的构造，如图4-24所示，叶片(Vane)与进气凸轮轴固定在一起，在外壳内，因油压的作用，叶片可在一定角度内前后移动，带动进气凸轮轴一起旋转，达到进气门正时的连续变化；另外锁销(Lock Pin)右侧有油压送入时，柱塞克服弹簧力向左移，与链轮盘分离，因此叶片可在执行器内左右移动；无油压进入时，柱塞弹出，叶片与链轮盘及外壳等连接成一体转动。

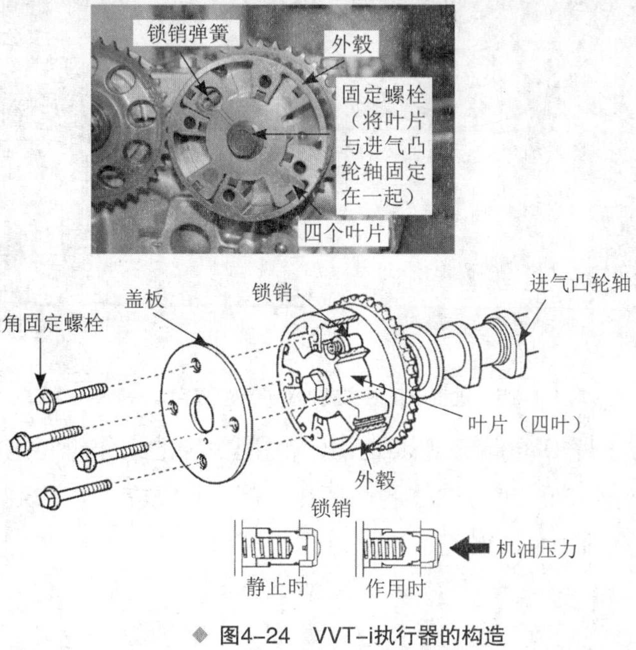

◆ 图4-24　VVT-i执行器的构造

（3）VVT-i的作用。

① 进气门正时提前(Advance)时。ECM送出ON时间较长的工作时间比(Duty Ratio)信号给凸轮轴正时油压电磁阀，如图4-25 b)所示，阀柱塞移至最左侧，此时左油道与机油压力相通，而右油道则为回油，因此机油压力将叶片(此处叶片为三个，是初期的Lexus所采用，目前多数发动机均采用四个叶片)向凸轮轴旋转方向推动，使进气凸轮轴向前转一角度，进气门提前开启，进、排气门重叠开启角度最大。

图4-25 a)所示，四个叶片已在最大提前位置，但与外壳间似乎还有相当的空间，其实不是，注意看5点钟方向的叶片，已经被挡销挡住了(因此要变化正时角度，只要改变挡销的位置即可，不必更改整个执行器的设计)。

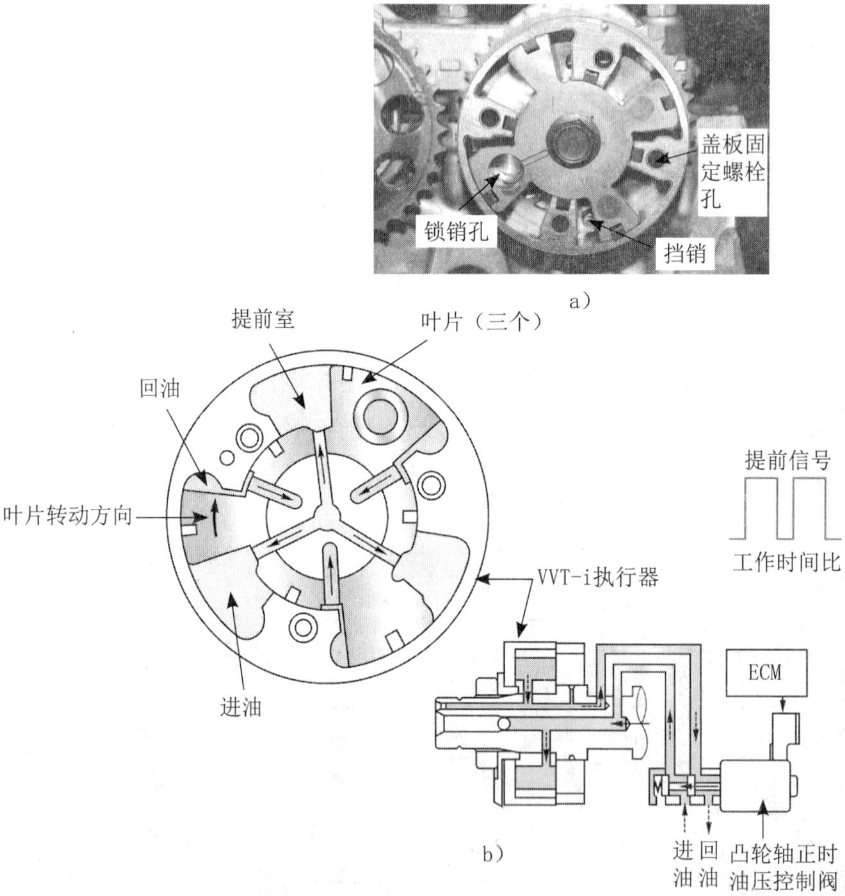

◆ **图4-25 进气门正时提前时VVT-i的作用**(丰田汽车公司)

② 进气门正时保持(Hold)时。ECM送出ON时间一定的工作时间比信号给凸轮轴正时油压电磁阀，如图4-26所示，阀柱塞保持在中间，堵住左、右油道，此时不进油也不回油，叶片保持在活动范围中间，因此进气门开启提前角度较少。

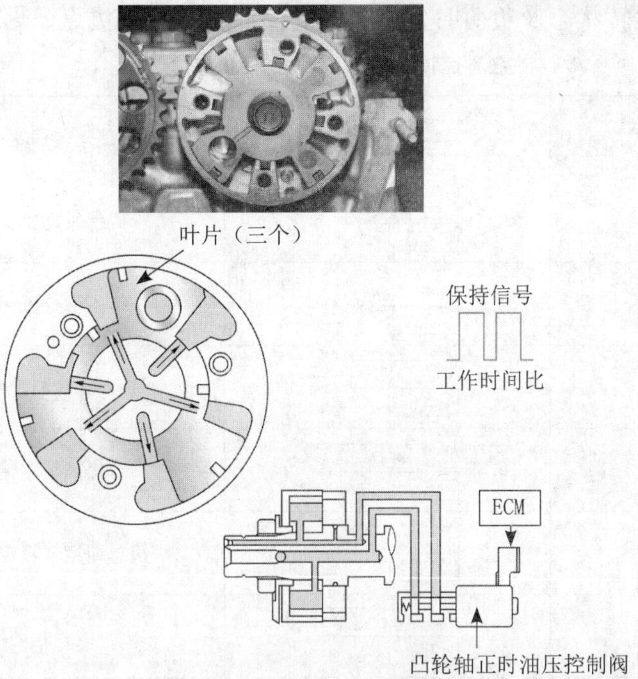

◆ 图4-26 进气门正时保持时VVT-i的作用

③ 进气门正时延迟(Retard)时。ECM送出ON时间较短的工作时间比信号给凸轮轴正时油压电磁阀，如图4-27所示，阀柱塞移至最右侧，此时左油道回油，右油道与机油压力相通，因此机油压力将叶片逆凸轮轴旋转方向推动，进气门开启提前角度最少。

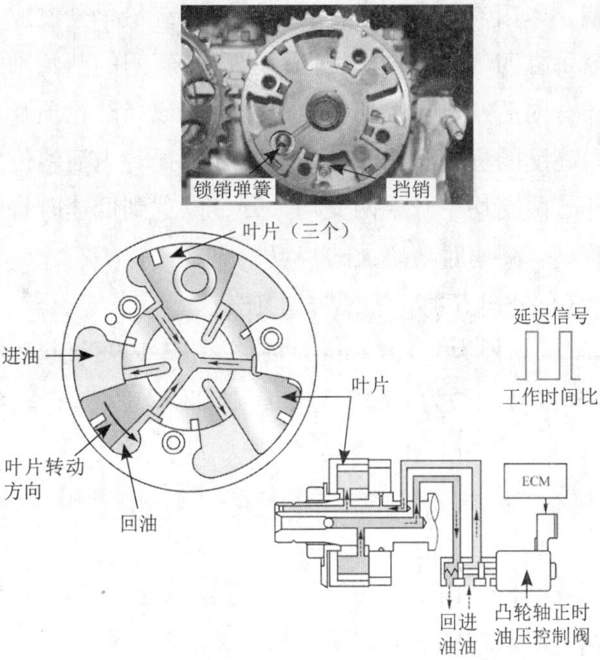

◆ 图4-27 进气门正时延迟时VVT-i的作用

④ VVT–i在各种运转状态及负荷时，进气门的提前状况及其优点，见表4–2。

VVT–i在各种运转状态及负荷时的变化与优点　　表4–2

怠速	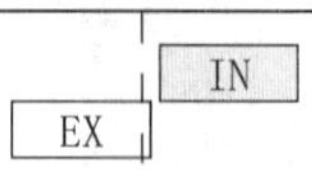	怠速运转稳定、省油
轻负荷	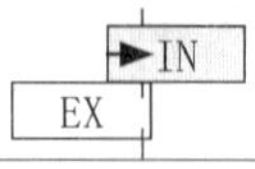	确保发动机稳定性
中负荷	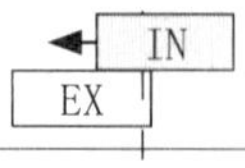	省油、低污染
低/中转速 高负荷	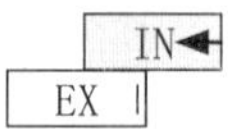	提高转矩与功率输出
高转速 高负荷	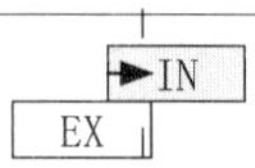	提高功率输出
低温时	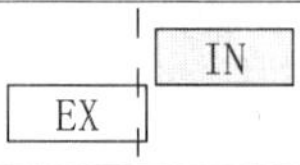	快怠速运转稳定、省油
起动时	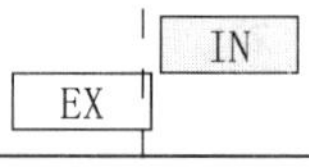	改善起动性

4. VTEC

1）概述

本田汽车公司称为电子控制可变气门正时与举升系统(Variable Valve Timing & Lift Electronic Control System, VTEC)，当改变气门的举升时，气门正时与气门重叠角度随之改变。

20世纪80年代中期，本田汽车公司可变气门正时系统最早开发成功，并应用在批量生产汽车上，以现今每缸四气门发动机为例，驱动进气门的凸轮轴上有两种不同高度的凸轮，利用气门摇臂内活塞位置的切换，以决定低或高凸轮顶开进气门；甚至每缸凸轮轴上有三种不同高度的进气凸轮，也是利用气门摇臂内活塞位置的切换，使两个进气门一微开一中开、两支均中开或两支均大开，以达到低速时省油与转矩高、中速时转矩与功率输出兼具、高速时功率大的特点。

表4–3所示为本田汽车公司五种VTEC型式的比较。

以下介绍两种VTEC：一种为SOHC New VTEC，用于1998年起在中国台湾制造的第六代雅阁(Accord)汽车；另一种为SOHC 3 Stages VTEC。另外，以照相图显示用在Civic的SOHC VTEC。

2）SOHC New VTEC

（1）概述。

现今常用的四气门发动机，由于气门打开举升是固定不变的，若要具有高转速、高输出功率的性能，就无法兼顾到一般行车常用转速范围的性能，也就是能高转速、高输出功率的发动机，在低转速时转矩不足，怠速稳定性较差，且燃油消耗量较高；

五种VTEC型式的比较

表4-3

项目 \ 型式			DOHC VTEC	SOHC VTEC	SOHC VTEC-E	SOHC New VTEC	SOHC 3 Stages VTEC
控制的气门		进气门	作用	作用	作用	作用	作用
		排气门	作用	无	无	无	无
执行方式（开度）	低速	进气门	2小	2小	1大1小（微开）	1中1小（微开）	1中1小（微开）
		排气门	2小				
	中速	进气门			转换区	转换区	2中
		排气门					
	高速	进气门	2大	2大	2大	2大	2大
		排气门	2大				
执行条件	冷却液温度		60℃以上	60℃以上	-5.3℃以上	10℃以上	低→中：40℃以上 中→高：60℃以上
	转速		5600r/min以上	4800r/min以上	2500r/min以上	2300～3200r/min之间根据歧管压力而定	低→中：3000r/min 中→高：6000r/min
	车速		30km/h以上	AT：5km/h以上 MT：20km/h以上	5km/h以上	10km/h以上	AT：10km/h以上 MT：15km/h以上
	发动机负荷		根据歧管压力而定				根据节气门开度而定
车种			S2000	Civic JM	Civic VX	Accord LS	Civic JC

而用于一般转速范围转矩输出的二气门发动机，其高转速性能会降低。因此，能够适应各种转速变化，具有较宽动力波段的可变气门正时与举升机构的发动机，为现代的理想发动机。

在低转速时，因主、副进气门开度不同，提供一巨大的升降差异，而得到强烈的回转涡流，能产生高燃烧效率，因此提高低转速转矩、怠速稳定性及减低燃油消耗率；而在高转速时，因主、副进气门同时大开，因此能产生高功率。

（2）构造。

可变气门正时及举升机构，在凸轮轴上，每缸进气门设有一低、一高两个低转速用凸轮，及一个高转速用凸轮，如图4-28所示。在一般转速范围时，低转速用凸轮驱动，主进气门开度比副进气门大；而在高转速范围时，高转速用凸轮驱动，主、副进气门以相同开度打开，举升比低速时大。

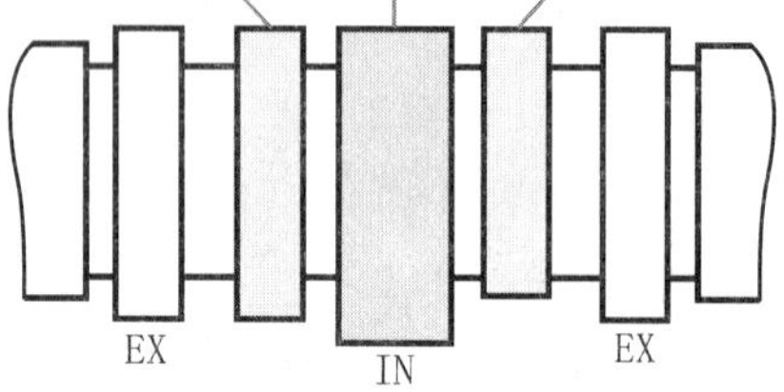

◆ 图4-28 SOHC New VTEC的凸轮轴构造

可变气门正时与举升机构的构造如图4-29所示。由凸轮轴、主摇臂(Primary Rocker Arm)、副摇臂(Secondary Rocker Arm)、中间摇臂(Mid Rocker Arm)、正时活塞(Timing Piston)、正时板(Timing Plate)、同步活塞A(Synchronizing Piston A)、同步活塞B(Synchronizing Piston B)与主、副进气门等所组成。

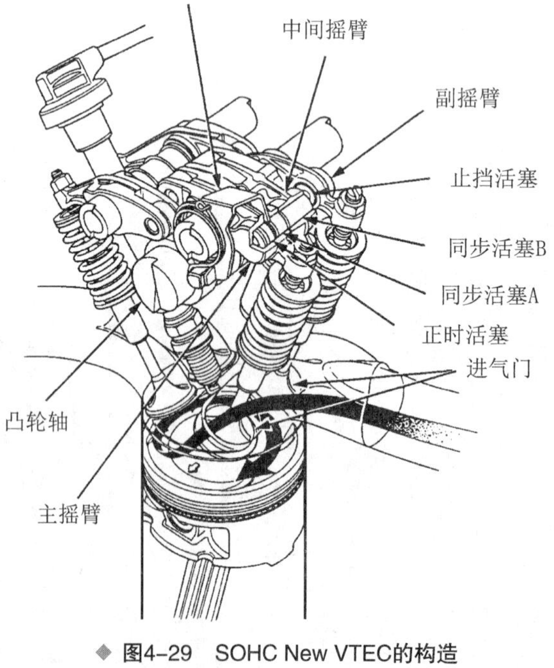

◆ 图4-29 SOHC New VTEC的构造

中间摇臂的两端分别是主摇臂与副摇臂，中间摇臂为高转速用，主摇臂与副摇臂为低转速用。主摇臂内有正时活塞与同步活塞A，中间摇臂内有同步活塞B，副摇臂内有止挡活塞。每缸的凸轮轴上有三种不同举升的凸轮，中间凸轮为高转速用，举升最大，左凸轮、右凸轮为低转速用，主凸轮举升次之，副凸轮举升最小。

中间摇臂内有运动弹簧总成，为一辅助定位装置，可抑制低转速时的摇臂空隙，并可在高转速时，圆滑的驱动进气门。另外，为使各摇臂容易连接与分离，特别加装了正时板。

（3）作用。

① 低转速时：如图4-30所示，主摇臂、副摇臂与中间摇臂分离，分别由主凸轮A、副凸轮B以不同的时间与举升驱动。主进气门开度约9mm，副进气门则微开。

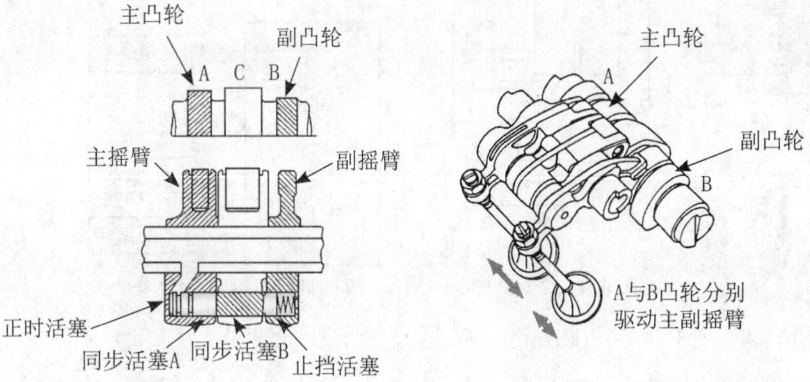

◆ 图4-30 低转速时各摇臂的动作

② 高转速时：如图4-31所示，因油压进入，正时活塞向右移，主摇臂、副摇臂与中间摇臂被同步活塞A与同步活塞B连接成一体动作，因此三个摇臂均由中间凸轮C以高举升驱动。此时主进气门、副进气门开度约为12mm。

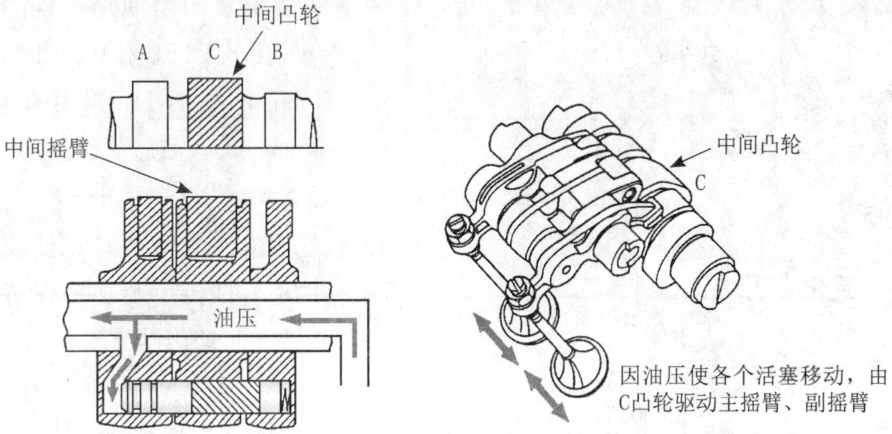

◆ 图4-31 高转速时各摇臂的动作

（4）ECM控制。

如图4-32所示，计算机依据发动机转速、发动机负荷、车速及冷却液温度的信号，在下列条件下使电磁阀打开，油压进入摇臂内，切换为高转速的驱动状态：

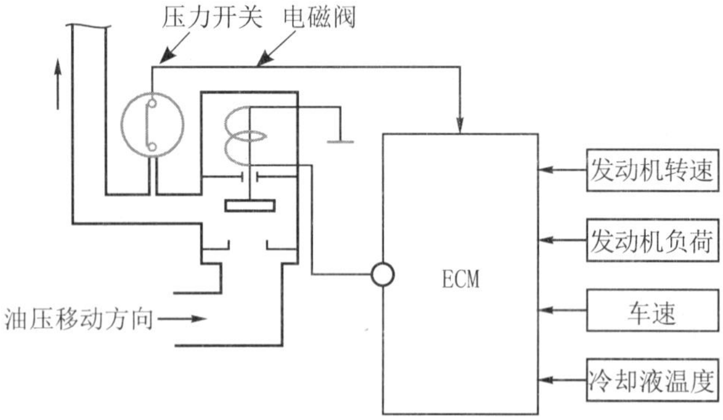

◆ 图4-32　SOHC New VTEC的计算机控制系统

①发动机转速：2300～3200r/min，依据歧管负压而变化。

②发动机负荷：依据歧管负压值。

③车速：10km/h以上。

④冷却液温度：10℃以上。

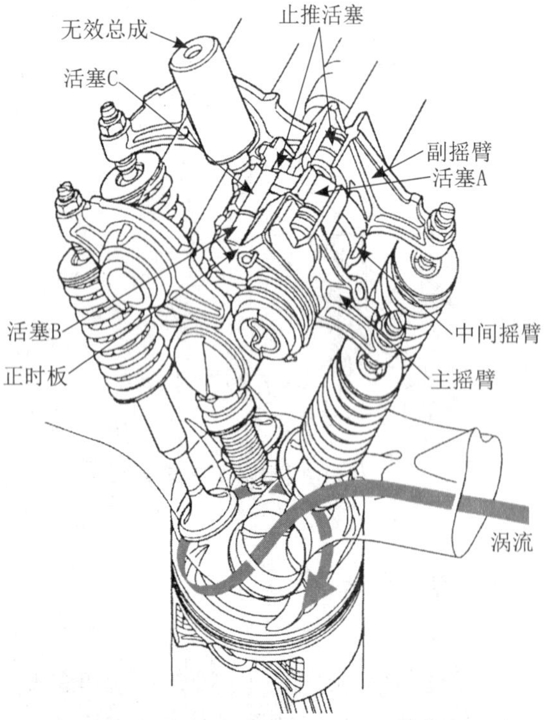

◆ 图4-33　SOHC 3 Stages VTEC的构造

3）SOHC 3 Stages VTEC

（1）其构造如图4-33所示，具有两组活塞组及两个油路，气门摇臂的构造与二段式VTEC不同，如图4-34所示。Honda Civic Hybrid采用的就是具有1.3 L 3 Stages i-VTEC发动机。

（2）利用进气门三段式的不同开度，以达到低转速时省油及转矩提高、中转速时转矩及功率保持在高水平、高转速时输出功率大的目的。

（3）三段式VTEC的作用。

① 第一段时：两个油路都没有油压，三个气门摇臂都可自由活动，两个进气门分别由主摇臂与副摇臂驱动，举升分别是7mm与微开，使进气涡流强烈，燃烧完全，达到低转速时

省油及转矩提高的效果，如图4-35 a)所示。

② 第二段时：上油路送入油压，活塞A移动，使主摇臂与副摇臂结合为一体，因此两个进气门均由主摇臂驱动，也就是由低速凸轮驱动，举升都是7mm，以确保中转速时转矩与功率值，如图4-35 b)所示。

③ 第三段时：上、下油路都送入油压，上油路的油压仍使主摇臂与副摇臂结合为一体；下油路送入的油压，使活塞B与活塞C移动，因此中间摇臂与主摇臂及副摇臂结合为一体，两个进气门均由中间摇臂驱动，也就是由凸轮高度最高的高速凸轮驱动，两个进气门的举升都是10mm，以确保高功率的输出，如图4-35 c)所示。

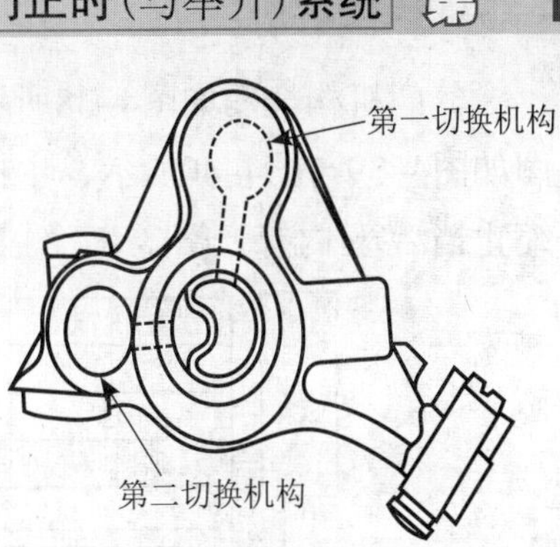

◆ 图4-34　SOHC 3 Stages VTEC气门摇臂的构造

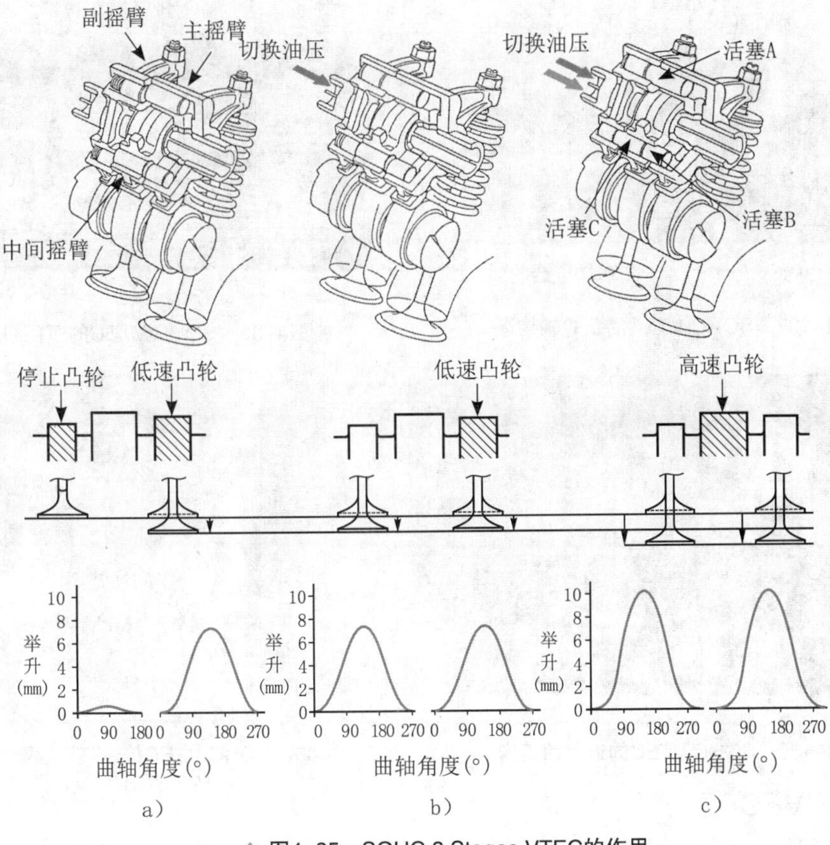

◆ 图4-35　SOHC 3 Stages VTEC的作用

（4）三段式VTEC的电路及作用油路，如图4-36所示。

4）SOHC VTEC

用在思域汽车发动机上，如图4-37所示，其构造及作用与SOHC New VTEC很相似。每个汽缸有五个凸轮，进气用凸轮有三个，两个低转速用凸轮的高度差很小。

气门机构全图如图4-38所示，无效总成在中间摇臂的正上方。进气门机构的局部图如图4-39与图4-40所示，主摇臂与中间摇臂内的正时活塞因油压而向右移出时，压缩止挡活塞(内有弹簧)，三个摇臂成一体，此时为高转速时。

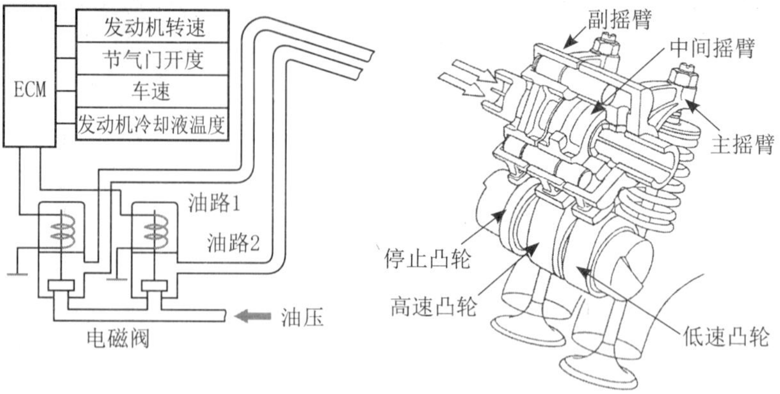

◆ 图4-36　SOHC 3 Stages VTEC的电路及作用油路

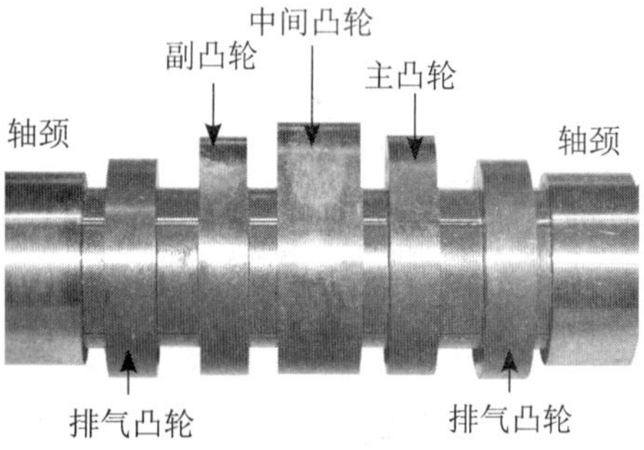

◆ 图4-37　SOHC VTEC的凸轮轴构造

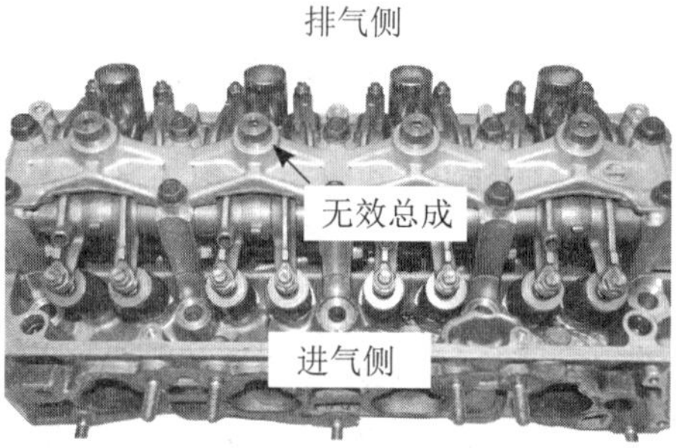

◆ 图4-38　SOHC VTEC的气门机构

◆ 图4-39　SOHC VTEC的进气门机构

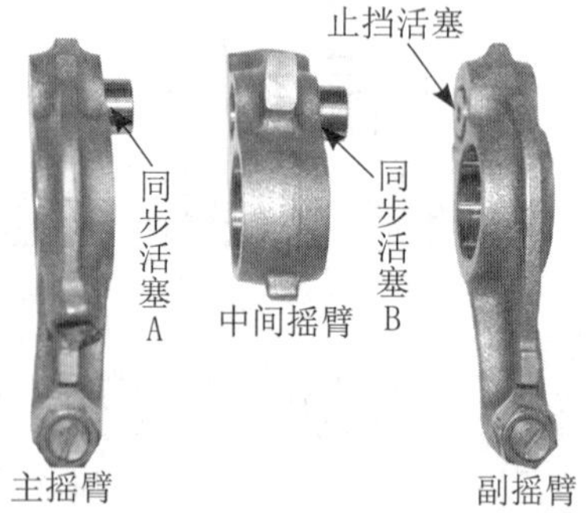

◆ 图4-40　SOHC VTEC的进气门摇臂分解图

5. MIVEC

1）概述

三菱汽车公司2003年全新的2.4L SOHC四缸MPI 4G69发动机，配置三菱革新气门正时电子控制(Mitsubishi Innovative Valve Timing Electronic Control, MIVEC)系统，与规格大致相同、配置连续可变气门正时(Continuously Variable Valve Timing)的4G-64 GDI-V发动机相比较，其功率输出与省油性几乎相同，如表4-4与图4-41所示；由于MIVEC的帮助，使此新MPI发动机的排气污染比GDI发动机低，同时发动机尺寸更小。注意图4-41所示，4G69发动机的省油性与GDI发动机在相同范围内，而且均低于日本2010年燃油消耗标准。

汽车科技的发展，在追求环境保护及节省能源的准则下，另一项重大的需求是发动机性能的提高。因此当开发发动机时，典型的做法是安装可变气门正时(Variable Valve Timing)系统，让各项需求都能得到满足；同时，如何使发动机更轻及更简小化(Compact)、具有较好的主动安全性能、车厢及车身外部设计自由度，也是汽车生产厂所面临的任务。因此三菱在全新的2.4L发动机上设置MIVEC，同时燃烧室、发动机体等重新设计，使汽缸内气流强烈，伴随的特性是高燃烧稳定度，因此可得到极好的省油性、极低排气污染，以及大量进气的结果，使功率输出更高。MIVEC的稳定燃烧效果，如图4-42所示，因此可采用稀薄混合气及冷起动时延后点火时间，以迅速提高催化转换器温度。

三菱汽车全系列的车款，目前均已采用MIVEC发动机。

4G69与4G64发动机的规格比较　　表4-4

发动机型式	4G69 MIVEC	4G64 GDI-V
汽缸配置	线列四缸	
缸径×行程（mm）	87.0×100	86.5×100
排气量（L）	2378	2350
压缩比	9.5	10.8
燃油供应	进气管喷射	缸内喷射
使用汽油	普通（Regular）无铅	高级（Premium）无铅
气门机构	SOHC，16V，MIVEC	DOHC，16V，连续凸轮相位可变
性　能	（165ps）121kW/(6000/min) 217N·m/（4000/min)	（165ps）121kW/(5700/min) 230N·m/（3500/min)
排气污染	比日本2000年排气标准低75%	比日本2000年排气标准低25%

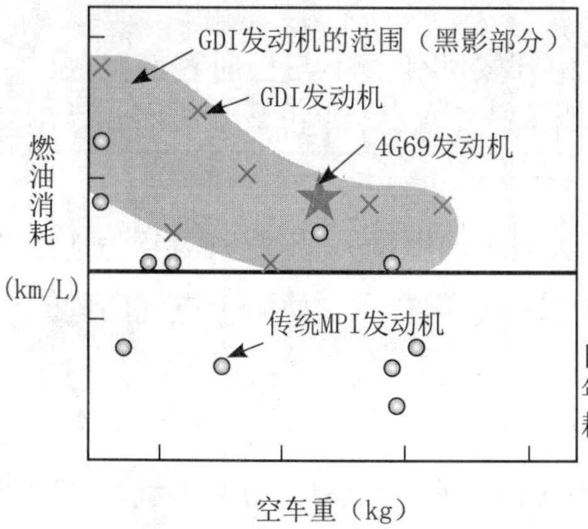

◆ 图4-41　4G69发动机的省油性

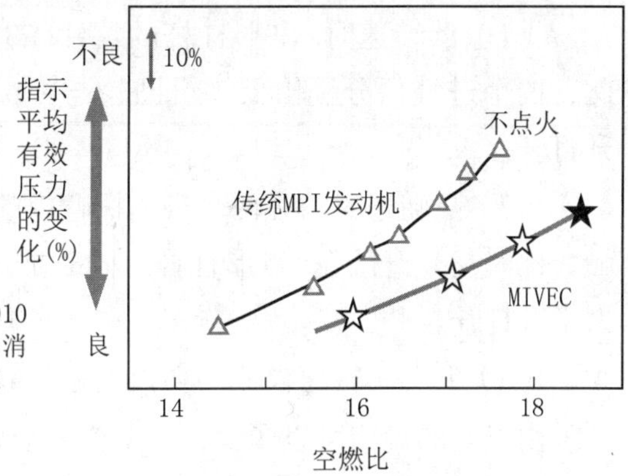

◆ 图4-42　MIVEC的稳定燃烧效果

2）MIVEC的构造与作用

MIVEC使进气凸轮进行两种作用模式（表4–5）：一种为低转速模式(Low Speed Mode)，即各缸两个进气门的开度不相同；另一种为高转速模式(High Speed Mode)，即各缸两个进气门的开度大且相同。进气门开度的变化，可得到图4–43所示的目的，低转速模式时，由于燃烧稳定，因此可得到低燃油消耗、低排气污染及高转矩输出；高转速模式时，由于进气门开度大、持续打开时间长、进气量多，因此可得到高功率输出。

MIVEC 进气凸轮两种作用模式　　表4–5

模式	项　　目	动力	燃油消耗	排气污染
低转速模式	由于减少内部EGR，改善燃烧稳定度	○	○	○
	由于缸内强烈气流，改善燃烧稳定度		○	○
	由于低气门举升，使摩擦最小化		○	
	由于减少回吐（Spitback,）提高容积效率	○		
高转速模式	由于排气动力学的效果，提高容积效率	○		
	由于高气门举升，提高容积效率	○		

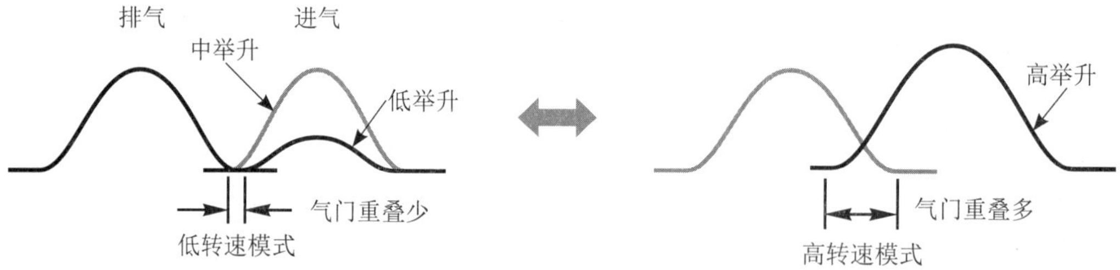

◆ 图4–43　进气门开度的变化及其目的

MIVEC系统的构造如图4–44所示，低举升凸轮(Low Lift Cam)及中举升凸轮(Medium Lift Cam)，分别经气门摇臂，各带动一个进气门；高举升凸轮(High Lift Cam)在低举升凸轮与中举升凸轮的中间，T形杠杆(T Shaped Lever)随高举升凸轮运动。

MIVEC系统的作用如图4–44所示。

（1）低转速时：T形杠杆的翼片(Wing)自由往复动作，不与任何零件接触，因此，两个进气门分别由低举升凸轮与中举升凸轮经气门摇臂带动，以小举升及中举升打开。

（2）高转速时：在两个气门摇臂内的活塞被油压向上推，T形杠杆翼片与活塞接触，此时高举升凸轮经T形杠杆，同时推压两个气门摇臂背面，使两个进气门同时以大举升打开。

（3）低、高转速模式的切换点在3,500r/min左右。

由以上的说明可以了解，三菱汽车公司MIVEC的构造及作用，与本田汽车公司的VTEC非常相似，但本田的VTEC在1985年已经研发使用了。

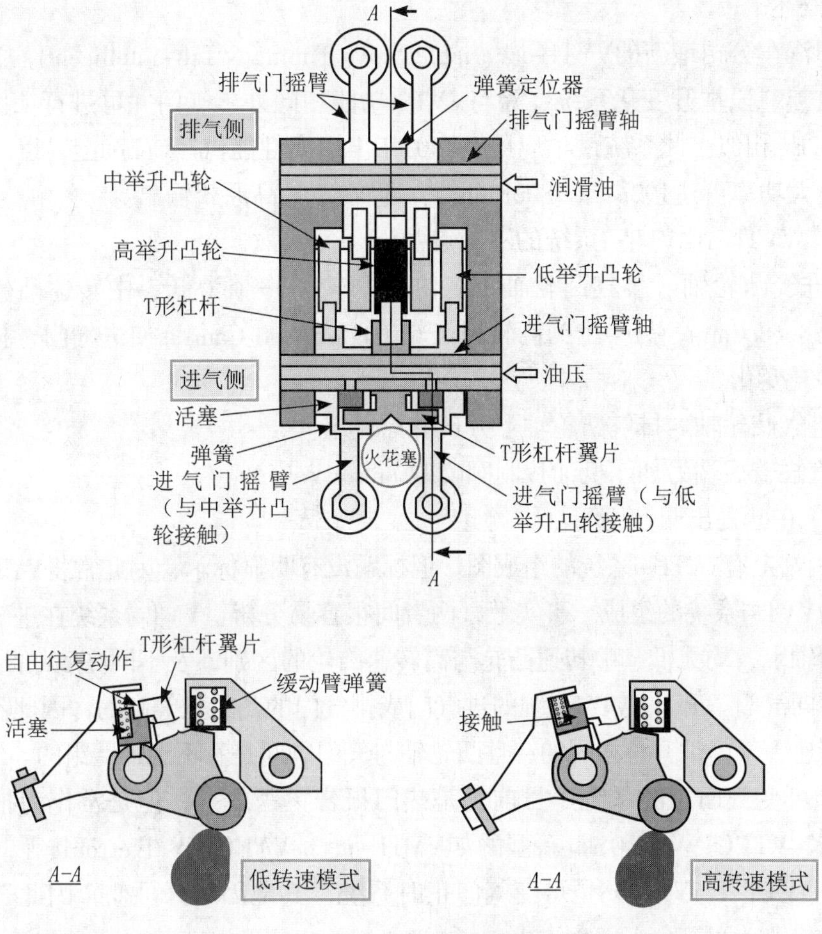

◆ 图4-44 MIVEC系统的构造与作用

三、新型可变气门正时与举升的构造及作用

1. 可变气门正时（与举升）系统的改良

由以上的说明可以了解，VANOS与VVT-i系统是气门正时随发动机转速与负荷而连续可变，但举升没有变化，无法兼顾低转速省油及高转速高功率的需求；而VTEC与MIVEC系统是气门正时与举升均可变，但其举升变化是分成两段或三段，因此气门正时也是分段式的变化，无法如VANOS与VVT-i般连续可变。

各汽车公司分别针对本身原来的设计，发展出新型的可变气门正时与举升系统。

新型可变气门正时与举升系统：
- VVTL-i
- i-VTEC
- Valvetronic
- Camless Engine

2. VVTL-i

1）概述

丰田汽车公司最新的VVTL-i(Variable Valve Timing & Lift-intelligent)，为连续可变气门正时与二段举升变化系统，除与VVT-i功能相同外，气门并可进行二段式举升变化，与VTEC相似。此系统最早应用在2001年丰田高性能汽车Celica上，以1.8 L的排气量，其最大功率可达192ps/（7800r/min），且转矩呈高原式输出。

（1）VVTL-i比VVT-i系统的不同点：

① 进气凸轮轴、排气凸轮轴上各缸的凸轮，一个为低、中转速凸轮(Low and Medium Speed Cam)，另一个为高转速凸轮(High Speed Cam)，使进气门、排气门均可做二段举升变化。

② 进气凸轮轴、排气凸轮轴下方设有摇臂组。

③ 汽缸盖后端另加一机油控制阀(Oil Control Valve)。

（2）在此提出两点说明：

① 网站上有VVTL-i系统的组成图，但标题没有明显标示，因此常将VVTL-i的组成图误认为VVT-i系统的组成。事实上，两者间很容易分辨，VVT-i系统在进气凸轮轴、排气凸轮轴上，均无低、中转速凸轮与高转速凸轮的区别，及不同高度的凸缘(Lobe)所造成的不同气门举升。VVT-i系统的进气门或排气门的凸轮是等高的，因此不论是低转速或高转速，气门举升是相同的；且凸轮轴与气门脚间是看不到摇臂组的。

② “可变气门正时系统”目前仍是热门报告主题之一，但是常作为报告内容的如VVT-i、VTEC、VANOS，新型的如VVTL-i、i-VTEC、Valvetronic等，其实只有C-VTCS、VVT-i与VANOS是可变气门正时系统，其他因举升可变，因此气门正时同时改变，应称为可变气门正时与举升系统。

2）VVTL-i系统的构造与作用

VVTL-i系统的构造，如图4-45所示。进、排气门均可变举升，高转速时，进、排气门的举升分别是低、中转速时的1.6倍与1.4倍。进气凸轮轴前端安装有VVT-i执行器，其作用与前述的VVT-i相同。整个系统共采用两个OCV。

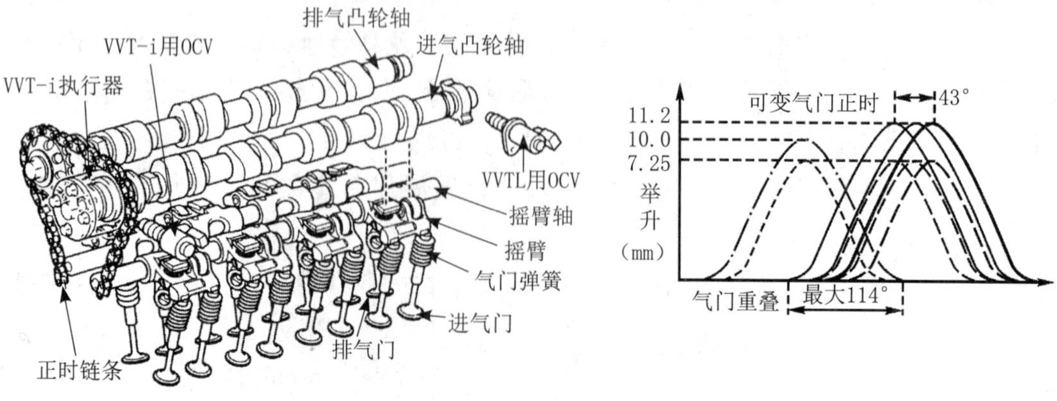

◆ 图4-45　VVTL-i系统的构造

低、中转速时气门的作用：如图4-46所示，当低、中转速时，由于锁销(Lock Pin)左侧无油压送入保持在原位，因此高转速凸轮正下方的顶杆是在自由移动状态，顶不到摇臂，因此此时低、中转速凸轮，经滚针(Needle Roller)、摇臂，使两个进、排气门同时以较小举升打开。

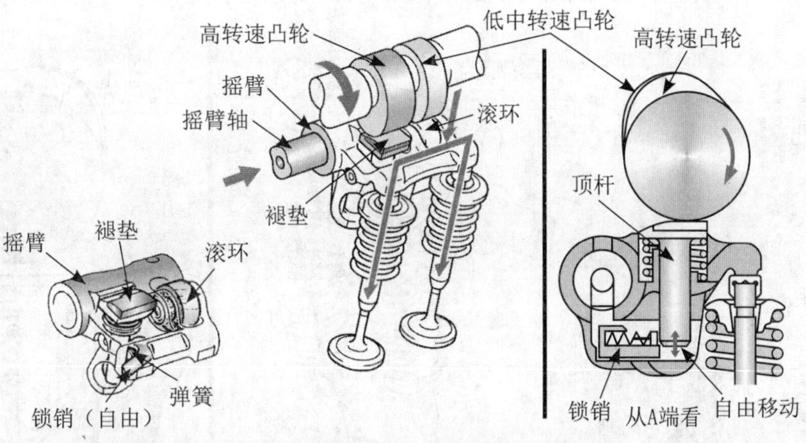

◆ 图4-46　低、中转速时气门的作用

高转速时气门的作用：为了在高转速时，让油压进入各摇臂内，因此在发动机后端安装有机油控制阀(Oil Control Valve, OCV)，如图4-47所示，在高转速时，OCV打开，机油进入各摇臂内，使各锁销移动。

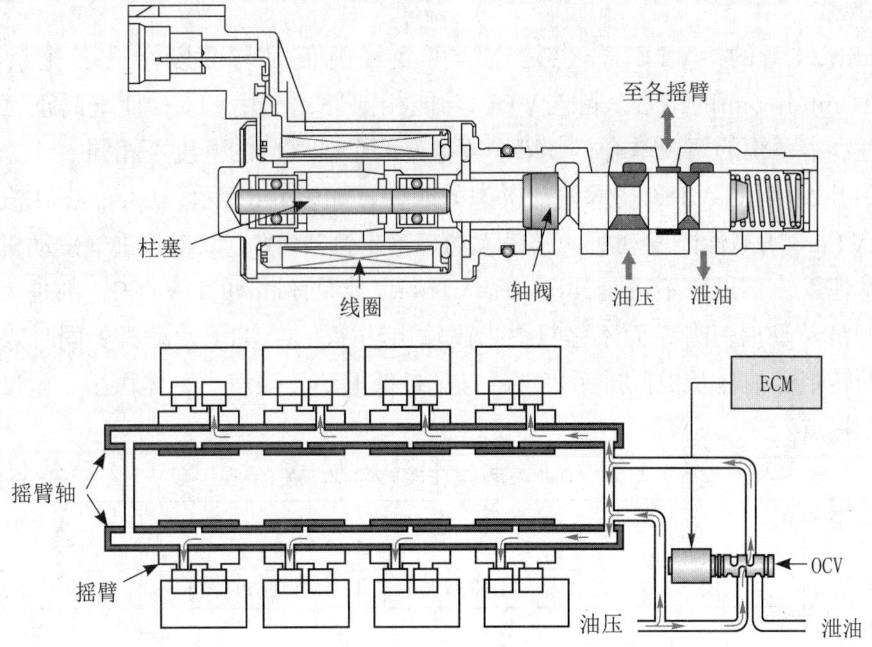

◆ 图4-47　OCV的构造与作用

当发动机转速超过6,000r/min，且发动机工作温度在60℃以上时，OCV打开油压通道，机油进入各摇臂内，将锁销向右推，此时顶杆即无法自由移动，也就是顶杆被垫高，故此时高转速凸轮经顶杆、锁销、摇臂，使两个进、排气门同时以较大举升打开，如图4-48所示。

从以上叙述中可知，举升只要有两段变化，其气门正时也有两种变化，然后再配合VVT-i执行器的控制，使气门正时有更多的变化。另外VVTL-i系统适用于高转速的Celica采用，若要应用在丰田汽车的一般车系，则系统的软硬件均需做变更。

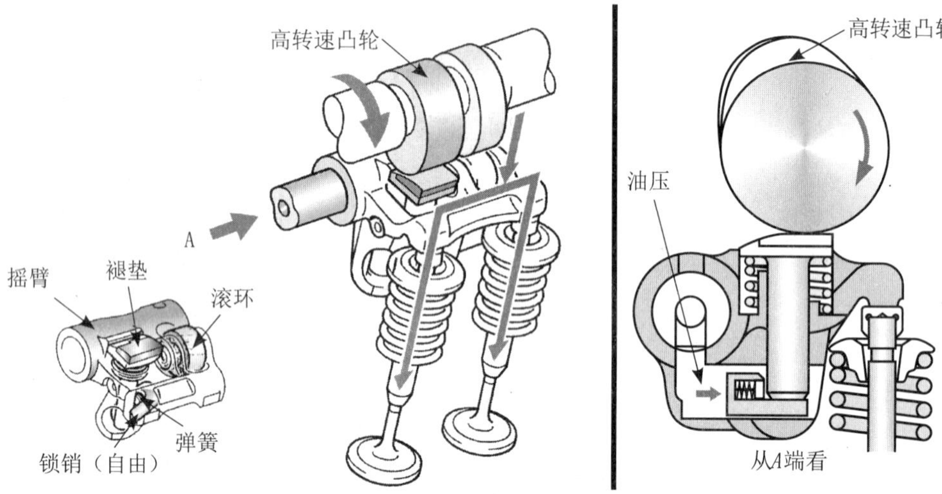

◆ 图4-48 高转速时气门的作用

3. i-VTEC

1）概述

Honda最新的i-VTEC，也是连续可变气门正时与两段举升变化系统，是VTECVTCintelligent的结合。除与VTEC功能相同外，利用VTC，使气门正时连续可变。注意：本系统的两段举升，其第一段举升两个进气门的开度不相同。

本田开发应用i-VTEC技术发动机中的四种，如表4-6所示，Integra2.0L汽车采用的KA20A Euro-R高性能发动机，其最大功率输出达220PS，以自然进气发动机而言，实在非常惊人。不过，不论是Toyota的VVTL-i，或是Honda的i-VTEC，都是为了兼顾性能、经济及环保三者，而不是只讲求高输出功率。i-VTEC发动机更同时兼顾全转速范围的转矩、油耗及极低排污表现，且具备低振动、噪声小、体积小、质量轻及高耐用度等特点。

四种采用i-VTEC技术的本田发动机 表4-6

项目 \ 发动机型式	K20A	KA20A Euro-R	KA-24A	KA-24A T-type
1. 进气侧	VTEC＋VTC	VTEC＋VTC	VTEC＋VTC	VTEC＋VTC
2. 排气侧		VTEC		VTEC
3. 压缩比	9.8:1	11.8:1		10.5:1
4. 最大功率	155PS/（6000r/min）	220PS/（8000r/min）	160PS/(5500r/min)	200PS/(6800r/min)
5. 最大转矩	19.2kgf•m/（4500r/min）	21.0kgf•m/(6000r/min)	22.0kgf•m/(4500r/min)	23.7kgf•m/(4500r/min)

注：（1）1ps=735.499w.（2）1kgf•m=9.80665N•m .

本田汽车所有全系列的车款，目前均已采用i-VTEC发动机。

（1）i-VTEC比VTEC发动机的不同：

① 发动机均改采用双凸轮轴(DOHC)。

② 在进气凸轮轴前安装VTC执行器(VTC执行器与Toyota VVT-i执行器，两者的构造及作用几乎完全相同)。

③ 仍使用摇臂，其构造与SOHC VTEC使用的不相同，外型较简单，但功能相同。

④ 以正时链条取代正时齿形带，以精确控制气门启闭。

（2）可变气门控制(Variable Timing Control, VTC)装置的特点：

气门正时，即凸轮相位(Cam Phase)延迟(Retard)时，减少气门重叠(Overlap)的角度，如图4-49所示，使回流汽缸的排气量减少，因此燃烧很稳定，并可降低发动机怠速。

凸轮相位提前(Advance)时，增加气门重叠角度，如图4-50所示，使回流汽缸的排气量增加，因此可减少泵动损失(Pumping Loss)及污染气体。所谓泵动损失是指活塞下行时，真空吸力对活塞下行的阻力，气门重叠角度大时，真空吸力变小，因此泵动损失减少。现今发动机中，泵动损失最少的为BMW汽车中搭配Valvetronic装置的发动机，因其无节气门，因此泵动损失少，省油性极好。

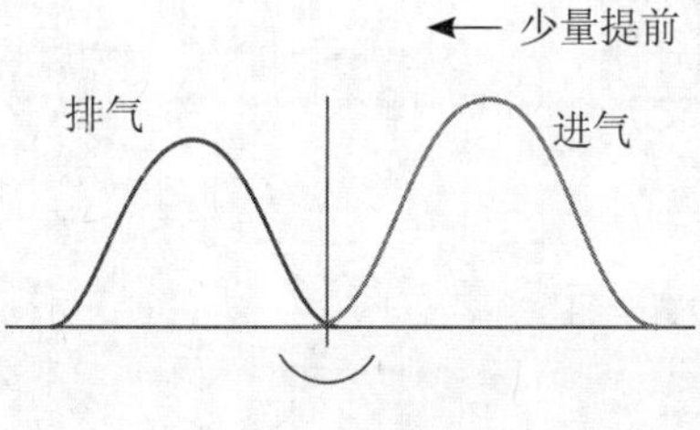

◆ 图4-49 进气门提前打开角度小时

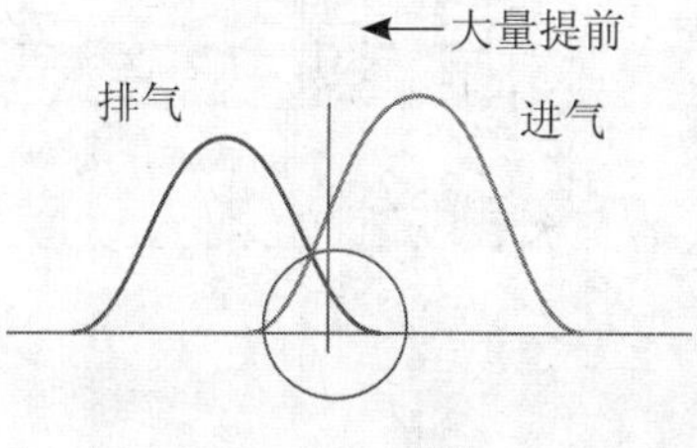

◆ 图4-50 进气门提前打开角度大时

由于气门重叠角度可变，如图4-51所示，能使进气惯性(Inlet Inertia)最大化，因此能达到最好的输出性能。

2）VTC装置各零组件的构造

VTC装置全图如图4-52所示，多数传感器均利用原VTEC装置所使用的传感器。

VTC执行器(Actuator)的构造如图4-53所示，由锁销(Lock Pin)、锁销弹簧、正时齿轮、叶片(Vane)、封簧及前板等组成。利用叶片及封簧隔开提前室(Advance Chamber)与延迟室(Retard Chamber)。

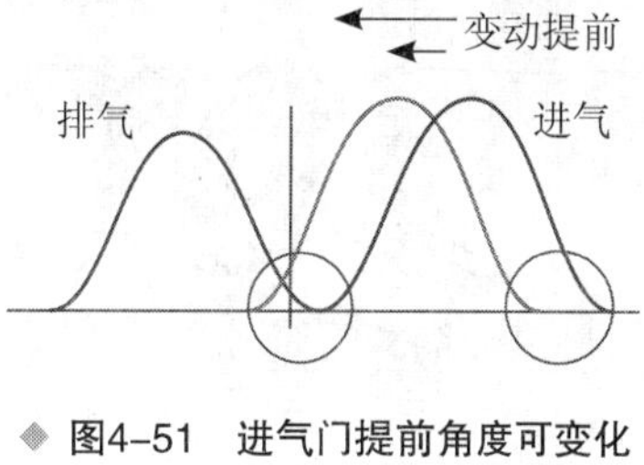

◆ 图4-51 进气门提前角度可变化

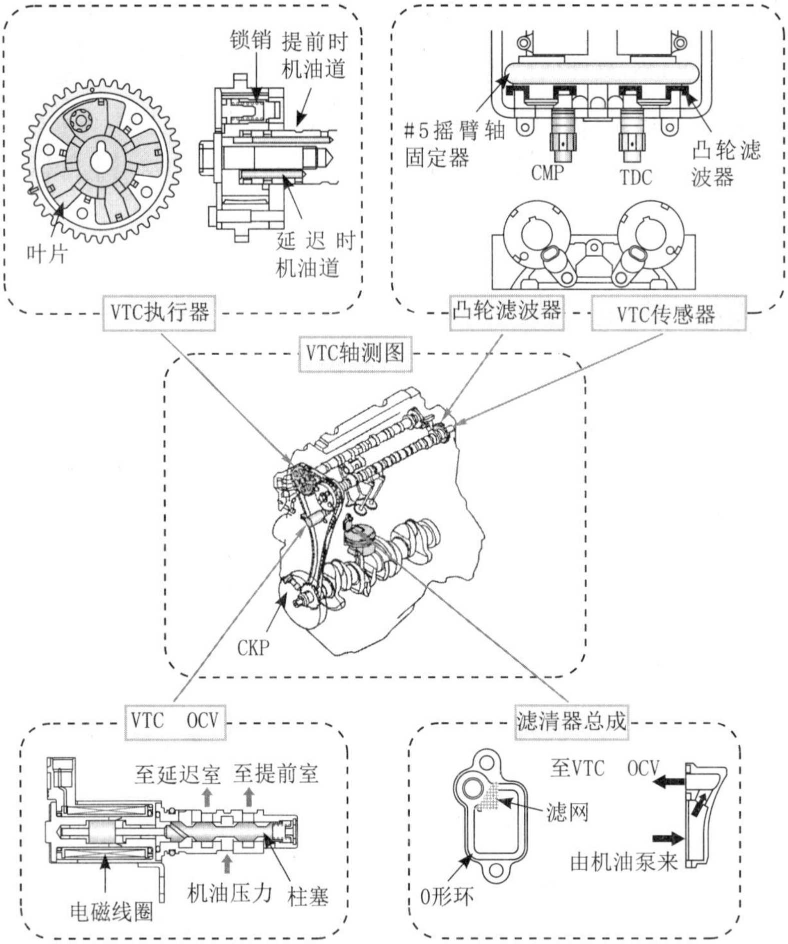

◆ 图4-52 VTC装置全图

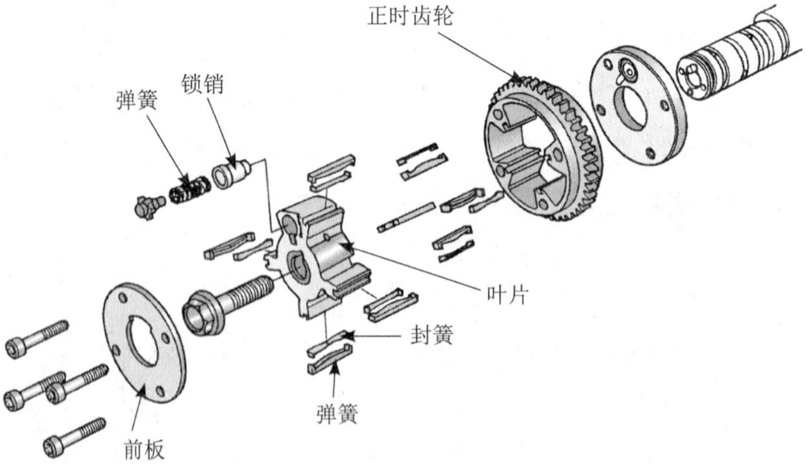

◆ 图4-53 VTC执行器的构造

VTC机油控制阀(Oil Control Valve, OCV)的构造如图4-54所示。OCV装在正时齿轮下方，由ECM/PCM所控制。

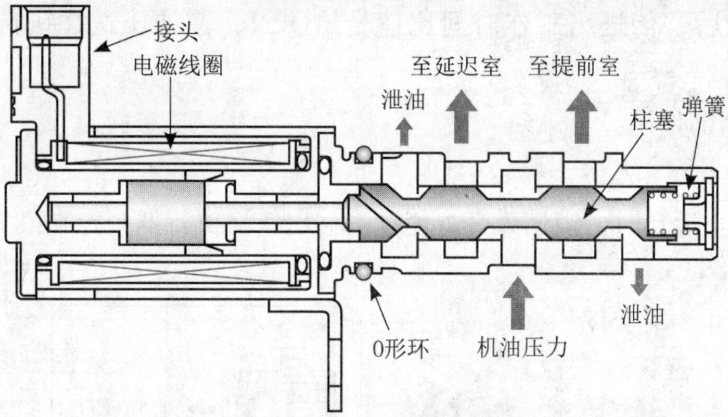

◆ 图4-54 机油控制阀的构造

3）VTC装置的作用

（1）概述：

① ECM/PCM接收各传感器信号，计算并做出决定后，将信号传送给OCV。

② 发动机起动后，机油压力达到一定值时，油压经OCV进入执行器，使锁销解除锁定作用。

③ 使OCV开始作用有两个条件：一是发动机机油温度必须达5℃以上；二是发动机转速必须达一定值以上。发动机机油温度是根据发动机冷却液温度(ECT)传感器及进气温度(IAT)传感器传送的信号经计算而得。

④ 当i-VTEC系统被检测到有故障发生时，VTC的作用会停止，锁销将整个执行器锁定在气门正时最延迟的位置。

（2）控制框图的作用：

① ECM/PCM根据ECT及IAT传感器所传送来的信号，如图4-55所示，经计算后做出VTC执行器是否作用的判断。

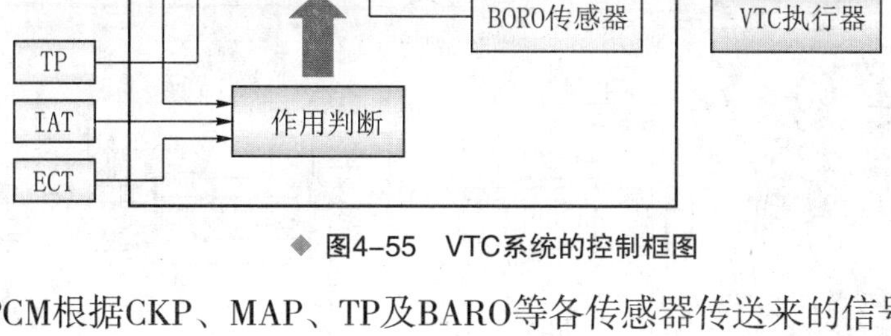

◆ 图4-55 VTC系统的控制框图

② ECM/PCM根据CKP、MAP、TP及BARO等各传感器传送来的信号，计算出目标凸轮相位角度值。

③ ECM/PCM根据CMP及TDC传感器的回馈信号所计算的实际凸轮相位角度值，

与目标值相比较后，传送出工作时间比信号给OCV，使油压送往执行器的提前室或延迟室。

（3）执行器的作用：

① 解除锁定：

当发动机停止运转时，锁销弹簧力使锁销移出，将执行器锁定在最大延迟位置，如图4-56所示。

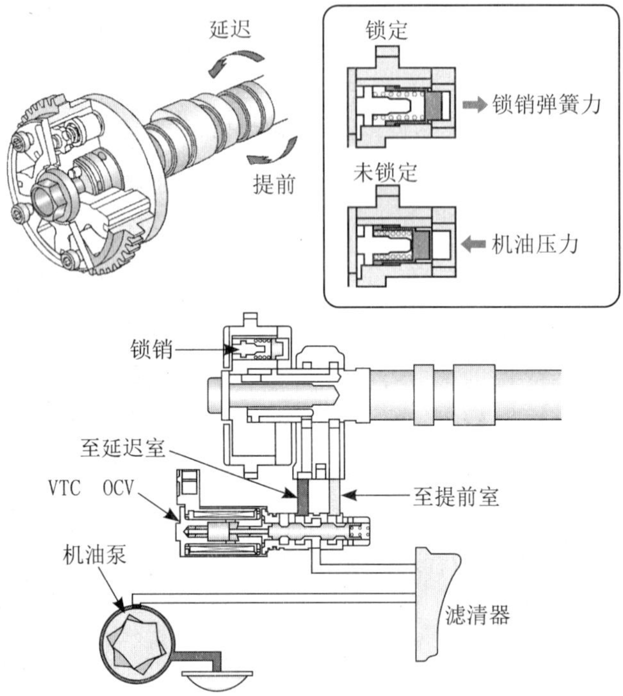

◆ 图4-56 执行器锁定与未锁定的状态

当发动机发动后，油压达到一定值时，压力将锁销推回，使执行器内叶片能自由转动。当油压低于一定值或发动机熄火时，锁销再度移出，整个执行器再成一体旋转。

② 提前：当ECM/PCM依据各种信号，决定必须提前时，将工作时间比信号传送给OCV，OCV使提前侧油道打开，机油进入执行器的提前室，压力将叶片推向一侧，如图4-57所示，使凸轮相位在提前状态。

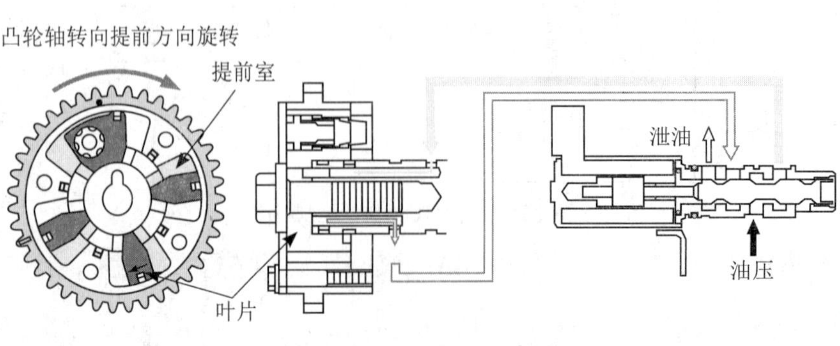

◆ 图4-57 凸轮轴向气门正时提前方向旋转

③ 延迟：当ECM/PCM依据各种信号，决定必须延迟时，将不同的工作时间比信号传送给OCV，OCV使延迟侧油道打开，机油进入执行器的延迟室，压力将叶片推向另一侧，如图4-58所示，使凸轮相位在延迟状态。

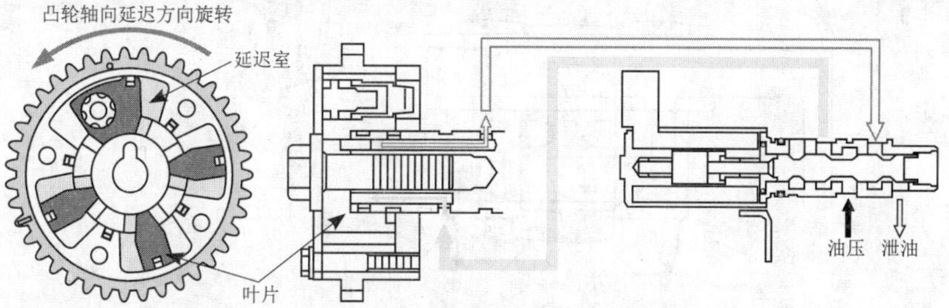

◆ 图4-58　凸轮轴向气门正时延迟方向旋转

4）VTEC装置的结构与作用

（1）VTEC装置的结构。图4-59所示为用于本田高性能跑车S2000的VTEC结构，进、排气门均有VTEC。用于目前本田已开发的K20A与KA-24A发动机的i-VTEC，其VTEC的结构如图4-59右侧所示，仅在进气端设置，每缸有三个进气用凸轮，主凸轮、副凸轮用于低转速，主凸轮高，副凸轮低，或者两个高度相同，依据发动机设计而定；中间凸轮则用于高转速。KA20A Euro-R与KA24A T-type高性能发动机的VTEC装置，与图4-59所示相同。

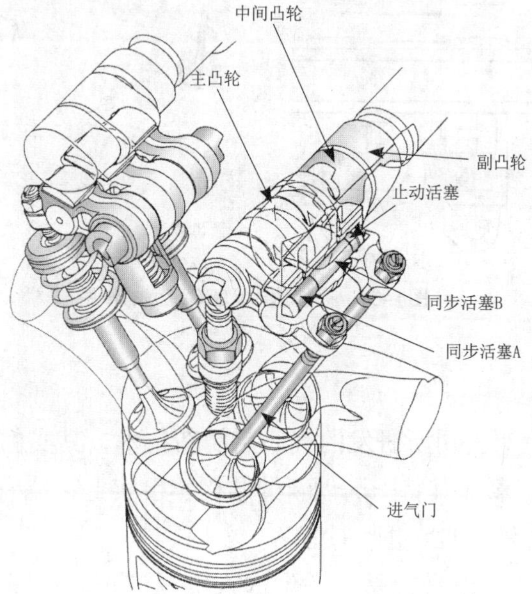

◆ 图4-59　进、排气侧均有VTEC机构

（2）VTEC装置的作用：

① 低转速时：

油压没有进入，同步活塞A、同步活塞B及止动活塞均在原位，因此三个摇臂自由活动，主凸轮、副凸轮分别打开进气门，如图4-60所示。

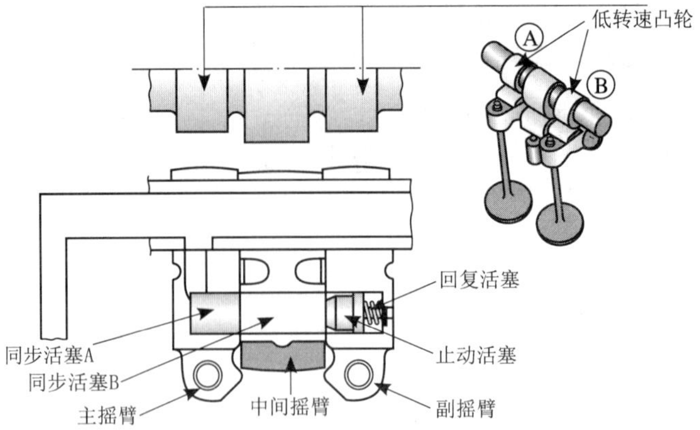

◆ 图4-60　低转速时VTEC装置的作用

若进气门一个打开、一个关闭，则可造成进气的强烈涡流，并可减少动力损耗。

② 高转速时：

油压进入，同步活塞A、同步活塞B及止动活塞均向右移动，使三个摇臂串联成一个整体，此时由较高的中间凸轮带动打开两个进气门，如图4-61所示。

两个进气门开度均大，容积效率高，可提供高输出性能。

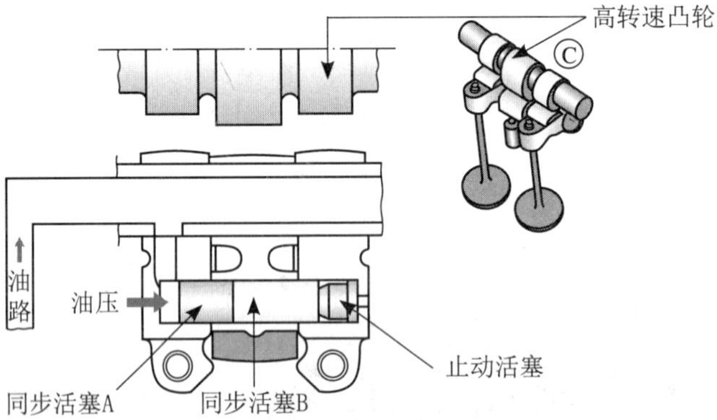

◆ 图4-61　高转速时VTEC装置的作用

4. Valvetronic

1）概述

Valvetronic是宝马汽车公司所研发的气门启闭新技术，其实称为“可变气门正时与举升系统”，还不足以彰显其特殊与创新的结构，事实上它是一种进气门无段可变举升的系统，比VVTL-i及i-VTEC更胜一筹。

Valvetronic被成功研究出来，是靠一位进入宝马汽车公司任职第二年的28岁年轻工程师，名叫哈洛·恩格(Harald Unger)，在1991年被赋予研发一套完全可变气门机构的任务，到1993年8月，于德国慕尼黑申请专利，名为“Cylinder head with cam followers resting on an eccentric shaft”，直译为“汽缸盖处凸轮从动件依赖偏心轴”，句中凸轮从动件(Cam Followers)，实际上就是负责打开进气门的摇臂，而偏心轴(Eccentric Shaft)，并非进气凸轮轴(Inlet Camshaft)，每个进气门都有一段偏心轴，偏心轴改变中间杠杆的位置，再由进气凸轮轴顶中间杠杆，经摇臂，使进气门打开。

Valvetronic的特点，除了气门的新结构外，最特殊之处为无节气门(Throttle Valve)，因此传统上所谓的进气歧管真空已经不存在。现今发动机中，除了柴油发动机，四冲程汽油发动机部分，目前仅BMW汽车配置无节气门的Valvetronic的发动机。

Valvetronic的优点：

（1）省油效果相当显著，介于6%~16%之间，一般行驶条件下，省油可达10%以上。主要原因为无节气门，因此无泵动损失，尤其是在市区或塞车时，比传统式发动机省油效果更明显。其次因其进气门开度可无段变化，也就是在低转速时进气门开度小，因此动力损耗少，相对也具有省油效果。通常一种单项新设计，使油耗表现能达到如此效果的，Valvetronic几乎是独一无二的。

（2）怠速及低速运转十分平顺。因无节气门，进气歧管的阻碍减少，使发动机在部分负荷下进气更流畅。

（3）发动机反应快。也是因为无节气门，踩下加速踏板时，进气门依据比例开启，大量空气立刻进入汽缸，效率可完全发挥。而传统式发动机，踩下加速踏板时节气门打开，空气充满进气歧管后，才会进入汽缸。相比之下，Valvetronic发动机的进气速度较快。

2）Valvetronic系统的结构与作用

如图4-62~图4-64所示，为宝马发动机所采用，整个Valvetronic系统只使用一个步进电动机，每个进气门有一段偏心轴(Eccentric Shaft)，整段偏心轴正中央有一个扇形齿轮，由步进电动机的轴驱动。V6以上发动机则使用两个步进电动机。

每个进气门有一组开启机构，包括中间杠杆(Intermediate Lever)、复位弹簧(Pull-back Spring)、摇臂及液压式气门顶杆(Hydraulic Lifter)等。在中间杠杆中央采用滚柱轴承，与进气凸轮接触；复位弹簧钩在中间杠杆下方，使中间杠杆下方保持向右侧；液压式气门顶杆用来使整个机构保持无间隙。当然主动部分是进气凸轮轴的凸轮。

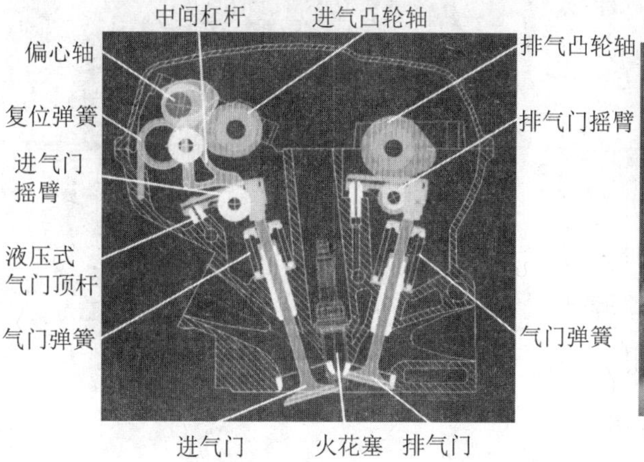

◆ 图4-62 Valvetronic系统的结构(一)

◆ 图4-63 Valvetronic系统的构造(二)

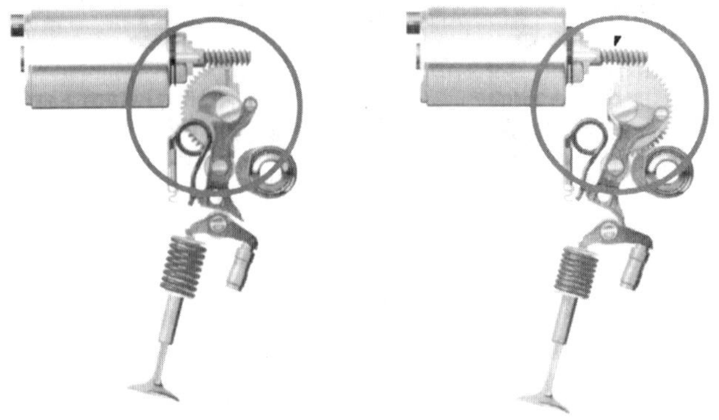

a)　　　　　　　　b)

◆ 图4-64　Valvetronic系统的作用

未踩加速踏板时，信号传送给ECM，ECM综合各信号后，将进气门开启量的信号传送给步进电动机，如图4-64 a)所示，为进气门开启量最小时，扇形齿轮在步进电动机轴的最左端，偏心轴的位置使中间杠杆上端保持在其位移量的最左侧，中间杠杆中央滚柱轴承离进气凸轮最远，因此中间杠杆下端下移量最小，经摇臂，使进气门开度最小，为0.25 mm左右，发动机保持怠速运转。

如果读者看不出来图4-64 a)、b)两图偏心轴位置的差异，请将图转180° 来看，你就可以容易比较出两图间的差别。

如图4-64 b)所示，为进气门开启量最大时，扇形齿轮在步进电动机轴的最右端，偏心轴的位置使中间杠杆上端保持在其位移量的最右侧，中间杠杆中央滚柱轴承离进气门凸轮最近，因此中间杠杆下端下移量最大，经摇臂，使进气门开度最大，约9.7 mm。从0.25 mm到9.7 mm的无段开度变化，整个机构的反应时间仅需0.3s。

Valvetronic系统可与宝马原有的进、排气门可变气门正时系统(Double VANOS)兼容，使整体作用更优异，如图4-65所示，为BMW 7系列的V8发动机，采用Valvetronic与Double VANOS，注意四支凸轮轴前面各安装一个油压执行器，使进、排气门正时连续可变。

◆ 图4-65　采用Valvetronic与Double VANOS的7系列V8发动机

5. Camless Engine

无凸轮发动机，可说是发动机设计上未来最新的发展。想想看，一部发动机不需要凸轮轴时，其相关的零组件，如正时齿形带(链条)、张力器、气门摇臂、气门摇臂轴等都省略了，且气门的传动不需耗用发动机动力，这些改进所带来的优点实在非常可观。

德国西门子(Siemens)公司，已经在发展第二代的所谓电磁气门组(Electromagnetic Valve Train, EVT)无凸轮发动机，并已在四缸十六气门发动机进行最高转速时的全负荷运转试验。

每个气门执行器(Actuator)壳内都有一个位置传感器(Position Sensor)配合作用；各执行器可个别单独动作，气门正时控制可达其物理极限。执行器是依据自由弹簧质量–振动器原理(Free Springmass–Oscillator Principle)作用，以特殊设计的软件控制执行器线圈的电流，使气门在关闭将与气门座接触时，减速至接近零，因此可使磨损与噪声减至最低。

电子气门控制单元(Electronic Valve Control Unit, EVCU)与执行器间，以CAN Bus传输信号；并由安装在曲轴的起动–充电机(Starter–Generator)供应42V给整个系统运作。此种最新的气门控制科技，无疑对车辆的省油、低污染及性能的提高，都将会有极好的帮助。

莲花汽车公司也已经研发一套名为主动气门组(Active Valve Train, AVT)的系统，以电磁液压(Electrohydraulic)方式使气门驱动，取代凸轮轴及其机构。

理论测试

一、判断题

1. 可变进气歧管长度及断面积式的可变进气系统，在低、中转速时，空气流经较短的进气歧管。 ( )
2. 可变进气道的可变进气系统，在低转速时，一个进气道被封闭。 ( )
3. 可变进气系统，可提高发动机在各转速时的输出转矩。 ( )
4. Saab汽车V6发动机在进气系统安装两个控制阀，在低、中、高转速均可获得较高转矩。 ( )
5. 富豪汽车的V-VIS与日产汽车的N-VIS作用不相同。 ( )
6. Nissan的VTC装置使进气门分数段位置提前打开。 ( )
7. VVT-i装置在怠速时，使进、排气门不重叠打开，以保持运转稳定。 ( )
8. VVT-i装置具有省油、低污染、高转矩、高功率等特性。 ( )
9. 各种形式的VTEC装置，均使进气门可变举升，排气门则无。 ( )
10. SOHC New VTEC发动机在低转速时，两个进气门开度相同。 ( )
11. SOHC New VTEC发动机具有低转速省油、稳定、转矩大，高转速功率大的优点。 ( )
12. VANOS与VVT-i系统，其气门举升可变。 ( )
13. SOHC 3 Stages VTEC装置，可兼顾发动机低、中、高转速的性能。 ( )
14. 三菱汽车的MIVEC系统是属于可变气门正时系统。 ( )
15. 由于MIVEC的稳定燃烧效果，因此可实行稀薄燃烧。 ( )
16. VVTL-i与i-VTEC两者在构造与作用上大致是相同的。 ( )
17. i-VTEC的VTC部分构造及作用，与Toyota的VVT-i非常相似。 ( )
18. Valvetronic发动机无进气凸轮轴。 ( )
19. Valvetronic装置的步进电动机用来改变偏心轴的位置，进而改变进气门开度。 ( )

二、选择题

1. Double VANOS使______开启角度连续可变。

（A）进气门　（B）排气门　（C）进、排气门　（D）曲轴

2. 气门举升可变的是______装置。

（A）VTC　（B）VANOS　（C）VVT-i　（D）VTEC

3. VVT-i装置在______时进、排气门重叠角度最大。

（A）怠速　（B）轻负荷　（C）低、中转速高负荷（D）低温

4. SOHC New VTEC发动机，凸轮轴上每缸有______个凸轮。

（A）三　（B）四　（C）五　（D）六

5. SOHC New VTEC发动机在高转速时，两个进气门的开度为______。

（A）9mm及微开（B）均为9mm（C）12mm及微开　（D）均为12mm

6. SOHC 3 Stages VTEC发动机在中转速时，两个进气门的开度为______。

（A）7mm与微开（B）均为7mm（C）均为10mm　（D）均为12mm

7. BMW汽车最新的可变气门正时与举升系统，称为______。

（A）Valvetronic　（B）i-VTEC　（C）VVTL-i　（D）VANOS

8. VVT-i使______开启角度连续可变。

（A）进气门　（B）排气门　（C）进排气门　（D）曲轴

9. 对MIVEC系统而言，下述______不是其省油的原因。

（A）减少内部EGR　（B）汽缸内有强烈气流

（C）低气门举升　（D）高气门举升

10. 最理想的可变气门正时与举升系统为______。

（A）Camless Engine　（B）i-VTEC　（C）VVTL-i　（D）Valvetronic

11. i-VTEC系统的VTC使凸轮相位提前，增加气门重叠角度的优点为______。

（A）使排气回流减少　（B）减少泵动损失

（C）使燃烧稳定　（D）可降低发动机怠速

12. i-VTEC系统的VTC，当发动机熄火时______。

（A）执行器内叶片可自由转动　（B）执行器内保持一定油压

（C）执行器被锁定在最大延迟位置　（D）VTC无执行器

13. Valvetronic的省油效果极好，主要原因是______。

（A）无进、排气门凸轮轴　（B）无节气门

（C）气门机构的摩擦损失少　（D）无进气歧管

三、简答题

1. 试述可变进气歧管长度及断面积式的作用及功能。

2. 试述可变进气道式的作用及功能。
3. 试述丰田汽车ACIS的作用。
4. 试述Saab汽车VIM的构造及功能。
5. 试述丰田汽车T-VIS的构造及作用。
6. VVT-i与VANOS的特点是什么？
7. VTEC的特点是什么？
8. 试述VVT-i的控制作用。
9. 试述VVT-i在进气门正时提前的作用。
10. 试述VVT-i在各种运转状态时的优点。
11. 现代一般四气门发动机有哪些特点？
12. 试述SOHC New VTEC装置在高转速时的作用。
13. 试述SOHC 3 Stages VTEC的优点。
14. MIVEC系统有哪些优点？
15. 试述MIVEC系统在高转速时的作用。
16. 试述VVTL-i系统在低、中转速时的作用。
17. i-VTEC发动机有哪些优点？
18. 试述i-VTEC系统VTEC在低转速时的作用。
19. Valvetronic发动机的优点是什么？

第5章

混合动力系统

- 5.1　概述
- 5.2　Prius THS Ⅱ的构造与作用

5.1 概　　述

一、什么是混合动力汽车

联合国在2003年对混合动力汽车的定义：至少拥有两个以上的能量转换器(如汽油发动机与电动机)，及两个以上车载状态的能量储存器(如汽油箱与高压蓄电池)的车辆。

混合动力汽车(Hybrid Vehicle, HV)，又称混合电动汽车(Hybrid-Electric Vehicle, HEV)。HV常称为油电混合车，油电中的油通常是采用汽油发动机，但Mercedes Benz已推出“Bluetec Hybrid”，是柴油发动机与电动机的组合。

二、三种混合动力系统及比较

1. 串联式混合动力系统(Series Hybrid System)

（1）发动机运转以带动发电机，发电机发出的电力使电动机转动，以驱动车轮，如图5-1a)所示。发动机动力传送到驱动轮是串联方式，即发动机与电动机是串联方式。

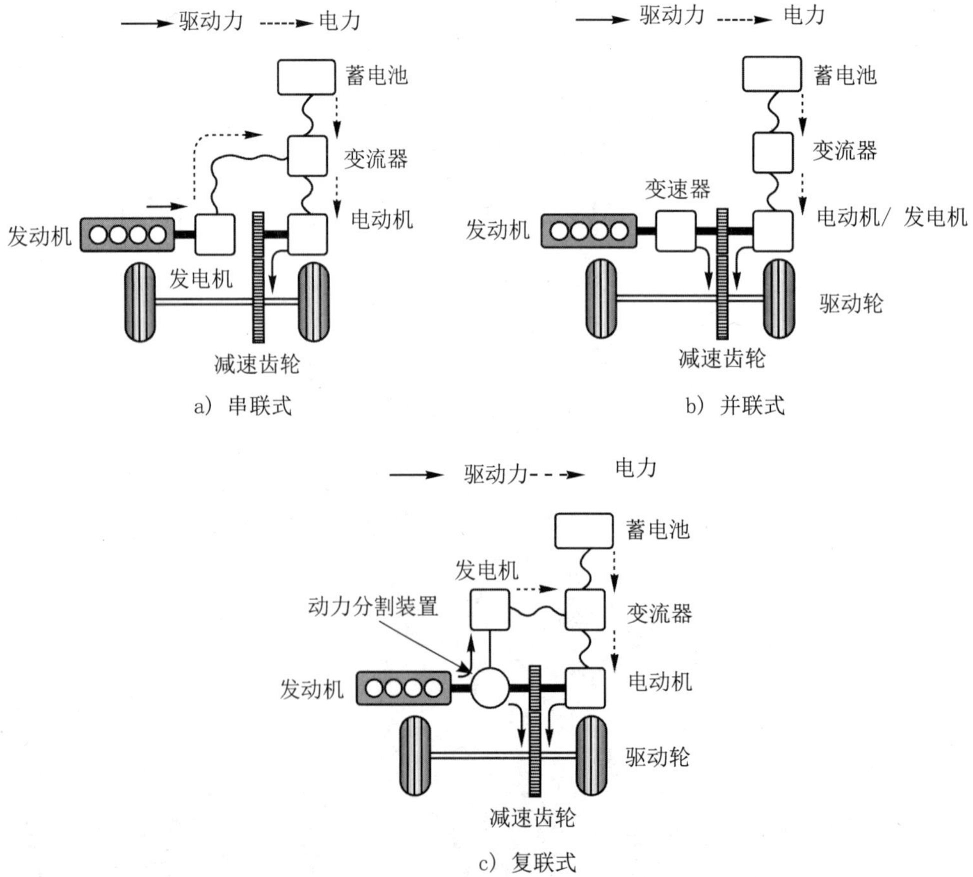

◆ 图5-1　三种混合动力系统

（2）本形式可采用低输出发动机在高效率范围稳定运转，带动发电机，以供电给电动机及对蓄电池充电。

（3）1997年丰田的Coaster Hybrid Bus采用此系统(Coaster为20人座公共汽车)。

（4）本田汽车公司的各型Hybrid汽车，均是采用串联式，但其结构与图5-1a)不同，其发电机／电动机的厚度仅约60mm宽，置于发动机与变速器之间，原是安装飞轮／离合器的位置，结构极其简单。

2. 并联式混合动力系统(Parallel Hybrid System)

（1）由发动机或电动机驱动车轮，两种驱动力是并联方式，如图5-1b)所示。

（2）其缺点：当蓄电池需要充电时，电动机转为发电机的作用，因此无法同时做驱动车轮用。

3. 复联式混合动力系统(Series/Parallel Hybrid System)

（1）混用串联式与并联式两种混合动力系统，以获取两种系统的最大利益。

（2）本系统采用两个电动机(注：实际上是一个电动机与一个发电机，发电机兼做起动机)。依据行车状况，仅由电动机驱动车轮，或由电动机与发动机一起驱动车轮，如图5-1c)所示。

（3）为达到最好效率，必要时，系统驱动车轮的同时，发电机发电以供电电机使用或对蓄电池充电。

（4）丰田的Prius Hybrid采用此系统。

4. 三种混合动力系统比较

三种混合动力系统发动机与电动机的动作比例，如图5-2所示。在串联式时，发动机与电动机的动作比例是相同的；在并联式时，发动机是主要动力的来源，电动机只在加速时做辅助用；在复联式时，因电动机可利用发电机产生的电力，因此其动作时间比并联式多。三种混合动力系统在燃油经济改善及驱动性能方面的比较见表5-1。

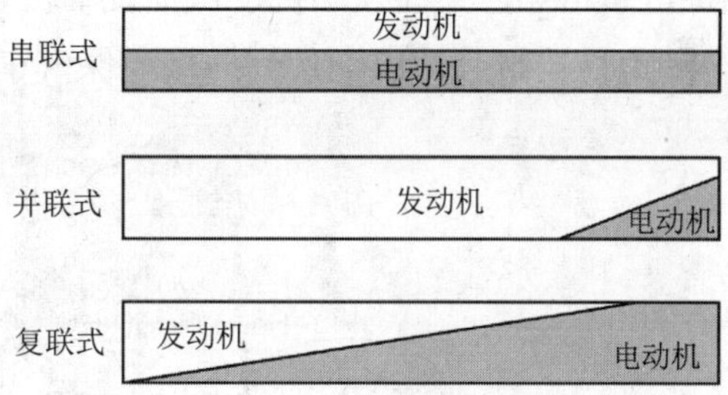

◆ 图5-2 发动机与电动机的动作比例

燃油经济改善及驱动性能的比较　　表5-1

	燃油经济改善				驱动性能	
	怠速熄火	能量回复	高效率作用控制	全效率	加速性	连续高输出
串联式	●	◎	●	●	○	○
并联式	●	●	○	●	●	○
复联式	◎	◎	◎	◎	●	●

◎极佳；●佳；○略为不利。

三、丰田汽车公司在混合动力汽车方面的发展

（1）为大幅度减少CO的排放，Toyota在1997年发表第一代的Prius，采用所谓的丰田混合动力系统(Toyota Hybrid System，THS)，接着陆续发表各种款式汽车采用的不同的Hybrid System；2003年丰田推出第二代的Prius，采用THS Ⅱ，又称复合动力协同驱动(Hybrid Synergy Drive, HSD)，HSD系统在2003年后已广泛用于Toyota的各型汽车，包括Lexus在内。

（2）由于THS Ⅱ在控制(Control)与再生(Regeneration)两方面的大幅度改善，使其全效率达到32%，甚至比丰田FCHV的29%还高，见表5-2。因此丰田不认为Hybrid Vehicle是进往燃料电池车辆(Fuel Cell Vehicle)的垫脚石，它的核心技术将在环保汽车(Eco-Car)市场占有极重要的地位。

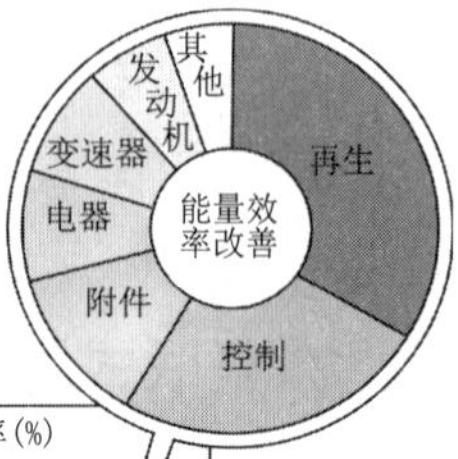

THS Ⅱ的效率改善　　表5-2

	燃油效率(%)	车辆效率(%)	全效率(%)
最近的汽油车	88	16	14%
Prius（改进前）	88	28	25%
Prius（改进后）		32	28%
Prius with THS Ⅱ		37	32%
Toyota FCHV	58 天然气体-H2	50	29%
FCHV（目标）	70	60	42%

注：燃油效率(%)×车辆效率(%)＝全效率(%)

（3）事实上，Toyota在其各种替代燃料发动机(Alternative Fuel Engines)、柴油发动机、汽油发动机与电动汽车(Electric Vehicle, EV)等，均已与混合动力科技结合，以期达到终极环保汽车(Ultimate Eco-Car)的目标，如图5-3所示。

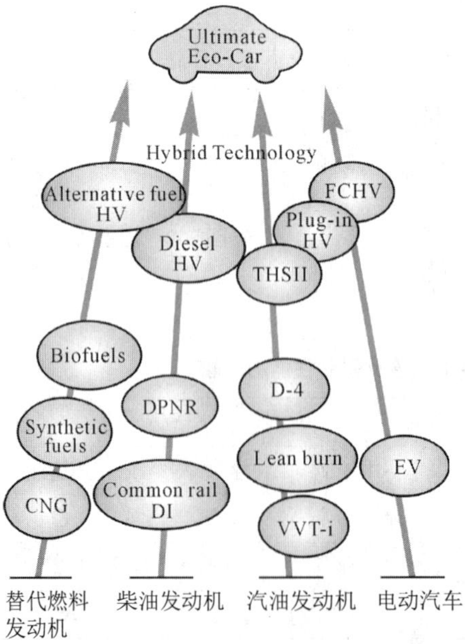

CNG：　压缩天然气
Synthetic fuels：合成燃料
Biofuels：生质燃料
Common Rail DI：共管直接喷射
DPNR：悬浮微粒-NO_x　减低系统
Lean burn：稀薄燃烧
D-4：直接喷射发动机
Plug-in HV：插电式复合动力汽车
FCHV：　燃料电池复合动力汽车

◆ 图5-3　各种发动机与混合动力科技结合

（4）丰田已在2009年5月，推出最新款第三代的Prius，且为适应本田汽车公司的需要采用串联式。结构简单的第五代(2009年2月)Insight、Civic Hybrid等油电混合汽车的强力竞争，丰田采用新型、旧型同时销售的策略，Prius的售价大幅度下降。由于两大汽车公司的竞争，可预期HV将更平价与普及。

四、混合动力汽车的优缺点

1. 优点

（1）低油耗：Prius比传统发动机省油50%。

（2）低污染：大幅度降低CO及其他有害物质，排放污染减少80%。

（3）高输出：Prius THS Ⅱ电动机最大可提供40.8 kgf · m的转矩，与1.5L汽油发动机提供的11.7 kgf · m转矩共同作用，输出转矩可达52.5 kgf · m(注：第三代Prius已改用1.8L发动机，转矩为14.5kgf · m)。

（4）静肃性好：电动机噪声极小，油电动力的分配与转换好，并搭配ECVT，提供安静、平稳的驾驶感。

2. 缺点

（1）价格仍偏高。

（2）系统构造复杂，维修较困难 (注：原因是Toyota采用复联式的系统)。

HV不像EV，蓄电池需要充电，也没有续航力的问题。目前Prius已设有插电模块，即所谓插电式(Plug-in，或称充电式)，可在离峰时间利用家庭式插座对蓄电池充电。

5.2 Prius THS Ⅱ的构造与作用

一、THS Ⅱ的构造

1. THS Ⅱ的组成

THS Ⅱ整个系统主要是由发动机、混合动力变速器、电力控制模块(Power Control Unit)、蓄电池等组成，如图5-4~图5-6所示。混合动力变速器包含动力分割装置、发电机、电动机、链条与链轮及减速齿轮。在图5-5中，MG1与MG2分别代表发电机(Generator)

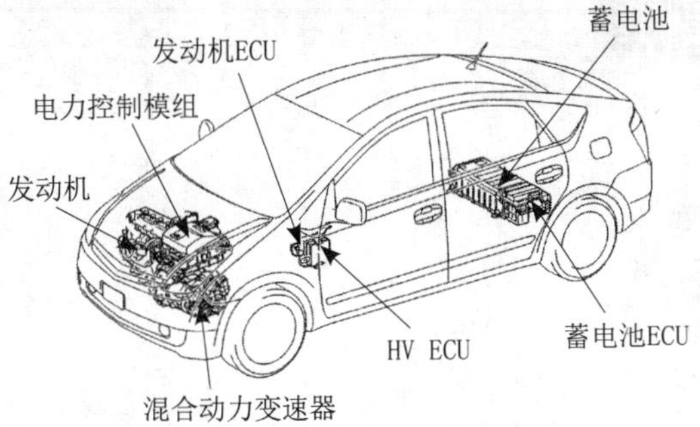

◆ 图5-4 THS Ⅱ系统的组成

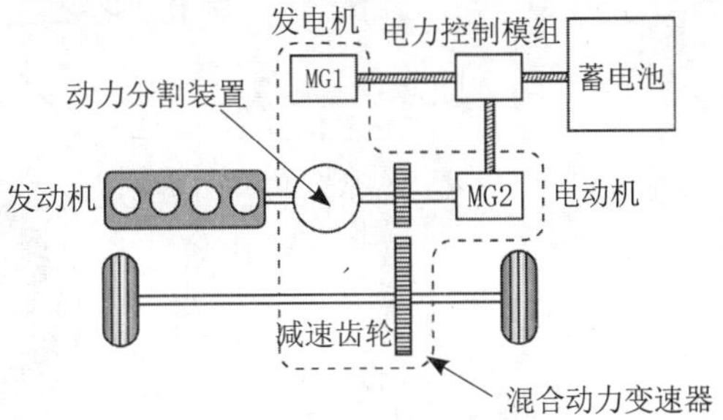

◆ 图5-5 THS Ⅱ系统的组成(二)

与电动机(Motor)，因两者均兼有电动机／发电机的作用，并方便后续的作用说明。

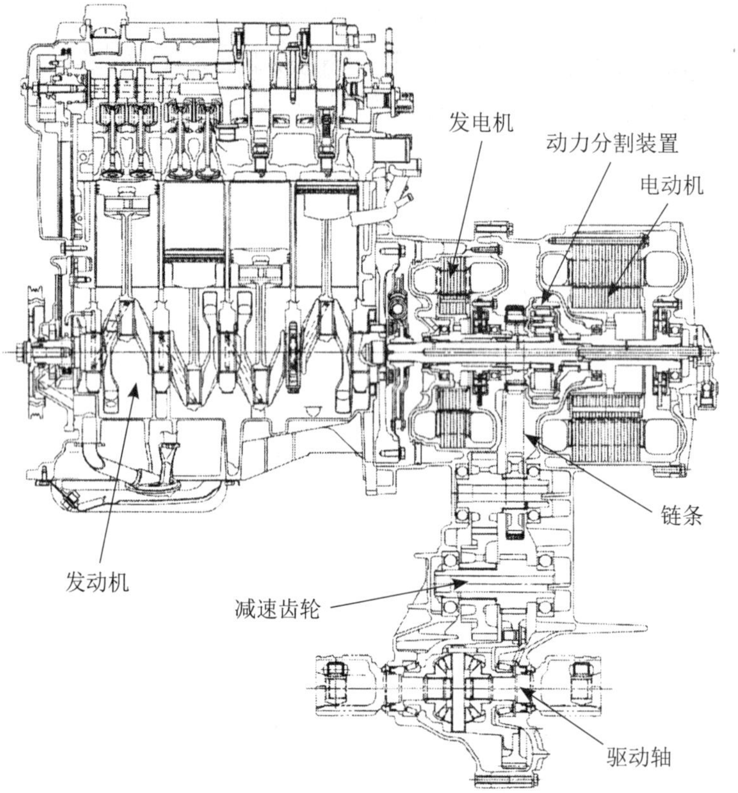

◆ 图5-6　THS Ⅱ系统的组成(三)

2. 动力分割装置(Power Split Device)

（1）安装在发电机(MG1)与电动机(MG2)之间，由环齿轮、太阳轮、行星小齿轮及行星小齿轮架所组成的行星齿轮组，如图5-7与图5-8所示。

（2）将发动机(与行星小齿轮架连接)的动力，分割提供给太阳轮(MG1)及环齿轮(MG2)。依据行星齿轮组的齿轮比，72%的发动机转矩传递给环齿轮，28%则传给太阳轮，转矩分割比例是固定的，但动力分割比例会随着各零件的转速而变化。

（3）注意：只有在MG2转动时，汽车才会移动。

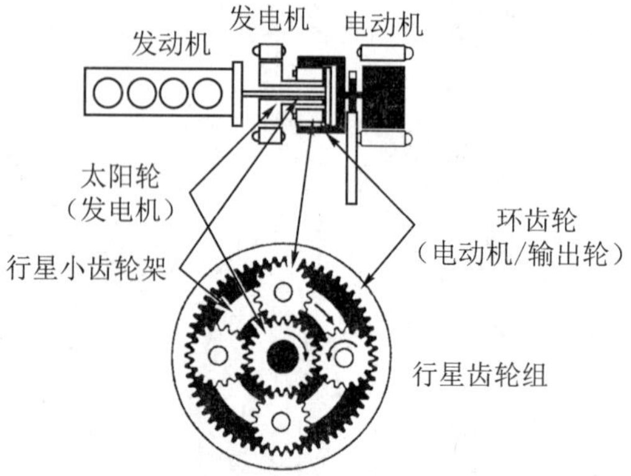

◆ 图5-7　动力分割装置的构造

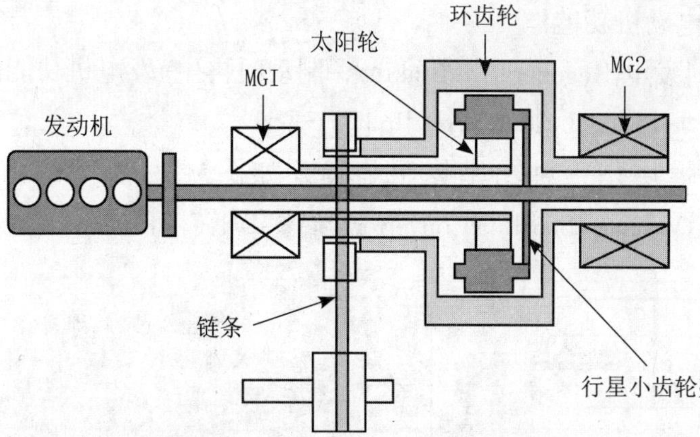

◆ 图5-8 动力分割装置的连接

3. 发电机(MG1)

（1）转速从传统型的6 500r/min提高到10 000r/min，在高转速下，能充分提高电力供应直至中转速(以发动机而言)范围，因此能改善低、中转速的加速性能，如图5-9 a)所示。

（2）功能：

①使汽油发动机发动(电动机功能)。

②产生电力向蓄电池充电(发电机功能)。

③产生电力使电动机旋转，以驱动车辆(发电机功能)。

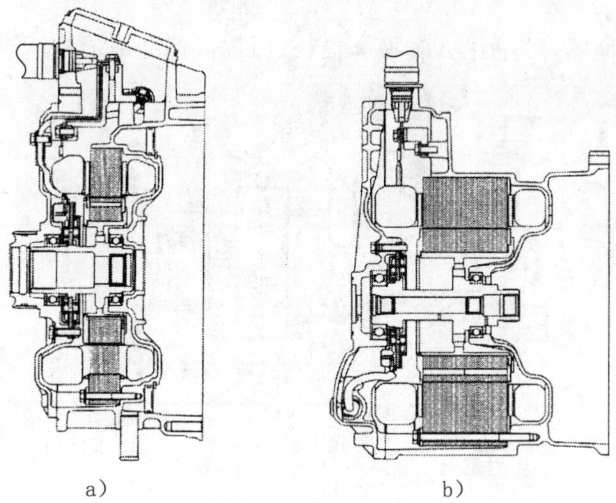

◆ 图5-9 发电机与电动机的剖面图

4. 电动机(MG2)

（1）THS Ⅱ增设升压电路，系统电压提高为500V(第三代最高电压可达650V)，如图5-10所示，使电动机的输出为THS的1.5倍，即从45 PS提高到68 PS(第三代可达80PS)。

（2）功能：

①用来驱动车辆(电动机功能)。

②在制动及减速时发电(Regenerative Braking，制动时再生)(发电机功能)。

5. 电力控制模块(Power Control Unit)

（1）电力控制模块是一种功率控制装置，如图5-11所示，内含逆变器(Inverter)、升压转换器(Voltage-Boosting Converter)与AC-DC转换器。

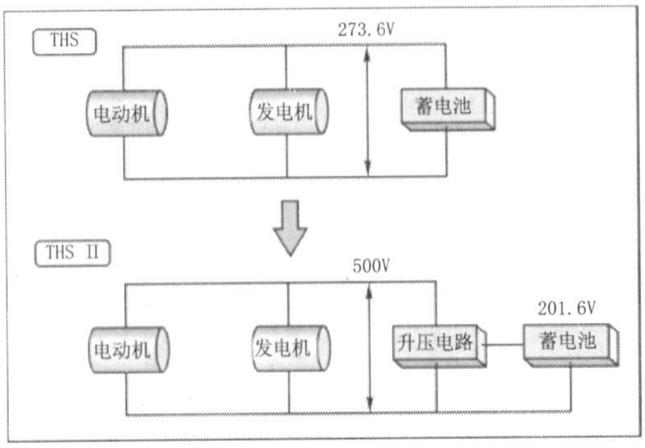

◆ 图5-10　THS Ⅱ的升压电路

◆ 图5-11　电力控制模块

（2）逆变器：将DC转换成AC，以供应电动机及发电机；并将电动机及发电机产生的AC转换成DC，以充入蓄电池。

（3）升压转换器：将蓄电池201.6V的DC电压提高至最大500V DC电压，除可缩小蓄电池体积外，并可提高电动机的输出转矩与功率，及使逆变器更轻小，如图5-12所示。

（4）AC-DC转换器：将201.6V转换为12V，以提供辅助系统及其他电子装置使用。

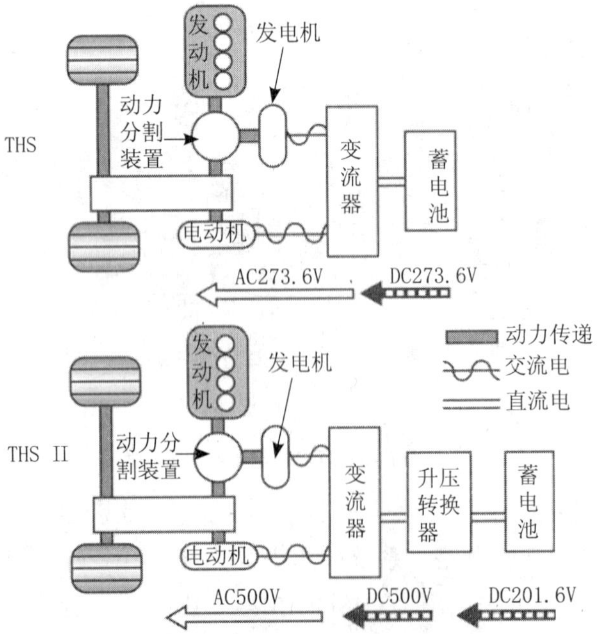

◆ 图5-12　THS Ⅱ的升压转换器

6. 蓄电池

（1）采用镍氢(Nickel-Metal Hydride, NiMH)蓄电池。

（2）HSD系统在行驶中会一直监测蓄电池，使其维持稳定的储电量。若蓄电池电力偏低时，系统会使发动机动力带动发电机，向蓄电池进行充电。

（3）可持续使用8年或160 000km，而符合美国加州排放标准(AT-PZEV)的车辆，其蓄电池甚至延长至10年或240 000km。

◆ 二、THS Ⅱ的作用

1. 起动与车辆停止时

（1）轻踩制动踏板并按下POWER按钮，即处于起动完成的状态。

（2）当车辆停止时，发动机、发电机(MG1)及电动机(MG2)都不转动。

2. 低、中速行驶（轻加速）时

由于MG2在车速低时的效率比发动机好，因此由蓄电池供电给MG2以驱动车轮，如图5-13及图5-14所示，此时发动机不转动(例如福特汽车公司的Escape Hybrid在40 km/h以下时，是由纯电力驱动的)。

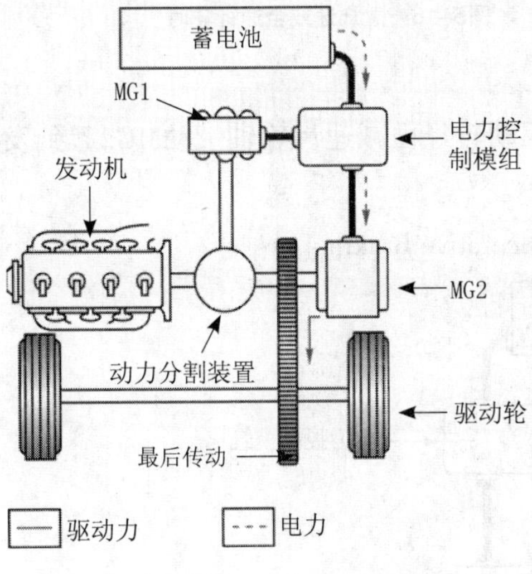

◆ 图5-13　低、中速行驶(轻加速)时(一)

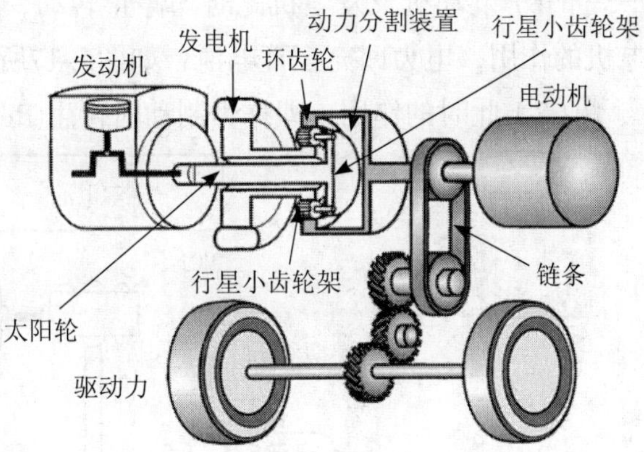

◆ 图5-14　低、中速行驶(轻加速)时(二)

3. 一般行驶时

（1）当车速必须提高时，发动机必须发动，发动机与MG2合并一起输出动力，如图5-15所示。

（2）一旦发动机开始运转，MG1即起发电机的作用，直接供给MG2以帮助驱动车轮，或者在必要时对蓄电池充电。

（3）此时发动机动力“分割”为二，即供给驱动轮(环齿轮)与MG1(太阳轮)。

4. 高速行驶时

此时以汽油发动机为主要动力来源，多余的动力则带动发电机对蓄电池充电。

5. 急加速或全速行驶时

除发动机动力持续输出外，发电机电力及蓄电池电力同时供给MG2，以获得最大的输出，如图5-16所示。

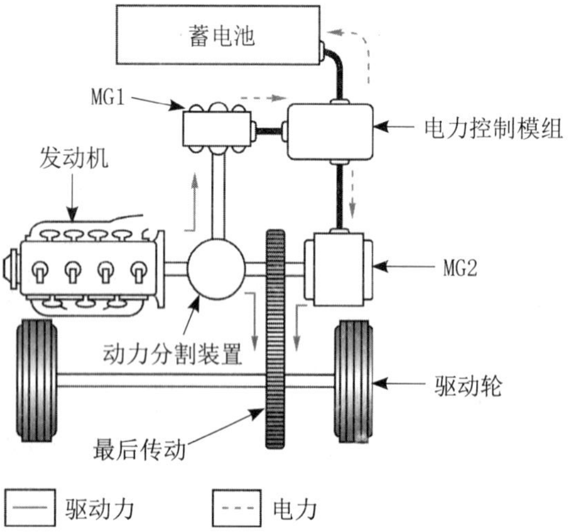

◆ 图5-15　一般行驶时

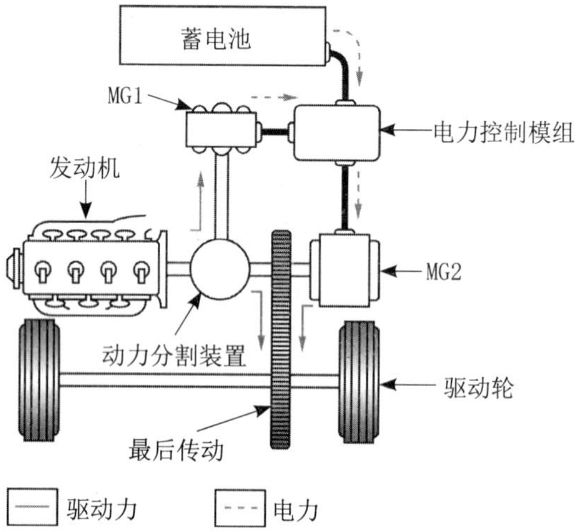

◆ 图5-16　急加速或全速行驶时

6. 减速与制动时

（1）发动机及发电机此时均停止转动，驱动轮经由减速齿轮轴带动MG2起到发电机的作用，电力回充至蓄电池，如图5-17所示。

（2）此时的作用，即称为制动时再生(Regenerative Braking)。

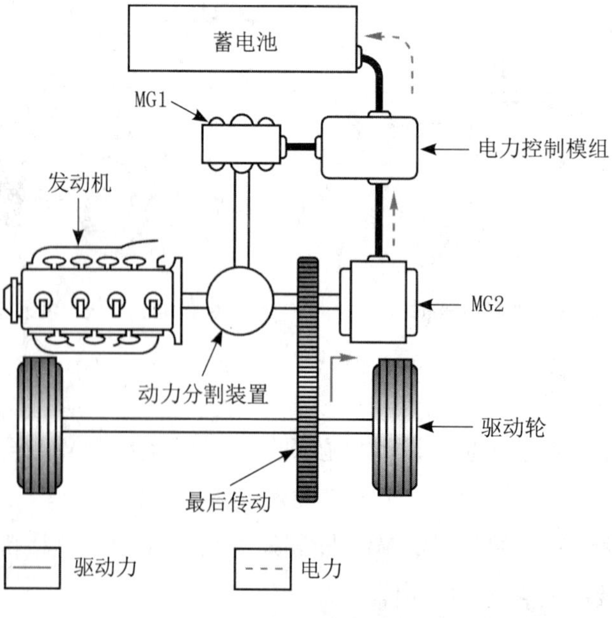

◆ 图5-17　减速与制动时

理论测试

一、简答题

1. 什么是混合动力汽车？
2. 串联式混合动力系统有哪些优点？
3. 复联式混合动力系统如何驱动车辆行驶？
4. 什么是HSD？有哪些优点？
5. 写出混合动力汽车的四大优点。
6. 试述动力分割装置的组成与如何连接。
7. 写出发电机(MG1)的功能。
8. 写出电动机(MG2)的功能。
9. 试述升压转换器的作用及功能。
10. 试述THS Ⅱ在低、中速时的作用。
11. 试述THS Ⅱ在一般行驶时的作用。
12. 试述THS Ⅱ在减速与制动时的作用。

第6章

发动机增压系统

6.1 概 述

一、增压系统的特性

（1）一般吸气式发动机，利用节气门上、下方的压力差，使空气进入汽缸中。当节气门关闭怠速时，进气歧管真空约73.327kPa（550mmHg）；而节气门全开时，进气歧管真空为零，节气门上、下方的压力几乎一样。

（2）而增压发动机就不同，在相同转速且有增压作用时，会有更多的混合气进入汽缸，以产生更大的动力。将额外的混合气压入汽缸中，称为强制进气(Forced Induction)，可提高容积效率，比一般吸气式发动机的动力最大可提高35%～60%。

（3）增压发动机不需要增压压力时，发动机作用与一般吸气式发动机几乎相同。因此可采用较小排气量发动机，在一般行驶时，可达到省油的目的；而在重负荷时，能有发动机大功率的输出。

二、增压系统的优缺点与种类

（1）机械增压器(Supercharger)与涡轮增压器(Turbocharger)，依据构造与作用可分很多种类，但主要差异点为：机械增压器是利用曲轴以齿轮、链条或传动带做机械上的驱动；而涡轮增压器是利用排气驱动。

（2）旧型机械增压器有消耗动力大、噪声大及耗油的缺点，因此改用涡轮增压器，但涡轮增压器有增压迟滞(Turbo Lag)的现象。因此有些汽车制造厂在高性能发动机上安装机械增压器，以提供瞬间的加速反应，也不需要如涡轮增压器般8万～20万r/min的超高转速。通常机械式增压器的转速为发动机转速的2～3倍，且新型的机械增压器，已大幅度改善噪声及耗油的问题。

（3）事实上，机械增压器与涡轮增压器各有其优缺点，各汽车制造厂也一直持续针对这两种增压器的缺点做改进。

① 机械增压器的优点为低转速时即有增压作用，使发动机功率、尤其是转矩提高非常明显，加速性能优异。

如奔驰汽车C-Class新C 200 Kompressor，安装以传动带驱动的机械增压器，将最大功率由原来的129HP/（5300r/min）提高至163HP（1HP=745.7W），同时将190N·m/（4000r/min）的最大转矩，提高至2500～4800r/min的转速范围内，均能发出230N·m的高转矩；功率与转矩均提高20%以上，相当于六缸发动机的输出，但与原有C200比较，每行驶100km的油耗，仅多出0.1L。

奔驰汽车双门轿跑车CLK230 Kompressor，其平均耗油量为100km/9.5L，比一般同型发动机省油20%以上。

② 过去的机械增压器只是用来增加大型发动机的输出功率，但现代的高效率机械

增压器，除可提升小型发动机的输出功率与转矩外，并可降低耗油量及排气污染。

③ 涡轮增压器的优点为提高功率的幅度较大，适合赛车及高速行驶发动机采用；缺点为未增压前的发动机输出，比同排气量的自然进气发动机还差，且高温废气使涡轮及外壳等承受相当高的温度。

最新的涡轮增压科技，如奥迪安装在A4 1.8L的小型轻增压涡轮增压器，能将原来125PS/（5800r/min）的最大功率提高至150PS，同时将17.1kgf · m/（3500r/min）的最大转矩，提高至1750 ~ 4600r/min的转速范围内，均能维持21.4kgf · m的高转矩输出，此种转矩特性，不但中、高转速性能优异，也十分适合市区的低速行驶；因奥迪安装有涡轮增压器，几乎没有增压迟滞的情形发生。

奥迪以相同尺寸的1.8L发动机，从涡轮增压器、进气歧管至发动机管理系统(Engine Management Control Unit)，修改许多零组件或全新设计，如进气道使进气具有滚流(Tumble)效果、采用Bosch Motronic ME 7.5(2009年已进阶至ME 9.6)发动机管理系统、双进气冷却器等，使发动机性能再提高至最大功率180HP/（5500r/min）、最大转矩235N · m/（1950 ~ 5000r/min），如图6–1所示；最大功率225 HP/（5900r/min）、最大转矩280N · m/（2200 ~ 5500r/min），在进气歧管的最大增压压力高达200kPa，如图6–2所示。两种高性能发动机分别用在A3及TT车系上。(注：1HP＝1.032PS，1kgf · m＝9.8N · m，1kW＝1.36PS)

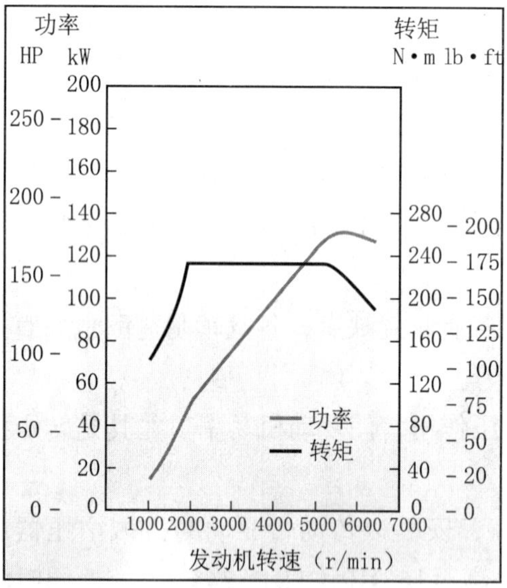

◆ 图6–1 奥迪涡轮增压发动机性能曲线(一)

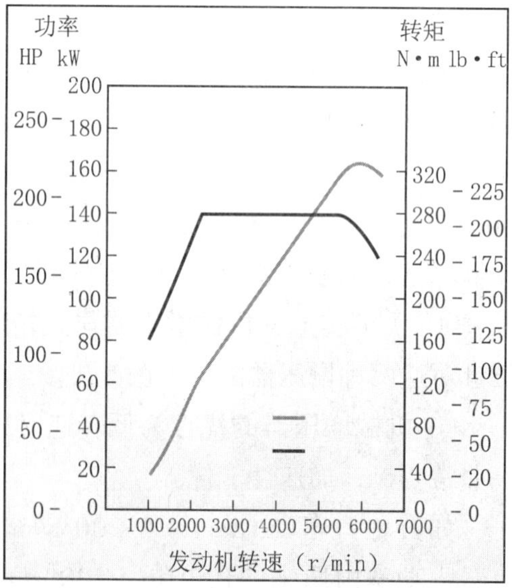

◆ 图6–2 奥迪涡轮增压发动机性能曲线(二)

（4）增压系统的种类：

按增压压力分：
- 低增压
- 中增压
- 高增压

- 按驱动方式分
  - 机械增压器
    - 罗兹式（Roots Type）
    - 滑动叶片式（Sliding Vane Type）
    - 螺旋式（Screw Type 或 Lysholm Type）
    - 涡卷式（Scroll Type）
  - 涡轮增压器

（5）增压系统按增压压力及压力比的分类，见表6-1。

增压系统按增压压力及压力比的分类 表6-1

增压系统种类	增压压力（bar）	压力比
低增压	0.0～0.5	1.0～1.5:1
中增压	0.5～1.0	1.5～2.0:1
高增压	1.0以上	2.0以上

备注：（1）压力比=（增压压力＋大气压力）/大气压力。
（2）1bar=10^5pa。

6.2 机械增压器的构造与作用

一、罗兹式

罗兹式为机械式增压器中常见的形式，具有两个转子，每个转子上有两个或三个直线形或螺旋形的叶片，如图6-3与图6-4所示。早期的罗兹式增压器消耗动力可达15%，且耗油。低转速发动机与高转速发动机的正时齿轮比(Timing Gear Ratio)分别为1.0～1.5:1及0.6～1.0:1，以控制增压器转速在安全范围内。

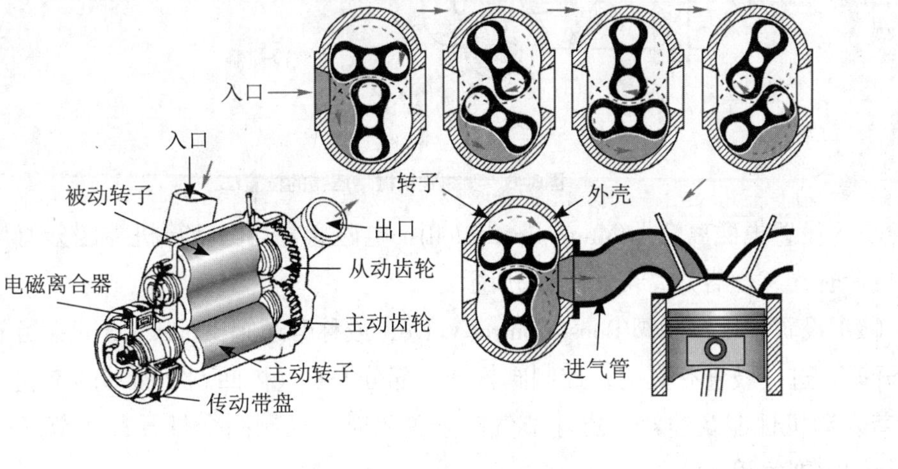

◆ 图6-3 两叶罗兹式机械增压器的构造与作用

化油器与单点喷射TBI式，机械增压器安装在化油器或单点喷射器后，即流经增压器的是混合气，如图6-5所示。而多点孔口燃油喷射，流经增压器的是空气，如图6-6所示，空气流经空气流量计、节气门，经过机械增压器后，进入进气冷却器(Intercooler)。

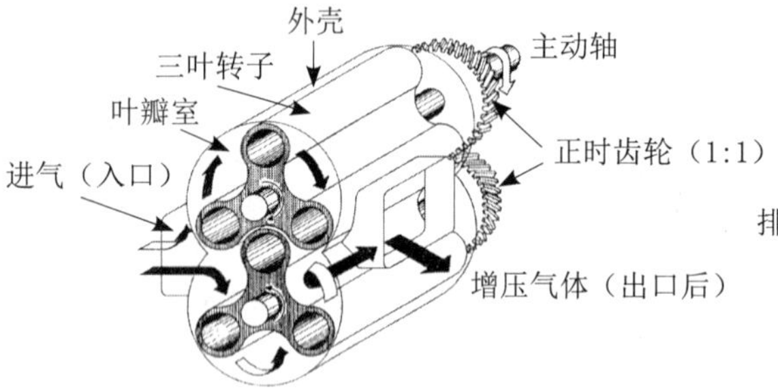

◆ 图6-4 三叶罗兹式机械增压器的构造与作用

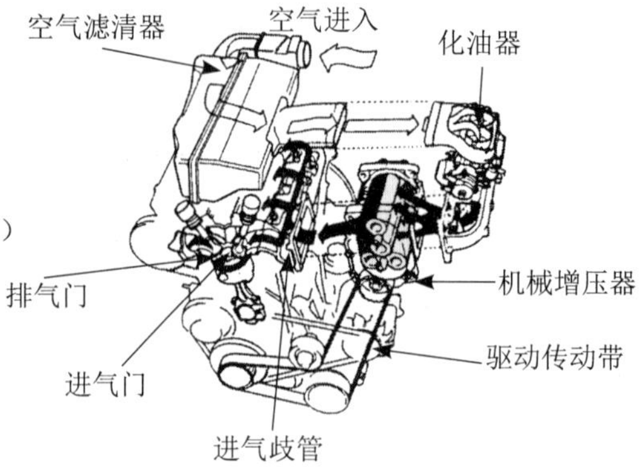

◆ 图6-5 罗兹式机械增压器的位置(一)

罗兹式增压器为容积式(Positive Displacement)空气泵，当节气门打开时，增压器转子每转压入相同体积的空气进入进气歧管。例如有些发动机在发动机转速4000r/min时，即增压器转速10400r/min时，其最大增压压力达80kpa。

驱动机械增压器，发动机所损失的动力，或此种拖曳(Drag)现象，称为附加损耗(Parasitic Loss)。为减少此种损耗，有以下两种设计：

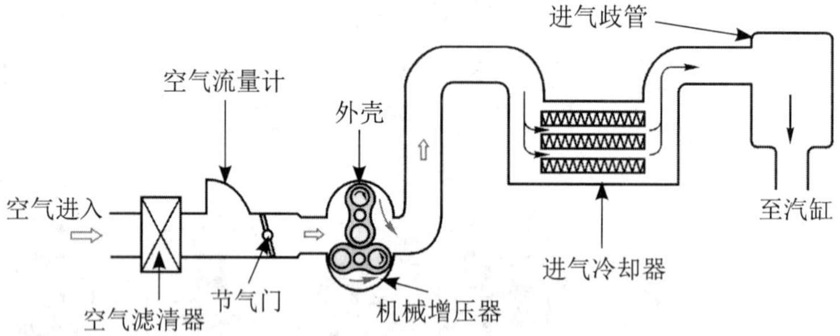

◆ 图6-6 罗兹式机械增压器的位置(二)

（1）设置电磁离合器(Magnetic Clutch)：电磁离合器由计算机控制分离与接合，当轻负荷时，离合器分离，如图6-3所示。

（2）设置增压控制阀(Boost Control Valve，或称旁通阀Bypass Valve)：当节气门部分打开时，进气歧管有真空，控制阀打开，部分增压气体回到增压器的空气入口处，以改善发动机性能及油耗。怠速节气门全关闭时，控制阀全打开；而节气门全打开时，控制阀则关闭。

二、滑动叶片式

滑动叶片式机械增压器的构造与作用如图6-7所示。

滑动叶片式机械增压器在低转速时，可供应所需的增压压力；但在中转速至高转速范围时，仅能提供适度的增压压力。

三、螺旋式

公螺旋有三个凸面叶瓣，而母螺旋有五个凹面叶槽，如图6-8所示。螺旋表面为特氟龙(Teflon)涂层，以避免腐蚀。

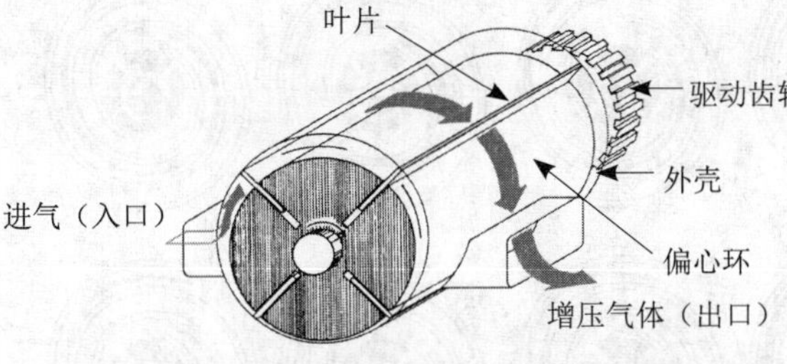

◆ 图6-7 滑动叶片式机械增压器的构造与作用

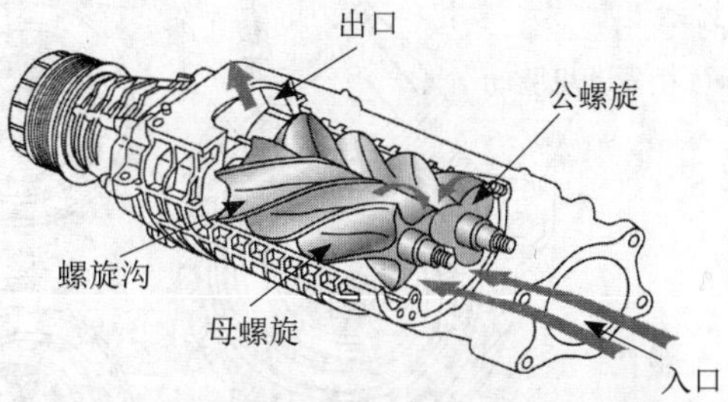

◆ 图6-8 螺旋式机械增压器的构造与作用

螺旋式机械增压器消耗的发动机动力非常少，且压缩后的空气温度较低，因此可不需要进气冷却器。螺旋式增压器能提供的压力比不超过2.0:1。

奔驰汽车公司在V6 3.2L发动机采用的机械增压器：

（1）奔驰为了不能安装V8发动机的C-Class及SLK车系，希望该车系拥有V8发动机的性能，因此特别将V6 3.2L发动机机械增压化，使原有性能215HP/（5700r/min）及310N·m/（3000 r/min），提升至349HP/（6100r/min）及450N·m/（4400r/min），与V8 5.5L发动机的342HP/（5500r/min）及510N·m/（3000r/min）相比，只有转矩值稍低。整体比较而言，机械增压的效果非常惊人。

（2）V6发动机的夹角为90°，奔驰将机械增压器及其水冷式进气冷却器安装在夹角的空间内。进气冷却器有自己的散热器及电动风扇，以稳定进气冷却效果。

（3）奔驰所谓的Scroll Type增压器，实际上是一种流线型的螺旋式增压器。奔驰只在一个螺旋表面涂层特氟龙，以减少摩擦，避免增压器温度上升。

（4）奔驰在增压器的一端，安装传统式冷气压缩机用的电磁离合器，由计算机控制，在发动机低输出时，可减少附加损耗及油耗。增压器由发动机绕曲状的长传动带传动，为防止在高转速时离合器接合瞬间的顿挫力使传动带断裂，因此计算机控制在3000r/min以下时离合器才会接合。

（5）增压器最高转速为20700r/min，增压压力为100kPa(14.5 PSi)。为能承受增压时的高应力，因此将曲轴、连杆、活塞等加以强化，并改良机油泵，使其送油量增加70%，同时提高气门弹簧系数，以避免转速在红线区时，发生气门漂浮(Valve Float)现象。另外，改进反向平衡轴，使高转速时发动机更平稳。

四、涡卷式

涡卷式机械增压器也是容积式进气的一种。因其外型类似英文字母的“G”，因此又称G型增压器(G-Charger)。

涡卷状板的位移器(Displacer)由发动机经传动带驱动，进行偏心圆运动，涡卷状板在沟壁两侧的空间内移动，中心部出口的容积变小，因此空气由此压出，进行进气、压缩、吐气的连续反复动作，如图6-9与图6-10所示。

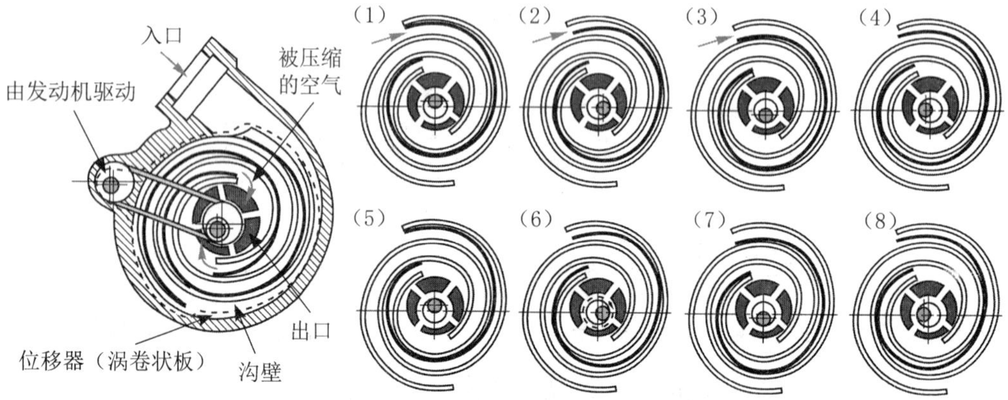

图6-9 涡卷式机械增压器的构造及作用

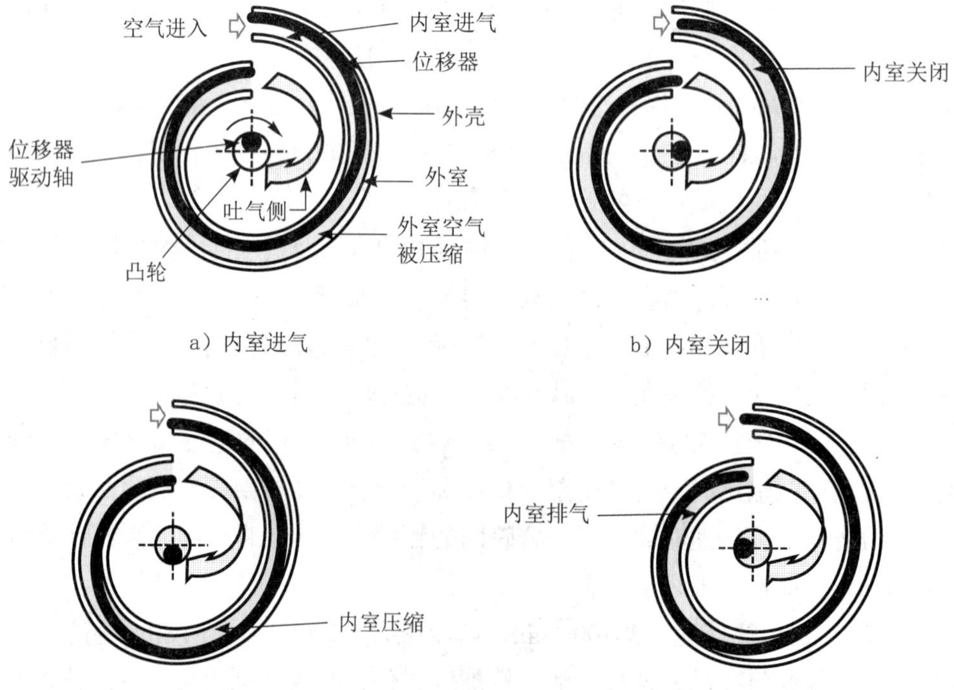

a）内室进气　b）内室关闭　c）内室压缩　d）内室吐气

图6-10 涡卷式机械增压器的作用

6.3 涡轮增压器的构造与作用

一、构造与作用

以发动机排气推动的离心式涡轮增压器，由安装在轴两侧的涡轮(Turbine)、压缩器(Compressor)、涡轮轴及外壳所组成，如图6–11所示。当发动机运转时，排气进入涡轮，冲击涡轮叶片，使转速达每分钟数万转或以上，同轴的压缩器以相同转速运转，将增压气体压入进气总管，15万r/min以上时，空气压力可达1.5 ~ 2at（工程大气压），如图6–12所示。

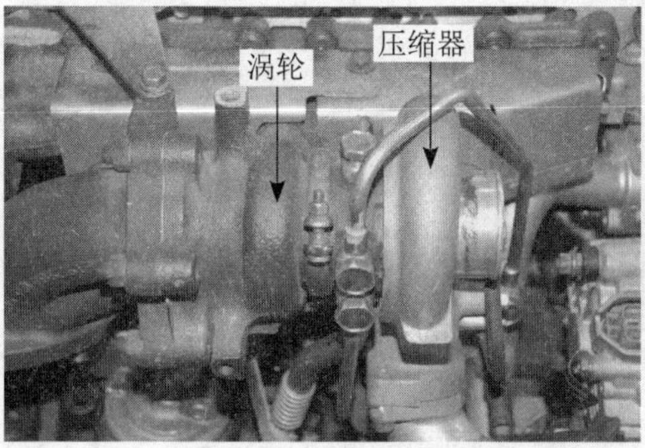

a）

b）

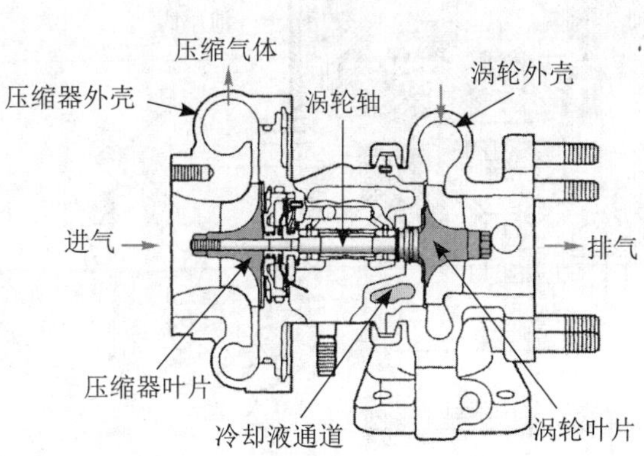

c）

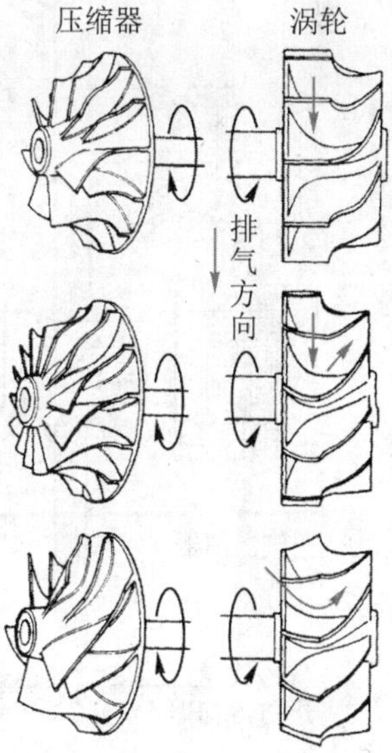

d）三种叶片形式

◆ 图6–11　涡轮增压器的安装位置与构造

涡轮叶片承受排气高温(约900℃)，因此用耐热性好的镍合金或陶瓷制成；而压缩器叶片的温度低，因此用铝合金或树脂制成；另外，在涡轮侧的球轴承外壳周围有冷却液通道。

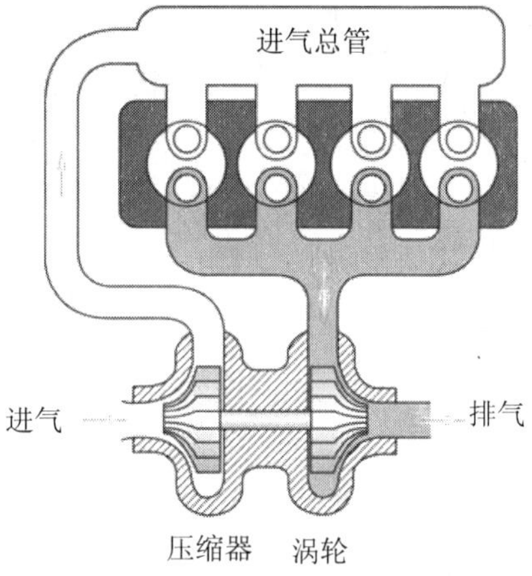

◆ 图6-12 涡轮增压器的基本作用

二、进气冷却器(Intercooler)

空气经增压后温度可达120℃，若直接送入汽缸，则动力损失可达38%；若能将增压气体温度降低至60℃，则动力可提高20%。因此，增压压力较高的增压系统，均会安装进气冷却器，以免因空气温度升高而膨胀，使空气密度降低，含氧量减少，如图6-13所示。

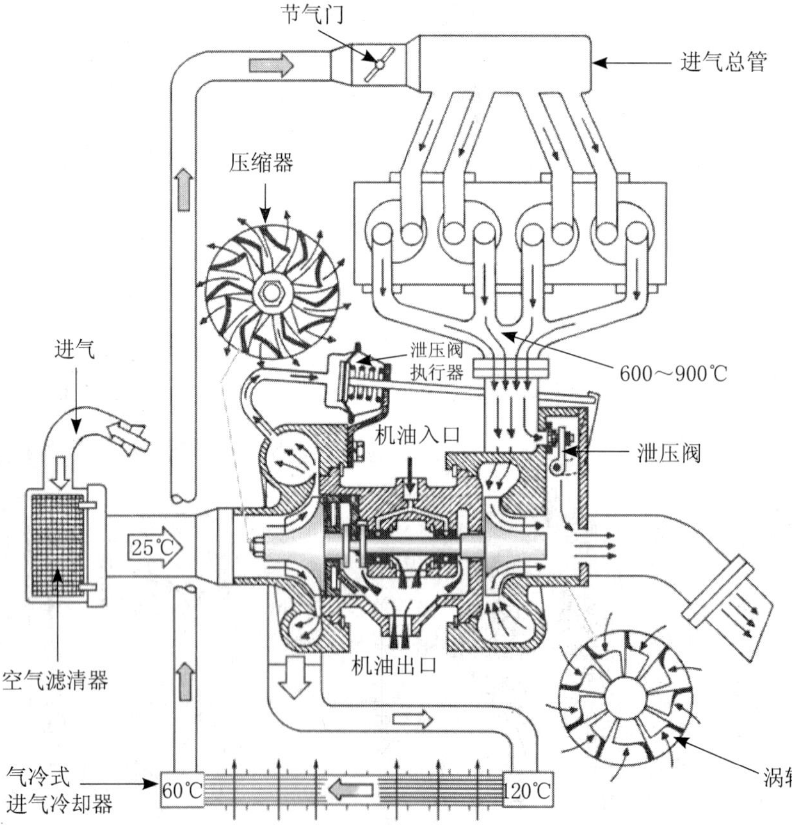

◆ 图6-13 气冷式进气冷却器及整个涡轮增压系统

进气冷却器又称后冷却器(Aftercooler)，是一种热交换器，按热交换方式的不同可分成两种，如图6-14所示。

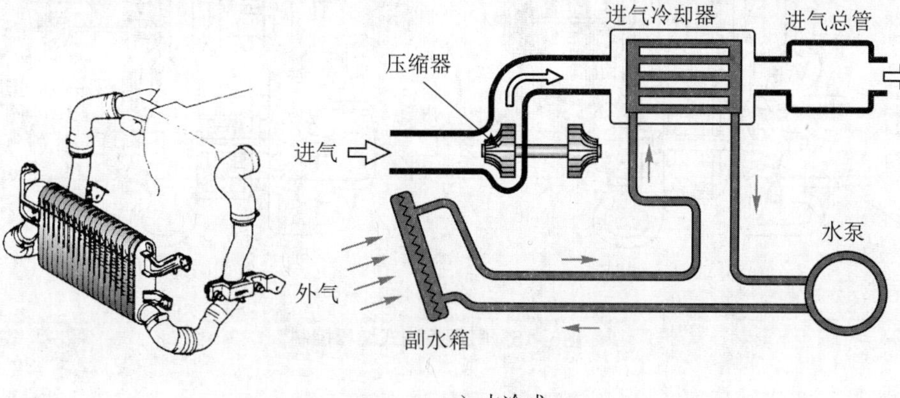

a）水冷式

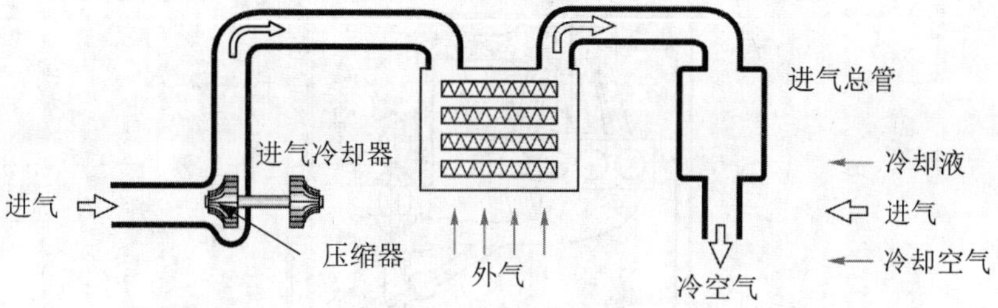

b）气冷式

◆ 图6-14 两种进气冷却器

（1）水冷式：利用发动机的冷却液冷却，可将150℃的增压气体温度，降低至发动机冷却液温度，约85℃。

（2）气冷式：利用空气冷却，冷却器安装在散热器前方，可将120℃的增压气体温度降低至约60℃。

三、涡轮增压进气系统的控制

涡轮增压进气系统的控制
- 过度增压控制
- 点火控制

过度增压(Over Charge)控制：图6-15所示为气压控制式，当增压压力超过膜片弹簧弹力时，旁通阀打开泄压。图6-16所示为计算机控制式，在进气歧管安装有压力传感器(Pressure Sensor)，当增压压力超过预设最大值时，计算机控制电磁阀使排气执行器打开泄压，以免因增压压力过高而产生爆震。

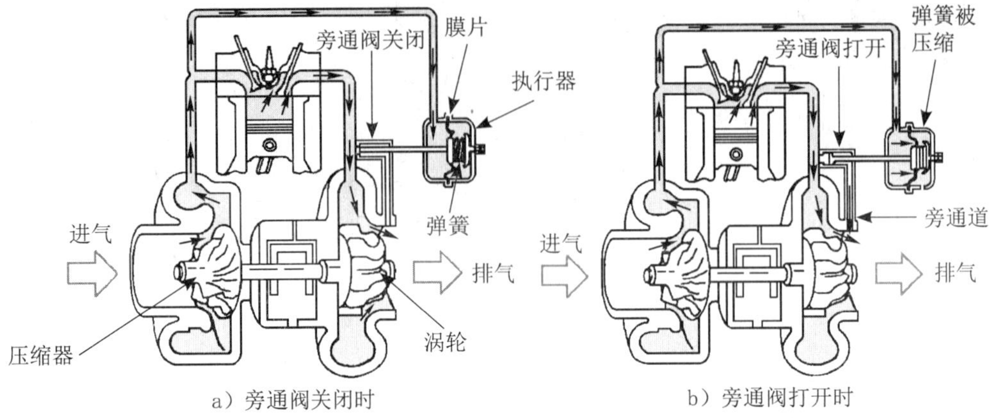

◆ 图6-15　气压控制式增压控制

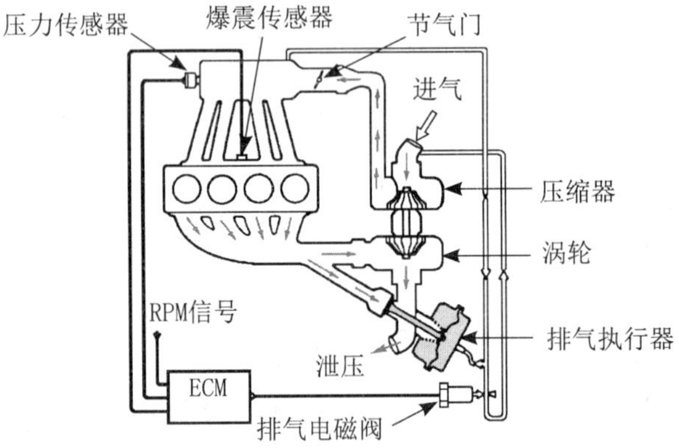

◆ 图6-16　计算机控制式增压控制

点火控制：安装有涡轮增压器的发动机在过度增压时，会产生爆震，为避免爆震的发生，发动机通常安装爆震传感器，利用计算机来控制点火时间，当有爆震发生的可能时，使点火时间延迟。

四、增压迟滞及其改善方法

在轻负荷及巡行(Cruising)速度时，涡轮增压器是在怠速状态，压缩器转得很慢，因此无增压作用。

当踩下加速踏板时，发动机转速加快，使排气量增加，以推动涡轮加速，而增加压缩气体。从节气门打开至增压气体增加使功率加大的这段时间，称为增压迟滞。这段时间包括涡轮从怠速提高到增压转速，及压缩器与进气冷却器等由真空变成有压力，总时间约需0.5s或以上。此增压迟滞现象对驾驶人而言，是很明显而又令人不愉快的感觉。

改善方法：

（1）减低涡轮及压缩器的质量，使涡轮加速更轻快，例如以陶瓷、树脂等为材料。

（2）将一个较大的涡轮增压器，改为两个较小的涡轮增压器，称为双涡轮(Bi-turbo or Twin-turbo)，图6-17所示为丰田汽车所采用的双涡轮增压器。

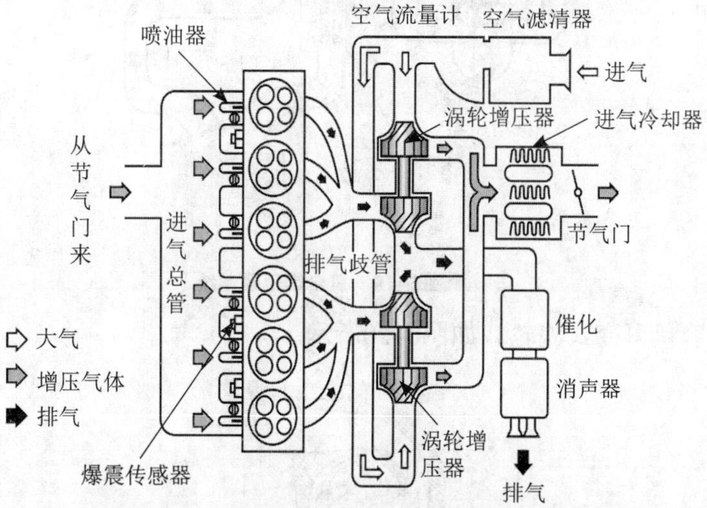

◆ 图6-17　双涡轮增压器系统

（3）采用二段式涡轮增压器。

①平常行驶时，只有一个增压器作用，如图6-18 a)所示，控制器使阀关闭，因此图6-18上方的增压器没有作用；当高转速、高负荷时，控制器使阀打开，第二个涡轮增压器才一起作用，如图6-18 b)所示为Subaru汽车水平相对式发动机所采用。

②萨博汽车采用的最新二段式涡轮增压器，称为TTiD(Two-Stage Turbo Diesel)，用在1.9L柴油发动机。较小涡轮作用至1800r/min，1800～3000r/min由两个涡轮同时作用，3000r/min以上则由较大的涡轮作用。

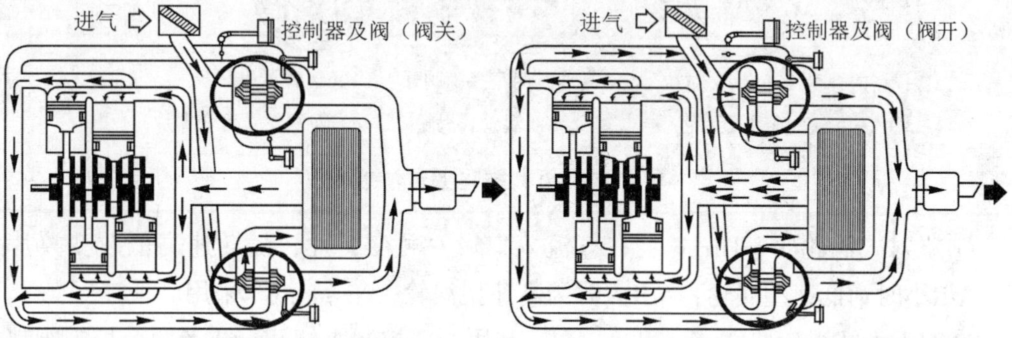

a）一个增压器作用　　b）两个增压器作用

◆ 图6-18　二段式涡轮增压器

（4）采用复合增压器系统，低速时用能产生较大转矩的罗兹式机械增压器，高速时则改由涡轮增压器作用，如图6-19所示。

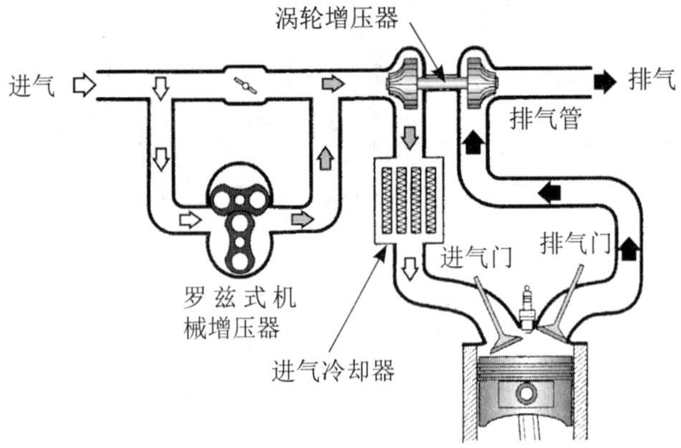

◆ 图6-19　复合增压器系统

（5）采用容量可变式涡轮，如图6-20所示。

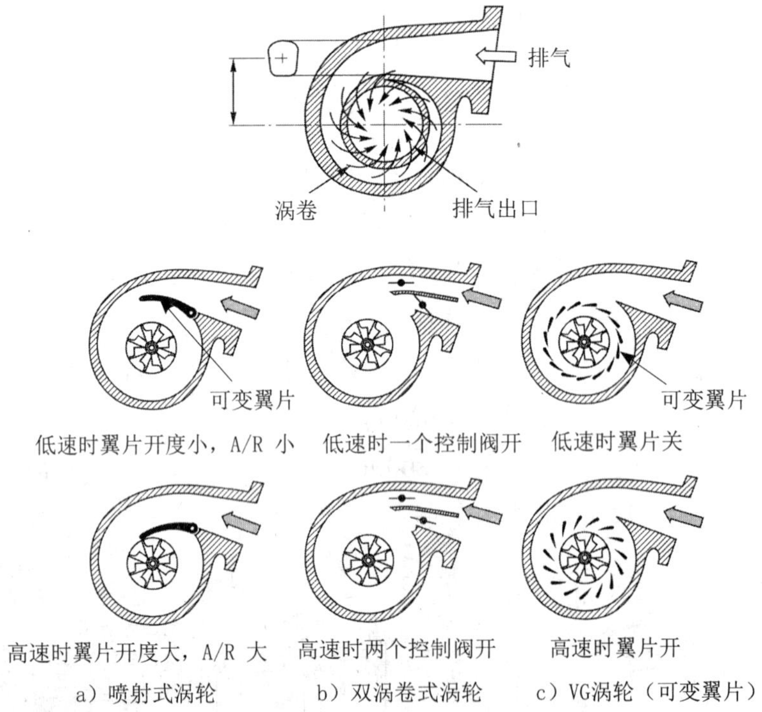

◆ 图6-20　三种容量可变式涡轮

①喷射式涡轮(Jet Turbo)：在气流入口设一可变翼片，随转速高低改变翼片角度，A/R小时为低速型涡轮，A/R大时为高速型涡轮，Nissan汽车采用。

②双涡卷式涡轮(Twin Scroll Turbo)：利用一个控制阀打开，或者两个控制阀都打开，而达到使涡轮转速慢或快的目的，Mazda汽车采用。

③VG Turbo：全称为可变几何涡轮增压器(Variable Geometry Turbocharger)，为可变多片翼片式，翼片为10～15片，由ECM控制其开度大小，目前有许多汽车(含大型柴油发动机)采用。

理论测试

一、判断题

1. 小排气量发动机安装用增压器，在一般行驶无增压作用时，可达省油的目的。( )
2. 涡轮增压器是以传动带驱动。( )
3. 涡轮增压器有消耗动力大的缺点。( )
4. 发动机采用机械增压器一定比较耗油。( )
5. 滑动叶片式机械增压器，中高转速时仅能供应适度的增压压力。( )
6. 螺旋式机械增压器系统，可不安装进气冷却器。( )
7. 涡轮增压器压缩器的叶轮是用镍合金或陶瓷制成。( )
8. 进气冷却器以水冷式采用较多。( )

二、选择题

1. 增压发动机比同形式一般吸气式发动机功率最大可提高______。
（A）5%~10%（B）10%~20%（C）35%~60%（D）60%~85%
2. 机械增压器是由曲轴以______驱动。
（A）链条（B）齿轮（C）传动带（D）以上都正确
3. 机械增压器的转速约为发动机转速的______倍。
（A）1.0~1.5（B）2~3（C）4~6（D）6~10
4. 机械增压器的特性为______。
（A）低速高转矩（B）高速高功率（C）高速高转矩（D）中速高功率
5. 中增压发动机的增压压力为______10^5pa。
（A）0.1~0.5（B）0.5~1.0（C）1.0~2.0（D）2.0~3.0
6. 对进气冷却器的叙述有误的是______。
（A）又称后冷却器（B）可提高进入汽缸气体的密度
（C）安装在进气歧管前（D）高增压发动机不需安装
7. 当涡轮增压器增压压力太高时，除了控制点火时间外，通常并做_____。
（A）排气泄压（B）进气增压（C）喷射断油（D）减速断油

8. VG Turbo加大排气冲击涡轮叶片的角度，是为了______。
（A）提高功率输出　　（B）减少涡轮的转速
（C）提高低转速时的增压压力　　（D）降低排气的流速

三、简答题

1. 旧型的机械增压器有哪些缺点？
2. 现代高效率机械增压器的优点是什么？
3. 试述涡轮增压器的优点。
4. 如何减低机械增压器的动力损耗？
5. 增压系统为什么必须安装进气冷却器？
6. 试述计算机控制式增压控制的作用。
7. 什么是增压迟滞？
8. 如何改善增压迟滞现象？

第7章

自动变速器

- 7.1 概述
- 7.2 机械式自动变速器
- 7.3 液力变速器
- 7.4 油压控制系统
- 7.5 伺服机构
- 7.6 无级变速器
- 7.7 双离合器变速器

7.1 概　　述

汽车在行驶中为适应行驶条件的变化而做出的变速操作，是汽车驾驶技术中的重要环节之一，需要相当熟练才能配合良好，因而使驾驶成为一种专门的技术。如欲维持汽车在最经济的情况下行驶，必须研发一种能自动调节发动机出力与行驶阻力间关系的变速器，免去换挡的麻烦，使驾驶汽车简化为“踩下加速踏板即走，踩下制动踏板即停”，使驾驶容易，减少驾驶人的疲劳。

自动变速器多为无级变速，现在使用的分为三类：机械式（mechanism type）、液力机械式（hydraulic mechanism type）及最新研发的电子控制自动变速器（electronic automatic transmission）。

自动变速器分类如下：

- 自动变速器
  - 机械式
    - 摩擦盘变速器
    - 可变节距传动带盘式变速器
  - 液力机械式
    - 二元件液力耦合器及行星齿轮变速器
    - 三元件液力变矩器及行星齿轮变速器
    - 多元件液力变矩器及行星齿轮变速器
    - 三元件液力变矩器及二轴并列啮式齿轮变速器
  - 电子控制自动变速器

7.2 机械式自动变速器

一、摩擦盘变速器

摩擦盘扭力变速器（frictional disk torque converter）的构造如图7-1所示。地面的阻力矩沿轴方向变为推力，此项推力可使被动盘在主动盘上产生滑动。当发动机输出扭力与地面扭力平衡时，可使传动接触点固定，如此即可在设计扭力比范围内做无级变速。当无传递动力时，被动盘与主动盘的接触点在主动盘末端，且扭力比最小。当传递动力时，地面阻力使被动盘与主动盘的接触点向主动盘跟部移动，到汽车能行驶时停止滑动。当车速渐高，

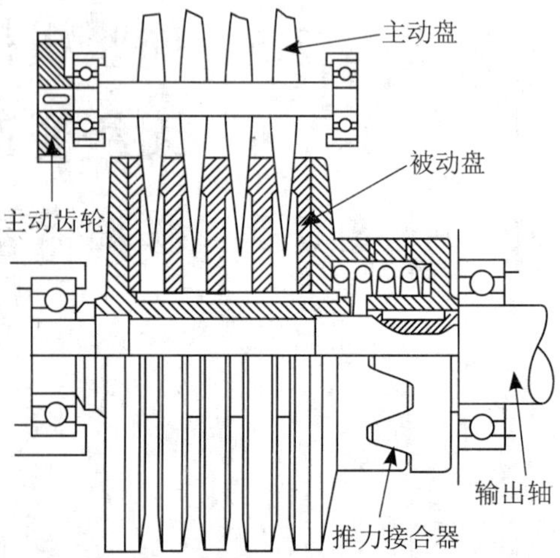

◆ 图7-1　摩擦盘变速器构造图

行驶阻力减小时，接触点又向末端移动使扭力比减小，车速提高。

二、可变节距传动带盘式变速器

可变节距传动带盘式变速器（variable pitchpully torque converter）的基本构造如图7-2所示。

图7-3所示为主动传动带盘的构造。当发动机低速行驶时，真空较大，将隔片（partition）及传动带盘可活动的V形面体吸入，因而传动带盘两个V形面体的距离变长，传动带则向传动带盘跟部移动（及节圆直径变小）。当发动机转速增高配重离心力大时，传动带盘可活动的V形面体与固定的V形面体的距离变小，传动带就向顶部移动（即节圆直径变大），如图7-4所示。

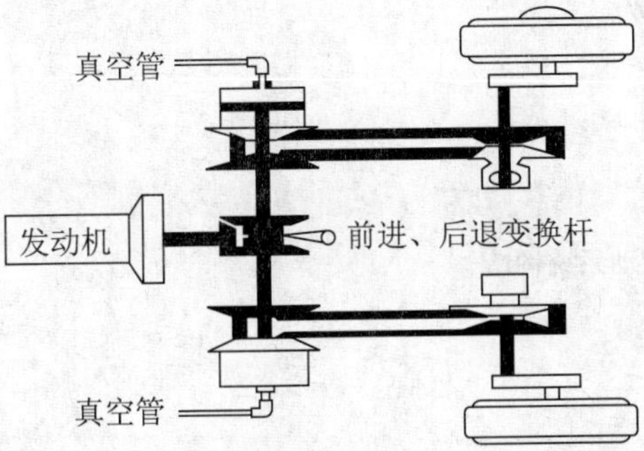

◆ 图7-2 可变节距传动带盘式变速器基本构造

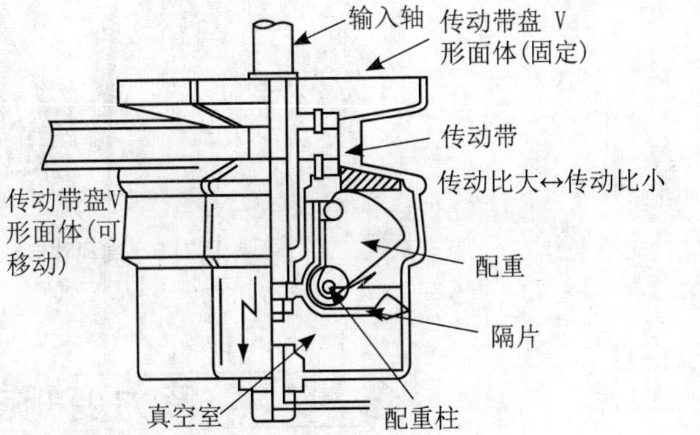

◆ 图7-3 主动传动带盘构造

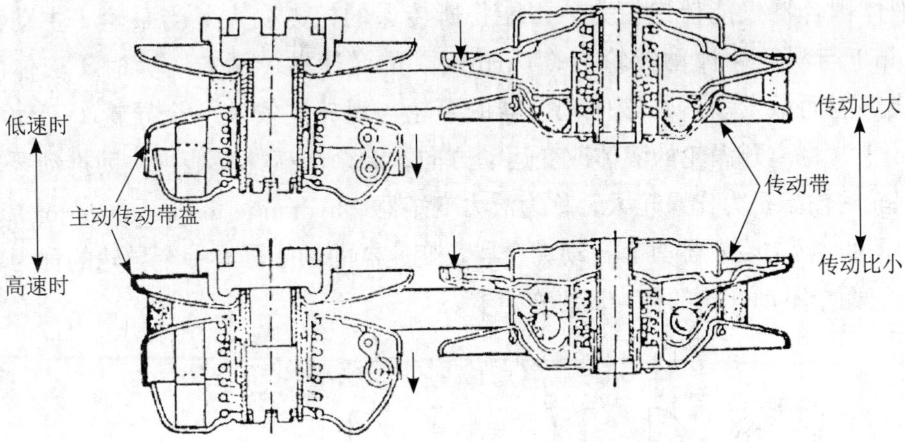

◆ 图7-4 传动带盘作用情况

被动传动带盘V形面体间的距离，可因车轮的阻抗扭力变为轴向推力与传动带张力及内部弹簧张力的互相配合而改变。

图7-5所示为荷兰DAF汽车上所使用的此种变速器，称为维利欧自动传动系统（variomatic drive system）。

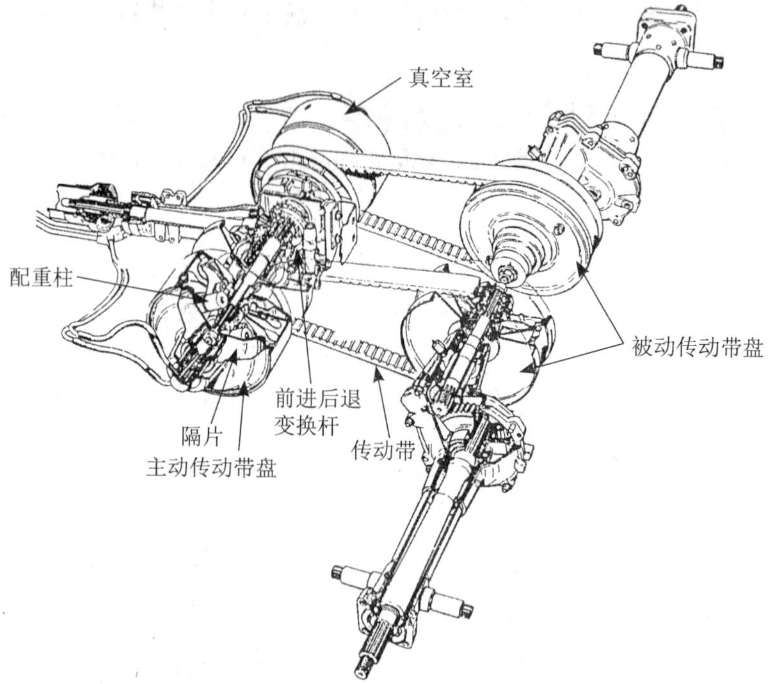

◆ 图7-5 维利欧自动传动系统构造

7.3 液力变矩器

一、概述

液体耦合器仅能传递扭力，不能将所传递的扭力变大。当泵轮（主动液轮）（Pump）与涡轮（被动液轮）（Turbine）的转速差（滑差）大时，液体的运动能变成热能而散发。若在液体耦合器的泵轮与涡轮间安装一个导轮（不动叶轮）（stator），将离开涡轮的液体改变运动方向，剩余的液体动能再协助推动泵轮，则可使涡轮的输出扭力比泵轮大，称为液力变矩器（hydraulic torque convertor），如图7-6所示。此液力变矩器具有自动离合器及变速器的功能。有一个导轮的称为单级变矩器，有两个不动叶轮的称为双级变矩器。

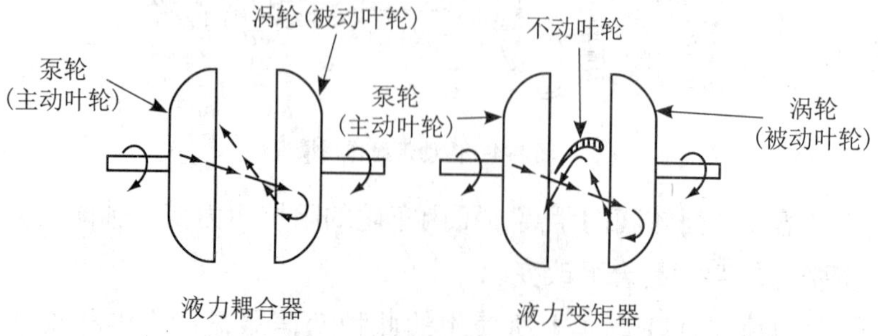

◆ 图7-6 在液力耦合器中安装导轮

二、液力变矩器的构造作用

图7–7所示为液力变矩器的构造。泵轮与发动机飞轮壳连接在一起，涡轮与输出轴连接在一起，导轮与外壳连接在一起。图7–8所示为洒水机的工作原理图。

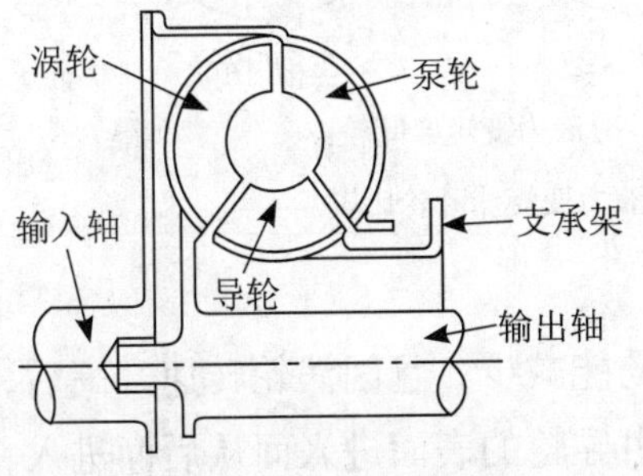

◆ 图7–7　单级变矩器

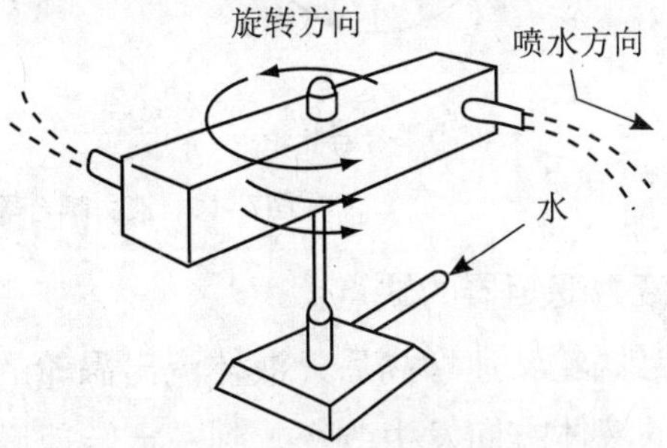

◆ 图7–8　洒水机工作原理

液力变矩器扭力的变化情况如图7–9所示，I为泵（主动叶轮），R为涡轮（被动叶轮），S为导轮（不动叶轮），B为基圆。在基圆上液体的主动量距为零，自基圆向外的扭力为正，向内的扭力为负。在涡轮R的入口处，液体的回旋速度和动量矩均最大。当涡轮静止不动时，液体的回旋速度在涡轮中急速减到零，由于叶片曲度的关系，使液体产生一个反方向（负向）的回旋速度，因此作用于涡轮上的扭力与液体作用于叶片入口处的正动量矩和作用于叶片出口处的负动量矩的算术和成正比，即图7–9中的T_t。此时因涡轮静止不动，虽受到液体的扭力很大，但液体消耗在涡轮的能量仍很小，在离开涡轮时，液体仍保有很大的能量进入导轮中。在导轮内，液体的运动方向又一次被改变成正方向，因此液体离开导轮时，具有正动量矩，其绝对值与液体进入导轮时的负动量矩相等。作用于导轮上的扭力和作用于涡轮上的扭力方向相反，其值与作用于入口处的负动量矩和出口处的正动量矩的算术和成正比。因此，进入主动叶轮的液体已具有相当大的正回旋速度，主动叶轮仅需再使液体的速度增加一些，使其在出口的速度比进入涡轮的速度稍快即可。在图7–9中，设以泵轮使液体增加的扭力T_i为1单位，则在涡轮中的扭力T_t为2.4单位，在不动叶轮中的扭力T_s为1.4单位，因此其最大扭力比为2.4。

图7–10所示为各种不同弯曲度叶片受力的情形。图7–11所示为液力耦合器叶轮与液力变矩器叶轮的比较。

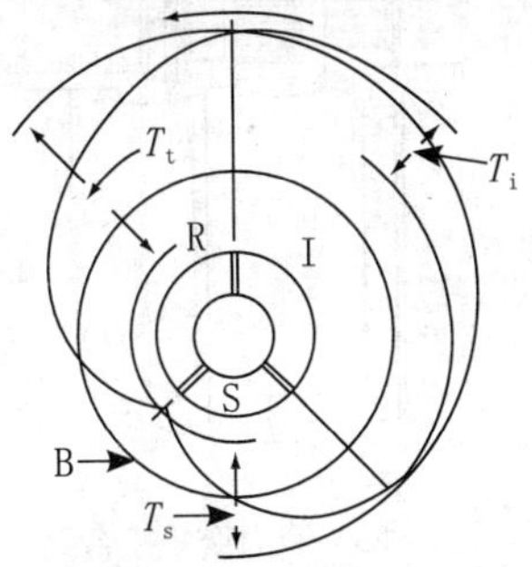

◆ 图7–9　被动叶轮不动时，液力变矩器扭矩基本关系图

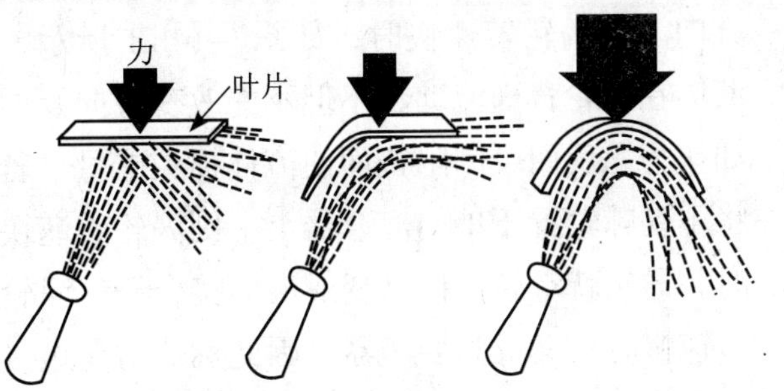

◆ 图7–10　不同弯曲度叶片受力

◆ 图7-11 液力耦合器叶轮与液力变矩器叶轮比较

液力变矩器的缺点：

当涡轮转速增高后，液体流出涡轮的剩余动能减少，且因涡轮转速升高后，离开涡轮的液体方向发生改变，到一定转速后无法由导轮的表面进入而从后面进入，从而产生很大的阻挠，产生高热而损失很大的能量，如图7-12所示。因此液力变矩器实际上不能使用。

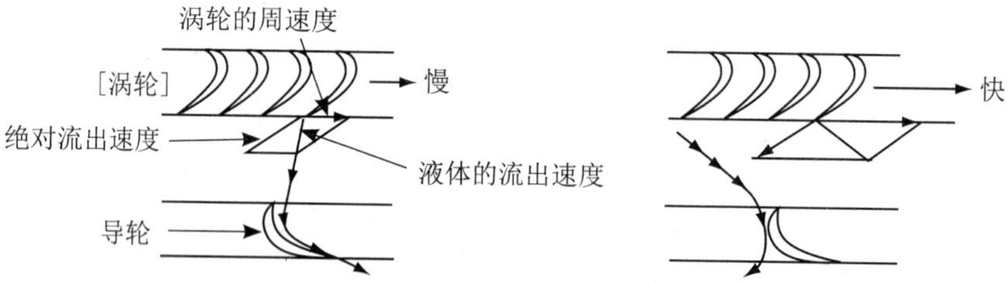

◆ 图7-12 液体在导轮上流动情形

三、液力变矩接合器

1. 概述

若将不动叶轮安装在一个单向离合器（oneway clutch）上，使导轮仅能作与泵同方向的转动，而不能做反方向的转动，则变为液力变矩接合器，如图7-13所示。

液力变矩器中，当涡轮转速慢时，如图7-14a）所示，液体在导轮上面流动可以改变方向。若涡轮转速快时，如图7-14b）所示，液体在导轮背面流动，不但不能改变方向及增加扭力，反而会因阻挠而使流体损失能量。若将不动叶轮置于单向离合器上，则涡轮转速快时，导轮就空转，使其变成液力接合器。涡轮转速慢时，又成为变矩器，因此称液力变矩接合器，但一般均称为液力变矩器。

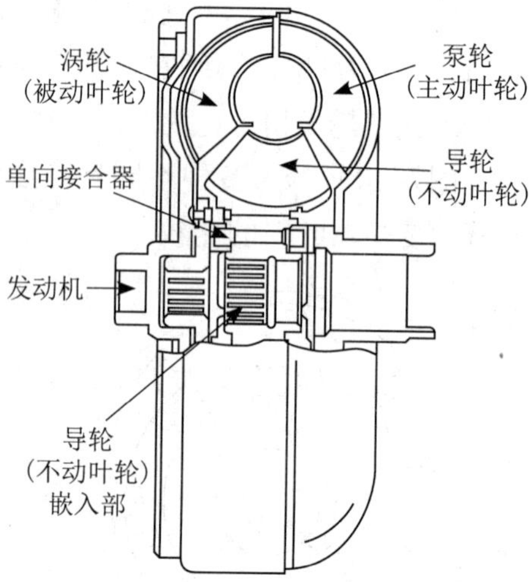

◆ 图7-13 液力变矩接合器

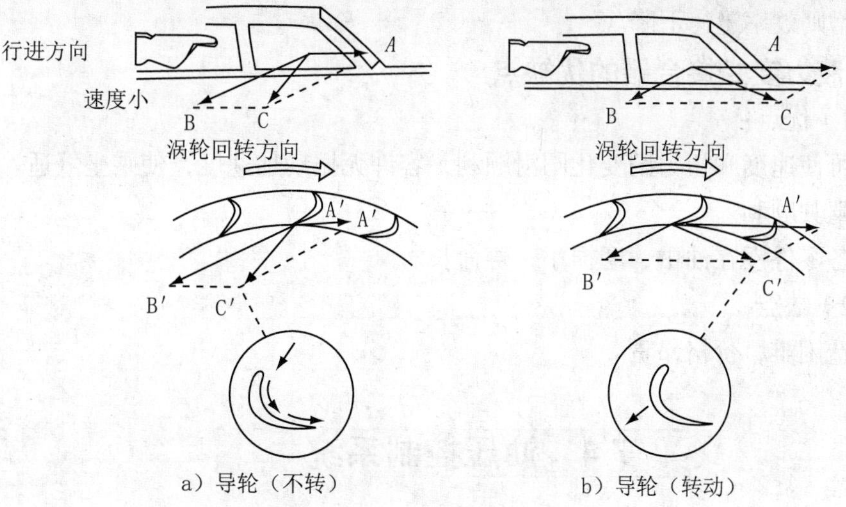

◆ 图7-14　液体在导轮上的流动情形

2. 液力变矩接合器的特性曲线

图7-15所示为液力变矩接合器的特性曲线。

$$扭力比（T）=\frac{输出扭力（T_t）}{输入扭力（T_p）}$$

$$转速比（N）=\frac{输出轴转数（N_t）}{输入轴转数（N_p）}$$

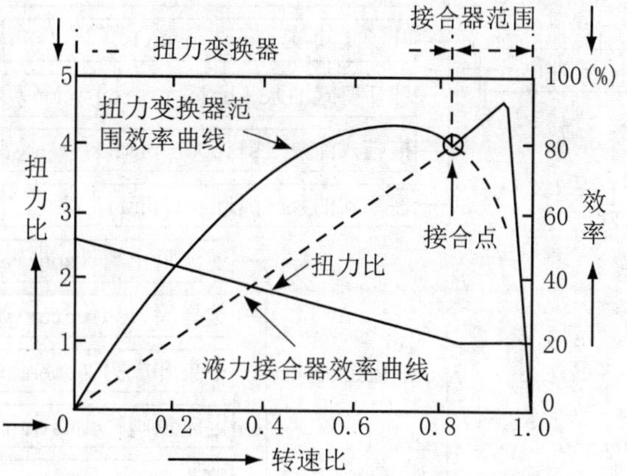

◆ 图7-15　液力变矩接合器特性曲线

图7-15中左纵坐标为扭力比，右纵坐标为效率，横坐标为转速比。当涡轮静止不动时，转速比为零，涡轮的效率为零，此时受到扭力最大，称为停阻扭力，扭力变矩器的效率为零。转速比渐增时，涡轮的转速也渐增，至设计点时，效率最高。此后速度再增加时，效率降低很快。由图7-15可知，转速比在0.6～0.75时，扭力变换器的效率最高。转速比约0.82时，涡轮与泵轮的扭力比为1，此时导轮开始转动，变矩器变成接合器。转速比再增大时，改遵循接合器的曲线，至转速比约0.94时效率最高，转

速比再增则效率迅速下降。

3. 液力变矩接合器的优缺点

（1）优点：

①可使速度和扭力的变化圆滑顺利，容许无振动加速度，使乘坐舒适。

②驾驶顺利。

③各零件浸在油中，磨损小，寿命长。

（2）缺点：

制造困难，价格昂贵。

7.4 油压控制系统

一、概述

液力机械式自动变速器，由液力耦合器或液力变矩器的液体传动部分，及能提供数个前进速段以适应行驶需要和倒车行驶的机械齿轮变速器两部分组成。机械齿轮变速器部分的换挡动作，都是由油压控制系统来完成的。各型自动变速器的油压控制系统构造虽有不同，但基本原理是相同的。

油压控制系统组成如下：

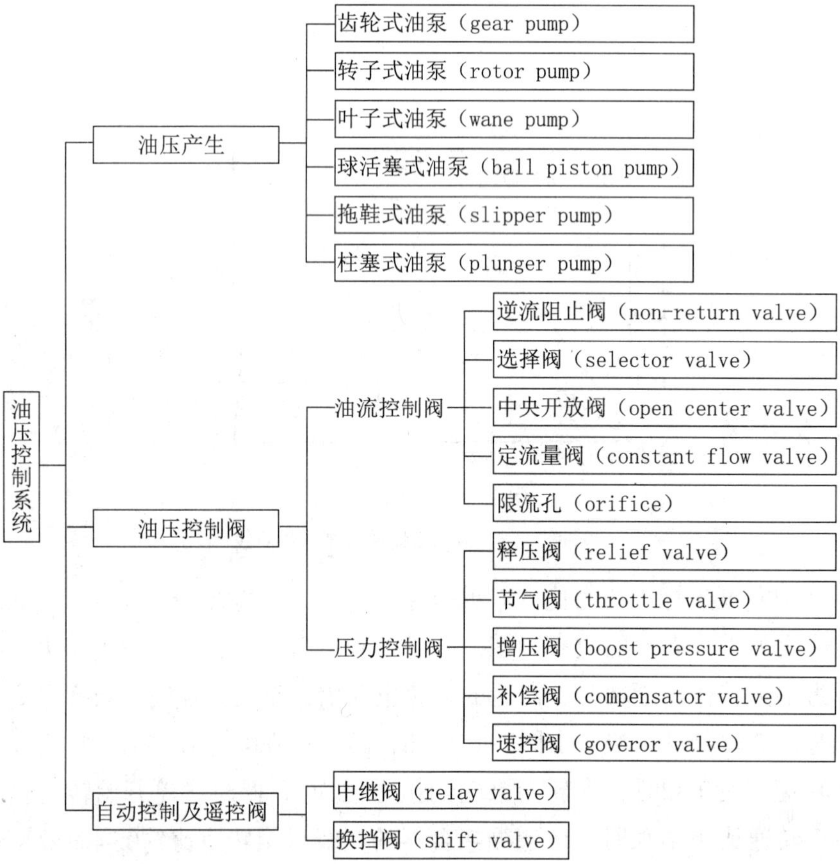

二、自动换挡原理

变速器由低速挡换入高速挡或由高速挡换回低速挡，必须在某一车速时发生，而车行速度又受车辆负荷及节气门开放位置或加速踏板被踩位置控制，因此自动换挡机构需要由一个灵敏的调速器（governor）及化油器节气门或加速踏板同时操作。

自动变速器中，控制换挡的装置称为换挡阀（shifting valve），图7-16所示为其工作原理。

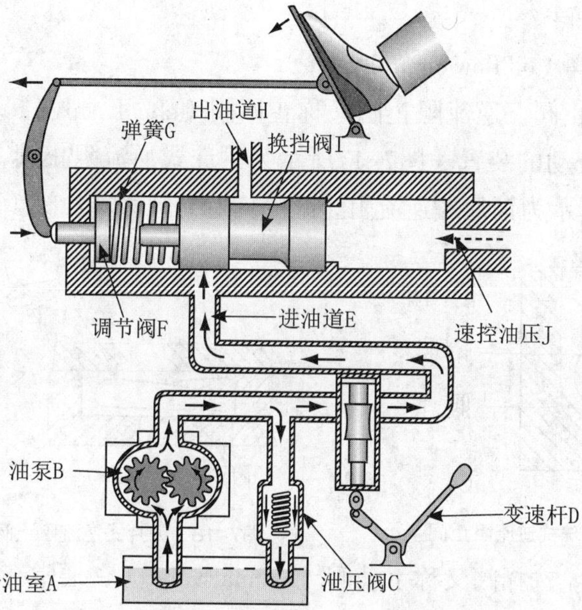

◆ 图7-16 自动换挡节气门原理

换挡阀I的右方，受调速器来的油压J作用，左端受弹簧压力的作用。今先假定调节阀F固定不动，以便解释。当车辆速度增加时，调速器来的油压增大，将换挡阀I推向左方，至某一车速时，进油道E即被推开，即泵供给的压力油经出油道H流到制动带或离合器的伺服机构，改变行星齿轮系的变速比，将变速器由低速挡换入高速挡。此后如果车辆速度减慢，调速器来的油压降低，换挡阀I被弹簧推回，至某一车速时，进油道E被关闭，伺服机构中的压力油消失，变速器即由高速挡换回低速挡。

由上所述可知，当调节阀F固定不动时，换挡作用的产生完全由调速器来的压力油的油压高低控制，而调速油压的高低又完全受汽车行驶速度控制，因此换挡必须在某一固定不变的车速时发生，这种现象不能满足车辆的行驶需要。因为在很多情况下，如果汽车负荷增大、上坡行驶或迅速超车时，都需使换挡速度延迟，使车辆能获得较大的加速动力。而欲使汽车动力增大，则化油器节气门必须开放在较大的位置，即加速踏板必须被踩到较低的位置。如图7-16所示的装置，将加速踏板踩下时，借杠杆的作用可加一个力于调节阀F的左端，迫使调节阀右移，将弹簧G压缩。弹簧力既然增大，则需要较大的调速油压力，才能将换挡阀向左推，使进油道E开放的时间较晚，即由低速挡换入高速挡的车速较大，自高速挡换回低速挡时亦同。

三、油压控制系统各零组件的构造作用

1. 油泵（oil pump）

自动变速器的油泵由发动机驱动主动轴直接带动，只要发动机一发动就会有压力油产生，有部分自动变速器，还有一只由输出轴驱动的第二油泵。油泵的种类很多，一般以齿轮式使用较多，各种油泵的构造及作用情形，请参阅动力转向油泵。

2. 油压控制阀

1）油流控制阀（oil flow control valve）

（1）逆流阻止阀。逆流阻止阀又称止回阀（check valve），安装在油道中，是使油仅能单方向流动的装置。图7–17所示为钢珠式逆流阻止阀，又称止回阀（clack valve），图7–18所示为钢片式逆流阻止阀的构造，又称翼片阀（flap valve）。

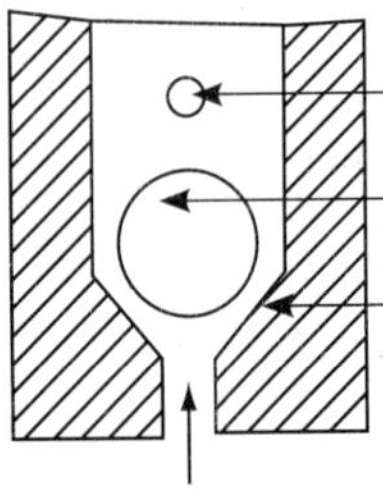

◆ 图7–17 钢珠式逆流阻止阀

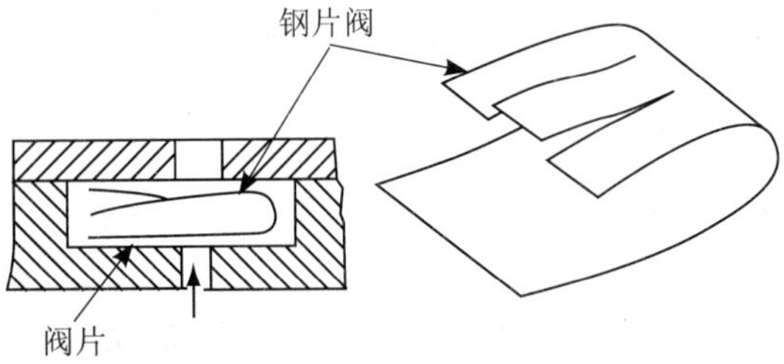

◆ 图7–18 钢片式逆流阻止阀

（2）选择阀。选择阀又称手动阀（manual valve），通常有五个位置来改变油流的通路以控制变速器的作用，空挡为N（neutral）、行驶挡为D（drive）、低速挡为L（low gear）、倒挡为R（reverse）、驻车挡为P（park）。其构造如图7–19所示，各挡位置的通路情形见表7–1。

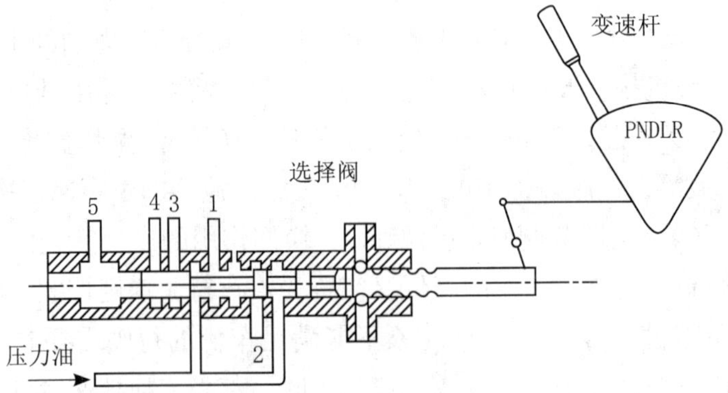

◆ 图7–19 选择阀构造

选择阀各挡位置的通路情形 表7–1

变速杆位置	流　路	变速杆位置	流　路
驻车（P）	1	低速（L）	2, 3, 4
空挡（N）	1, 2, 3	倒车（R）	3, 4
行驶（D）	1, 3, 4		

（3）中央开放阀。中央开放阀的构造如图7-20所示。压力油由中央进入后分向两侧孔流出，其功用为使一方的油量慢慢增加，另一方的油量渐渐减少，并使动作圆滑，因在中央位置时，压力油分向两边流出，因此称为中央开放阀。

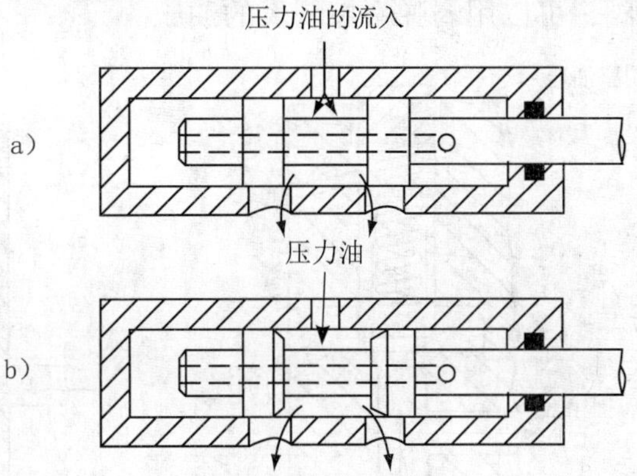

◆ 图7-20　中央开放阀

（4）定流量阀。有些地方必须供应一定的流量，为达到此目的，必须在一定压力下通过一定尺寸的孔才能得到一定的流量。控制一定压力的阀将在此节压力控制阀中介绍。定流量阀是在压力高时油孔的面积减小，压力低时油孔的面积增大，以产生一定的流量。

①如图7-21所示，轴阀大的一端有一小孔，轴端有弹簧，油压高时因小孔通过的油量少，轴阀向右移动压缩弹簧，而使压力油入口的面积缩小。压力降低后，弹簧将轴阀向左移，使压力油入口面积增大，如此不断的左右调整而控制一定流量的油流出。

②如图7-22所示，使用活塞阀，当油压高时，将活塞向右推压缩弹簧而使出口的面积变狭小，油压低时，弹簧将活塞向左推使出口面积变大，以维持一定流量。

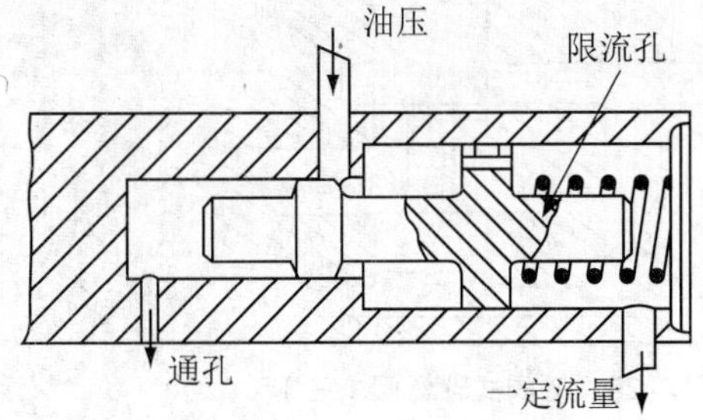

◆ 图7-21　定流量阀（一）

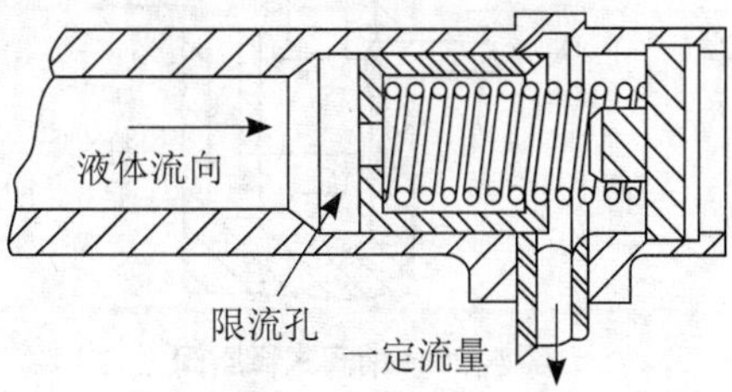

◆ 图7-22　定流量阀（二）

（5）限流孔。油道中装置限流孔的主要功能为控制油压作用的时间，如制动带或离合器的作用必须缓慢圆滑，且在换挡动作时，必须使前一排挡完全分离后，后一排挡才能作用，这些时间的控制都是在油道中装置适当孔径的限流孔来完成的。

2）压力控制阀（pressure control valve）

（1）释压阀。

①普通释压阀的构造如图7-23所示，由弹簧作用的阀压在阀座上，当流入的油压超过弹簧压力时，将阀推开，一部分油由阀排出，使油压降低以维持一定油压。

②图7-24所示为使用两个不同直径的轴阀，是以轴阀的面积差产生油压力差即弹簧力，共同控制的释压阀，可以用弱弹簧控制大的油压。

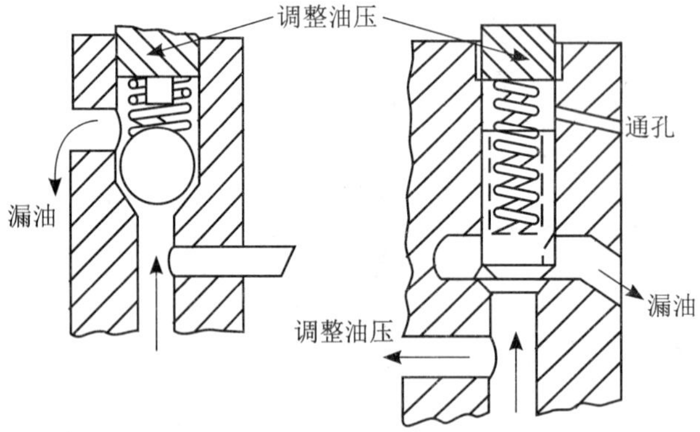

a）压力油流入　b）压力油流入

◆ 图7-23　压力控制阀

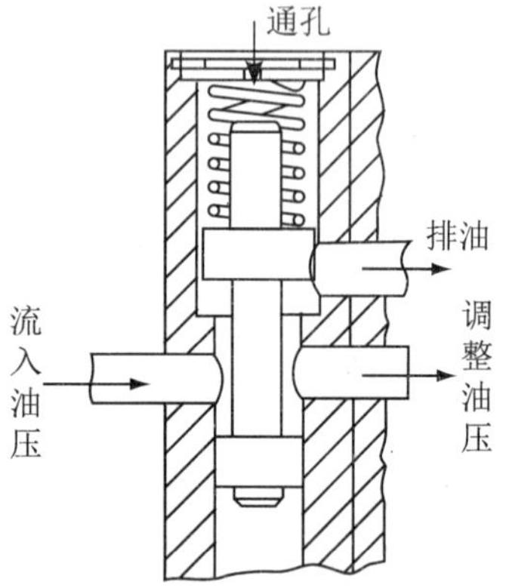

◆ 图7-24　轴阀式释压阀（一）

③图7-25所示为使用等径的轴阀，是利用弹簧及油压力控制流入油孔面积以调节油压的装置，油压升高时进油孔面积变小，使流出油压降低，以维持一定的出油压力。

④图7-26所示为使用三方向分歧通道及轴阀的释压阀。该限孔的作用是减少脉动，油压超过弹簧力时，轴阀被向上推，使油从排油孔流出，维持一定压力。

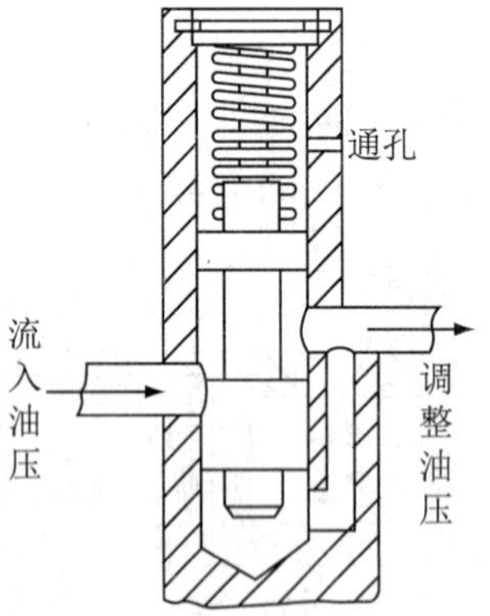

◆ 图7-25　轴阀式释压阀（二）

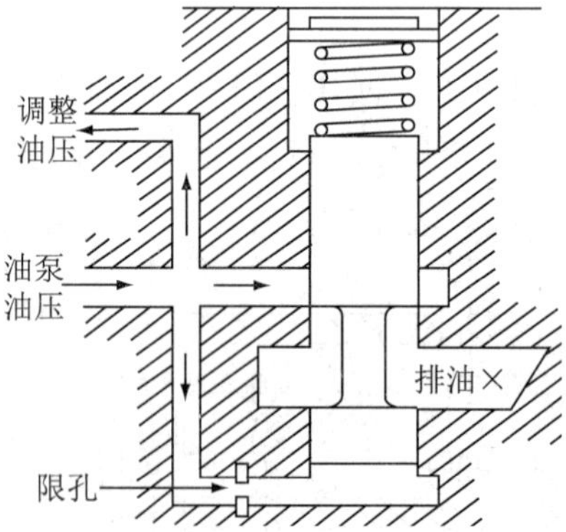

◆ 图7-26　轴阀式释压阀（三）

（2）节气阀。节气阀是使油压能依据节气门开放大小成比例变化的油压控制阀，构造如图7-27所示。弹簧力的大小因加速踏板的位置而改变，加速踏板踩得越重，作用在轴阀的弹簧力越强，调整油压越高。

（3）增压阀。图7-28所示为增压阀的构造，利用进气歧管的真空力代替加速踏板的作用，以改变弹簧弹力，改变调整油压的油压控制阀。在轴阀一端有真空力作用，以改变调整油压的高低。

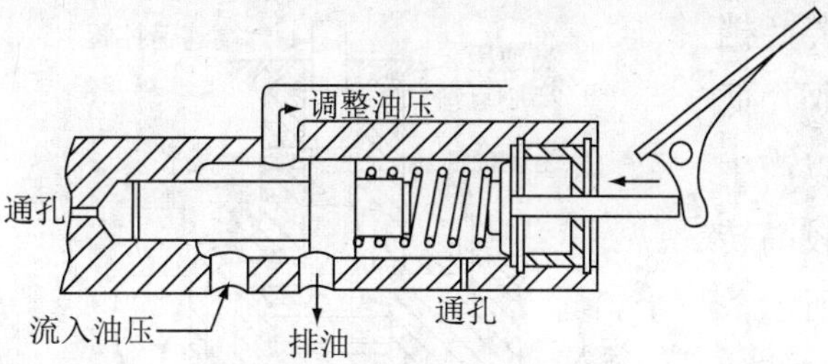

◆ 图7-27　节气阀

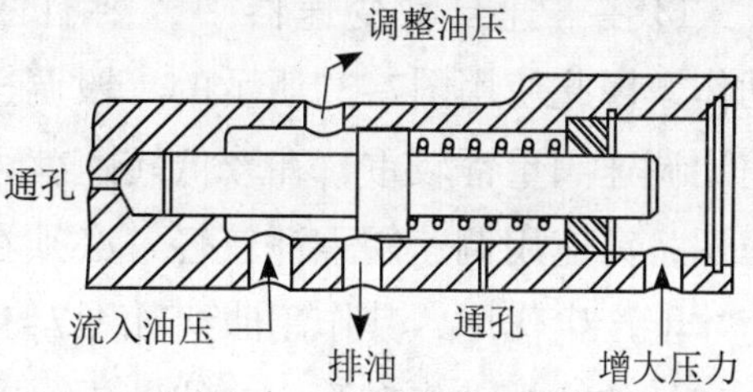

◆ 图7-28　增压阀

（4）补偿阀。图7-29所示为补偿阀的构造。利用节气油压来作用大面积的活塞以推动轴阀端，能以较低的节气油压控制轴阀，使其产生较大压力变动以调整油压。

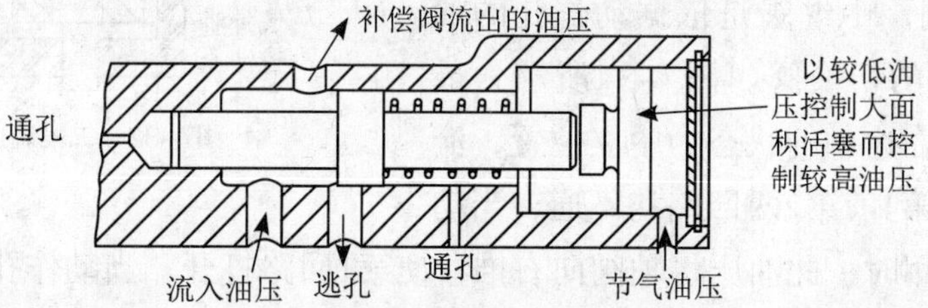

◆ 图7-29　补偿阀

（5）调速阀。

①自动变速器的换挡动作，必须依据车速变化来决定，将车速变化转变为油压变化的阀，即为调速阀。

②图7-30所示为调速阀的基本构造。在变速器输出轴上安装调速阀轴壳，轴壳中有轴阀，轴壳另一端有配重，以保持平衡。轴阀上有不同直径的轴，轴直径差的面积差所对应的油压作用力将轴阀向输出轴中心方向推动。输出轴旋转时，轴阀质量产生的离心力使轴阀向外移动，此向外移动的离心力与转速的平方成正比。作用轴阀的油压与离心力相等时，轴阀即停在该位置。由于轴阀位置的改变而变更油压入口的面积，轴阀向外移动的距离越多，开口面积越大，油压越高。此油压的变化与输出轴转速的平方成正比，如图7-31所示。

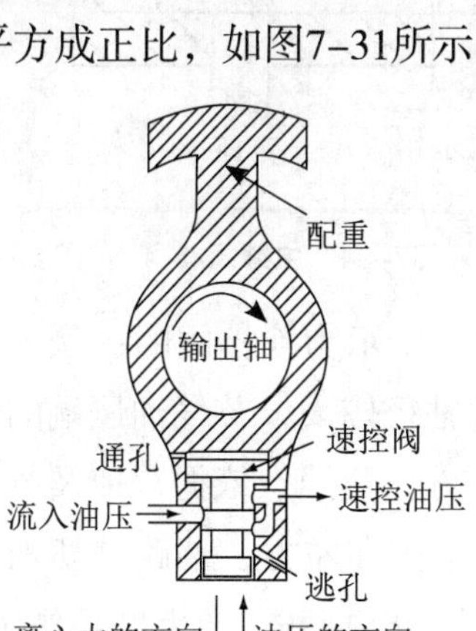

◆ 图7-30　基本调速阀构造

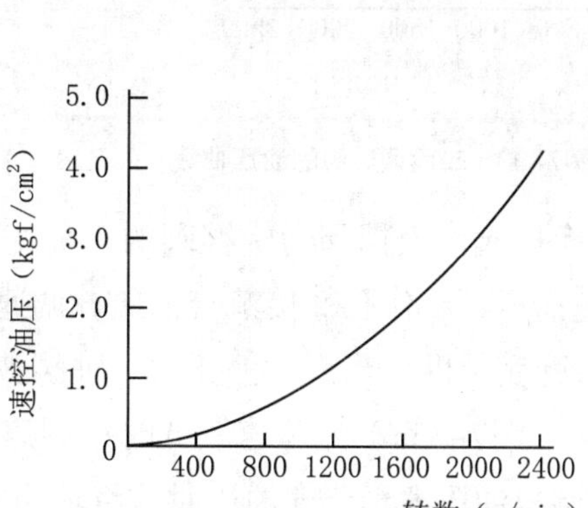

◆ 图7-31　基本调速阀油压与转速关系

③在三速自动变速器中，要有两次换挡动作，因此使用图7-32所示的二段调速阀。低速用调速阀重锤较重，在较低转速就可以产生作用，高速用调速阀重锤较轻，必须在较高转速才能产生作用，其作用曲线如图7-33所示。1↔2挡的换挡动作在第一曲线范围，2↔3挡的换挡动作在第二曲线范围。

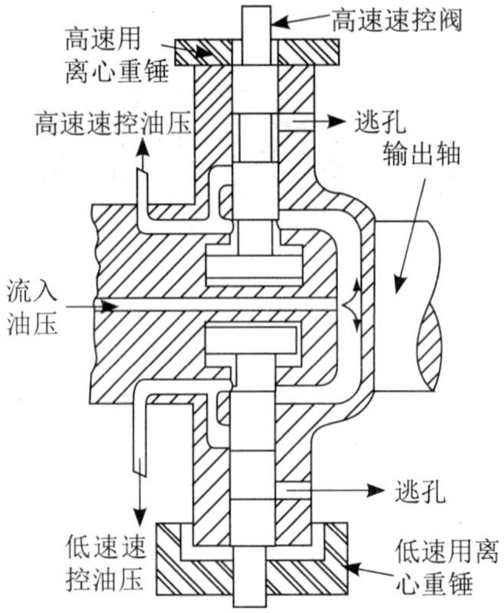

◆ 图7-32 二段调速阀构造

3）自动控制及遥控阀（automatic&remotely operated valve）

（1）中继阀。中继阀是依据动作孔的油压改变作用回路的切换阀。图7-34所示为最简单的中继阀。在途中的状态为中立位置，流入油路被遮断，第1、第2两回路均不通，当动作孔①有油压作用时，此油压将轴阀向右推，使第1回路打开；当动作孔②有油压作用时，将轴阀向左推，使第2回路打开。如此用动作孔的油压来控制油路的作用。若动作孔①接到节气阀、动作孔②接到调速阀，当车速高时，调速油压高，第2回路作用使其换到较高速挡，相反车速低，节气门加大时，第2回路作用，使其换到较低速挡，如此就能自动的产生换挡动作。

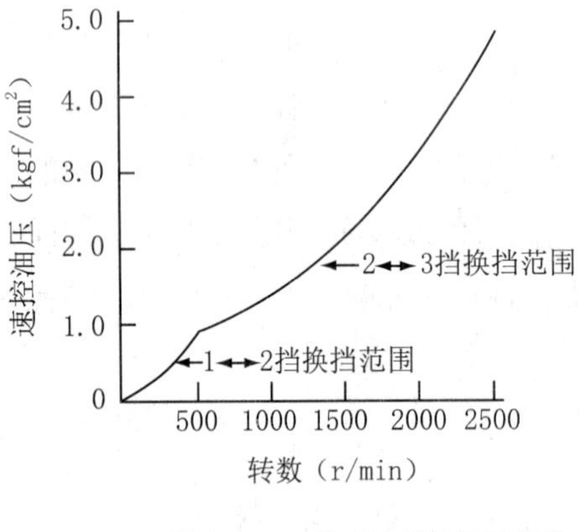

◆ 图7-33 二段调速阀的油压曲线

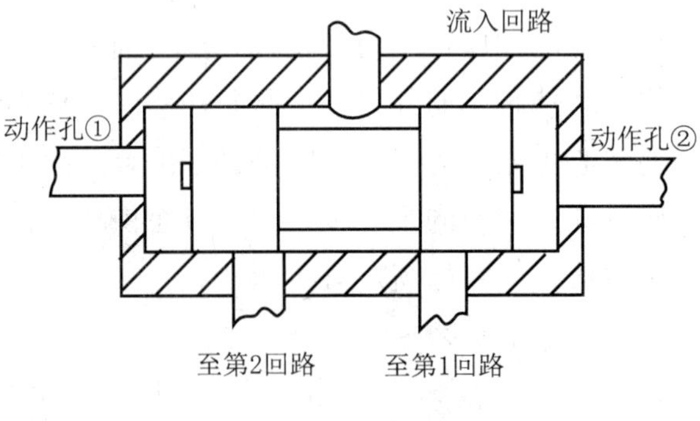

◆ 图7-34 中继阀

（2）换挡阀。换挡阀为中继阀的一种变形，图7-35所示为换挡阀的一例。动作孔①接调速油压，动作孔②接节气油压，调速油压端的轴径较大，节气油压端的轴径较小，但有弹簧补助。当汽车停止时，轴阀被推向最左方，换挡点依据车速及节气门开度而变化。图7-35a）为车速较低时，调速油压低，轴阀在左方，油路被切断，图7-35b）为调速油压大于节气油压时，将轴阀向右推，使油路打开，产生换挡作用。

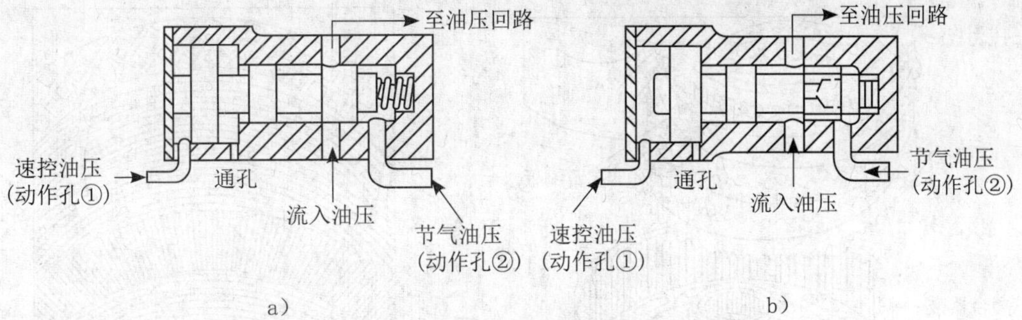

◆ 图7-35 换挡阀

7.5 伺服机构

利用其他媒介如油压、电磁、真空等作用以产生机械力，且其作用可随需要中断或继续的机械称为伺服（servo）。伺服与杠杆组成的装置称为伺服机构（servo mechanism）。自动变速器中的伺服机构为利用油压来操作离合器及制动带，使机械齿轮变速器部分产生速段变化。

一、离合器

自动变速器中的离合器均使用多片式离合器。多片式离合器包括主动与被动离合器片（clutch disc）、离合器鼓（clutch drum）或离合器缸（clutchcy linder）、离合器毂（clutch hub）、活塞（piston）、压力板（pressure plate）、压力板复位弹簧等，其作用与构造如图7-36及图7-37所示。一般主动片使用钢片，被动片使用金属粉末烧结的青铜（sintered bronze）做接触面以减少摩擦热。最近又研制出一种特种纸做接触面，优点为摩擦系数大，价格低廉。离合器接触面上通常有沟槽，可使油流入，以使分离作用良好，并有冷却作用。沟槽的形状很多，如图7-38所示。

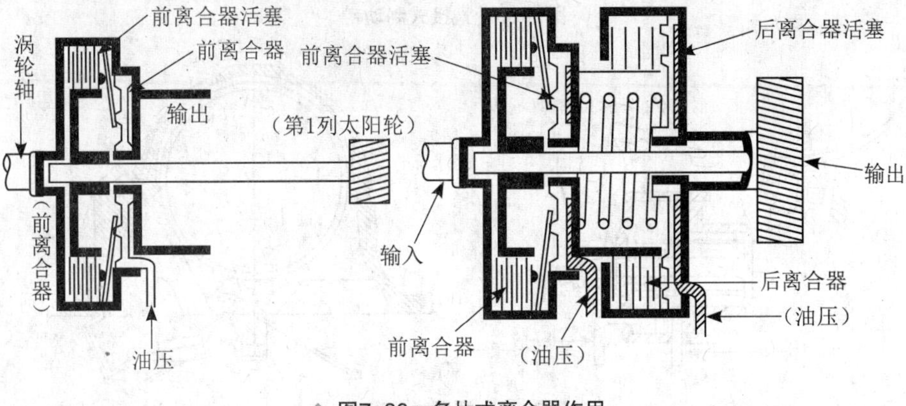

◆ 图7-36 多片式离合器作用

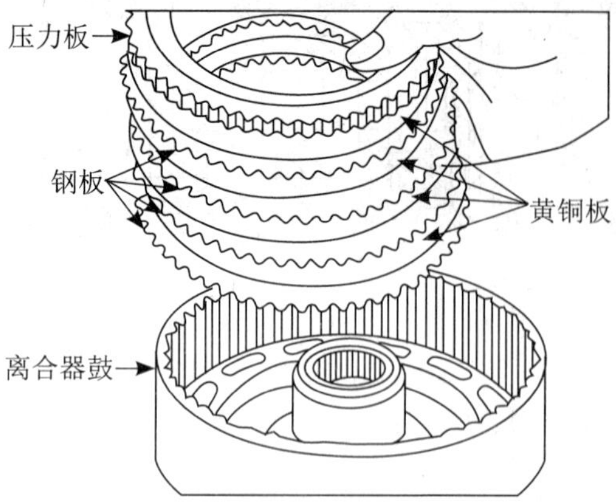

◆ 图7-37　多片式离合器构造

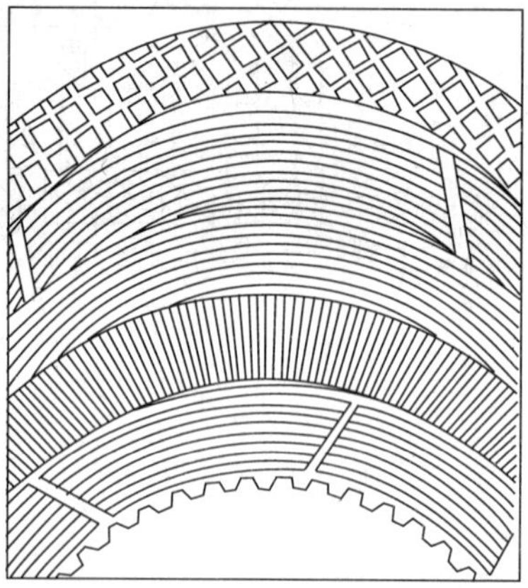

◆ 图7-38　离合器接触面形状

二、制动带

行星齿轮的固定通常使用制动带，制动带一端以在外壳上的锚销（anchorpin）为支点，另一端由油压伺服活塞压紧，由弹簧力放松，也有由弹簧力压紧，由油压伺服活塞放松的，另有完全由油压伺服活塞压紧及放松的。制动带的安装方法有三种：

（1）直接式，如图7-39所示。

（2）摇臂式，如图7-40所示。

（3）连杆式，如图7-41所示。

制动带的构造如图7-42所示。

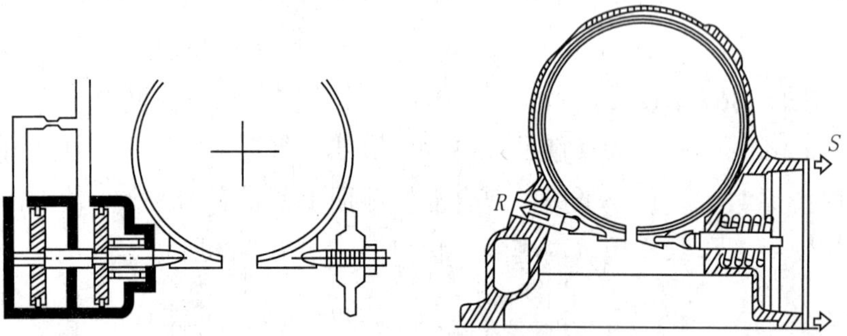

◆ 图7-39　直接式制动带

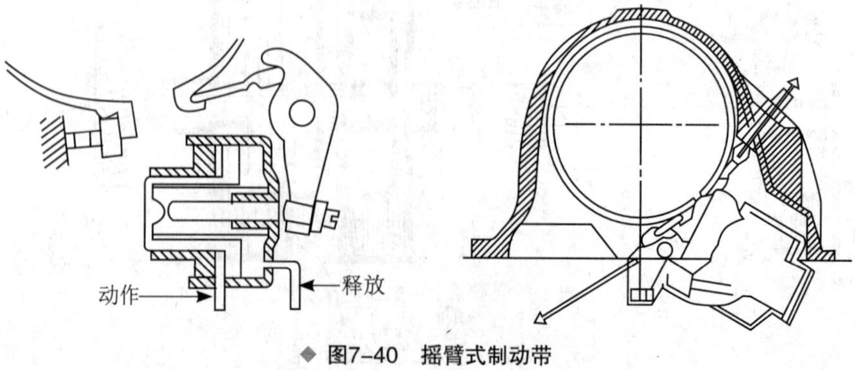

◆ 图7-40　摇臂式制动带

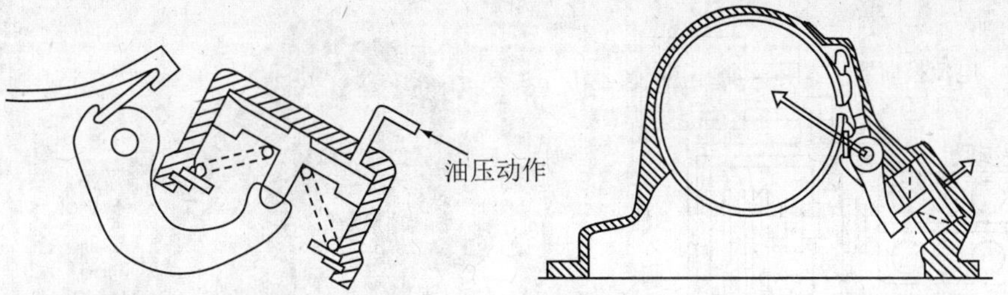

◆ 图7-41 连杆式制动带

三、单向离合器

近年来，在自动变速器中广泛使用单向离合器（oneway cluthor freewheel），一方向能自由转动，反方向则固定阻止转动。使用两对角线不同的滚子，可使此机构一方向分离，一方向抱死，如图7-43所示。

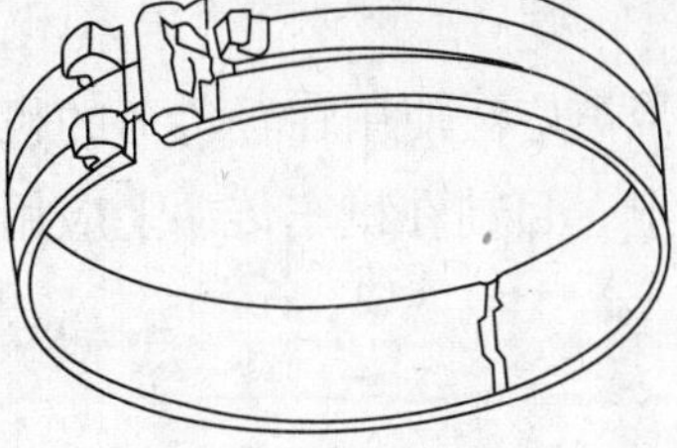

◆ 图7-42 制动带

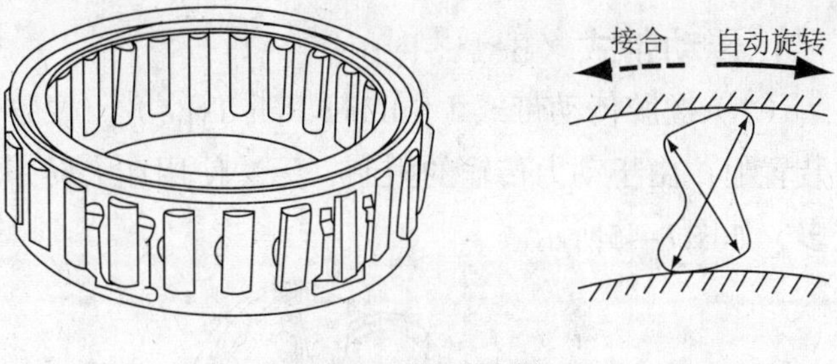

◆ 图7-43 单向离合器

7.6 无级变速器

一、概要

CVT就是无级变速器（Continuously Variable Transmission），如图7-44所示。其实它是一个非常简单的理念，可惜在技术限制下，直到目前其设计及制造技术才有较大的突破。CVT变速系统最早是由荷兰D.A.F车厂发明的，衍生至今，其基本原理大致不变，都是利用两个或两个以上的摩擦面传递动力，而速度的改变是透过改变摩擦面接触的半径来进行的，即使发动机转速保持不变，仍能因改变半径而改变车轮的转速，从而达到变速的目的。目前，这套无级变速系统虽然在汽车上并未成为主流，不过却已在机车市场发展得极为成功，近乎90%以上的机车都采用无级变速的设计。由于机车动力输出较小，采用传动带传动，与汽车CVT系统普遍采用的钢带传动有所不同，但是大致上，它们之间的设计原理是极为相似的。

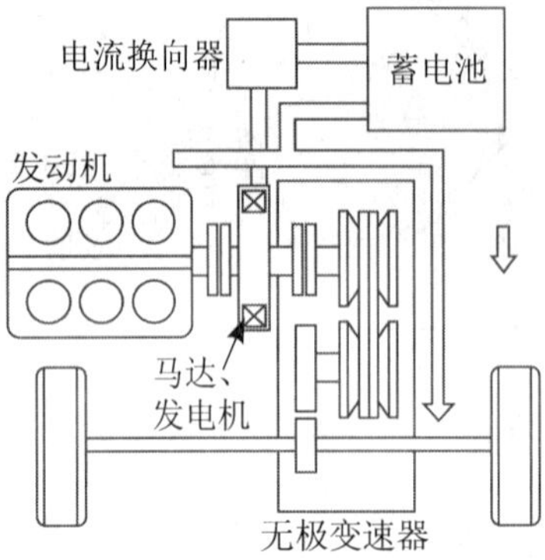

◆ 图7-44 无级变速器

二、CVT变速器的分类

车辆无级变速传动系统按机构类型可分为：传动带式（橡胶传动带、金属传动带、链带）、圆盘式（中心、偏置）、圆锥式、曲柄式、行星齿轮式及摩擦盘式等。

1. 传动带式（Belt Type）

（1）橡胶传动带式（Rubber Belt Type）。橡胶传动带被广泛使用在轻负荷的机械装置上，由于动力传输的限制，无法使用在大转矩输出上，目前在机车传动上应用较多，如图7-45所示。

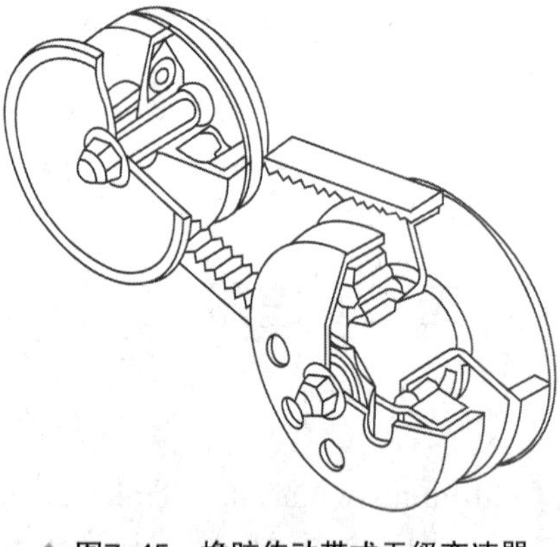

◆ 图7-45 橡胶传动带式无级变速器

（2）金属传动带式（Metal Belt Type）。在汽车上，由于需要相当大的转矩，若是使用一般的橡胶传动带式则无法承受此负荷，会使传动带在短时间内产生巨大的磨损。金属传动带是以多片很薄的特殊钢片重叠而制成的钢环，如图7-46所示。

（3）链带式（Chain Type）。AUDI的这套CVT称为AUDI Multitronic，传动带用的是钢链而不是钢带，一般的钢带是由很多块钢片横向组合而成，而AUDI的钢链是将钢片纵向组合而成，如图7-47所示。其最大的优点是，钢片受滑轮挤压时互相夹紧出现滑动的现象，同时纵向的钢片组合使钢链可以在更细小的半径下转动，所以它能提供的变速比高达6倍以上，比传统钢带的4倍高多了，而无须使用扭力转换器。

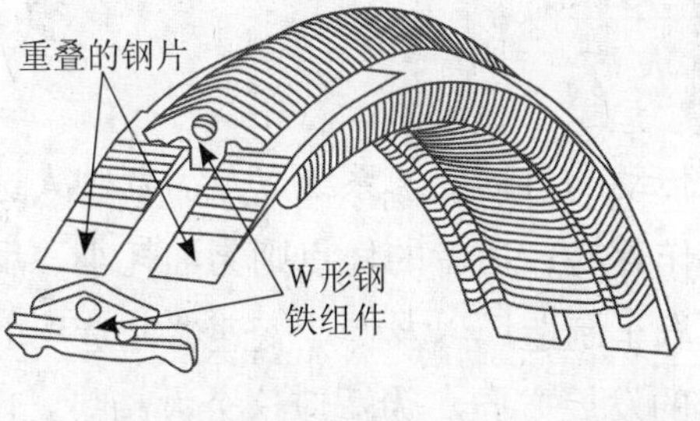

◆ 图7-46　金属传动带式无级变速器

◆ 图7-47　链带式无级变速器

2. 圆盘牵引式（Toroidal Type）

圆盘牵引式机构包含一个输入圆盘、一个输出圆盘、一个滚子与凸轮机构，如图7-48所示。在滚子与圆盘中间有一层很薄的油膜，此油膜能在高接触压力的环境下形成液体弹性润滑的状态，使滚子与圆盘借油膜的剪切力来传递动力。

3. 圆锥式（Taper Roller Type）

圆锥式无级变速机构（图7-49）的种类相当多，而圆锥式具有构造精密、质量轻与高减传动比等优点，一般常用在自动收割机、草地牵引机及工具机的工作台上，近年来已有汽车制造商将此型改进后用在汽车上。

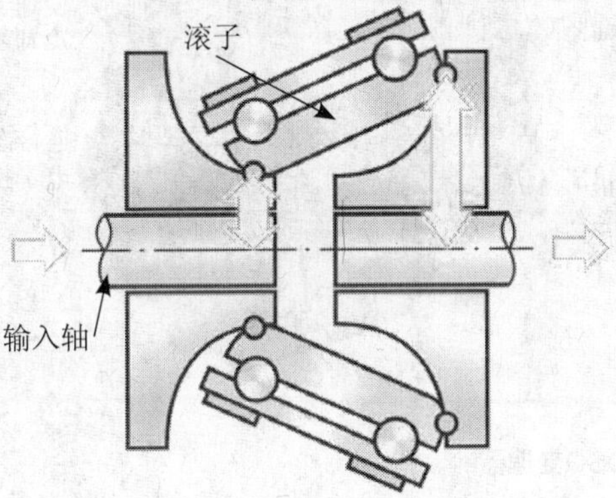

◆ 图7-48　圆盘牵引式无级变速器

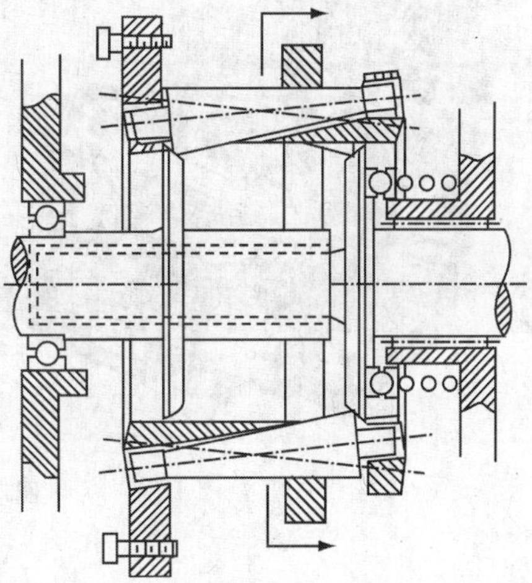

◆ 图7-49　圆锥式无级变速器

三、CVT的优点

（1）使得车辆拥有连续的驱动力。

（2）提高了加速性能与乘坐舒适性。

（3）具有较大的传动比。

（4）操作简单，不需人为换挡。

（5）构造简单，容易维护。

（6）成本低廉具有很强的市场竞争力。

7.7 双离合器变速器

一、概论

一般乘用车的变速系统，大体区分为液压传动的自动变速系统以及需驾驶人选定挡位的手动系统。前者的优点为舒适性高、操作容易；后者的优点则为油耗小、反应敏捷。同时拥有两种变速系统的优点，是各大汽车制造厂以及专业变速器制造厂的努力目标，也是近年陆续推出的各式新型变速器的发展方向。为适应这个大趋势，DSG变速器便是大众/奥迪集团的最新也是最佳产品，如图7-50所示。

变速器，简单地说，就是一种将动力转换成各式各样转速+扭力组合的机器。内部被各式内外组合的精巧齿轮充塞，要在有限的空间内，搭配出各式变速组合，其复杂度与设计难度不亚于一部发动机。要将这种精巧机械的运作原理解释清楚，本来就不是容易的事，要用平面图形的方式来说明，更是难上加难。相信即使是机械工程师，也不见得能够单从文字的表达中了解其动作原理。这正是虽然DSG已经问世许久，本人却迟迟不敢着笔讲解的原因之一。

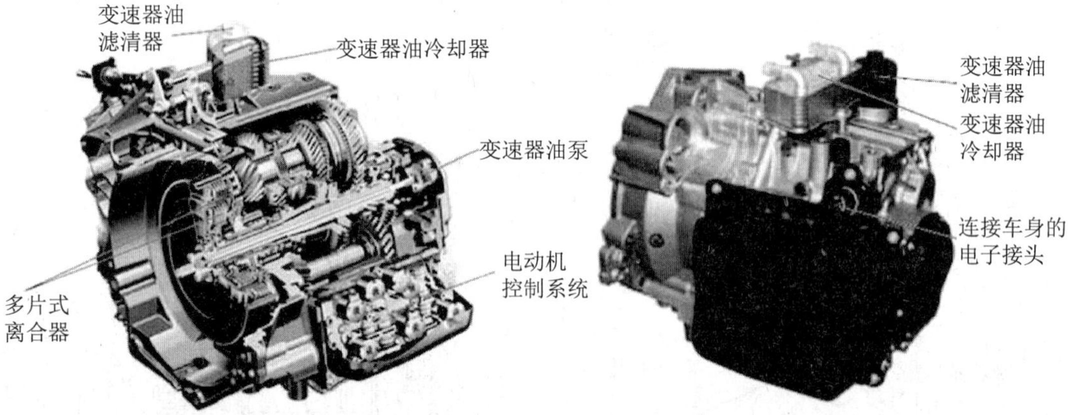

◆ 图7-50 DSG变速器

二、离合器

既然名为双离合器变速器，就表示它有两套离合器，在这里用K1与K2表示。首先说明的是K1离合器，K1是主要的动力接收源，从发动机飞轮传递出来的动力就是与K1直接连接，再经由下面说明的过程送入变速器内转换。

如图7-51所示，红色断面就是K1外离合器的承载外壳，可以这样理解：想象K1外离合器载壳是一个海碗，里面镶着好几层的盘子，碗内缘有成排的齿轮状凹凸槽，盘子外缘也有与之对应的凹凸槽，所以盘子可以一片一片地放入碗中，但不能在碗中旋转，而且盘子的中间部分是中空的。要注意的是，断面呈红色的K1离合器载壳是会跟着发动机旋转的一个个体。K1内离合器载壳是中空盘子的内缘与碗外缘的接合，同样地，盘子内缘可以在碗的外缘上下移动，但是不能旋转，这些“盘子”就是离合器。

如果要把动力传输给一号输入轴，控制计算机会对K1油压室加压，一号柱塞因而被推动，K1内离合器载壳跟K1外离合器载壳所属的离合器（就是那些不会跟着碗旋转，只能顺着齿轮左右滑移的装置）便会相互接合，K1内离合器载壳跟着旋转，与其紧密接合的一号输入轴便跟着转动。

接下来第二组离合器（图7–52），也就是K2离合器，它的运作原理与第一组离合器一样。当K2油压室加压时，K2柱塞会被推动，K2内离合器载壳、K2离合器、K1外离合器载壳，三者结合在一起，动力便从K1外离合器载壳传输到断面呈绿色的二号输入轴。二号输入轴上有二挡、四挡、六挡位齿轮。

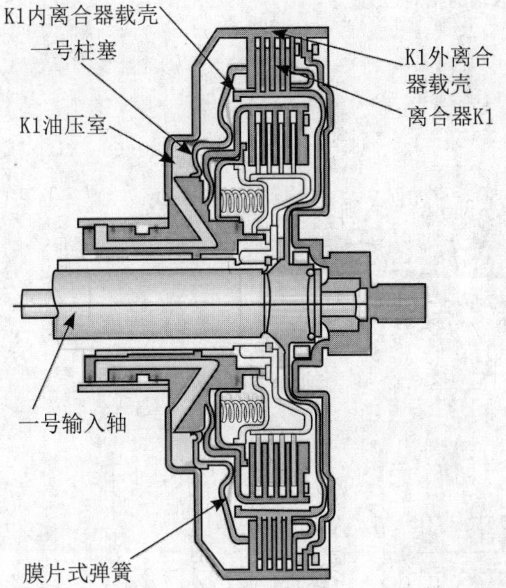

◆ 图7–51 双离合器变速器

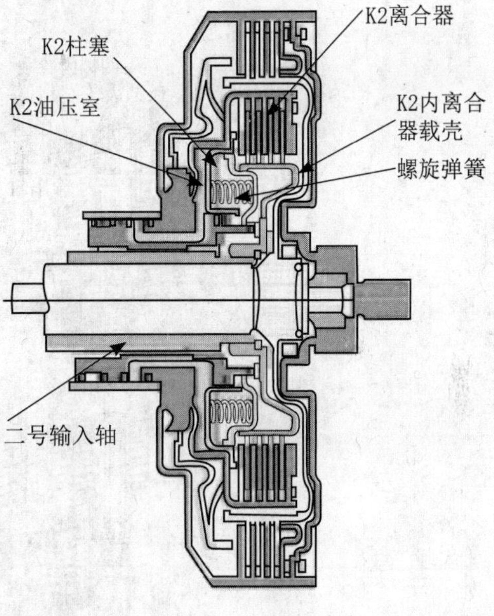

◆ 图7–52 第二组离合器的动作

请注意二号输入轴是中空物体，一号输入轴安装在二号输入轴的内部，两者各自运作互不干扰，两者的相对位置如图7–53所示。通过两个输出轴上设置的脉冲齿轮，计算机随时监控输出轴转速，让传感器能够借着脉冲计算转速。

三、变速齿轮组

上述提到的一号输入轴与二号输入轴，其中的“输入”针对传动齿轮组而言。动力经过输入轴进入变速齿轮组，经过转速和扭力的转换，会经由两个输出轴将动力输出至差速器，动力接着到传动轴/车轮，如图7–54所示。

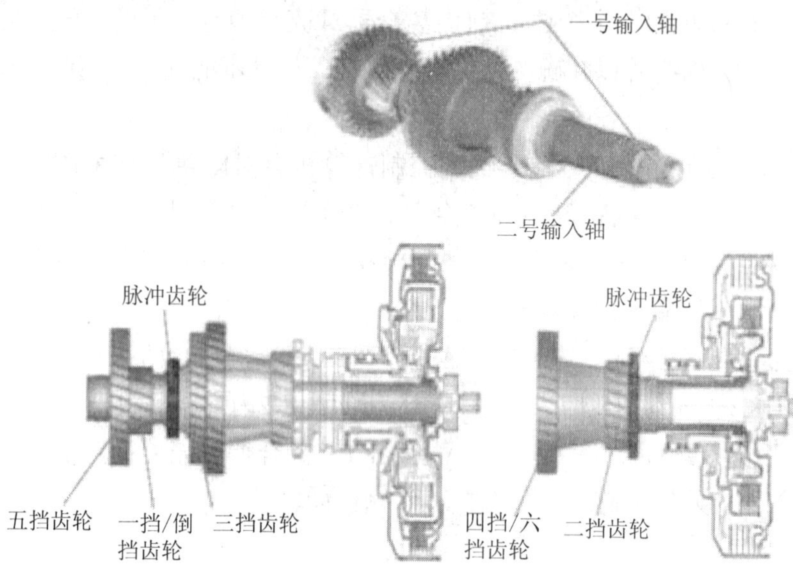

◆ 图7–53　两个输入轴的相对位置

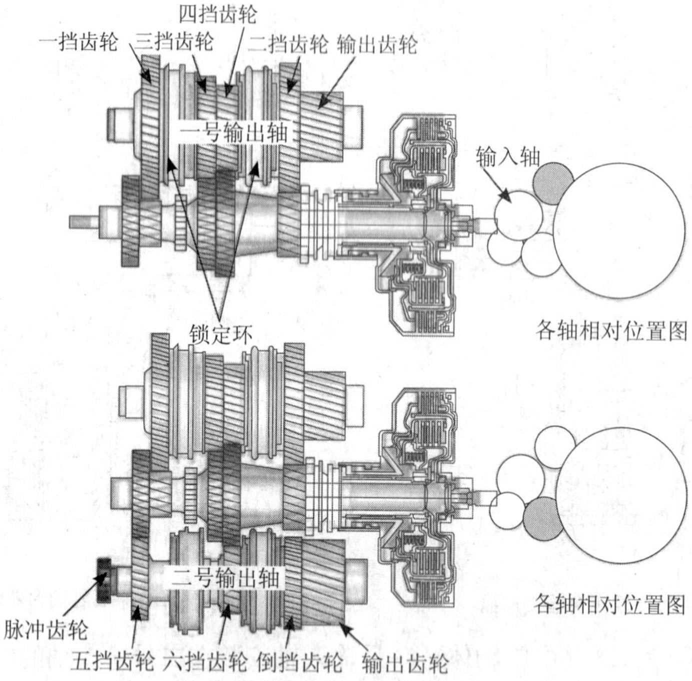

◆ 图7–54　变速齿轮组

输出轴上锁定环的功用是让两个即将契合的齿轮的转速能够同步，以避免齿轮碰撞造成损伤。动作原理：让与中心轴同步转动的同步环或者是外环/中介环/内环的组合体，去推动摩擦锥，让静止的齿轮转动起来。

1挡、2挡、3挡由于齿轮速度差异太大（车辆速度低/发动机转速高），所以需要使用图7–55a）所示较复杂的同步器，这种含有三个摩擦介质的结构可以产生较大的摩擦力，容许较高的转速传动。4挡、5挡、6挡的转速差异较小（车辆速度高/发动机转速低），因此使用图7-55b）所示较简单的同步器即可。

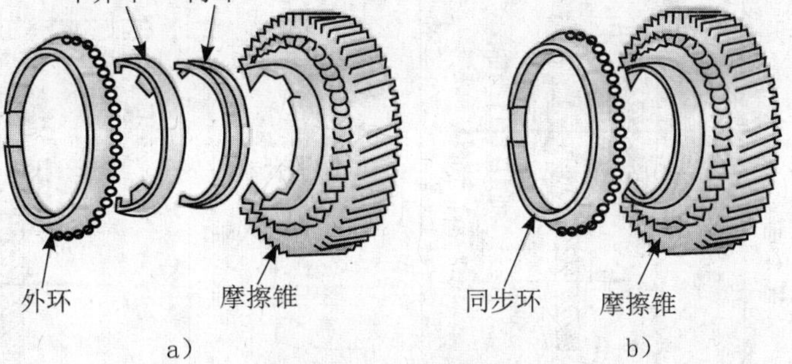

◆ 图7-55　同步器结构

差速器与其他变速齿轮组的相对位置图，如图7-56所示。差速器的功用是让车辆在转弯时，左右两轮的旋转角速度容许有一定程度的差异。差速器齿轮组的轴心上安装P挡锁定齿轮，当挡位换入P时，锁定棘勾机构会勾住锁定齿轮上的沟槽，使车轮静止不动。当换入P挡时，一号弹簧会拉紧，让锁定棘勾产生向下的推力。当换出P挡时，滑片会往右方推出，二号弹簧会将锁定棘勾拉出，使其与锁定齿轮分离。

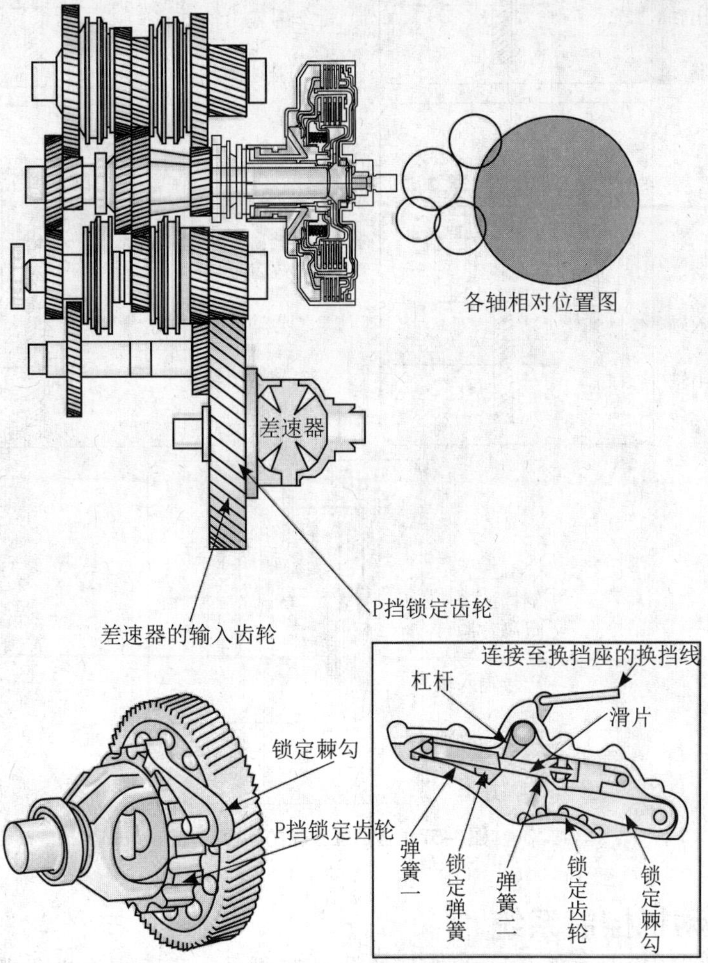

◆ 图7-56　差速器与其他变速齿轮组的相对位置

各个挡位的齿轮啮合顺序如图7-57所示，必须注意齿轮之间的啮合/分离状态。

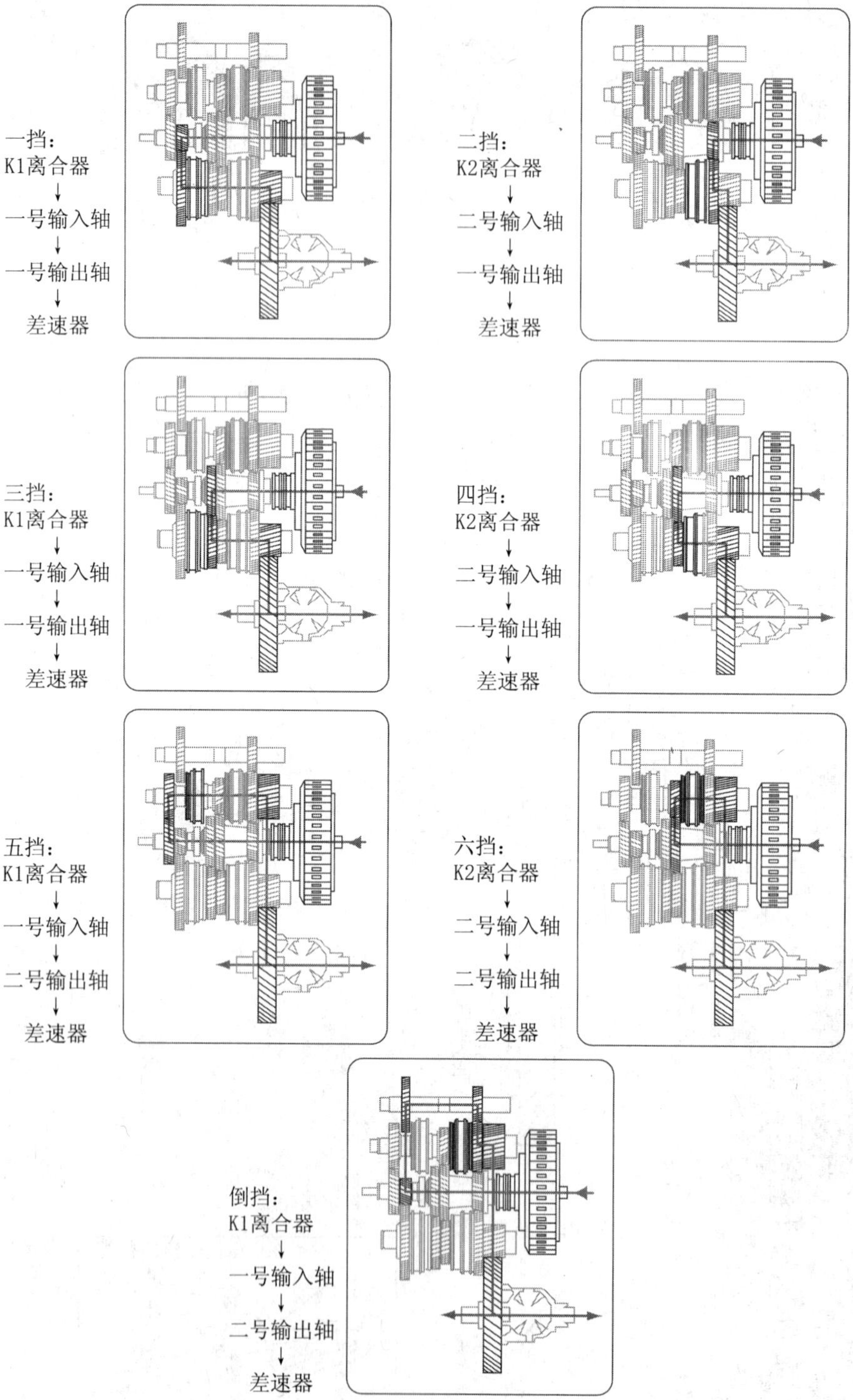

◆ 图7-57　各挡位齿轮的啮合顺序

四、电动机控制系统

DSG变速器的控制系统单元的外观如图7-58所示，表面上弯曲的凹槽是油道，导线接头下方背面的塑料外壳里面藏有控制计算机。整个控制器单元浸泡在变速器油里面，是一种体积小的紧致设计。根据厂方介绍，可靠度并不会因为体积小而打折扣，它的运行温度范围为-40～150℃，可承受瞬间重力加速度33g，而不受影响。

拆掉控制计算机后内部机械结构，如图7-59所示。它表明用以控制八个挡位制动器的六个油压调节阀、五个挡位制动阀，也控制冷却两个离合器的油压与流向。

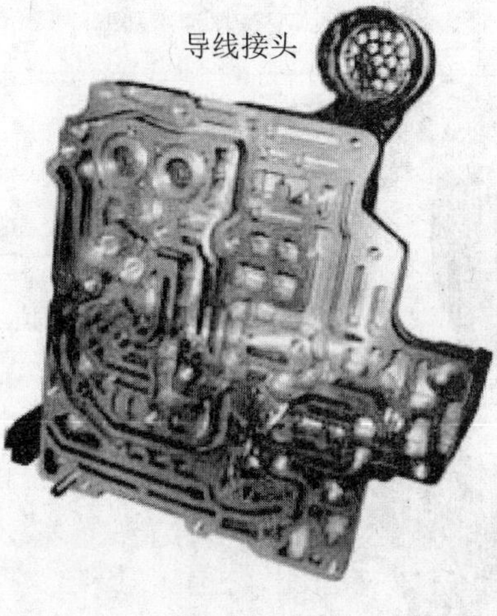

◆ 图7-58　SG变速器的控制系统单元

◆ 图7-59　拆掉控制计算机后的内部机械结构

如图7-60所示，N88~N91是四个挡位制动器阀，N92是分配变速器油走向的多路分配器，N215是K1离合器的油压控制阀，N216是K2离合器的油压控制阀，N217是主要油压控制阀，N218是冷却器用油压控制阀，N233是K1离合器的安全阀，N371是K2离合器的安全阀。

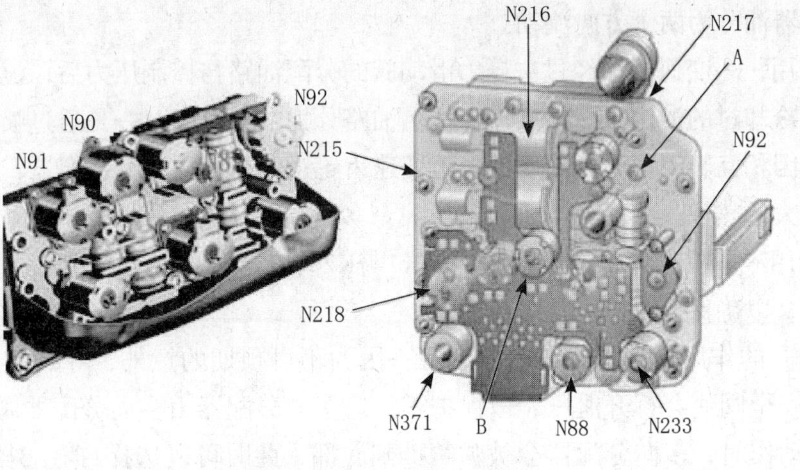

◆ 图7-60　控制油路的阀门

上述控制油路的阀门分为两类：一是非开即关的逻辑阀门；二是可微调控制的压力调节阀。前者有挡位制动器、多向分配器，后者有主压力阀、离合器阀、安全阀、冷却阀。

图7-61所示为油路上各主要组件的相对位置，其中变速器油泵是整个供油系统的心脏，它负责提高油压到一定程度，足以推动各个挡位制动器阀、挡位分配器，并维持足够的流速以确保变速器油获得足够的散热。它的最大流速为200L/min，最大压力为20at（1at=98.0665kPa）。

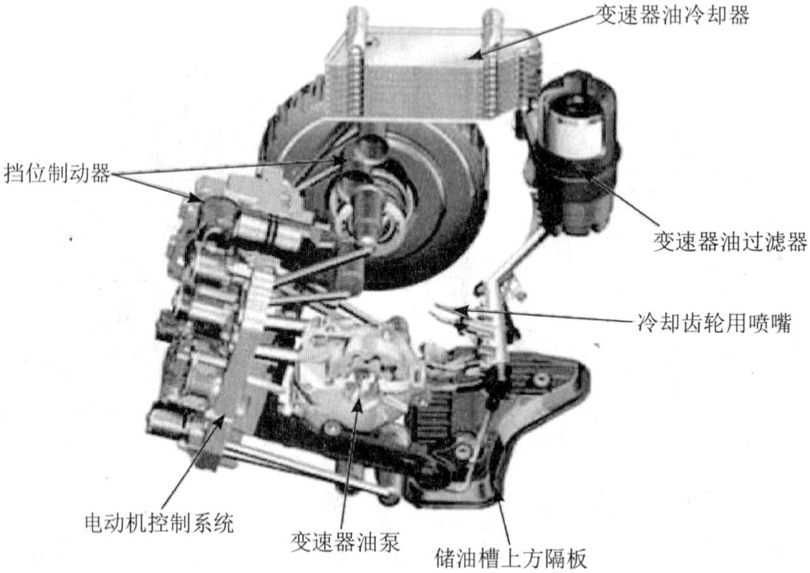

◆ 图7-61　油路上各主要组件的相对位置

图7-62所示为整个油路系统图。变速器油泵将变速器油从油槽（油底壳）抽上来后，变速器油分为两个方向流动：

冷却用——变速器油经过主压力滑动阀的分配油路与控制压力后，流向变速器油冷却器。冷却过的油用来冷却其他零件。油路分为两个方向：一是透过喷嘴冷却两个输出轴上因相互转动而升高温度的各个变速齿轮；二是流向两个离合器，带走因摩擦所产生的大量热量。

工作用——提供各个挡位制动器、K1与K2离合器、多路分配器等组件足够且稳定的油压，以确保变速器正常运行。

安全阀的作用是确保系统安全，万一因为不可预期的意外，导致油压升高，超过32at，安全阀便会打开泄压，以保护零件。多向分配器由多向分配器阀控制N92，当N92不动作时，多向分配器会被弹簧推到底部，此时可以选择1挡、3挡、6挡、倒挡位。N92动作时，油压进入多向分配器，弹簧被推低，阀门转换位置，可以选择2挡、4挡、5挡、空挡。每个挡位之所以没有专属的挡位制动器阀，是因为这样的配置很浪费空间及成本，而且实际使用上也不需要。设置多向分配器，让N88~N91四个挡位制动器阀可以控制1~6挡、倒挡、空挡八个挡位。请注意图7-62所示的挡位制动器的结构其实就是活塞缸，本质上是电磁阀的挡位制动器阀控制油路走向，推动齿轮的移动。

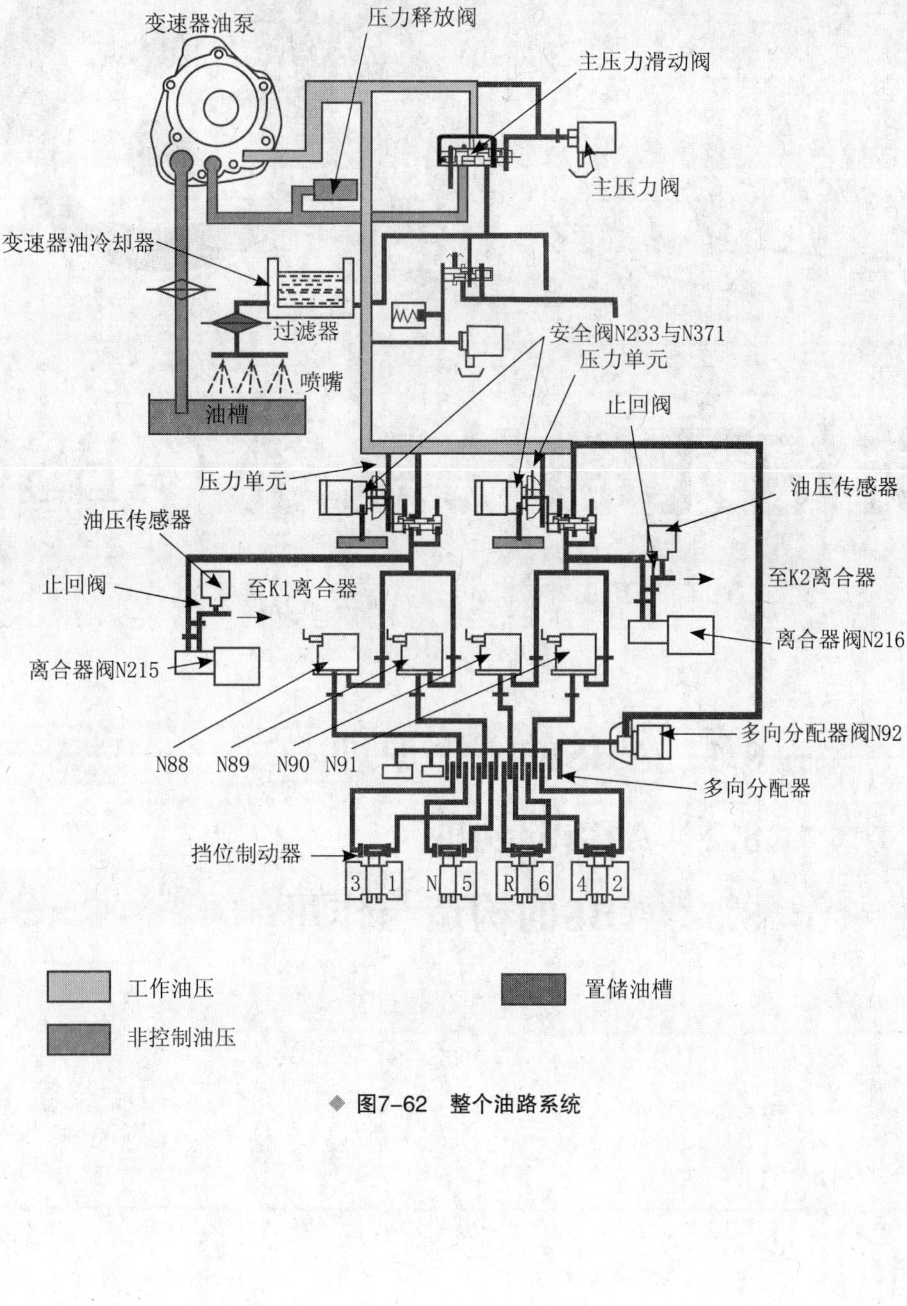

◆ 图7-62　整个油路系统

第8章

防抱死制动系统(ABS)

8.1 ABS的工作原理

一、制动力、向心力与车辆的运动性能

1. 轮胎的作用力

车辆制动时，轮胎与地面间的关系如图8-1所示，有制动力及向心力 (Cornering Force)两种力在作用。制动力为使车辆减速的力；而向心力则为使车辆转向的力。

2. 制动力

（1）制动力与制动转矩的关系：

① 驾驶人踩下制动踏板时，制动主缸油压送往各轮缸，由安装在各车轮的制动片阻止车轮旋转，此力称为制动转矩，发生在各车轮的车轴部位，如图8-2所示。

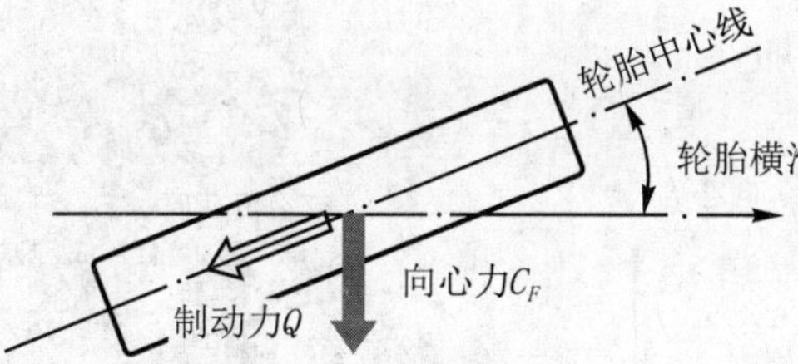

◆ 图8-1 轮胎的作用力

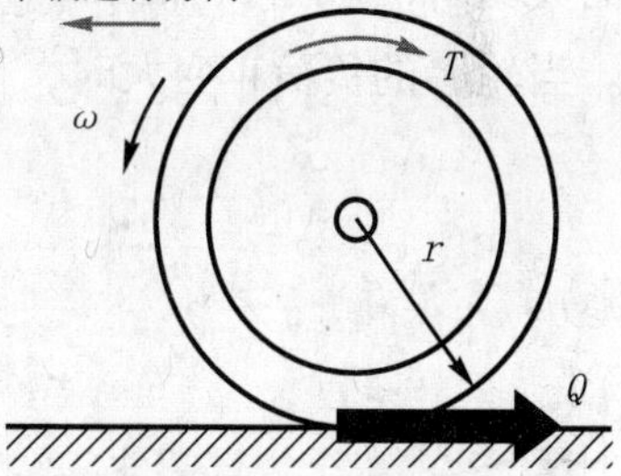

◆ 图8-2 车轮产生制动转矩时

② 车辆以一定速度行驶时，假设行驶阻力为零，以轮胎的旋转角速度ω换算的轮胎速度V_W，与车辆速度V是一致的。

$$V=V_W=r\times\omega$$

式中：r——轮胎的旋转半径；

ω——轮胎的旋转角速度。

③ 当驾驶人踩下制动踏板使车辆减速，因制动主缸油压升高，因此制动转矩增加，而轮胎的旋转角速度减少。此时V_W比车辆速度V小，轮胎与路面间发生滑行，结果轮胎与路面间产生力，此力即为制动力Q。

④ 制动力是依轮胎与路面间的滑行率S、轮胎的负载、轮胎的横滑角及路面的状况(如轮胎与路面间的摩擦系数μ)等因素而变化。其中滑行率S(Slip Ratio)的定义为：

$$S=(V-V_W)/V\times100\%$$

式中：V——车速；

V_W——轮胎速度或轮胎接地线速度。

⑤ 由上式可知，当车速与轮速相同时，滑行率为0；当踩下制动踏板轮速减慢时，滑行率渐渐变大；到车轮抱死(Lock)，而车辆未停止时，滑行率为100%。

（2）制动力与滑行率的关系：当轮胎速度为零，即车轮抱死时，滑行率为100%。图8-3所示为相对于滑行率的制动力特性，当滑行率刚开始增加时，制动力有显著增加的特性；但当滑行率达理想滑行率S_i(10%～20%)以上时，显示制动力有减少的倾向。

3. 向心力(Cornering Force)

汽车前轮的向心力，称为横向摩擦力，向心力大时可提高转向盘操控性能；向心力小甚至没有，例如在积雪路面或冰面踩制动踏板时，会失去方向控制性。汽车后轮的向心力，称为横向力(Side Force)，横向力大时，可提高车辆的方向稳定性；横向力小甚至没有时，会造成车辆摆尾(Tail Slide)，甚至回转 (Spin)的情况。

（1）未踩制动踏板时向心力的特性：未踩制动踏板无制动力时，横滑角越大，向心力先增加后减小，如图8-4所示，此与打转向盘使车辆的向心力增加的感觉是一致的。当轮胎的负荷W变大时，向心力C_F则增加。

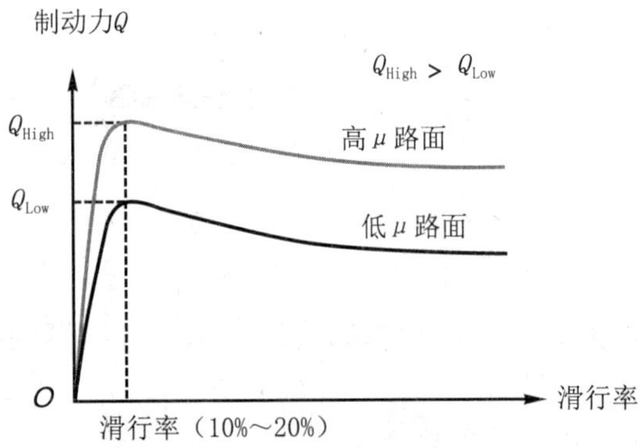

◆ 图8-3 制动力与滑行率的关系

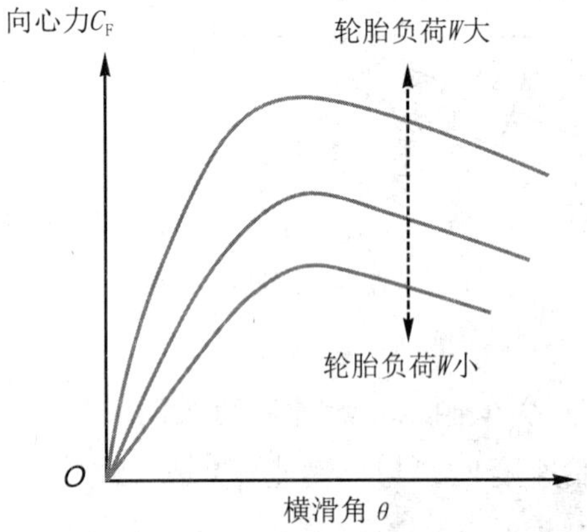

◆ 图8-4 未踩制动踏板时向心力的特性

（2）踩制动踏板时向心力的特性。

① 基本上相对于横滑角及轮胎负荷的变化特性，与未踩制动踏板时是相同的，但其大小则因滑行率而变化。

② 图8-5所示为轮胎负荷保持一定时，向心力与滑行率及横滑角的关系。当滑行率等于零的状态时，向心力最大，未踩制动踏板时即为此状态，但滑行率越大时，向心力就减小。

4. 总结

综合以上所述，参考图8-6所示，可得下列结论：

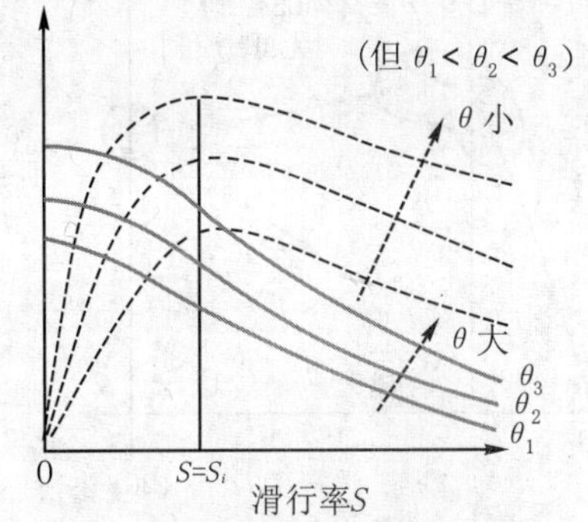

◆ 图8-5 踩制动踏板时向心力的特性

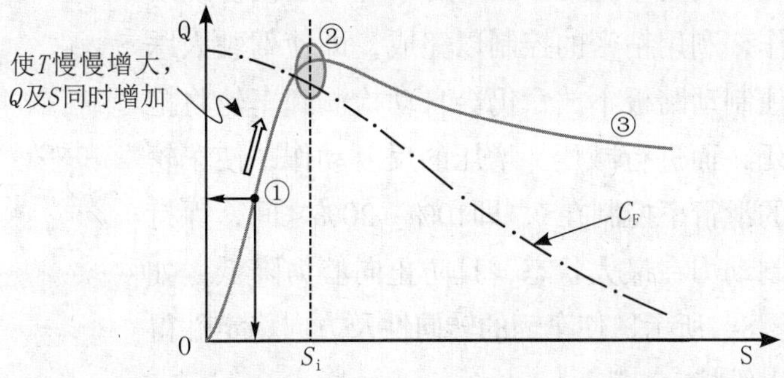

◆ 图8-6 滑行率、制动力与向心力的关系

（1）当驾驶人踩下制动踏板，产生的制动转矩逐渐增大时，滑行率与制动力相对制动转矩都呈比例增加；而向心力则因制动转矩的增加而逐渐减小，如图8-6①所示。

（2）若使制动转矩继续增大至理想滑行率S_i时，制动力最大。此时向心力的减小不多，轮胎的接地能力，即其抓地力在最大状态，如图8-6②所示。

（3）滑行率再继续增大时，制动力慢慢减小至车轮抱死。此时向心力会急剧减小，造成车辆在不稳定状态，如图8-6③所示。

（4）前轮发生抱死时，前轮向心力几乎接近零，使行驶中车辆的转向性能明显变差。

（5）后轮发生抱死时，后轮向心力也几乎接近零，使行驶中车辆的稳定性变差，容易产生摆尾或回转的现象。

（6）四轮都抱死时，前后轮的向心力都几乎接近零，使车辆变成无法控制，路面情况好时，也许还能直线行驶；若路面状况不良时，则可能发生方向无法控制、摆尾或回转等情形。

（7）因此当车轮抱死时，有以下缺点：

① 丧失方向操控性。

② 车辆摆尾，丧失方向稳定性。

③ 制动距离变长。

④ 轮胎快速磨损且磨损不平均，轮胎寿命缩短。

（8）虽然ABS装置可以避免上述的缺点，但也无法违反物理的自然法则，若不遵守交通规则，行车时与前车保持的距离太短时，仍无法避免追撞意外，或转弯时车速太快，也容易发生危险。

二、ABS的工作原理

（1）熟练的驾驶人在湿滑路面紧急制动时，知道不能一踩到底的猛踩制动踏板，而是一踩一放的点放动作，以维持车轮继续转动不抱死。ABS的原理即是模仿此动作，利用精密的控制以完成，即使驾驶人踩住制动踏板不放，仍会自动检测到车轮将抱死，而进行减压／增压的反复动作，使车轮的滑行率控制在S_i，即10%～20%之间，保持制动力在最大状态，且防止向心力降低，如图8–7所示，使车辆的转向性及方向稳定性得以维持。

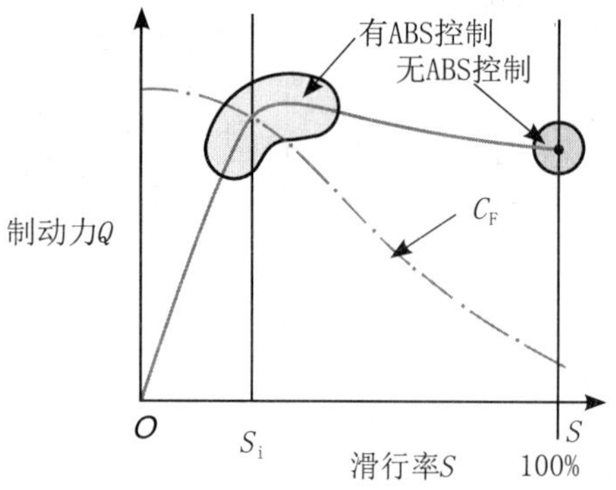

◆ 图8–7　ABS的控制范围

（2）为了将滑行率控制在S_i附近，基本的输入信号是利用车轮速度V_w，另外测知滑行率也需要车辆速度V的信号，但在制动时，由于车轮的滑动，车辆速度V无法计测；由于实际车速信号不易取得，各汽车制造厂分别研发出各种电子控制逻辑，以能在各种路况时，均能精确地将滑行率保持在理想状态S_i附近。

（3）因此尽可能迅速检出四个车轮的转速较快者，称之为选择高速(Select High)原理，即在制动时车速近似最快车轮转速V_w的原理，以此为基础拟似做成车速信号V_r，如图8–8及图8–9所示，在四轮滑行率同时变大时，V_r值近似V值。

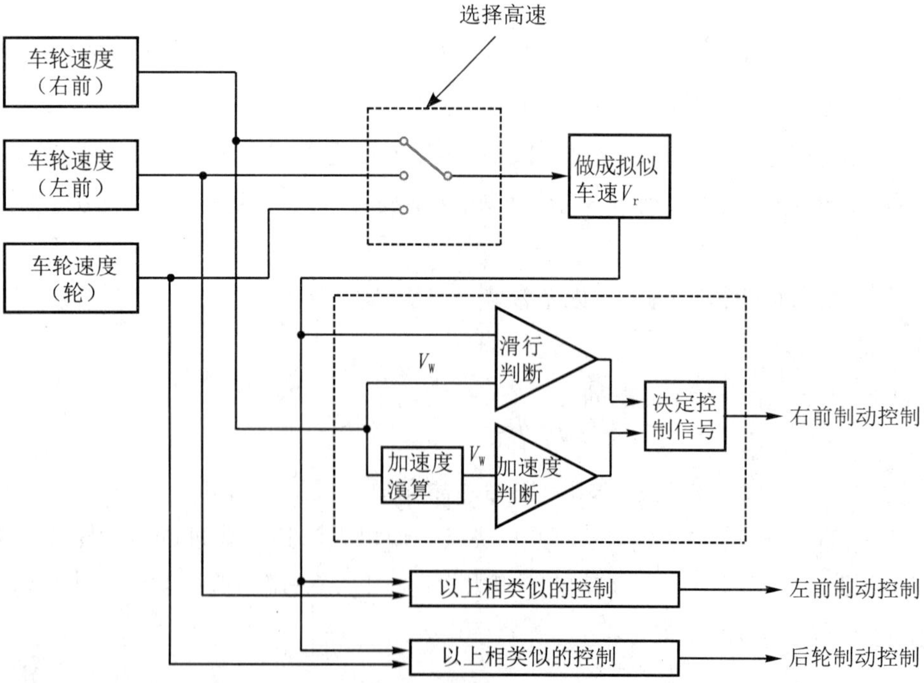

◆ 图8–8　ABS控制的基本回路

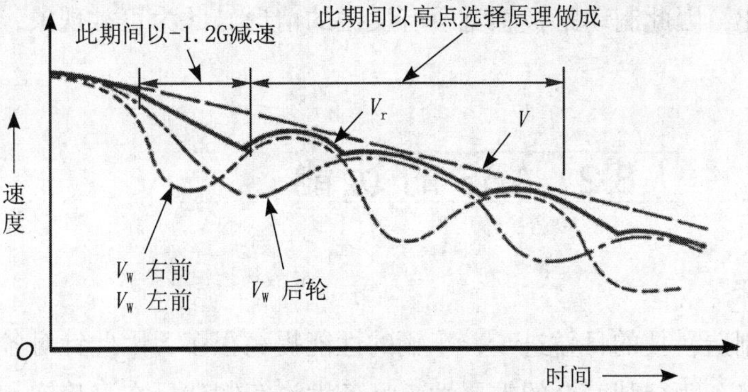

◆ 图8-9 根据高点选择原理做成

（4）ABS监视每一个车轮的转速及车速，在制动时为防止车轮抱死，ABS计算机会选择减少制动压力(Reduce Braking Pressure)、增加制动压力(Increase Braking Pressure)及保持制动压力(Hold The Pressure Constant)等之一的作用模式，以达到图8-10所示的曲线，图8-10所示为轮速、车速与制动压力变化的关系。

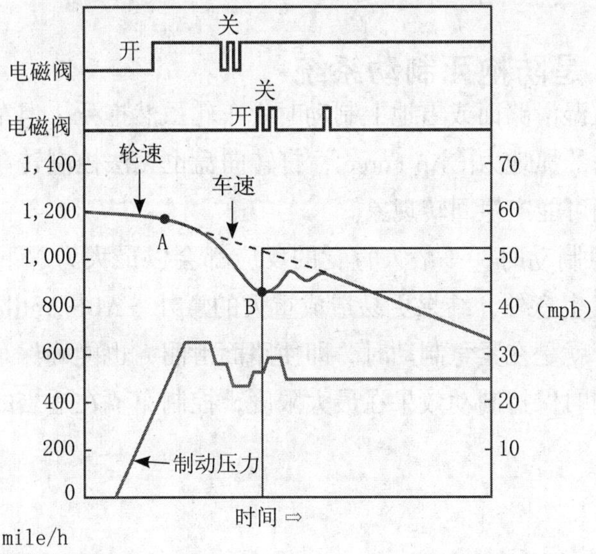

注：1 mph=1 mile/h
=1.609344 km/h

◆ 图8-10 轮速、车速与制动压力变化的关系

① 在施加制动压力时，其最好状况是轮速与车速应保持相同，在点A时，轮速比车速下降更迅速，车轮开始抱死，ABS计算机控制调压器，使制动压力在减压状态，以防车轮抱死。

② 在点B时，调压器作用已使车轮免于抱死，并允许车轮继续转动。

③ 接着制动压力在保持状态，使轮速与车速又相同，即滑行率为0的状态。

（5）文字上的叙述似乎很慢，实际上加在车轮的制动压力变化是非常迅速的。现代的ABS系统，在1s之内可进行数次到十数次加压、减压的动作。由于制动系统内压力的反复变化，因此制动踏板感觉会有反振的情形，此为正常现象，切勿放开制动踏板。

8.2 ABS的功能

一、概述

由于汽车制造科技的日益进步，车辆的性能提高很多，因此针对各种不同路况的变化，更突显出车辆行驶安全的重要性，且各大汽车制造厂在日趋饱和的市场中，要取得竞争优势，研发新的安全性科技产品为必行之路，防抱死制动系统(ABS)即为具有代表性的主动安全装置之一。

自福特汽车公司从1969年开始采用电子控制式ABS以来，初期由于成本太高，仅为高级车型选用配备，时至今日，因制造成本的有效降低，已普遍安装在各型车辆上。

二、什么是防抱死制动系统

一般汽车在湿滑路面或雪地上制动时，车轮虽然抱死，但车辆却仍然在滑行，此时轮胎无横方向的抓地力(Grip Force)，打转向盘也无法控制转弯，欲直线停车，却有甩尾情况，车辆可能产生回转现象。

尤其在紧急制动时，一般人直觉的反应都会以最大力踩下制动踏板，并转动转向盘，以避免发生意外，结果更易造成重大的意外。ABS(Antilock Brake System)的原理，简单而言，就是在紧急制动时，即使路面滑溜，也能确保车轮不抱死，以维持轮胎的抓地力，同时保持制动效果在最大限度，控制车辆在适当的滑行率状态直至车辆停止。

三、ABS的功能

车辆在行驶时，若紧急制动，会产生车轮抱死现象。若发生在后轮，会使车辆发生摆尾现象；若发生在前轮，则使驾驶人失去操控性，对行车来说很危险。为防止车轮被抱死，ABS应在车轮即将抱死前，减少液压；在不至于抱死后，迅速的恢复液压，如此重复动作，使车轮的制动力保持在最大状态，且维持相当的向心力。

ABS使汽车在各种不同路况及高速行驶紧急制动时，均能保持车辆的操控性及方向稳定性，而回避障碍物时的操控性也可获得改善，并可缩短尤其是在湿滑路面的制动距离，及减少轮胎的磨损。

8.3 ABS的构造与作用

一、ABS的分类

- ABS的分类
  - 按轮速传感器数与回路数分
    - 4传感器4回路式（4 Sensor 4 Channel System）
    - 4或3传感器3回路式
    - 4传感器2交叉回路式
    - 4传感器2交叉回路式附选择低压阀
    - 2、3或4传感器2回路式
    - 2交叉回路机械式
    - 单回路式
  - 按控制方式分
    - 机械式
    - 电子式
  - 按系统结构分
    - 附加式
    - 整合式
  - 按调压器总成的安装位置分
    - 整体式（Integral）
    - 分离式（Nonintegral）
  - 按调压器总成的构造分
    - 循环式（直接作用式，电磁阀串联式）
    - 容积变化式（间接作用式，电磁阀并联式）
  - 按蓄油（压）器的压力分
    - 低压式
    - 高压式
  - 按Bosch公司的分类分
    - ABS 2S型
    - ABS 2E型
    - ABS 5.0型
    - ABS 5.3型

附加式与整合式的不同点，附加式的优点是在一般传统的制动系统上安装ABS的组件，不需要改变原有系统零组件的位置，其缺点是装配空间较不足。

分离式与整体式的差异：分离式的调压器总成安装在制动主缸与制动轮缸之间，可使用原来传统式的制动零件，如制动主缸及制动增压器，现代汽车采用较多；而整体式的调压器总成的制动主缸及制动增压器组合为一体，其缺点为各零件较昂贵，且维修较困难，因此已较少采用。

二、ABS的主要组件

1. ABS的组成

如图8-11所示，ABS由轮速传感器(Wheel Speed Sensor)、调压器总成(Modulator Assembly)、制动主缸及增压器、ABS计算机与ABS警告灯等组成。

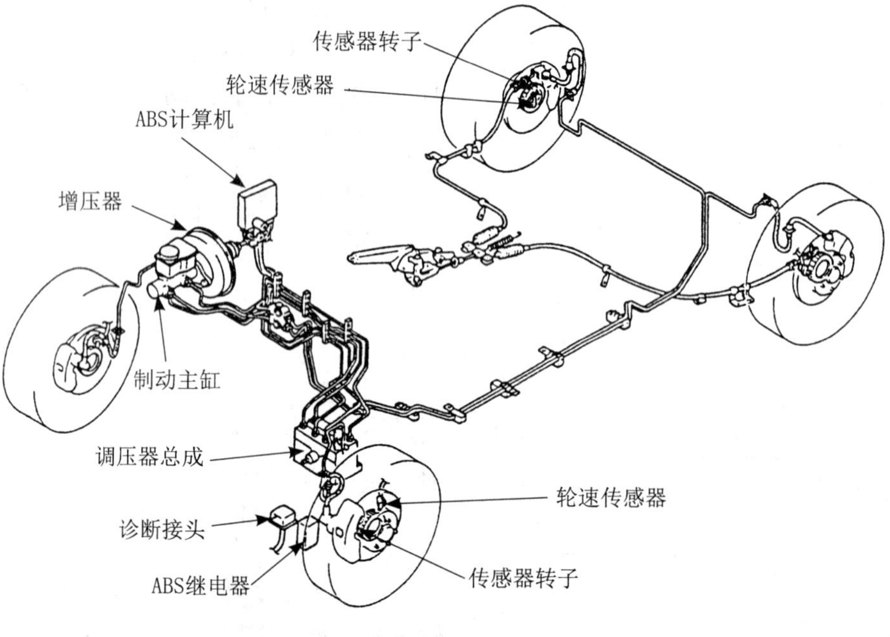

◆ 图8-11　ABS的组成

2. 轮速传感器

（1）功用：检测车轮转速，将电压信号传送至ABS计算机。

（2）构造与作用：

① 图8-12所示为安装在前轮与后轮的轮速传感器的位置。

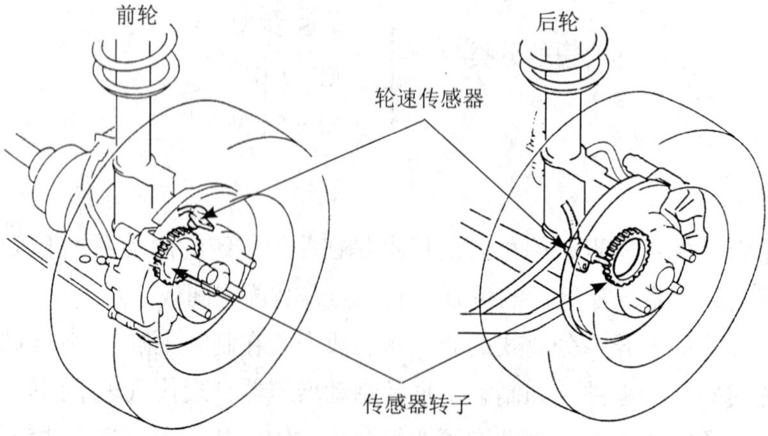

◆ 图8-12　轮速传感器的安装位置

② 两种轮速传感器构造与作用，如图8-13所示。

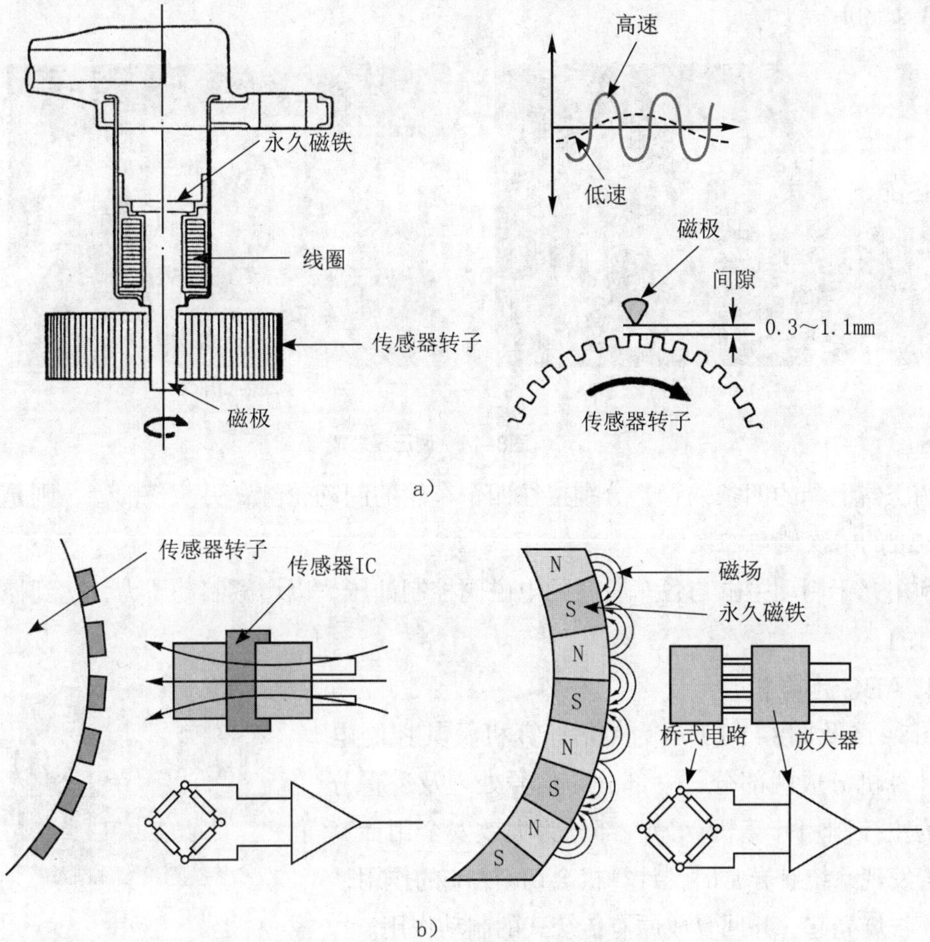

◆ 图8-13　轮速传感器的构造与作用

一般常用的轮速传感器由永久磁铁、线圈及有环齿的转子等所组成，如图8-13 a)所示，永久磁铁前端为尖凿状，有些制成圆柱形，与环齿间必须保持一定的间隙。其作用与磁电式曲轴位置传感器相同，当转子随着车轮或轴同步旋转时，磁极与转子间的间隙产生变化，磁力线束也随之改变。在间隙小时通过的磁力线束多，间隙大时则少，在线圈产生不同的交流感应电压，将信号传送给ABS计算机。

新型的磁性译码器(Magnetic Encoder)式轮速传感器，用于Teana汽车，如图8-13 b)所示，用来取代AC产生器式。转子由一连串的N、S串接，传感器传送入8V的电压，转子旋转时，传感器即可传送出DC脉冲电压信号。

ABS计算机根据各车轮传感器传送来的信号，经计算后传送出控制各回路的信号给调压器总成。

3. 调压器总成

调压器总成包含电磁阀、油泵、电动机、蓄压器等，如图8-14所示。调压器总成又称执行器(Actuator)、液压执行器(Hydraulic Actuator)、调压器(Modulator)、控制阀总成(Control Valve Assembly)、控制器(Control Unit)、阀体(Valve Block)及阀体总成(Valve Body Assembly)等。

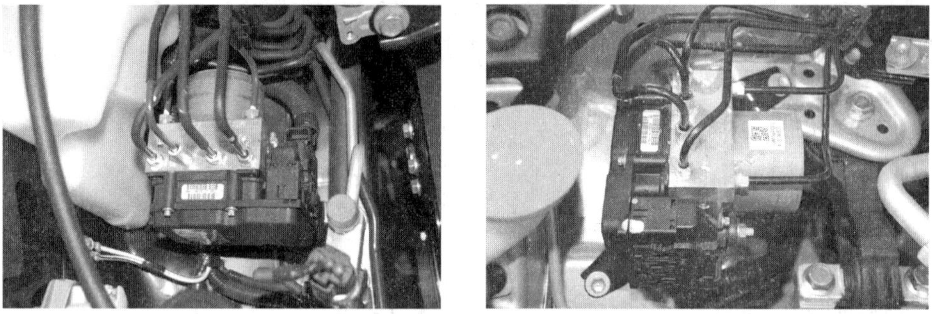

a）Camry用　　　　b）CR-V用

◆ 图8-14　调压器总成

调压器上端的四条油管，分别接往四个车轮的制动轮缸；另两条油管，则是接往制动主缸的一次侧与二次侧。

利用介于制动主缸与各车轮间的电磁阀控制油压，以增减制动压力，达到控制制动的目的。

4. ABS计算机

图8-15及图8-16所示为ABS计算机及其控制电路。计算机分成两部分，一部分为信号处理及逻辑分析，为主控制用计算机；另一部分为失效安全用计算机。若发现系统有异常时，计算机会切断ABS的作用，同时警告灯亮起，并回复成原有传统式的制动作用。

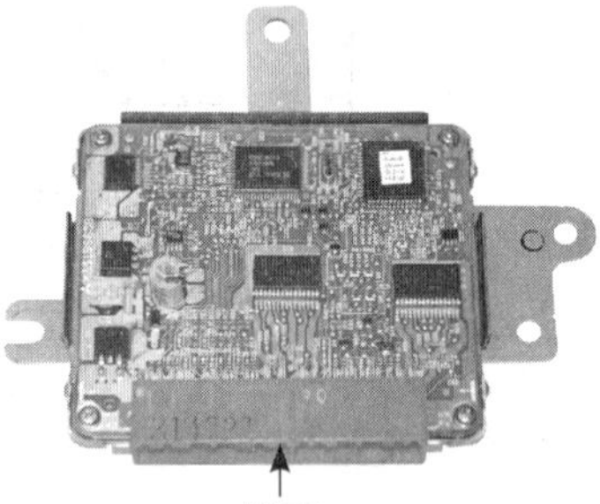

◆ 图8-15　ABS计算机

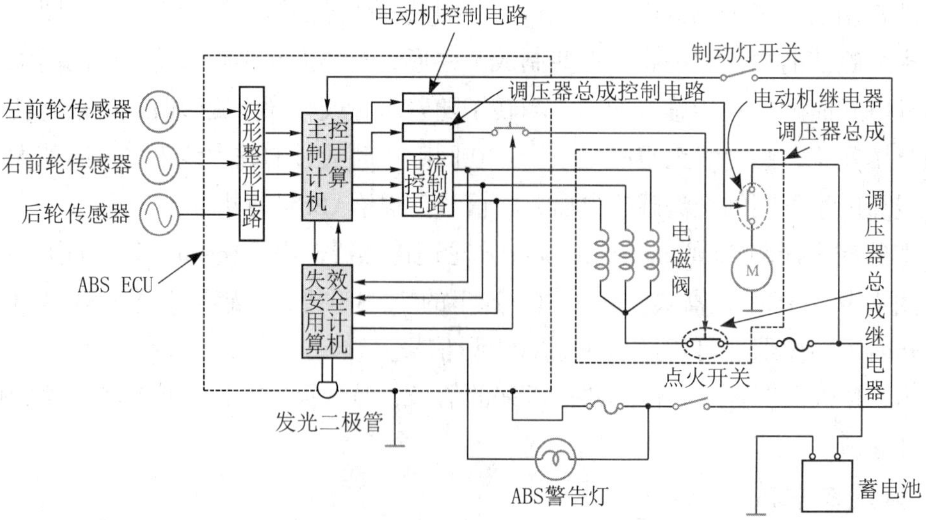

◆ 图8-16　ABS计算机的控制电路

轮速传感器传送出的正弦波电压信号，经波形整形电路处理成数字信号后传送给计算机，以演算出各车轮速度信号V_w，并做成拟似车速信号V_r，以此两种信号为基础，而获得各车轮最适当的控制作用，即选择车轮的制动压力是增压、保持或减压的状态，以维持各车轮在最好的滑行率。

电流控制电路依据主控制用计算机传送来的信号，控制调压器总成电磁阀的电流值在制动增压时为0A、保持时为2A、减压时为5A的状态。另外，主控制用计算机也控制调压器总成继电器及电动机继电器，调压器总成继电器在点火开关ON时保持ON状态，电动机继电器则在ABS作用时ON。

5. ABS警告灯

当有下列异常状况时，ABS警告灯会点亮：

（1）行驶中某一轮速传感器未输出信号时。

（2）行驶中后轮抱死时。

（3）手制动未释放，行车时间超过30s。

（4）电动机运转超过一定时间。

（5）电磁阀断路或动作时间超过一定时间。

（6）时速10km/h以上未检测到电磁阀的动作。

三、按轮速传感器数与回路数分的ABS

1. 4传感器4回路式ABS

图8-17所示为FF车采用的最基本ABS的组成。各车轮均设有轮速传感器，前轮左、右各自独立控制，而后轮不是采用左、右轮独立的控制，是利用后两轮中当有一轮发生滑动时，后两轮同时减压的选择低速(Select Low)的控制方式，即以转速较慢的一边为基准做两后轮的同步控制，制动力相等，车身旋转力矩较小，因此方向稳定性较好，适用于交叉型回路制动系统。

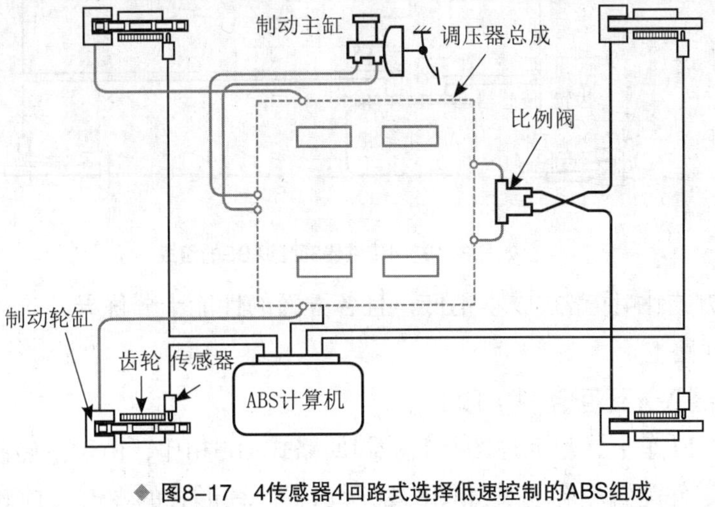

◆ 图8-17　4传感器4回路式选择低速控制的ABS组成

4传感器4回路式的ABS，按控制方式的不同，可分为四轮独立控制式及前轮独立控制、后轮一起控制式两种。

四轮独立控制式，在对称路面上时，其控制性能是各种配置中最好的，但在左、右轮路面摩擦系数相差很大的不对称路面，在制动时会产生较大的旋转力矩(Spin Moment)，造成车辆方向不稳定的现象，适用于前、后轮型或交叉型回路制动系统。

图8-18所示为3回路式或4回路式选择低速控制与4回路式4轮独立控制式的比较。

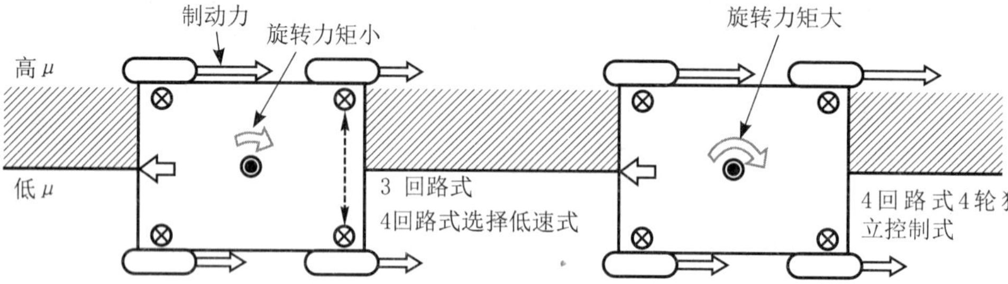

◆ 图8-18　路面摩擦系数不同时旋转力矩的大小

2. 4或3传感器3回路式ABS

图8-19所示为FR车采用的基本形式，以两后轮轮速传感器代替差速器传感器，配合选择低速(Select Low)控制的4传感器3回路的使用实例。3个传感器式较不适用于FF车上，通常使用4个传感器。

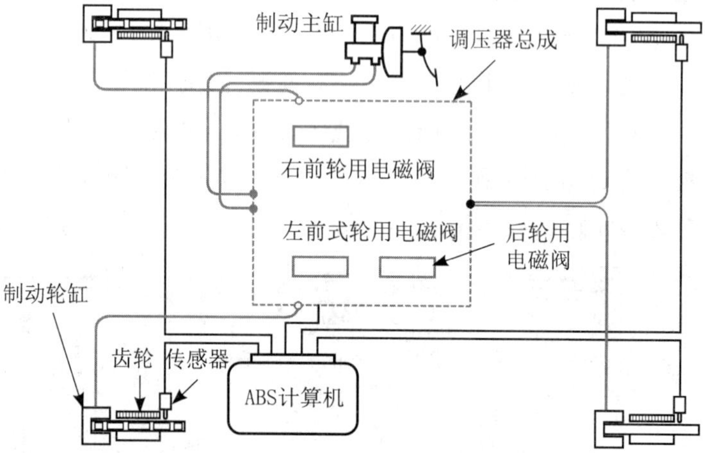

◆ 图8-19　4传感器3回路ABS的组成

此类配置方式比4回路式成本稍低，且各方面的性能十分优异，唯一缺点是较不适用于交叉型回路上。

3. 4传感器2交叉回路式ABS

设若配置在FF车上，与上述的4传感器4回路式ABS相比，由于电磁阀减少，因此成本较低，且零件配置较容易，如图8-20所示，此种形式的左、右前轮各自独立控制，后轮则由比例阀根据前轮制动压力按一定比率减压后传送。因此后轮的制动压力通常保持在比引起车轮抱死时的压力稍低时的范围，如图8-21所示。

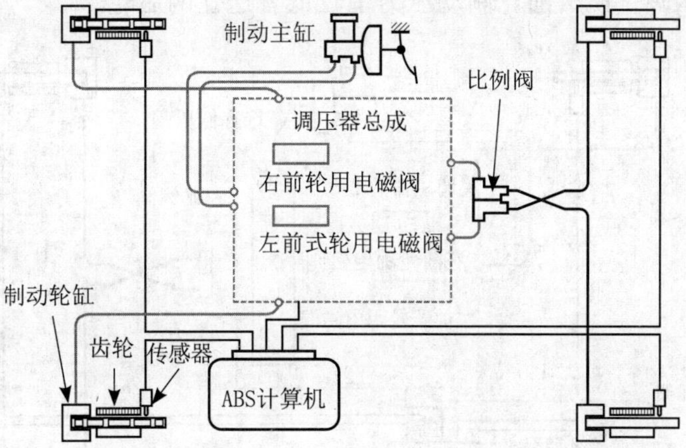

◆ 图8-20　4传感器2交叉回路式ABS的组成

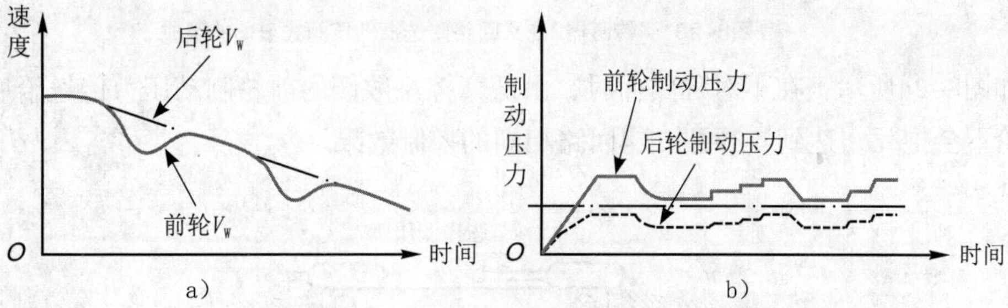

◆ 图8-21　前后轮的速度及前后轮的制动压力

与3回路或4回路式相比，因能经常确保后轮的向心力C_F，因此车轮稳定性优越；而在制动力方面，由于各车轮间无法达到最适当的控制，虽然不利于方向性，但因FF车前轮的制动力分配较大，因此与4回路式相比，性能上并不会差很多。

如图8-22所示，在不对称路面行驶时，低摩擦系数侧的后轮会有抱死现象，造成车辆稳定性不良。

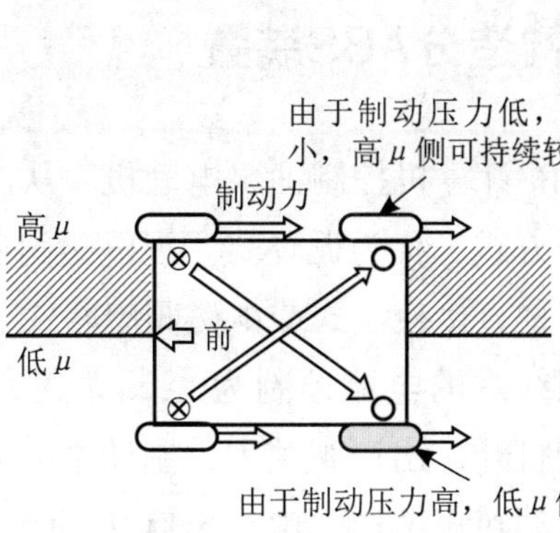

◆ 图8-22　在不对称路面行驶时的情况

4. 4传感器2交叉回路附选择低压阀(Select Low Valve)式ABS

为解决上述形式在不对称路面时，低摩擦系数侧后轮抱死的现象，如图8-23所示，安装选择低压阀，使两前轮制动压力中较低者送往两后轮。

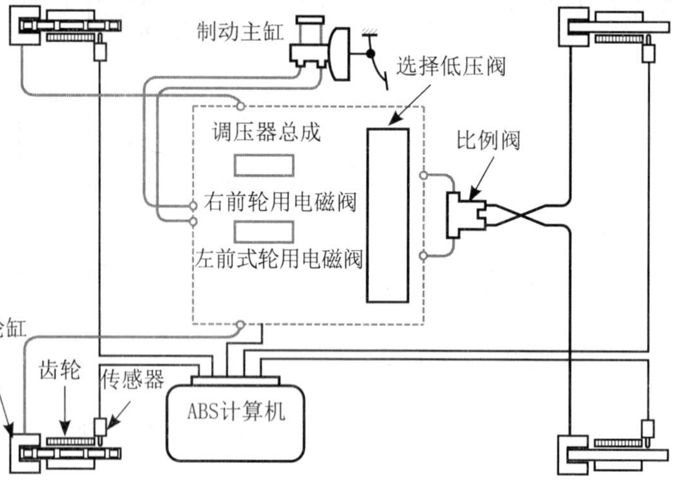

◆ 图8-23　4传感器2交叉回路附选择低压阀式ABS的组成

如图8-24所示，在不对称路面时，由低摩擦系数侧的前轮制动压力传送给后轮，使后轮不会抱死，达到与3回路或4回路相同的控制效果。

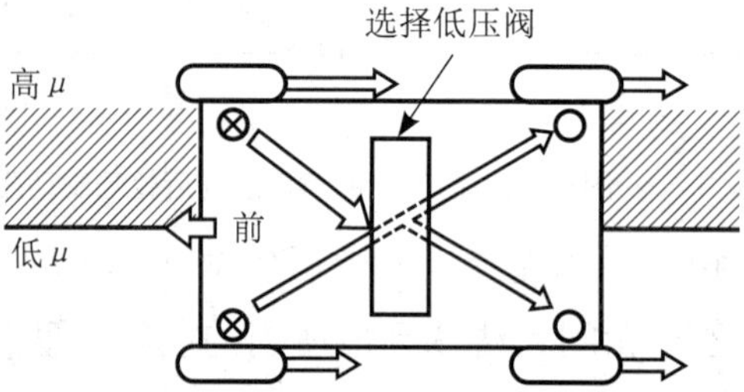

◆ 图8-24　选择低压阀的控制

四、以调压器总成的构造分ABS装置

1. 循环式

制动轮缸的制动液，利用ABS计算机控制油泵电动机，从制动轮缸→油泵→制动主缸→电磁阀→制动轮缸的环流方式，称为循环式。因电磁阀串联在制动油管上，直接增减制动轮缸的制动压力，又称直接控制式或电磁阀串联式，为多数汽车所采用。

（1）平常制动时：电磁阀线圈的电流控制为0A，无磁力发生，因此柱塞不位移，保持在最左方。此时入口阀打开，出口阀关闭，制动主缸油压经入口阀，送至制动轮缸作用，因此制动压力及制动转矩增加。由于出口阀关闭，因此制动液不流向储油室，如图8-25所示。

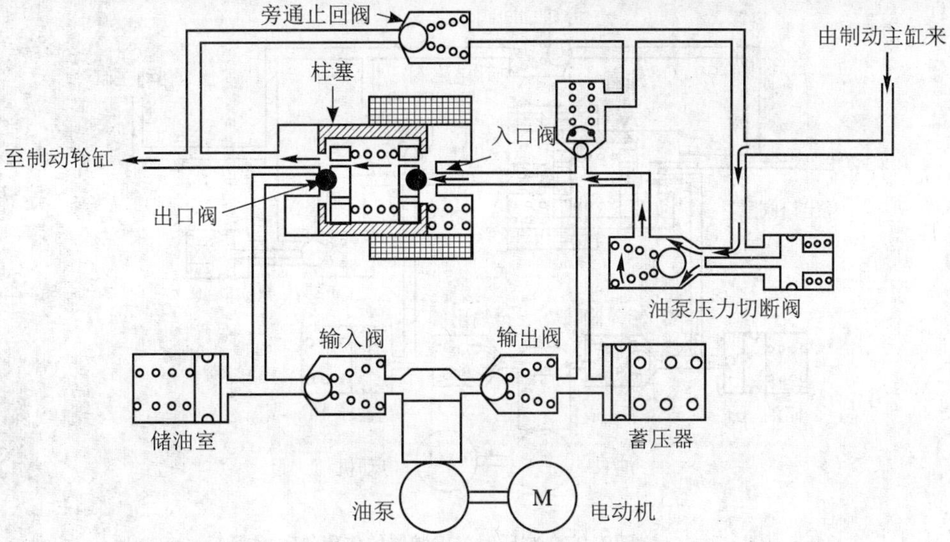

◆ 图8-25　平常制动时ABS装置的作用(ABS无作用)

（2）保持压力时：当车轮开始滑行时，计算机传送给电磁线圈的电流为2A，电磁吸力使柱塞移至行程中央，此时入口阀及出口阀均关闭，使制动主缸及储油室的通路均切断，以保持制动轮缸的制动压力，如图8-26所示。旁通止回阀可阻止高压制动油流回制动主缸，以避免制动踏板的反弹现象。

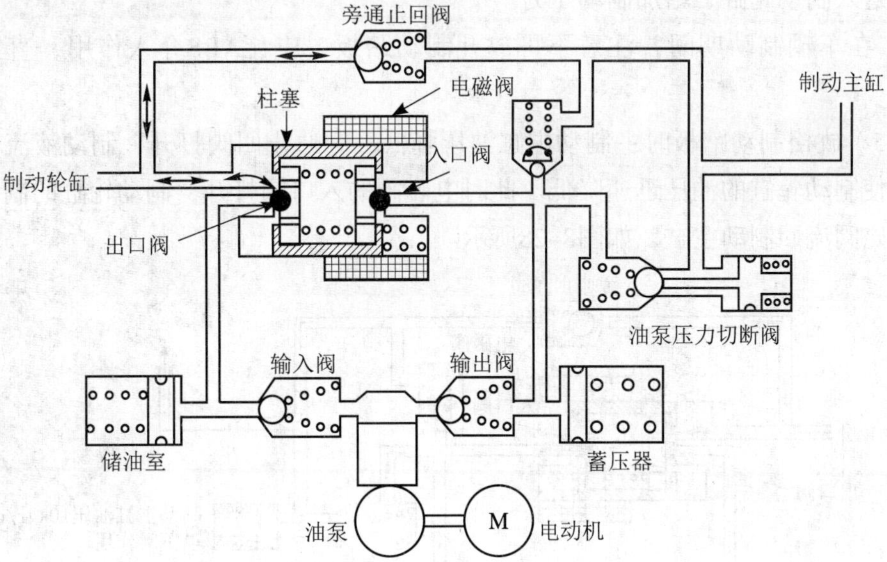

◆ 图8-26　保持压力时ABS装置的作用(ABS作用)

（3）减压时：

① 当车轮持续滑行时，轮速传感器将信号传送给计算机，计算机传送给电磁线圈的电流为5A，电磁吸力增加，柱塞位移行程最大，移至最右方，此时入口阀关闭，出口阀打开，制动轮缸的制动液流向储油室，因此制动轮缸的制动压力减小，如图8-27所示。

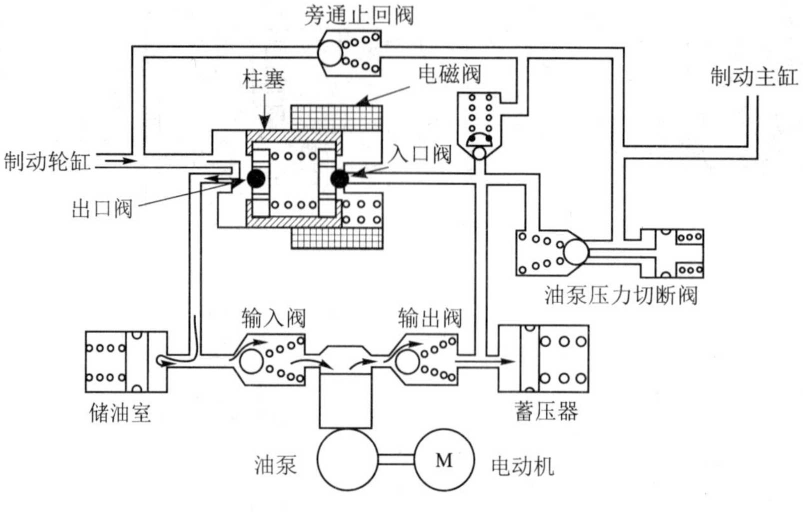

◆ 图8-27 减压时ABS装置的作用(ABS作用)

② 同时，储油室的制动液以油泵打向蓄压器蓄积，以备下次的增压之用，并可避免制动轮缸的制动液经油泵送回制动主缸，而产生制动踏板的反弹。

（4）增压时：

① 当车轮转速变快时，ABS计算机切断送到电磁阀的电流，电磁阀柱塞移至最左方，使制动主缸与制动轮缸相通，因此制动主缸的高压油与从油泵送出的高压制动液再一起送入制动轮缸，增加制动压力。

② 在车辆制动期间，注意不可放开制动踏板，应让ABS介入作用，直至制动为止。

（5）放松制动踏板时：制动主缸油压降低，旁通止回阀打开，制动液流回制动主缸，使制动轮缸的油压迅速降低。此时电磁阀的入口阀打开，制动轮缸的制动液也可经电磁阀流回制动主缸，如图8-28所示。

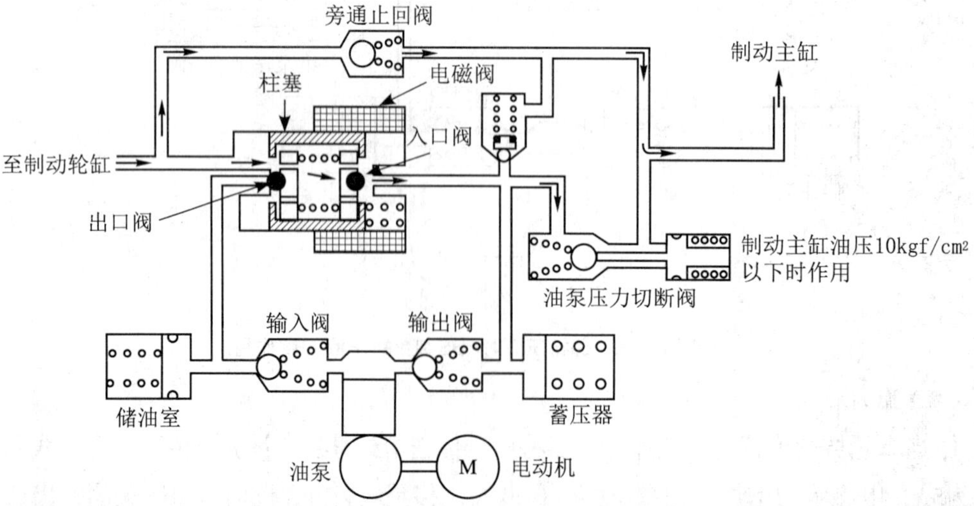

◆ 图8-28 放松制动踏板时的作用

（6）由上述说明可知，ABS计算机的控制信号传送给调压器总成的电磁阀及油泵电动机，电磁阀根据电流的大小而有三个动作状态，以得到增压、保持及减压三种作用，通常每秒约有12次油压变化。当在增压时，制动回路的油压可达车轮即将被抱死前的最好制动效果，即车轮滑行率在10%～20%之间；而当在保持时，制动油压则维持一定，使车轮速度持续减慢；至减压时，车辆已在制动状态。每个车轮有一控制电磁阀时，则调压器内会安装四个电磁阀，分别控制四个车轮制动轮缸的油压。

2. 容积变化式

电磁阀并联在制动主缸与制动轮缸之间，因电磁阀的作用，使容积产生变化，以间接增减制动轮缸的制动压力。

以下介绍压力室胀缩式，在ABS作用时，制动主缸与制动轮缸间油压切断，同时制动轮缸与压力室连通，利用压力室容积的变化，以控制制动轮缸的制动压力。

（1）平常制动时：

① 踩下制动踏板时，主缸油压上升，制动液通过油压控制电磁阀的孔①及孔②，送往调压阀及制动轮缸。送往调压阀侧的油压，将阀柱塞向下压，使球阀打开，而蓄压器供给的油压比制动主缸油压稍高，成为以下所称的控制油压，按限孔A→孔A→孔C→减压活塞上室的顺序作用，如图8-29所示。

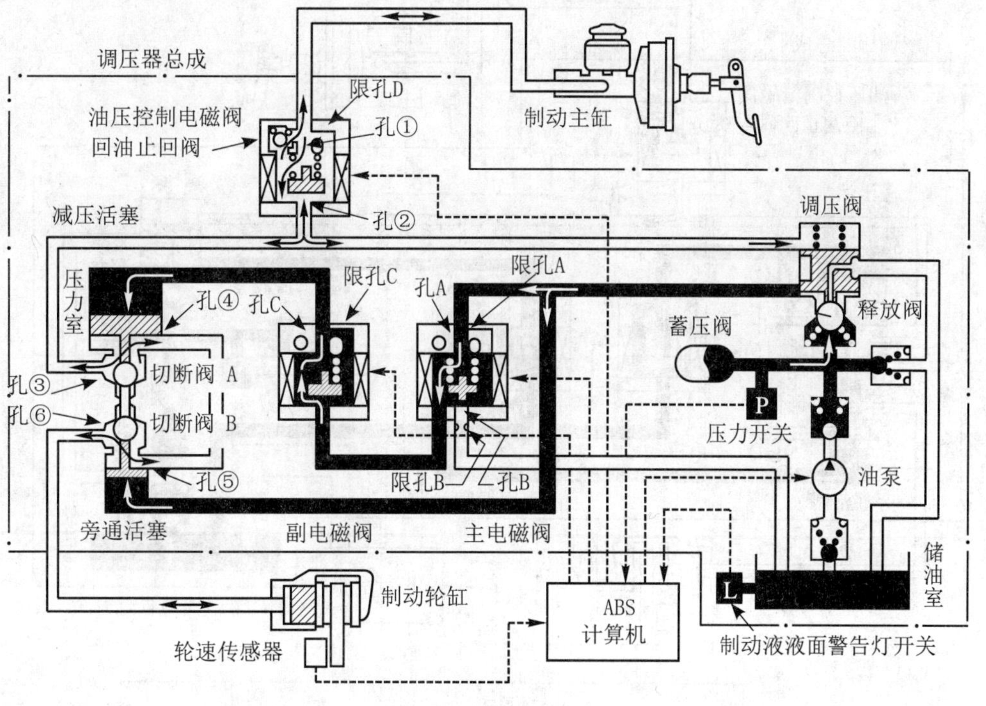

◆ 图8-29 平常制动时ABS装置的作用(ABS无作用)

② 同时，控制油压也作用在旁通活塞的下室，因此切断阀A及切断阀B分别被减压活塞及旁通活塞顶开，因此制动液按制动主缸→孔①→孔②→孔③→孔④→孔⑤→孔⑥→制动轮缸的顺序作用。当放开制动踏板时，制动液则按上述通路的反方向及通

过油压控制电磁阀的回油止回阀，流回制动主缸。

（2）急制动时(ABS作用)：

① 急制动时，ABS计算机依据各轮速传感器传送的信号，判断车轮是否抱死，送出急减压、缓减压、急增压及缓增压等四种控制模式的控制信号给调压器总成，以进行各制动轮缸油压的控制。

② ABS作用时，任一前轮成“减压”状态时，控制信号送给油压控制电磁阀，使孔①关闭，因此制动主缸油压必须经过限孔D，使两前轮的制动轮缸油压的升压速度减缓。

③ 急减压模式：车轮即将抱死时，由ABS计算机传送来的“急减压”信号，使油压控制电磁阀ON，孔D关闭。另外，主电磁阀ON，副电磁阀OFF，使孔A关闭，切断控制油压；而孔B打开，减压活塞上室的控制油压经孔C→孔B→限孔B→储油室。由于减压活塞向上方移动，因此切断阀A关闭，切断制动液的回油通路。ABS计算机继续传送出“急减压”信号，减压活塞更向上方移动，使下室的容积增加，结果制动轮缸至切断阀A间的制动油路的容积增加，使制动轮缸油压降低；但此时减压活塞上室作用的控制油压，不经限孔C，而经由孔C急速回油至储油室，使制动轮缸的油压急速减压，如图8-30所示。

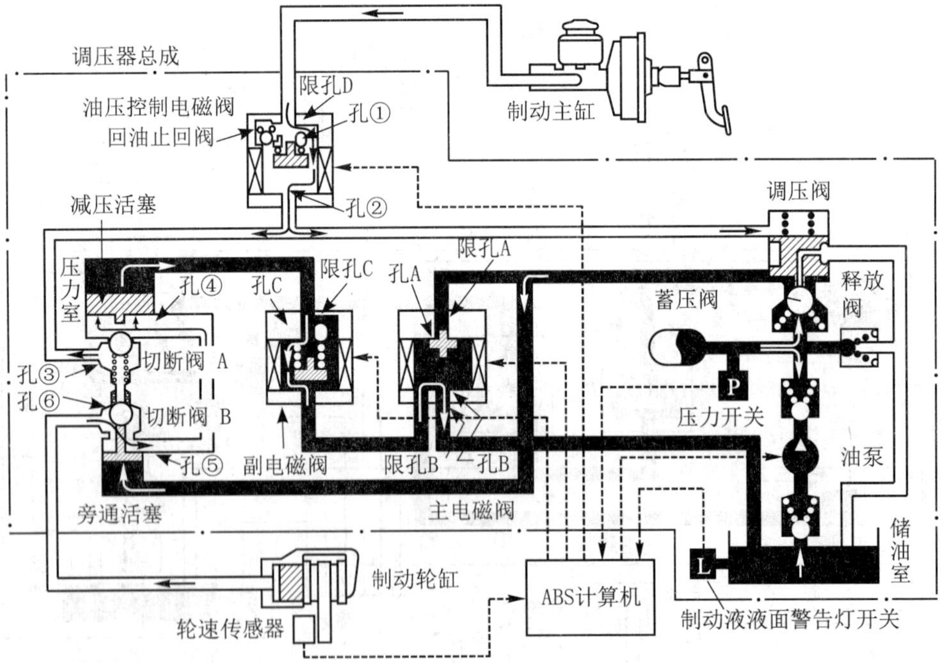

	计算机传送来的信号	孔的状态	
油压控制电磁阀	ON	闭	
主电磁阀	ON	孔A	闭
		孔B	开
副电磁阀	OFF	孔C	开

◆ 图8-30　急减压模式的油压回路及各孔的状态(ABS作用)

④ 缓减压模式：由ABS计算机传送来的“缓减压”信号，使主电磁阀及副电磁阀ON，孔C关闭，在减压活塞上室作用的控制油压无法通过孔C，而经由限孔C，油缓慢回到储油室，因此制动轮缸油压缓慢减压，如图8-31所示。

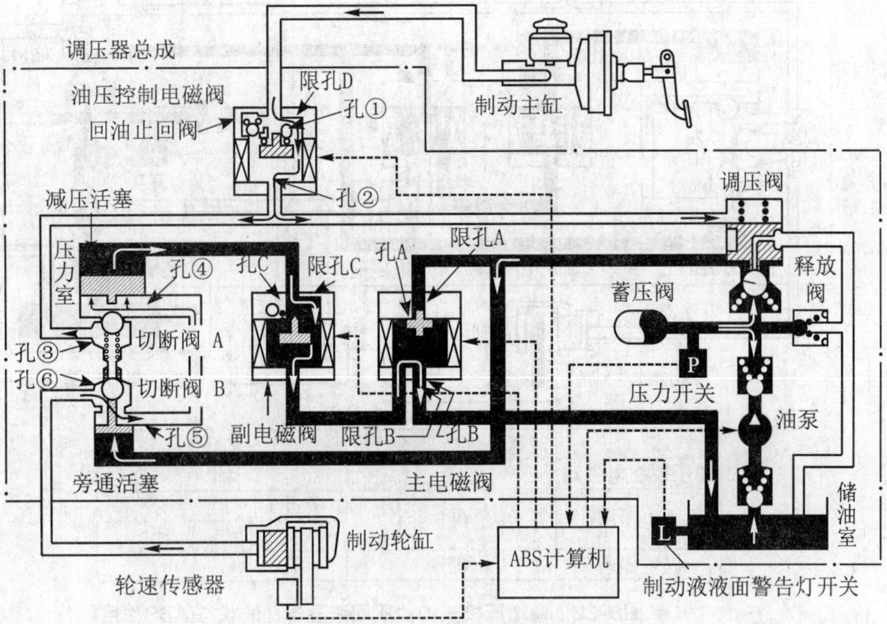

	计算机传送来的信号	孔的状态	
油压控制电磁阀	ON	闭	
主电磁阀	ON	孔A	闭
		孔B	开
副电磁阀	ON	孔C	闭

◆ 图8-31　缓减压模式的油压回路及各孔的状态(ABS作用)

⑤ 急增压模式：当制动轮缸油压有急速增压的必要时，由ABS计算机传送来的“急增压”信号，使主电磁阀及副电磁阀均OFF，孔A及孔C均打开，控制油压作用在减压活塞的上室，使减压活塞向下方移动，使切断阀A至制动轮缸间的容积变小，因此制动轮缸的油压增加。此时控制油压不经过限孔C，而是通过孔C急速作用在减压活塞的上室，使制动轮缸的油压急速增加，如图8-32所示。

⑥ 缓增压模式：由ABS计算机传送来的“缓增压”信号，使主电磁阀OFF，副电磁阀ON，孔C关闭，控制油压必须经限孔C作用在减压活塞上室，因此制动轮缸油压为缓增压状态，如图8-33所示。

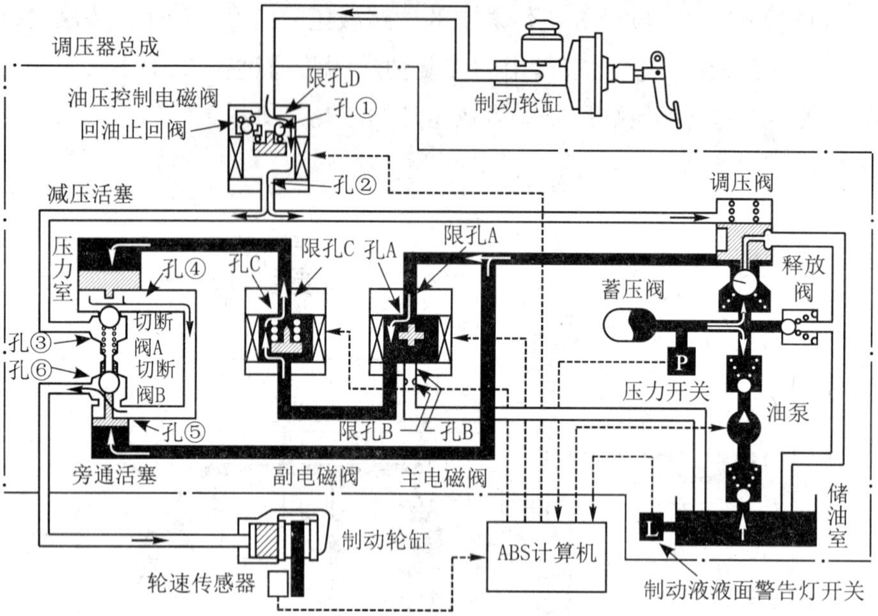

	计算机传送来的信号	孔的状态	
油压控制电磁阀	ON	闭	
主电磁阀	OFF	孔A	开
		孔B	闭
副电磁阀	OFF	孔C	开

◆ 图8-32　急增压模式的油压回路及各孔的状态(ABS作用)

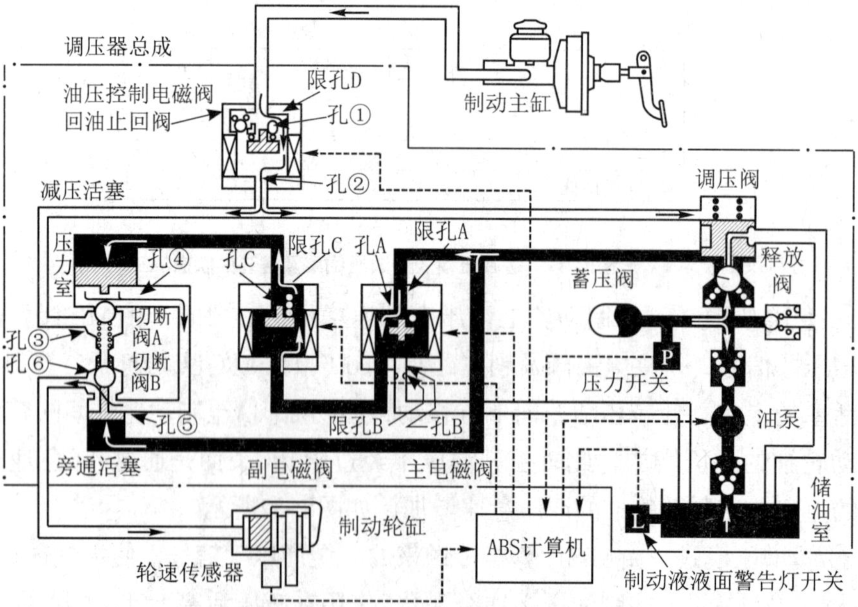

	计算机传送来的信号	孔的状态	
油压控制电磁阀	ON	闭	
主电磁阀	OFF	孔A	开
		孔B	闭
副电磁阀	ON	孔C	闭

◆ 图8-33　缓增压模式的油压回路及各孔的状态(ABS作用)

五、分离式高压蓄油器型ABS

1. 概述

分离式高压蓄油器型ABS为本田汽车所采用，也是属于容积变化式，图8-34所示为其组成。中国台湾使用的车型为1998年之前的Accord车系及六代思域前的车系。

其优点为作用精确，缺点为油压高，造成电力损耗及易漏油。

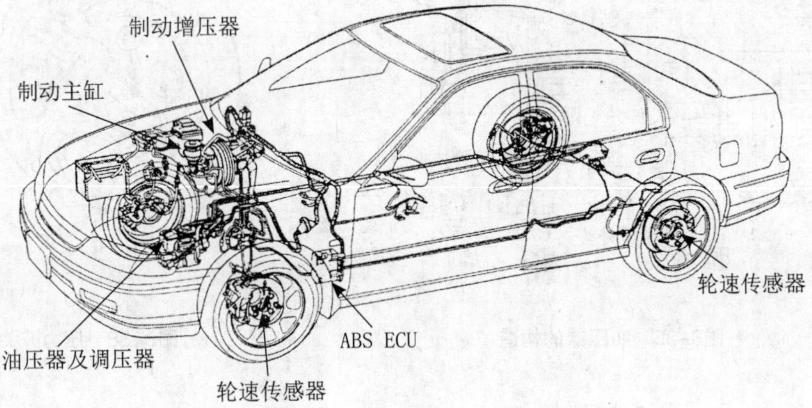

◆ 图8-34 分离式高压蓄油器型ABS的组成

2. 油压器及调压器(Power Unit and Modulator Unit)

油压器及调压器组合在一起。油压器由电动机、油泵(Pump)、压力开关(Pressure Switch)及高压蓄油器(High Pressure Accumulator)等组成，如图8-35所示。

油泵由电动机驱动，油压可达230kgf/cm²，送入蓄油器内，蓄油器为钢制容器，内有强力膜片，一端充入高压氮气，另一端则送入高压制动液，制动液在高压氮气的压力下，可维持相当的压力。

压力开关提供蓄油器内压力的信号给ABS计算机，由ABS计算机控制电动机是否作用，如图8-36所示，压力开关由波登管(Bourdon Tube)、微动开关(Micro Switch)及传感杠杆(Sensing Lever)组成，当蓄油器内的油压升高时，波登管向外伸展，经传感杠杆，使微动开关闭合，信号传送给ABS计算机，ABS计算机使电动机继电器的线圈不搭铁，油泵电动机停止作用；当蓄油器内油压降低时，波登管向内收缩，微动开关打开，ABS计算机使电动机继电器的线圈搭铁，油泵电动机运转，制动液进入蓄油器。

调压器由三个双作用电磁阀及四个活塞所组成，如图8-37所示，每一个双作用电磁阀使进油阀(Inlet Valve)及回油阀(Outlet Valve)作用；制动主缸油压则经活塞至对应的各制动钳夹，由活塞位置的变化，控制送至各钳夹的油压。三个双作用电磁阀为3回路式ABS，若是4回路式ABS，则各分别单独使用一个双作用电磁阀。

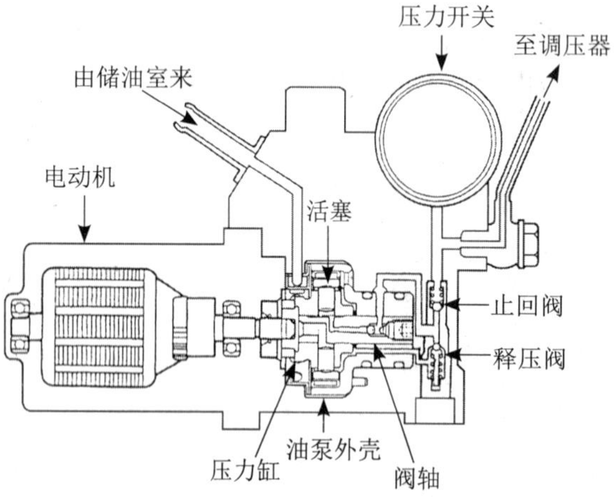

◆ 图8-35 油压器的构造

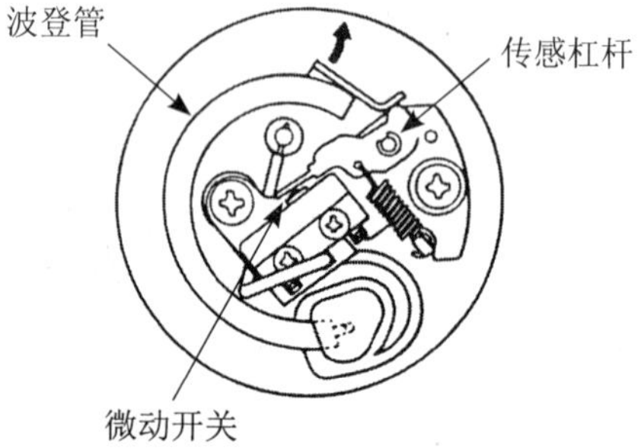

◆ 图8-36 压力开关的构造

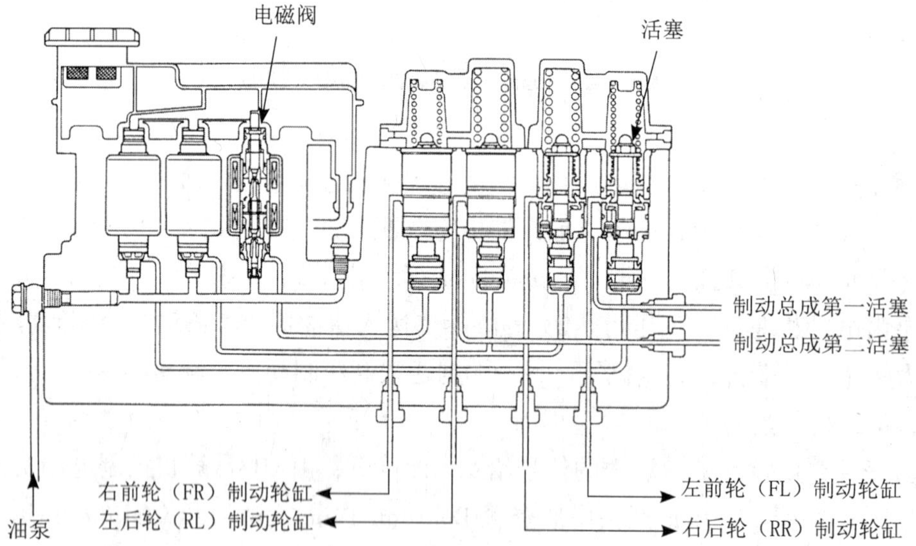

◆ 图8-37 调压器总成的构造

3. 调压器的作用

（1）正常制动ABS不作用时：滑动活塞被弹簧压向下，将切断阀顶开，制动主缸油压从制动主缸→A室→切断阀→B室→各制动轮缸，如图8-38所示，此时双作用电磁阀内的进油阀关闭，蓄油器内高压制动液与C室不通，但C室经打开的回油阀与储油室相通。

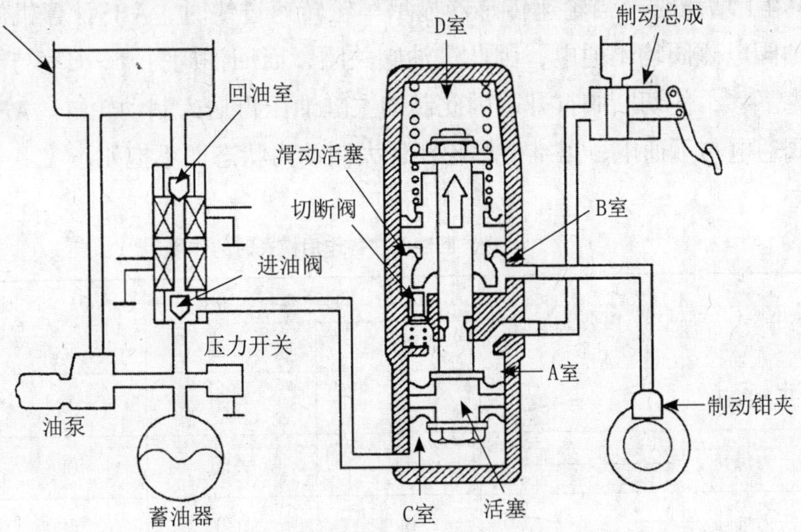

◆ 图8-38 正常制动时调压器的作用

（2）减压时：当轮速传感器传送出车轮将要抱死的信号时，ABS计算机控制双作用电磁阀，使回油阀关闭，进油阀打开，蓄油器内高压制动液经进油阀进入C室，将滑动活塞向上推，切断阀关闭，A室与B室不通；且由于滑动活塞上移，使B室空间增加，因此减低制动轮缸的压力，使轮速稍微增加，以免车轮抱死，如图8-39所示。

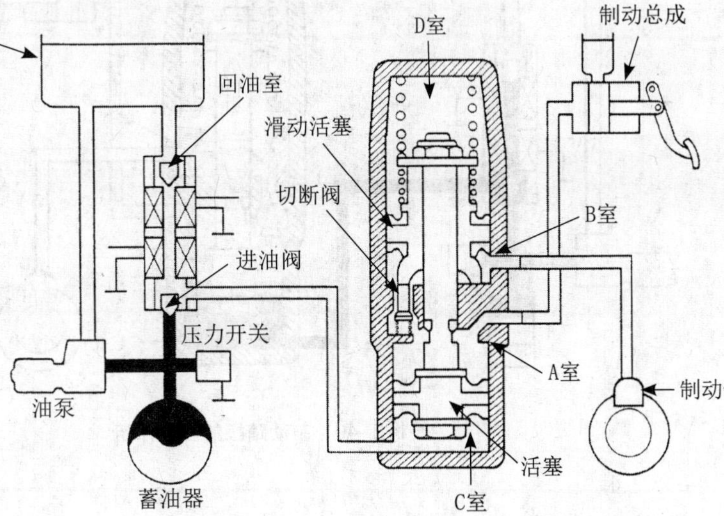

◆ 图8-39 减压时调压器的作用

（3）保持压力时：若ABS计算机由轮速传感器信号得知制动轮缸必须保持一定油压时，ABS计算机使进油阀电磁阀不通电，而回油阀电磁阀通电，因此进油阀及回油阀均关闭，见表8-1。因此蓄油器压力不会继续进入C室，同时C室与储油室也不通，因此C室保持一定压力，切断阀仍在关闭状态，制动轮缸也在保持在一定压力状态。

（4）增压时：当轮速传感器显示车轮转速过快时，ABS计算机使进油阀电磁阀及回油阀电磁阀均不通电，因此进油阀关闭，而回油阀打开，C室与储油室相通，滑动活塞下移，使切断阀打开，因此制动主缸油压再送入制动轮缸。ABS计算机迅速使电磁阀通电与不通电，以维持车轮在最大制动力状态而不抱死。

进、回油阀在各作用模式时的作用　　表8-1

作用模式	钳夹压力	回油阀		进油阀	
		电源	油路	电源	油路
钳夹压力减压	↘	ON	关闭	ON	打开
钳夹压力保持	→	ON	关闭	OFF	关闭
钳夹压力增压	↗	OFF	打开	OFF	关闭

（5）制动踏板回跳(Kickback)：当ABS作用，A室容积减小时，制动液会流回制动主缸，造成制动踏板有回跳及振动的感觉，如图8-40所示。

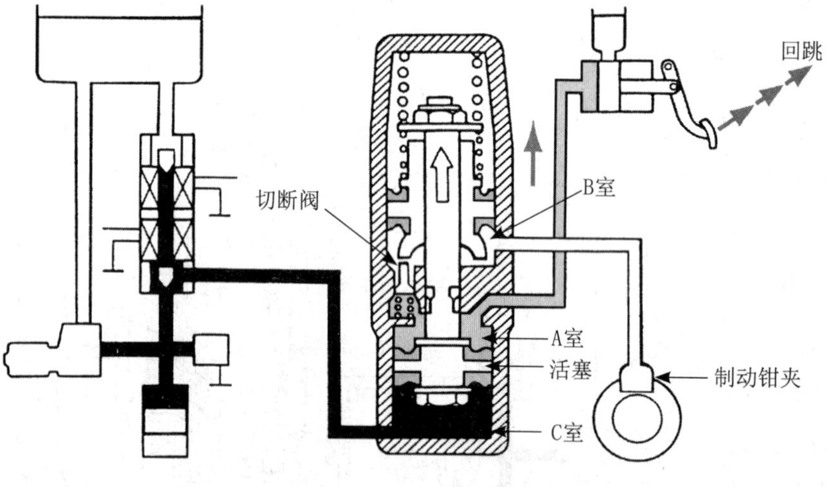

◆ 图8-40　制动踏板的回跳作用

◆ 六、博世公司的ABS

1. ABS 2S型

ABS 2S型是博世公司发展的第一代ABS，由轮速传感器、调压器、ABS ECU、ABS警告灯、制动主缸及制动轮缸等组成，如图8-41所示，后轮轮速传感器安装在差速器上，选择低速原理(Select-Low Principle)控制。在3回路式(3 Channel System)使用三个三位置式(或称三段式)电磁阀(3/3 Solenoid Valves)，若是4回路式，则使用四个三位置式电磁阀。

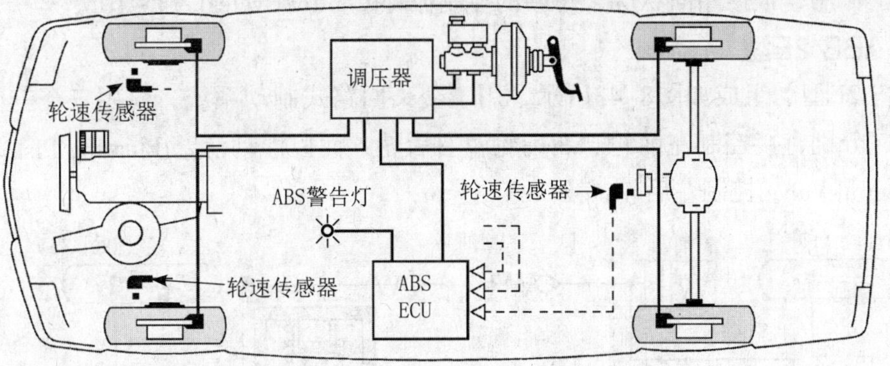

◆ 图8-41　ABS 2S型的组成

调压器内三位置电磁阀的作用原理。

（1）增压(Pressure Buildup)：电磁阀不通电，制动主缸油压将进油阀推开，油压进入制动轮缸。此时电磁阀内柱塞在最低位置，如图8-42 a)所示。

（2）保持压力(Hold Pressure)：电磁阀通入最大电流量的一半，柱塞被吸向上部分行程，进油阀被弹簧压力关闭，而回油阀尚未被柱塞打开，因此制动轮缸中保持一定压力，如图8-42 b)所示。

（3）减压(Reduce Pressure)：电磁阀通入最大电流量，柱塞被吸至最高点，进油阀继续保持关闭，回油阀则被柱塞打开，制动轮缸油压流回蓄油器，如图8-42 c)所示。ABS计算机控制回油泵作用，使制动液回到制动主缸。

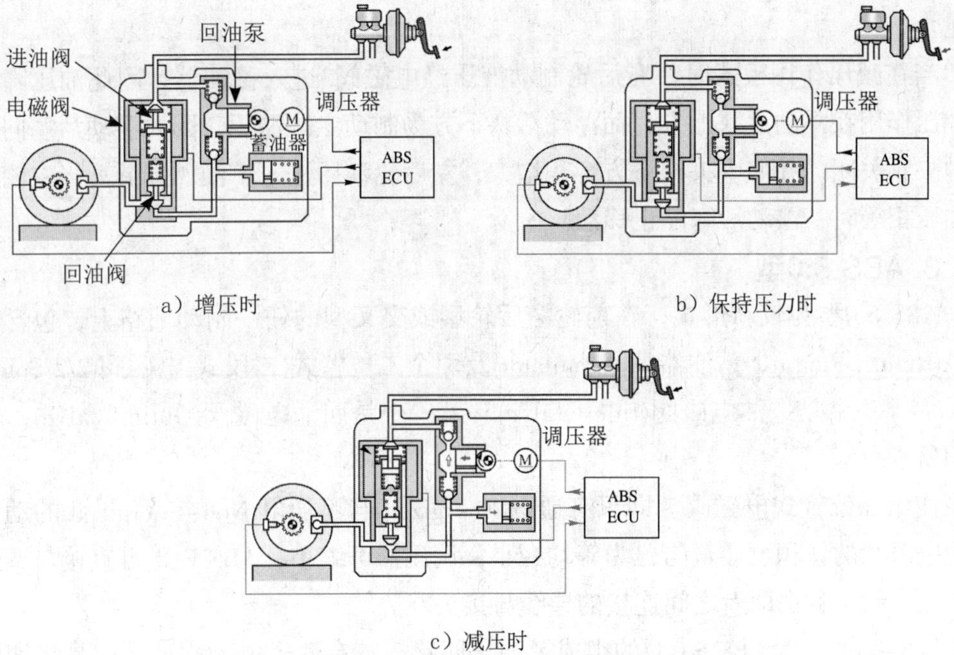

a）增压时　b）保持压力时　c）减压时

◆ 图8-42　调压器内三位置电磁阀的作用原理

以上作用，根据路面状况，每秒的控制循环(Control Cycles)为4 ~ 10次。

2. ABS 2E型

ABS 2E型的组成如图8-43所示，用于交叉回路式制动系统，使用三个三位置式电磁阀，分别直接控制左前轮、右前轮及右后轮，而以浮动活塞(Floating Piston)及中央阀(Central Valve)控制左后轮。

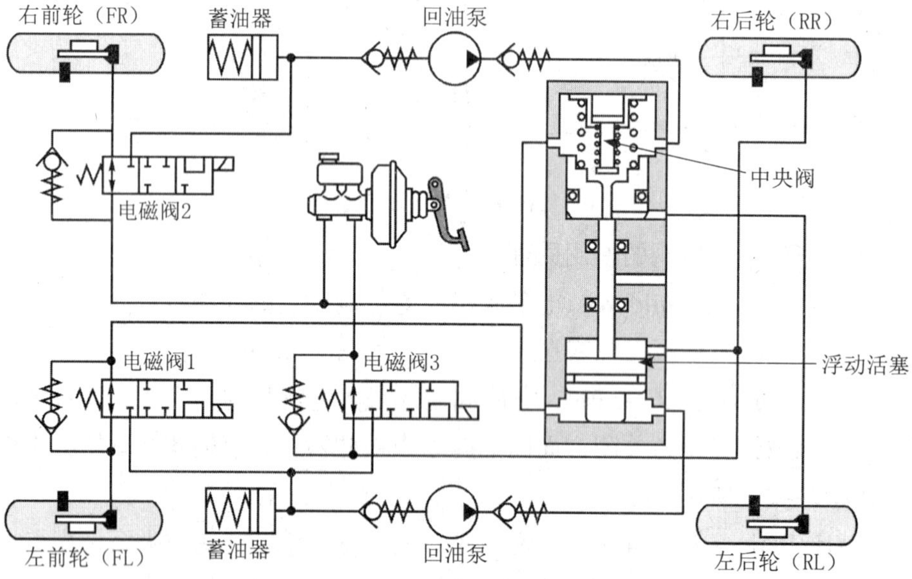

◆ 图8-43　ABS 2E型的组成及油压回路(Technical Instruction, BOSCH)

正常制动ABS无作用时，制动主缸油压经电磁阀3送至右后轮，经中央阀送至左后轮。

当在减压作用模式时，右后轮制动液压经电磁阀3进入蓄油器，因此油压降低，此油压作用在浮动活塞上方，而浮动活塞下方为制动主缸油压，因此浮动活塞向上，使中央阀关闭，并使中央阀下方容积增大，左后轮油压进入，油压降低；当左轮、右轮油压相等时，浮动活塞停止移动。

3. ABS 5.0型

ABS 5.0型为较新形式，在前轮／后轮型或交叉型的任一制动回路上，包含有回油泵(Return Pump)、蓄油器(Accumulator)及两个二位置式(二段式)电磁阀(2/2 Solenoid Valves)，一个是进油电磁阀(Inlet Valve)，另一个是回油电磁阀(Outlet Valve)，如图8-44所示。

使用二位置式电磁阀，即只有通电(Energized)与不通电(Non-Energized)的动作，因此电磁阀的体积、质量与磁力等均减小，调压器可缩小，ABS ECU可直接与调压器组装在一起，省去两者之间连接的导线与接头。

图8-45所示为ABS 5.0型的组成及油压回路。其有两个电磁阀：一个是进油阀，不通电时打开；一个是回油阀，不通电时关闭。电磁阀的外观如图8-46所示。

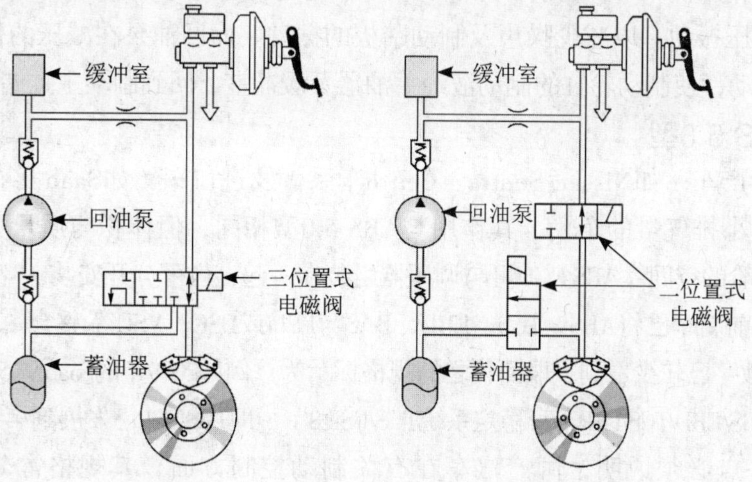

◆ 图8-44　二位置式电磁阀与三位置式电磁阀的比较

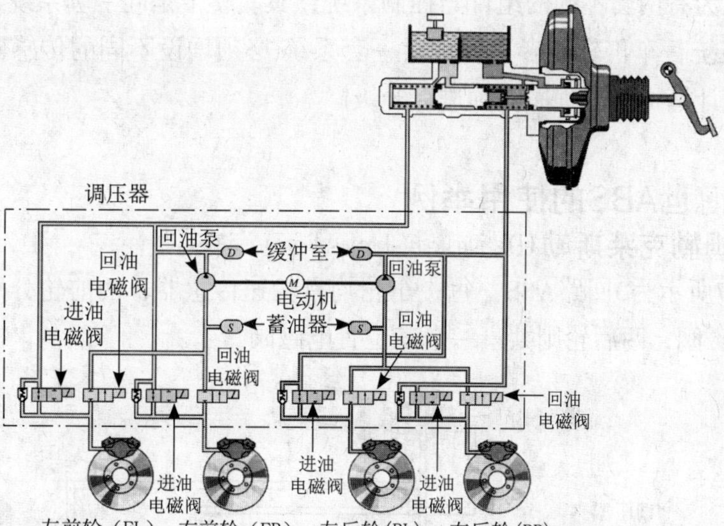

◆ 图8-45　ABS 5.0型的组成及油压回路

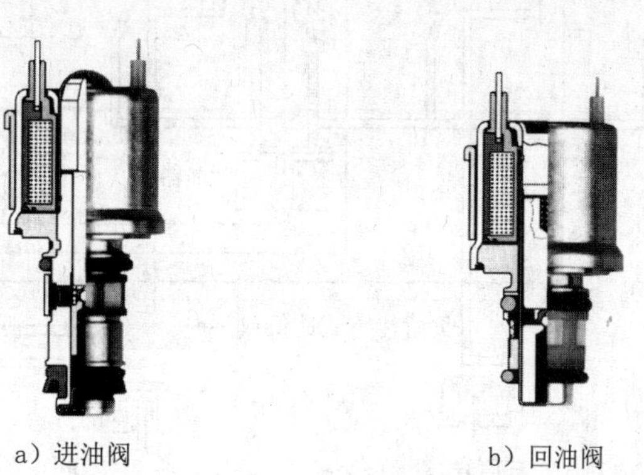

a）进油阀　　b）回油阀

◆ 图8-46　电磁阀的外观

在减压作用模式时，蓄油器用以吸收油压的起伏脉冲。缓冲室(Damper Chamber)则用以抑制油压振动，以减少噪声及制动踏板的振动。而回油泵在减压的作用模式时，由电动机驱动，使制动轮缸的制动液经蓄油器及缓冲室，回到制动主缸储油室。

4. ABS 5.3型

许多国产车（如Nissan Sentra、Cefiro车系）及进口车（如Saab 9-3 Aero等）采用，用于中小排气量的车辆，其作用与ABS 5.0型相同，但体积与质量更小，以减少占用发动机舱的空间。ABS ECU可与调压器组装在一起，也可分开安装。

由于目前新车已将ABS、TCS、EBD、BAS与ESP(或DSC、VSC等)整合一起控制，因此ABS之后的数字已较少看到，取而代之的规格标示为：例如2009年的Saab 9-5，其规格标示为“Bosch ABS/EBD/TCS/ESP车身稳定系统TCS/ESP 8”，即TCS/ESP已发展到第八代。

另有一点必须说明，国产汽车在有关制动控制方面，其规格常分成两种，如Teana汽车的标示为“ABS/BAS/EBD制动辅助系统”与“VDC/TCS动态稳定系统”，千万不要认为有两套不同的组件与控制系统，其实整个是同一套系统，车价较低者采用前一套系统，车价较高者再附加后一套系统(必须增设不同的传感器、调压器内增设电磁阀及计算机控制程序必须进行升级)。

七、博世ABS的使用举例

1. 戴姆勒克莱斯勒(DaimlerChrysler)汽车

图8-47所示为3回路ABS，每一车轮均有轮速传感器，两前轮分别使用一个三位置(三段)电磁阀，两后轮则共享一个三位置电磁阀。

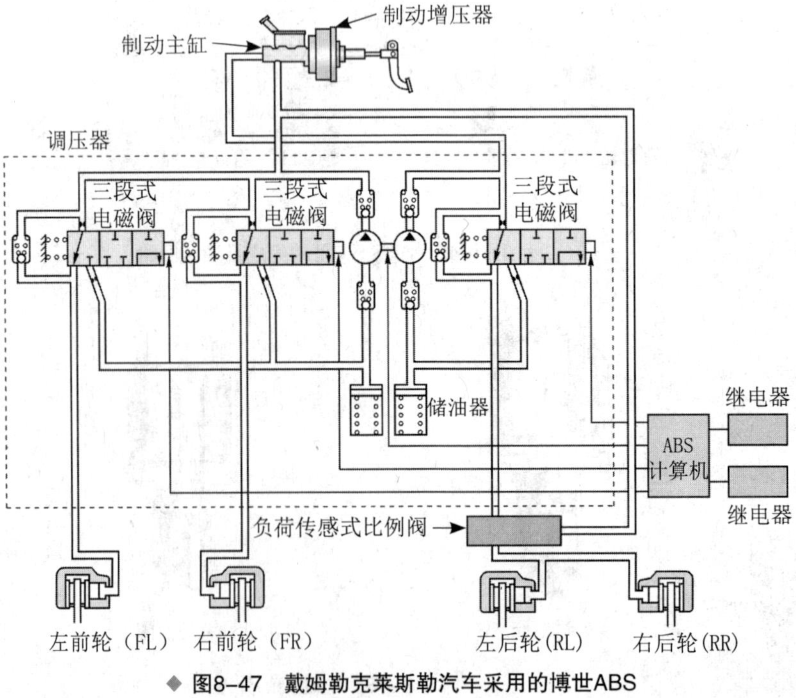

◆ 图8-47 戴姆勒克莱斯勒汽车采用的博世ABS

调压器内三位置电磁阀的作用：

（1）增压时：踩下制动踏板，油压经打开的电磁阀右侧止回阀，使各车轮产生制动作用，如图8–48 a)所示。

（2）保持压力时：当车轮快要发生抱死情况时，ABS计算机控制调压器内电磁阀，使电磁阀右侧止回阀关闭，以避免制动主缸油压继续进入制动轮缸内，使压力保持一定，如图8–48 b)所示。

（3）减压时：如果车轮转速仍降低太快或将抱死时，ABS计算机控制调压器内电磁阀，使电磁阀左侧止回阀打开，制动轮缸内油压流回蓄油器，如图8–48 c)所示。

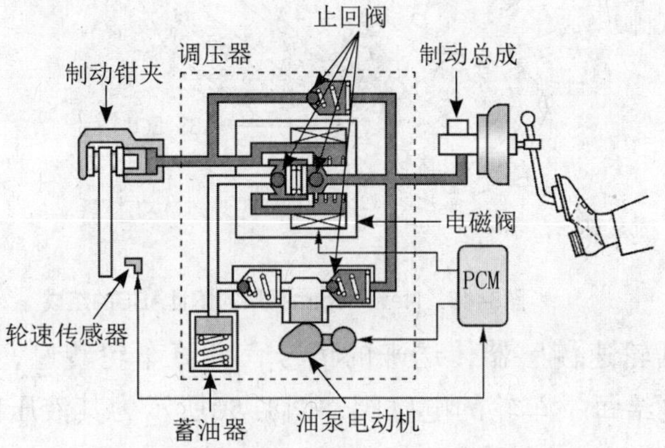

a）增压时

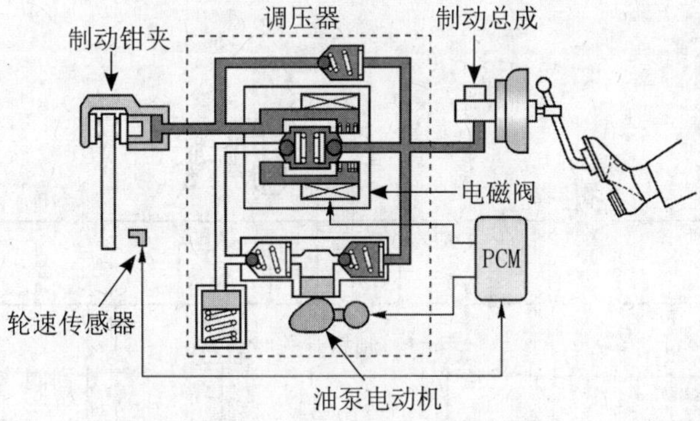

b）保持压力时

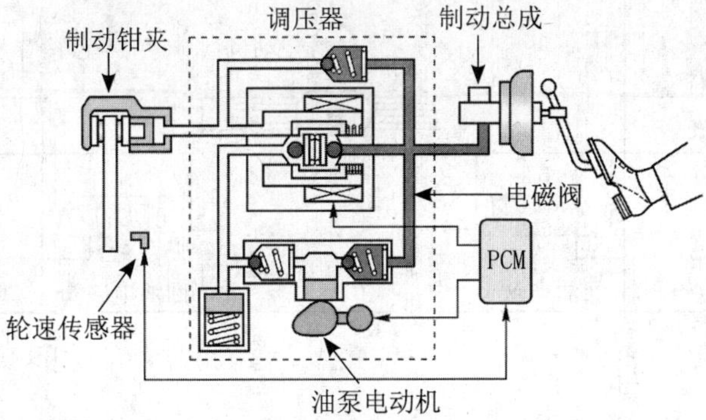

c）减压时

◆ 图8–48　调压器内电磁阀的作用

2. 裕隆汽车New Sentra车型

图8-49所示为New Sentra车型采用的博世 ABS的组成，调压器安装在制动主缸与制动轮缸之间，为分离式。

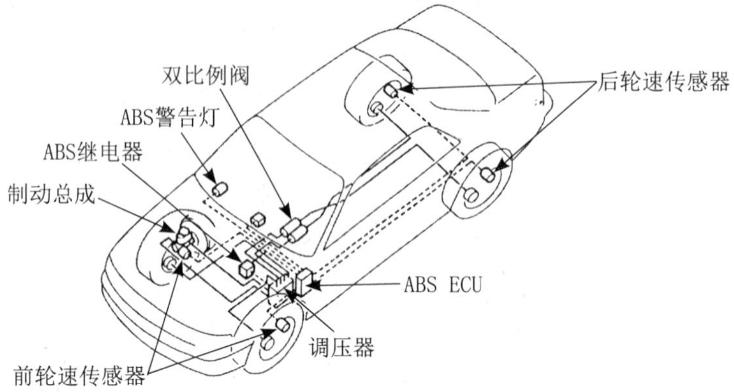

◆ 图8-49　New Sentra采用的博世ABS的组成

ABS ECU根据轮速传感器传送来的信号，计算车轮转速，并控制5A、2A、0A三种不同直流电给每一车轮的电磁阀，图8-50所示为其液压回路。当车速低于10km/h时，ABS不作用。当ABS执行自我测试及执行时，可能会听到机械式异音，为正常现象。

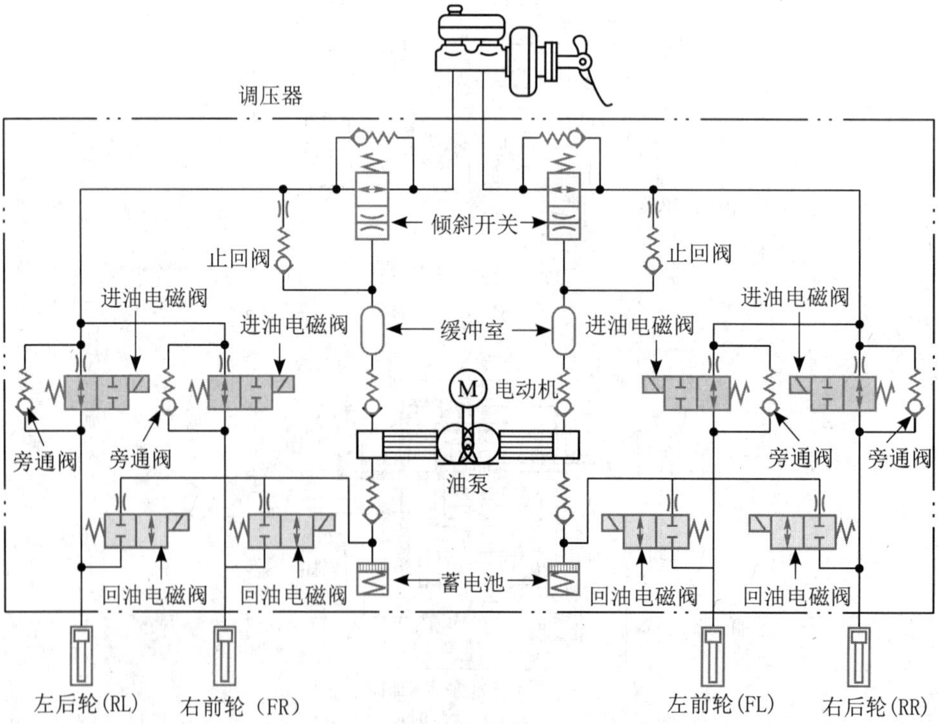

◆ 图8-50　New Sentra的博世ABS的液压回路

3. 裕隆汽车Cefiro车型

2001年起的Cefiro与Sentra车型，均采用博世ABS 5.3型。图8-51所示为Cefiro车型所使用的ABS执行器，执行器(调压器)内包含一个电动机与油泵、两个继电器、八个电磁阀及ABS ECU。

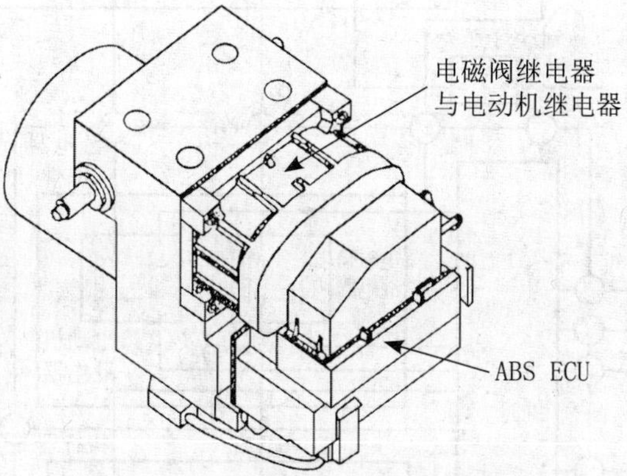

◆ 图8-51 ABS执行器(调压器)的构造

ABS的液压回路，如图8-52所示，其作用见表8-2，电路如图8-53所示。因为每一个车轮各有一组电磁阀(进油与回油)，因此表8-2中进油与回油电磁阀的ON或OFF，即代表每个车轮分别的作用。

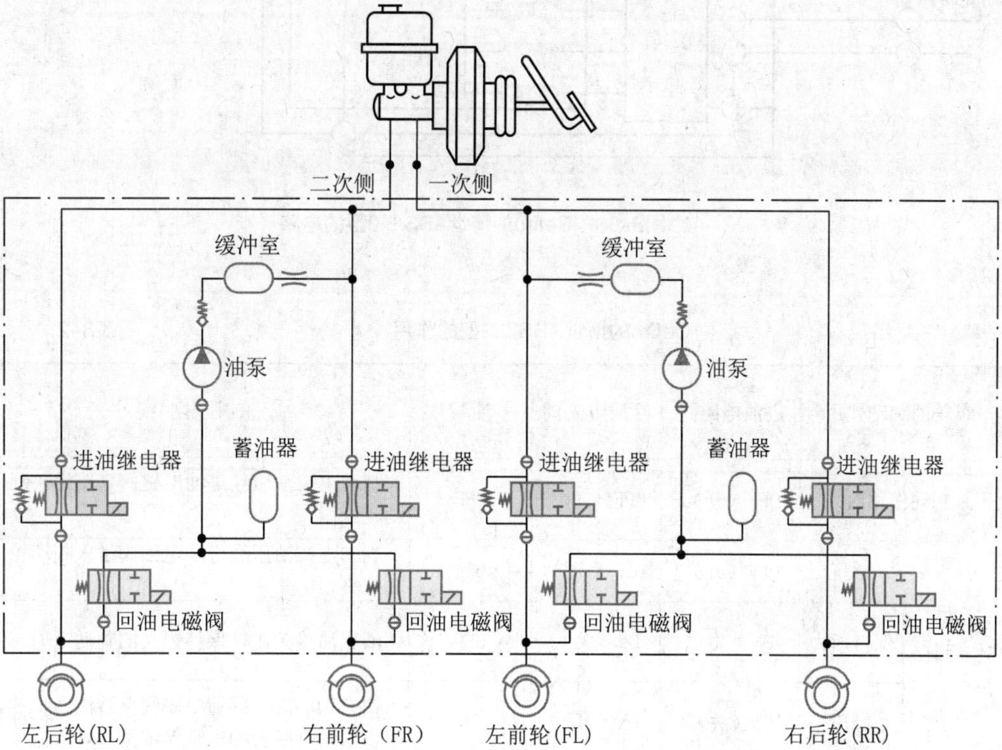

◆ 图8-52 Cefiro的博世ABS 5.3型的液压回路

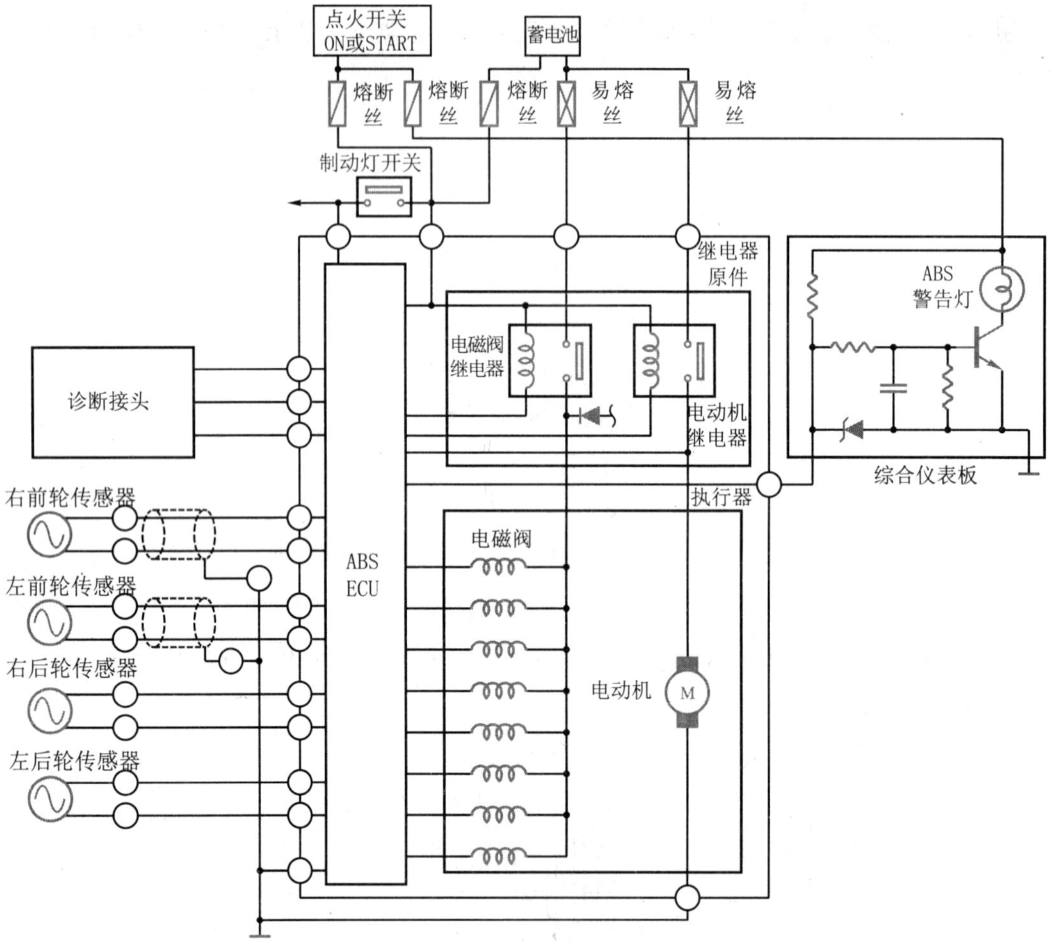

◆ 图8-53　Cefiro的博世ABS 5.3型的电路

Cefiro的博世ABS 5.3型的作用　　表8-2

任一车轮的制动作用		进油电磁阀	回油电磁阀	油泵	液压回路
正常制动作用时		OFF（开）	OFF（关）	OFF	制动主缸油压经进油电磁阀直接进入制动轮缸钳夹
ABS作用时	增压	OFF（开）	OFF（关）	OFF	制动主缸油压经进油电磁阀送入制动轮缸钳夹
	保持压力	ON（关）	ON（关）	OFF	液压油路关闭以保持钳夹的制动压力
	减压	ON（关）	ON（开）	ON	钳夹制动油经回油电磁阀至蓄油器，然后以油泵打回制动主缸储油室

4. 裕隆汽车Teana车型

Teana所采用的ABS执行器与ECU，其安装位置及放大图如图8-54所示，执行器(调压器)也是与ABS ECU整合在一起。ABS的液压回路如图8-55所示，各车轮的制动作用与Cefiro相同。

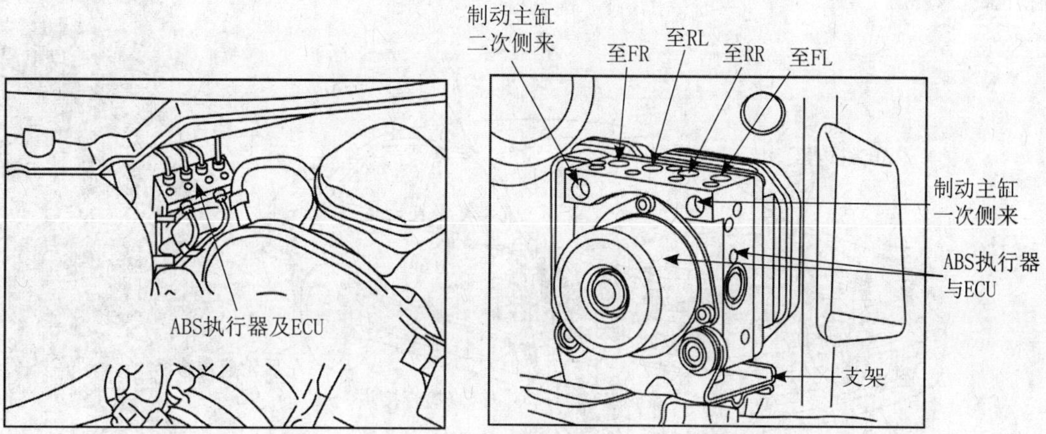

◆ 图8-54　Teana采用的ABS执行器与ECU

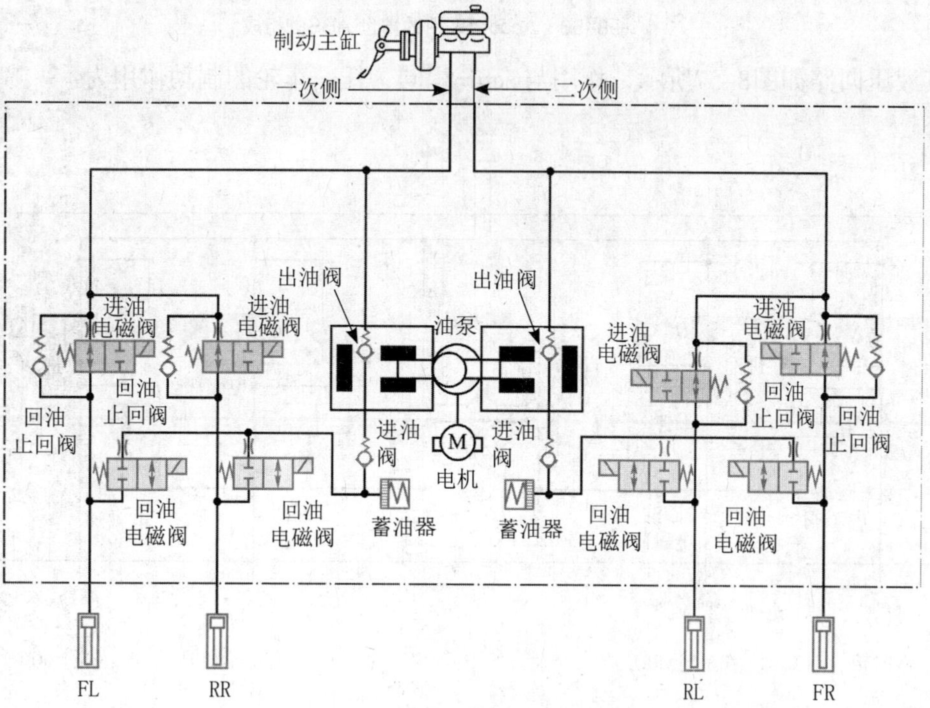

◆ 图8-55　Teana的ABS液压回路

售价较高的Teana，除了ABS/BAS/EBD外，还具有VDC/TCS功能， 但并没有单独设置VDC/TCS ECU，其控制程序是与ABS ECU整合在一起；ABS执行器(调压器)内，也多了4个电磁阀(合计电磁阀有12个)；整个ABS执行器与ECU，其外观、尺寸与只具有ABS/BAS/EBD功能的完全相同。为了区别，裕隆汽车部分数据在ABS ECU旁加注“VDC/TCS/ABS ECU”或直接写成“VDC/TCS/ABS ECU”。

5. 本田汽车Accord车型

图8-56所示为六代Accord车型采用的博世 ABS的组成，也是属于分离式，为低压循环式。

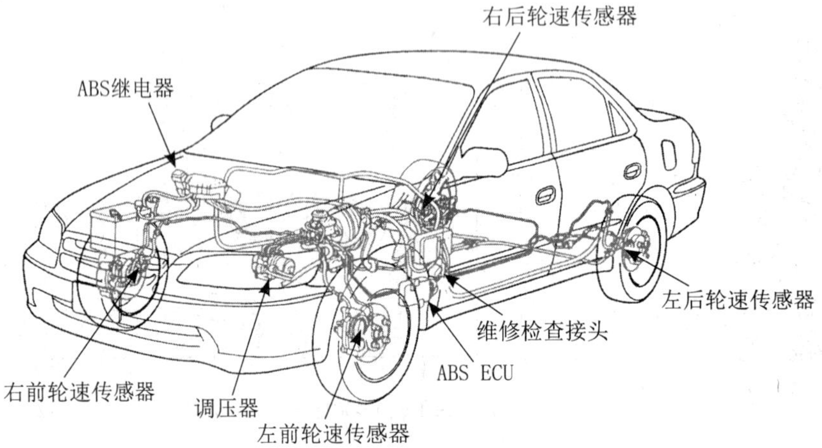

◆ 图8-56 Accord采用的博世 ABS的组成

其液压回路如图8-57所示，作用与Cefiro相同，任一车轮的制动作用为：

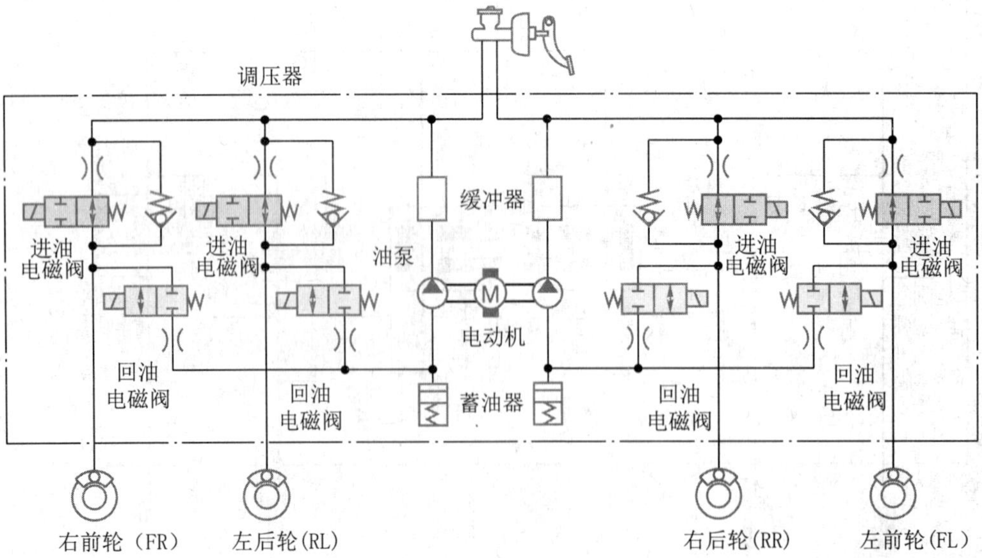

◆ 图8-57 Accord的博世 ABS的液压回路

（1）增压模式：进油电磁阀OFF (开)，回油电磁阀OFF(关)，制动主缸油压送至制动轮缸。

（2）保持压力模式：进油阀电磁ON (关)，回油电磁阀OFF(关)，制动轮缸中油压保持一定压力。

（3）减压模式：进油电磁阀ON (关)，回油电磁阀ON(开)，制动轮缸中制动液经回油阀流至蓄油器，再由油泵压出，经缓冲室回到制动主缸。

理论测试

一、判断题

1. 当车轮抱死，而车辆没有停止时，滑行率为零。 （ ）
2. 后轮抱死时，向心力几乎为零，容易产生甩尾现象。 （ ）
3. 当车轮的滑行率控制在理想滑行率附近时，制动力最小。 （ ）
4. ABS作用，当轮速比车速慢时，会控制在增加制动压力状态。 （ ）
5. 现代汽车采用整体式ABS较多。 （ ）
6. 博世(Bosch)ABS的三段式电磁阀，是柱塞在电磁阀内有三个作用位置。 （ ）
7. 博世(Bosch)ABS 2E型，已将调压器与ABS ECU组装在一起。 （ ）
8. 国产车采用博世(Bosch)ABS，其进油与回油电磁阀分别使用四个。 （ ）
9. 4传感器4回路式ABS，构造虽较复杂，但控制性能好。 （ ）
10. 分离式高压蓄油器型ABS的优点为作用精确。 （ ）

二、选择题

1. 理想的滑行率为______。

（A）0%　　（B）10%～20%

（C）30%～40%　　（D）50%～60%

2. 前轮向心力小甚至没有时，会造成______。

（A）车辆摆尾　　（B）甩尾

（C）车轮跳动　　（D）失去方向控制性

3. 车轮抱死时，下述______情形不会发生？

（A）胎面快速磨损　　（B）制动距离变长

（C）丧失方向操控性　　（D）前轮定位失准

4. 下述______不是调压器的其他名称？

（A）电子控制器　　（B）执行器

（C）控制阀总成　　（D）阀体总成

5. 将车轮转速信号送给计算机的是______。

(A)调压器　　(B)车速传感器

(C)轮速传感器　　(D)曲轴位置传感器

6. 分离式高压蓄压器型ABS，其油压可达______ kg/cm^2。

(A)5　　(B)50

(C)120　　(D)230

7. Nissan汽车具有VDC/TCS功能，其调压器内的电磁阀共有______个。

(A)4　(B)8　(C)10　(D)12

8. 博世(Bosch)ABS中，用以减少制动踏板振动的是______。

(A)缓冲室　(B)蓄油器　(C)电磁阀　(D)油泵

9. 调压器未与制动主缸安装在一起的，称为______ABS。

(A)附加式　(B)分离式　(C)循环式　(D)整体式

10. 采用二段式电磁阀的优点为______。

(A)可省去连接的导线及接头　(B)制动主缸压力较大

(C)调压器体积较小　(D)制动轮缸油压作用确实

三、简答题

1. 什么是制动力与向心力?
2. 滑行率何时为0与100%?
3. 车轮抱死时有哪些缺点?
4. 试述ABS的基本工作原理。
5. 试述ABS的功能。
6. 什么是选择低速控制?
7. 传感器4回路式ABS为四轮独立控制时，其优缺点是什么?
8. 试述博世ABS 5.0型在减压作用模式时各零件的功能。
9. 博世ABS 5.3型有哪些特点?
10. 试述Accord车型ABS在油压增加模式时的作用。

第9章

驱动力控制系统(TCS)及电子控制制动力分配系统(EBD)

9.1 驱动力控制系统(TCS)

一、概述

1. TCS的控制范围

如图9-1所示，轮胎的驱动力随滑行率的增加而变大，在*A*范围内驱动力最大，之后则随着滑行率的继续增加而变小，而向心力则随着滑行率的增加而减小。以行驶性能为优先的TCS控制，是以*A*范围为目标，可发挥最大驱动力，但轮胎向心力不足，方向控制性较差；若以向心力大为优先条件时，则无法获得有效的驱动力。

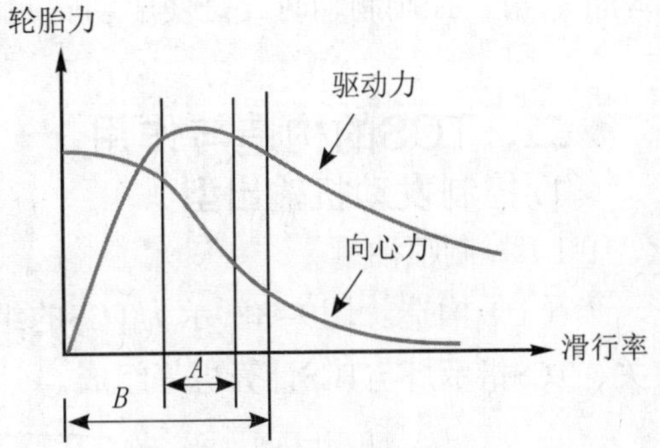

◆ 图9-1 TCS的控制范围

为同时兼顾上述两方面的优点，以*B*范围为目标，依据路面状况、转向盘转角及车身倾斜度等，由TCS计算机计算出最小滑行率的目标值，由100%驱动力至100%向心力，做最佳调配，使车辆在安全状况下，充分发挥其操控与运动性能，如图9-2所示。

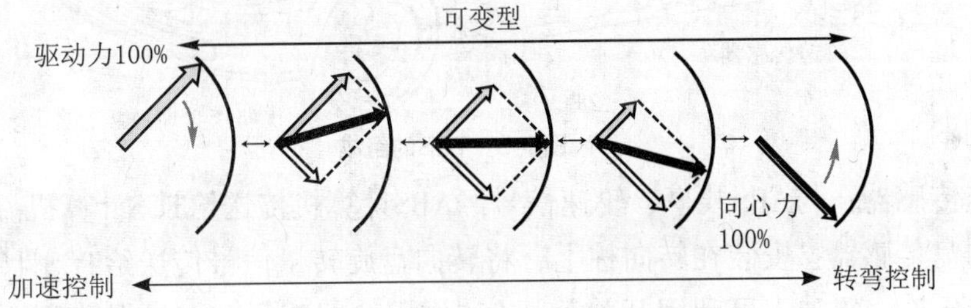

◆ 图9-2 驱动力与向心力的可变自动分配

2. TCS的功能

车轮的驱动力(推进力，Traction Force)超过摩擦力的限度时，轮胎因打滑的关系，将无法有效地将驱动力传达到路面，或造成车辆偏离方向，使车辆无法操控而发生危险。因此TCS的功用为：在摩擦力的限度内自动控制加速的驱动力，以避免打滑使轮胎磨损；维持转向的稳定性及操控性，提高行车安全。

TCS又称防滑控制系统或循迹控制系统，与ABS相比较，ABS是在制动时防止车轮抱死，以免发生滑行现象；而TCS是在湿滑路面起步或加速时防止驱动轮打滑，或在摩擦系数相差很大的非对称路面行驶时，防止单侧驱动轮打滑。

因此当车辆突然加速、突然降挡或行驶在不同摩擦系数的路面时，TCS会短暂启动。TCS作用期间，“SLIP”指示灯(Nissan汽车)会闪烁，告知驾驶人TCS正在启动中。

3. TCS的控制方式

TCS，又称TRC或TRAC，奔驰汽车称为ASR(Acceleration Slip Regulation，加速防滑)。

其控制分控制发动机、控制制动或两者合并一起三种控制类型。控制发动机时是控制其燃油喷射量、节气门开度或点火时间等，以降低发动机三种转矩类型，防止驱动轮打滑；控制制动时，是使驱动轮制动轮缸作用，以防止打滑。

二、TCS的构造与作用

1. 控制发动机输出型

1）控制喷油量。

（1）构造：图9-3所示为TCS的组成，由轮速传感器、转向盘传感器、TCS开关、TCS指示灯与TCS计算机等组成。

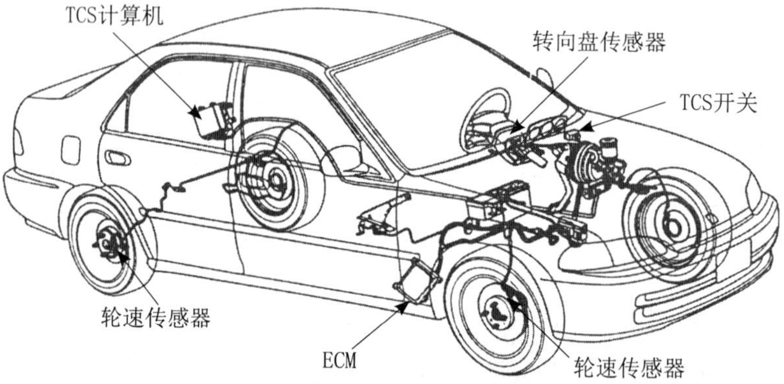

◆ 图9-3　TCS的组成

① 轮速传感器：与ABS共享，轮速信号经ABS计算机传送给TCS计算机。

② 转向盘传感器：安装在转向柱上，将转向盘旋转量信号传送给TCS计算机。

③ TCS开关：驾驶人可利用开关关闭TCS作用，但若行驶在易滑路面，TCS动作时，则无法解除TCS作用。

④ TCS指示灯：仪表板上TCS指示灯有两个。TCS作用时，TCS动作指示灯点亮；而在冷却液温度极低时，为保护发动机，TCS OFF指示灯点亮，TCS作用自动停止。

⑤ TCS警告灯：TCS具有故障安全(Fail Safe)功能，当系统有异常时，TCS警告灯会点亮，并停止TCS的动作，使整个系统回到一般状态的控制。

⑥ TCS计算机：TCS计算机依据各传感器传送的信号、车辆行驶状况、发动机的运转情况，当需要TCS产生作用时，TCS计算机会将信号传送给ECM，以控制发动机的输出。有些车型TCS计算机是与ABS计算机合装在一起控制。

（2）作用：图9-4所示为TCS的作用程序。

① 加速控制：TCS计算机根据各车轮传感器传送的信号，当被动轮转速与驱动轮转速相差超过一定比值时，TCS计算机判定驱动轮可能产生打滑现象，传送输出减少信号，即喷油量减少信号给ECM。

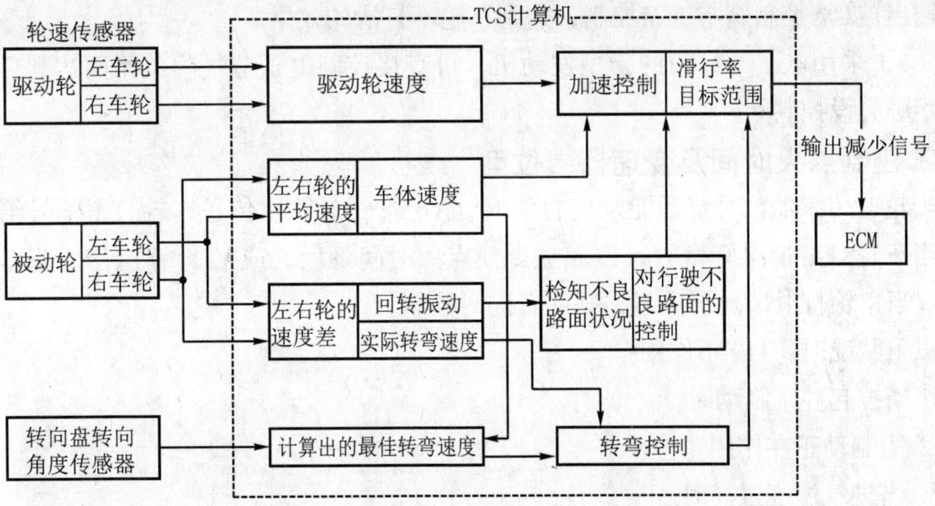

◆ 图9-4 TCS的作用程序

② 转弯控制：车辆转弯时，左、右被动轮会产生速度差，由此可测知实际车体的转弯速度；同时，由转向盘的角度与车速，可计算出驾驶人预期希望的转弯速度。如果这两个转弯速度差大时，TCS计算机作用，将滑行率控制在安全范围内，传送输出减少信号给ECM，使汽车能稳定转弯。

③ 不良路面控制：车辆在砂石路、轮胎抓地力较差的路面行驶时，如果让驱动轮适度打滑，有助于加强其驱动力的发挥，因此TCS计算机由车轮旋转的振动，与车体上下颠簸的频率，判断出是行驶在不良路面时，传送输出一定比例减少信号给ECM，以发挥较好的驱动力。

2）改变TCS控制阀开度。

（1）TCS控制阀安装在节气门前方，其总成构造如图9-5所示。

（2）平时TCS控制阀在全开状态，当TCS作用时，TCS ECU传送信号给TCS控制执行器及PCM，TCS控制阀关闭，如图9-6 b)所示，虽然节气门仍由驾驶人控制，但发

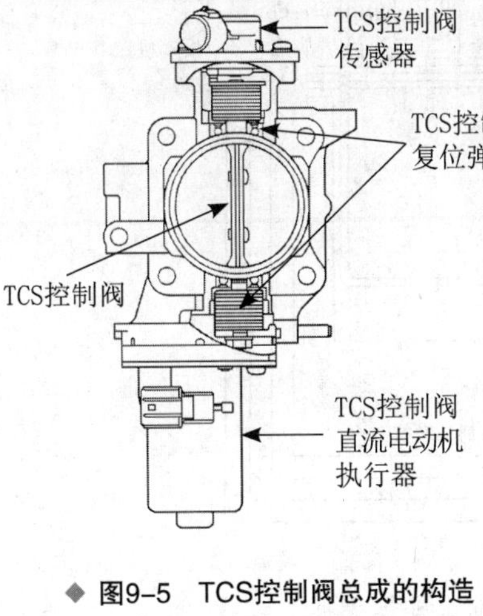

◆ 图9-5 TCS控制阀总成的构造

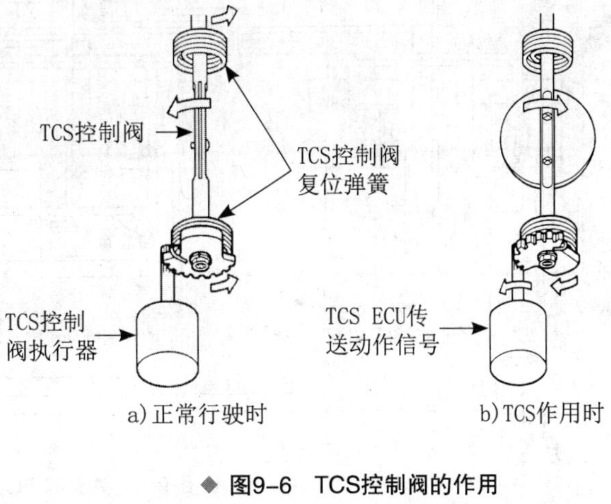

◆ 图9-6 TCS控制阀的作用

动机输出被TCS控制阀与PCM控制，达到车轮不打滑的效果。

（3）采用电子节气门的新型发动机，可直接控制电子节气门关闭而达到目的，因此不必另设控制阀。

2. 控制点火时间及变速器挡位型

当轮速传感器信号显示驱动轮打滑时，ABS/TCS计算机传送车轮打滑信号给ECM等，当车轮打滑情况轻微时，ECM立刻使点火时间延后，或AT计算机使变速器向上换挡；当车轮打滑情况严重时，则两者同时控制。

以下状况时，TCS不作用：

①当拉起驻车制动时。

② 当制动正在作用时。

③ 当进气温度过高时。

④ 当发动机冷却液温度过高时。

⑤ 当催化转换器温度过高时。

3. 控制发动机输出及驱动轮制动压力型（FR型）

1）概述

以丰田汽车公司的Lexus高级轿车采用的防滑控制系统为例，如图9-7所示，同时控制发动机输出及驱动轮制动力，因后轮传动，因此制动力是控制后轮。

TRC调压器内有主缸切断电磁阀、蓄压器切断电磁阀及储油器切断电磁阀三个电磁阀。

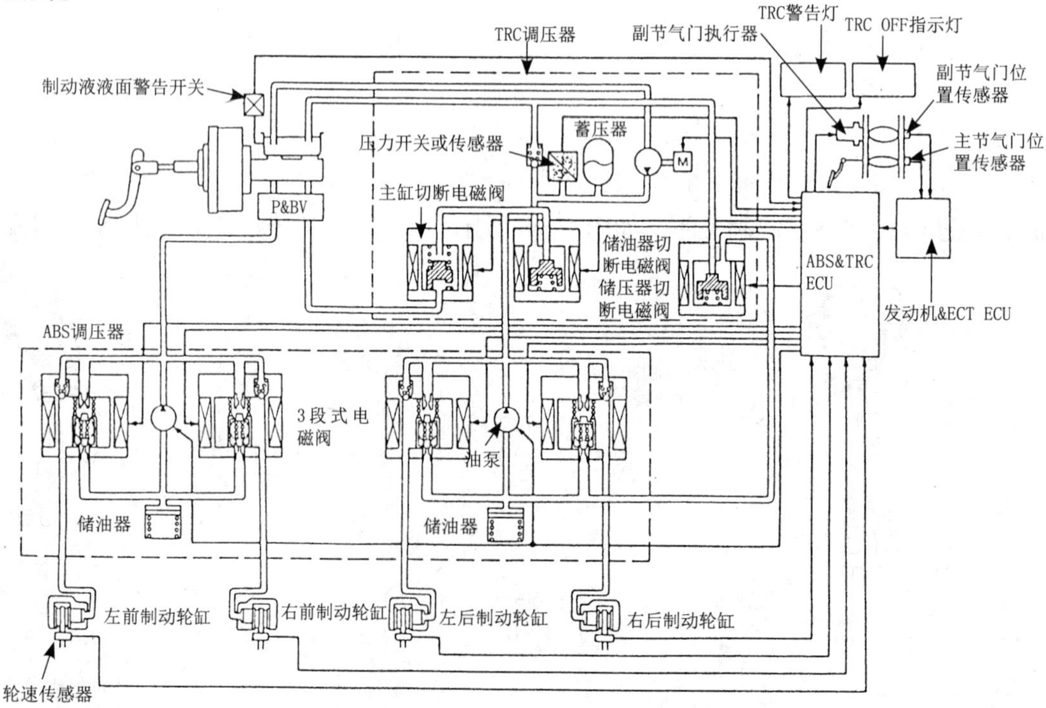

◆ 图9-7 ABS/TRC的组成及油压回路

2）发动机输出控制

在主节气门前方另设一组副节气门，在TRC作用时，关闭进气管的信道，以降低发动机的输出，防止车轮打滑。

当TRC不作用时，副节气门全开；当TRC作用时，根据驱动轮打滑情况的轻重，ABS/TRC ECU控制副节气门执行器，使副节气门半关或全关，以控制发动机输出，如图9-8所示。

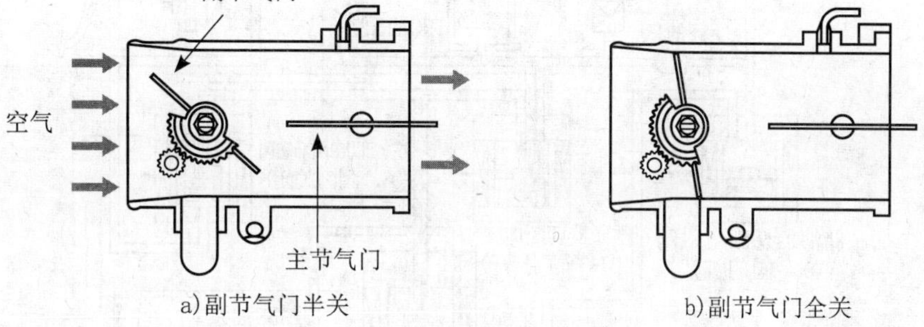

◆ 图9-8　副节气门的控制

3）驱动轮制动压力控制

（1）TRC无作用，正常制动时：TRC无作用时，TRC调压器内三个电磁阀均OFF，主缸切断电磁阀的阀门打开，其他两个阀门关闭。当踩下制动踏板时，油压经主缸切断电磁阀、ABS调压器内三段式电磁阀，送至后制动轮缸；放松制动踏板时，制动液循原路流回制动主缸，如图9-9所示。

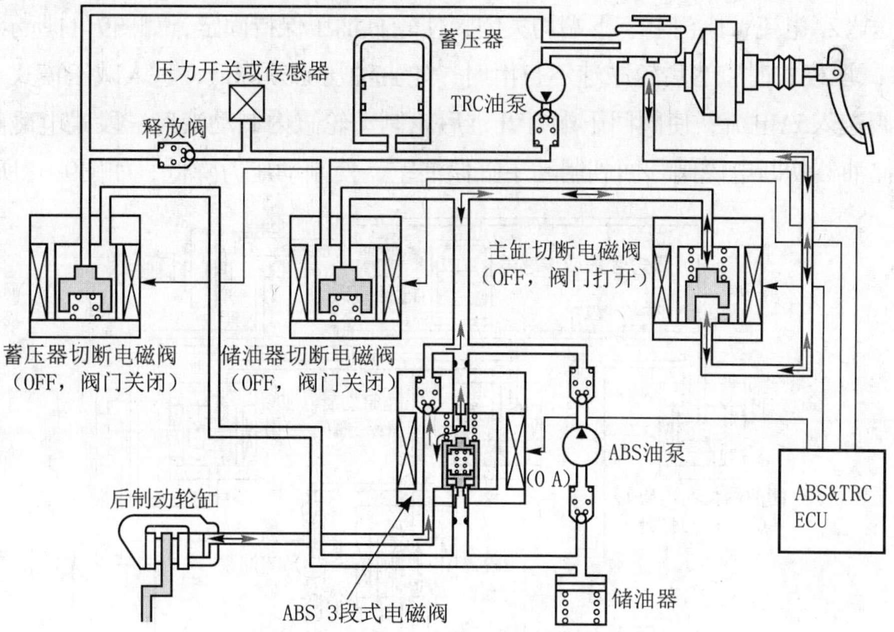

◆ 图9-9　TRC无作用，正常制动时的油压回路

（2）TRC作用时：在湿滑路面起步或加速，后轮打滑时，ABS/TRC ECU利用三种油压模式，分别控制两后轮的制动压力。

① 增压模式时：当任一后轮将打滑时，ABS/TRC ECU使TRC调压器内三个电磁阀均ON，同时ABS调压器内三段式电磁阀也在增压模式状态，因此蓄压器内制动液，经蓄压器切断电磁阀及三段式电磁阀，油压作用在后轮制动轮缸上，如图9-10所示。当压力开关传感到蓄压器内油压不足时，ABS/TRC ECU控制使TRC油泵作用，以建立一定的油压。

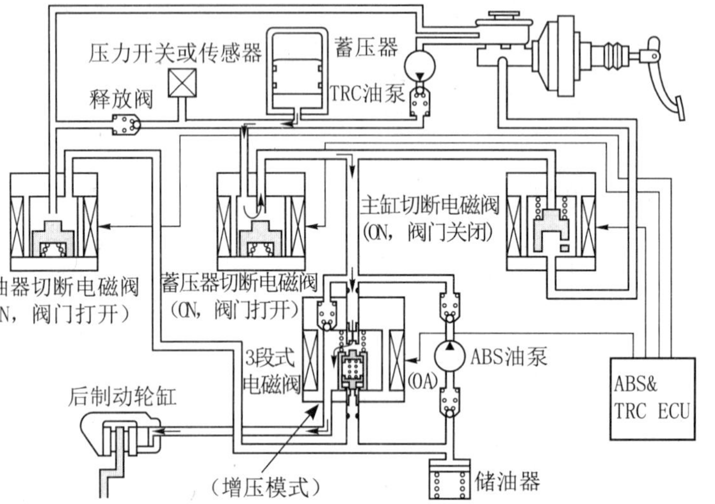

◆ 图9-10　TRC作用，增压模式时的油压回路

② 保持压力模式时：当后轮制动轮缸油压已增加或降低至所需值时，整个系统在保持压力模式状态，TRC调压器内三个电磁阀仍在ON状态，但ABS调压器内三段式电磁阀则送入2A电流，阀门上、下端均关闭，使轮缸油压保持固定，如图9-11所示。

③ 减压模式时：当后轮减速不打滑时，轮缸油压必须降低，进入减压模式，三段式电磁阀送入5A电流，使阀门下端打开，后轮制动轮缸内制动液经三段式电磁阀下端阀门、储油器切断电磁阀，回到制动主缸储油室，使制动压力降低，如图9-12所示。

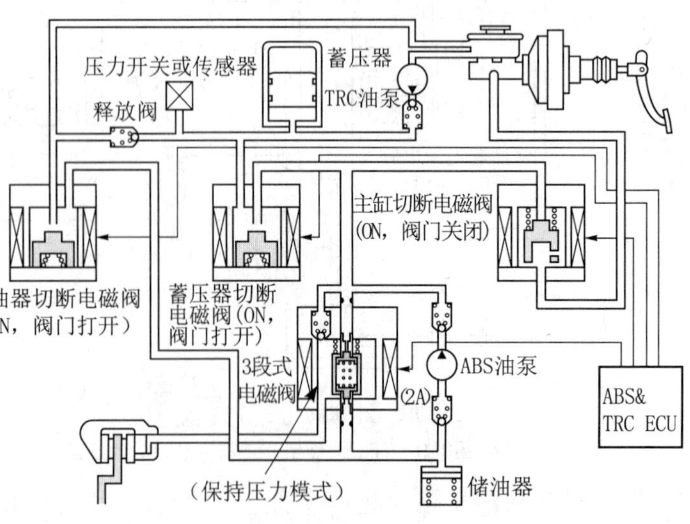

◆ 图9-11　TRC作用，保持压力模式时的油压回路

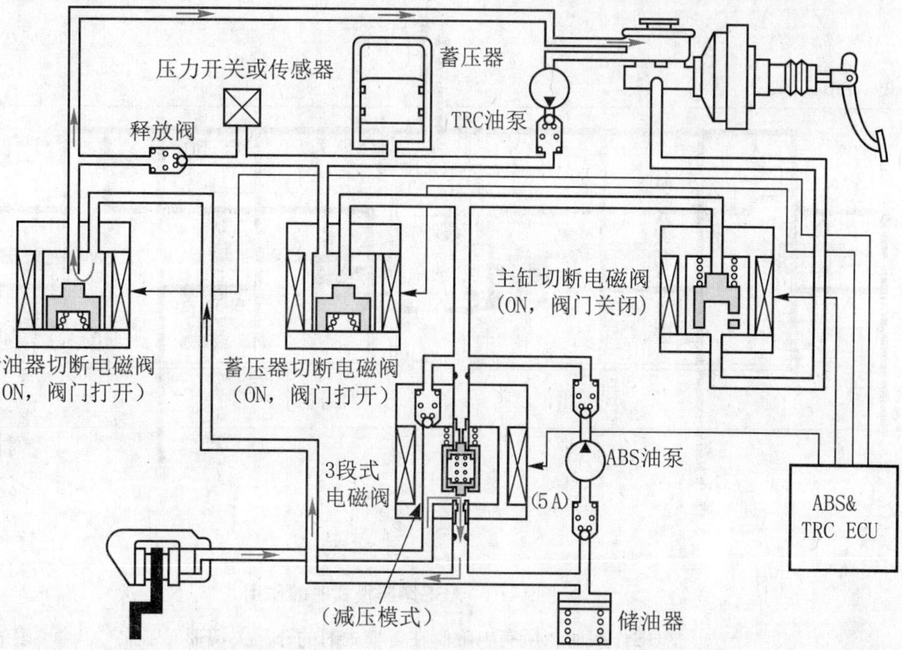

◆ 图9-12　TRC作用，减压模式时的油压回路

4. 控制驱动轮制动压力型(FF型)

1）概述

当从静止起步或车速低于40km/h再加速时，TCS ECU检测从PCM及各车轮传感器传送来的信号，若发现一个前轮转速高于其他车轮，则TCS ECU会计算出高于后轮转速3%～10%(按车速而定)的目标前轮转速，在小幅的打滑状态下，以产生最大的车轮牵引驱动力。

接着，TCS ECU使调压器作用，在打滑的车轮施加制动力。在低驱动力状况，例如一个前轮不动，而另一前轮自由打滑时，TCS的作用像是一个限滑差速器(Limited Slip Differential)，当牵引力加在打滑车轮时，限滑差速器将转矩转移到另一前轮，使车辆能顺利起步及加速。如果两个前轮驱动力均低时，制动力会施加在两个前轮上。

ABS/TCS调压器内，除原有的油泵、蓄油器、进油电磁阀及回油电磁阀外，另有TCS常开(Normally Open, NO)电磁阀及TCS常闭(Normally Close, NC)电磁阀。常开或常闭的意思是平常时打开或关闭，但必要时常开电磁阀会关闭，而常闭电磁阀会打开。本调压器为Bosch系统，除用在现今本田汽车外，也广泛用于许多其他车型。

以下先简单说明ABS的作用，再与TCS作用时比较两者间的差异。

2）ABS的作用

增压模式时的作用如图9-13所示。图中TCS NO表示TCS的常开电磁阀，TCS NC表示TCS的常闭电磁阀，IN表示进油电磁阀，OUT表示回油电磁阀。所有电磁阀在各模式时的开、关情形见表9-1。

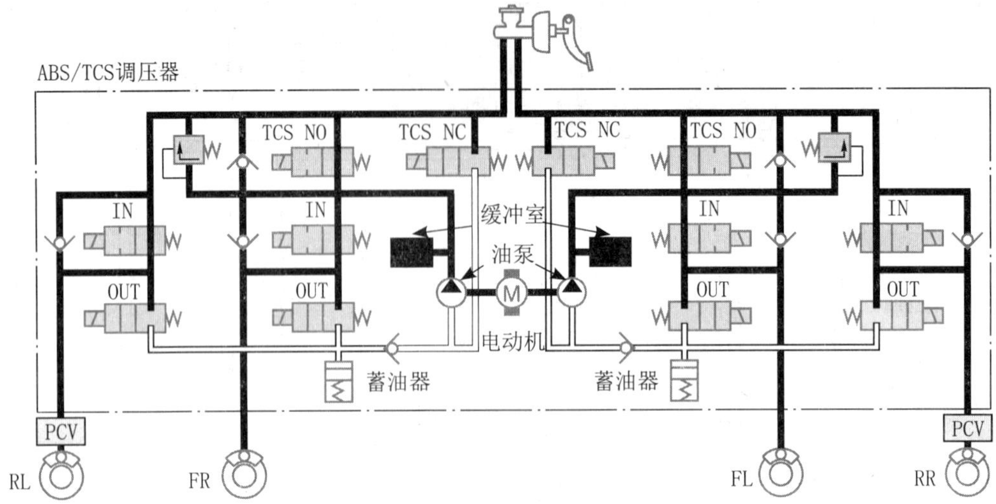

◆ 图9-13　ABS增压模式时的作用

ABS作用时，所有电磁阀在各模式时的开、关情形　　　表9-1

任一车轮的制动作用		TCS NO	TCS NC	IN	OUT	油泵
ABS作用时	增压	开	关	开	关	OFF
	保持压力	开	关	关	关	OFF
	减压	开	关	关	开	ON

保持压力模式时的作用如图9-14所示。

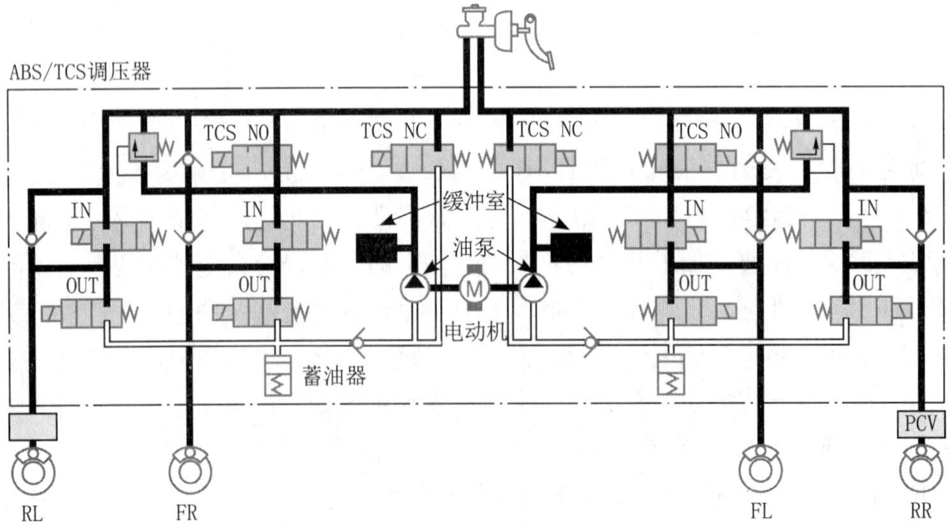

◆ 图9-14　ABS保持压力模式时的作用

减压模式时的作用如图9-15所示。此时油泵ON，从蓄油器吸出制动液，压油经由缓冲室，送回制动主缸。

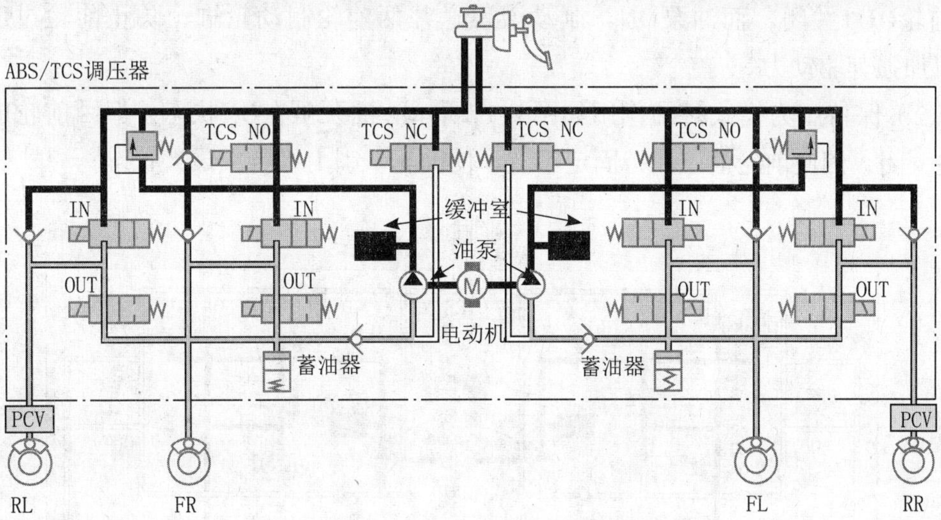

◆ 图9-15　ABS减压模式时的作用

3）TCS的作用(以FF车为例)。

（1）增压模式时的作用如图9-16所示。所有电磁阀在各模式时的开、关情形见表9-2。

油泵ON，蓄油器与制动主缸内的制动液被吸出，压油经由缓冲室送往前轮制动轮缸。此时油压为油泵打出的压力，不是制动主缸产生的油压。

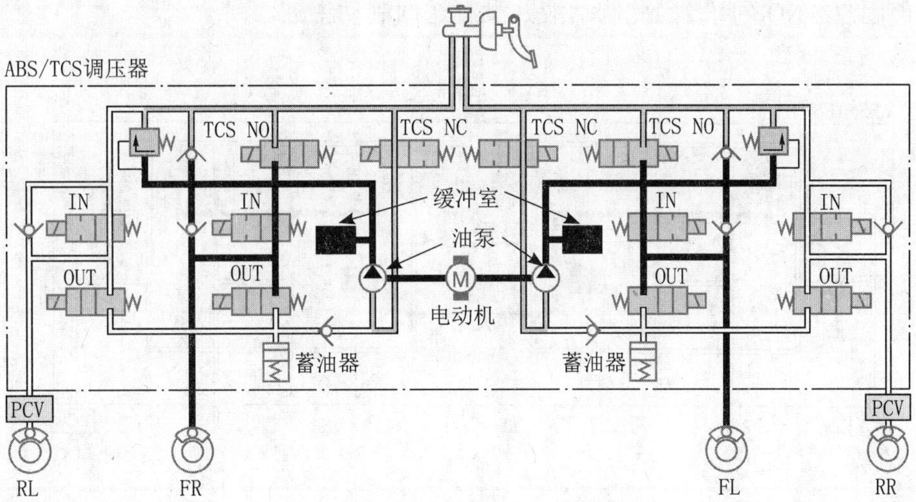

◆ 图9-16　TCS增压模式时的作用

TCS作用时，所有电磁阀在各模式时的开、关情形　　表9-2

两前轮的制动作用		TCS NO	TCS NC	前轮IN	前轮OUT	油泵
TCS作用时	增压	关	开	开	关	ON
	保持压力	关	开	关	关	ON
	减压	关	开	关	开	ON

注意与ABS增压模式时的不同处为：TCS NO关闭，TCS NC打开，仅前轮IN打

开，前轮OUT关闭，而油泵ON，制动液仅送往两前轮制动轮缸，防止前轮过度打滑，以加强其驱动力。

（2）保持压力模式时的作用如图9-17所示。油泵虽在ON状态，但因前轮IN及OUT均关闭，因此前轮油压保持固定不变，使前轮牵引力维持在最大状态。

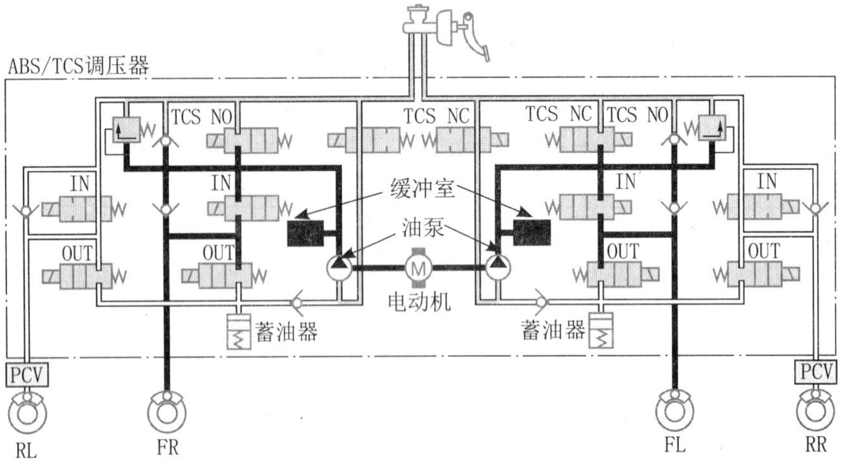

◆ 图9-17 TCS保持压力模式时的作用

（3）减压模式时的作用如图9-18所示。前轮OUT打开，而油泵ON，因此前轮轮缸内制动液流回蓄油器，使前轮转速增加，以提高其牵引力。注意此时油泵虽在ON状态，但因TCS NO关闭，因此制动液并没有送回制动主缸。

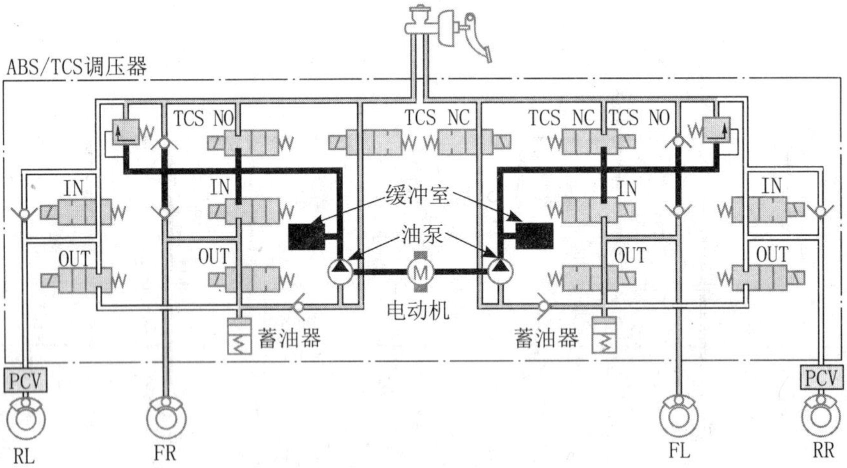

◆ 图9-18 TCS减压模式时的作用

（4）速度、制动压力与ABS/TCS调压器间的关系如图9-19所示。

当前轮转速高出车速很多时，TCS NC打开，TCS NO关闭，油泵ON，以增加前轮制动轮缸油压；当前轮转速下降时，前轮IN暂时关闭，以维持前轮一定的油压；当前轮转速再次降低时，前轮OUT暂时打开，以减少前轮的油压。

注意图上的ON或OFF，并不是代表电磁阀打开或关闭，而是表示通电与否，不同的电磁阀通电时，有的阀门是打开的，而有的阀门是关闭的；同样的，不同的电磁阀不通电时，有的阀门是打开的，而有的阀门是关闭的。

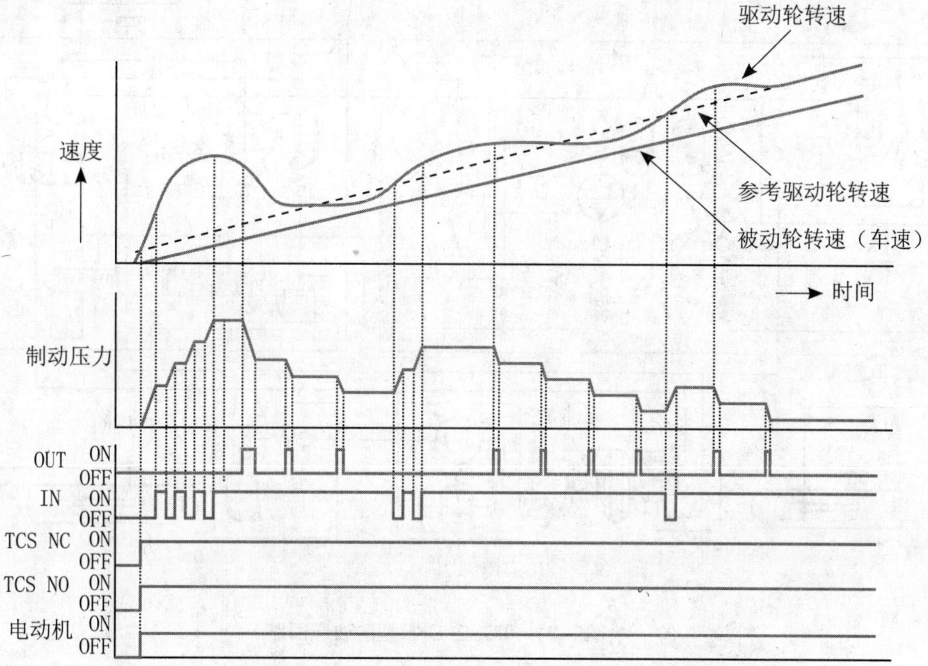

◆ 图9-19 速度、制动压力与ABS/TCS调压器间的关系

5. 博世公司TCS的分类

1）TCS2-DKB型(发动机及制动控制型)

TCS与ABS 2S型结合一起控制，DK(Drossel klappe)之意即发动机控制，B(Braking)之意即制动控制，图9-20所示为ABS/TCS2的组成，由轮速传感器、ABS调压器(ABS Hydraulic Pressure Modulator)、TCS调压器(TCS Hydraulic Pressure Modulator)、ABS/TCS ECU、ETC ECU等组成。

发动机控制是利用电子发动机动力控制(Electronic Engine-Power Control, ETC) ECU，在驱动轮将要打滑时，以伺服电动机直接使节气门关闭一定角度，减少发动机输出。ETC即通常所称的电子节气门。

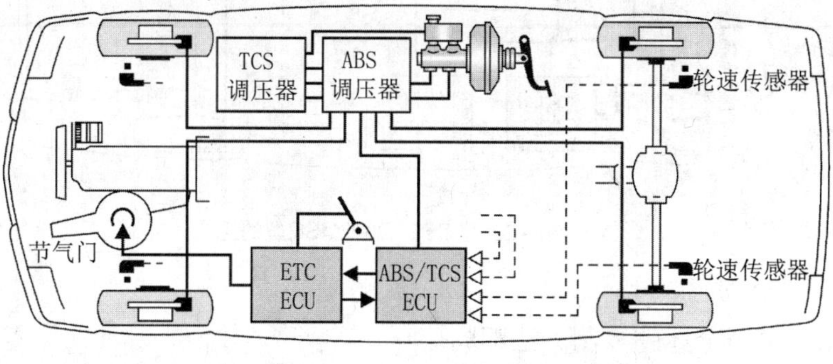

◆ 图9-20 TCS2-DKB型的组成

制动控制时，图9-21所示为TCS2-DKB型的油压回路。

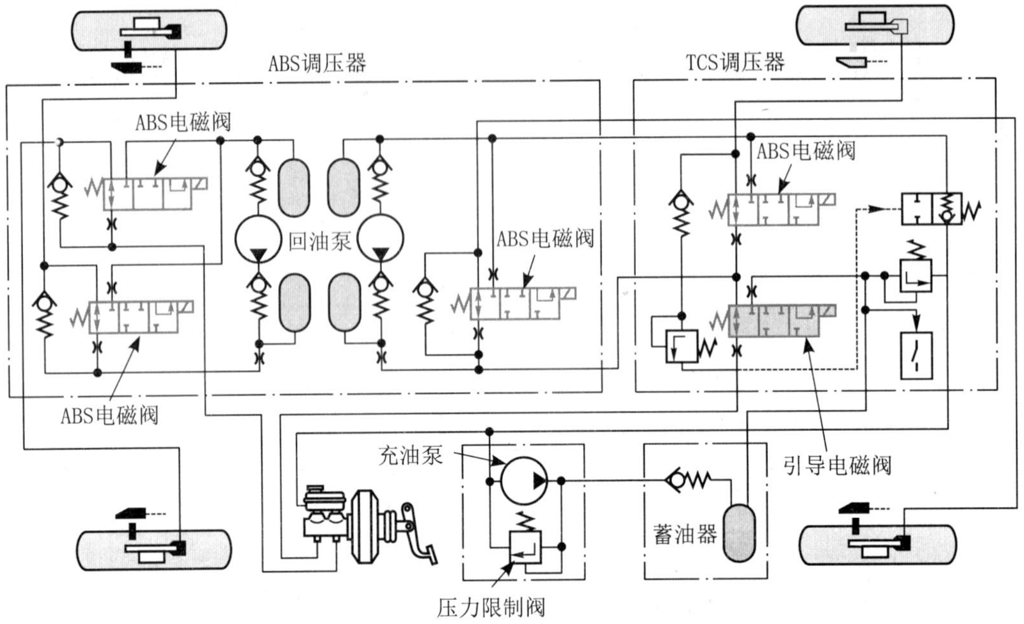

◆ 图9-21　TCS2-DKB型的油压回路

（1）从正常制动作用至TCS作用期间，利用引导电磁阀(Pilot Valve)的开闭，使充满制动液的蓄油器，油压作用在制动轮缸上，配合ABS调压器内的三段式电磁阀，进行增压、保持压力、减压等作用，以防止驱动轮打滑。

（2）回油泵在TCS作用期间持续动作，以帮助制动轮缸的制动液流回蓄油器。当ABS及TCS均不作用时，充油泵(Charging Pump)压油回充至蓄油器。

2）TCS2-DKZ/MSR型(发动机控制型)

TCS也是与ABS 2S型结合一起控制，图9-22所示为ABS/TCS2的组成。

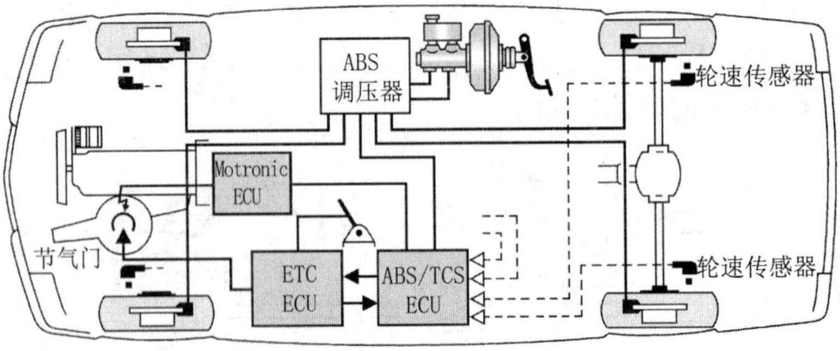

◆ 图9-22　TCS2-DKZ/MSR型的组成

发动机控制分成三部分：

（1）DK——与上述的控制方法相同。

（2）Z——点火时间控制，当驱动轮有打滑的倾向时，使点火时间延后。

（3）MSR——发动机制动转矩控制(Engine Drag-Torque Control)。当在滑溜路面变速器降挡或节气门突然关闭时，会造成太大的发动机制动力加在驱动轮上，因此利用Motronic ECU，使节气门稍微打开，提高发动机转矩，以减少发动机制动力，并保持车辆稳定性。

3）TCS 5型(发动机及制动控制型)

TCS 5型的最大特点为ABS调压器与TCS调压器组合为一体，如图9-23所示，用于交叉型油压系统。调压器内的进油电磁阀(Intake Valve)、回油电磁阀(Oultet Valve)、吸油电磁阀(Suction Valve)及引导电磁阀(Pilot Valve)的作用如图9-24所示，在TCS作用期间，吸油电磁阀通电打开，由于孔道很大，制动液容易从制动主缸流出。

发动机控制与上述相同，可进行节气门、点火时间及制动转矩控制。TCS搭配ESP，2009年已发展至第八代，即TCS/ESP 8。

在ABS与TCS中，常提到使用二段式或三段式电磁阀，油压回路图上有时会以2/2阀或3/3阀标示，2/2意为阀与两个油管连接及有二段位置变化，3/3意为阀与三个油管连接及有三段位置变化。3/3阀早期使用较多，现已被体积小的2/2阀取代。

4）TCS 5型(发动机控制型)

只进行发动机控制，因此无TCS调压器，即无吸油电磁阀及引导电磁阀等。

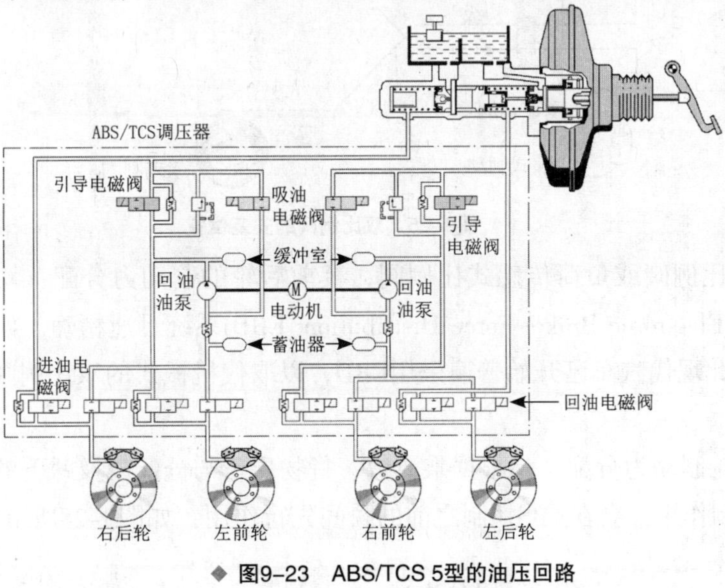

◆ 图9-23　ABS/TCS 5型的油压回路

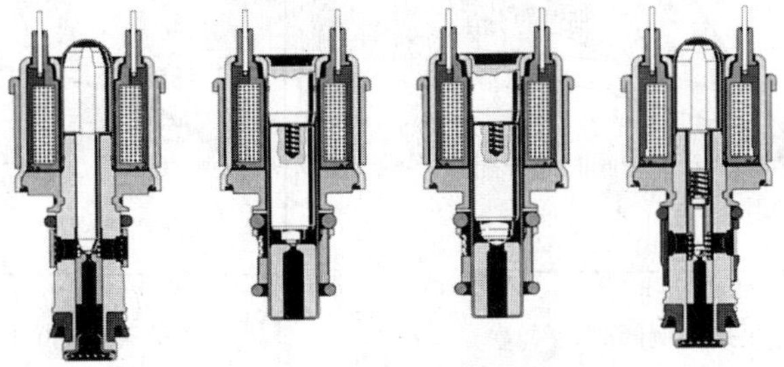

◆ 图9-24　不通电时各电磁阀的作用

9.2 电子控制制动力分配系统(EBD)

一、概述

1. EBD概述

以往的汽车，是在制动主缸出口处，或在通往后轮的制动油管上，安装比例阀(Proportioning Valve, P–Valve)，图9–25所示为双比例阀的安装位置。在踩制动踏板时，使后轮制动力比前轮低，以免因车辆重心前移，使后轮负荷减轻，若此时前轮、后轮油压都相同时，会造成后轮抱死，发生侧滑、甩尾的情形。

除了一般常用的双比例阀之外，商用车也有采用负荷传感式比例阀(Load Sensing Proportioning Valve, LSPV)的，除了一般比例阀的功能外，也能根据汽车载质量的变化自动调整作用在后轮的油压，车辆无负荷时油压低，以免后轮打滑；有负荷时油压高，以缩短制动距离。

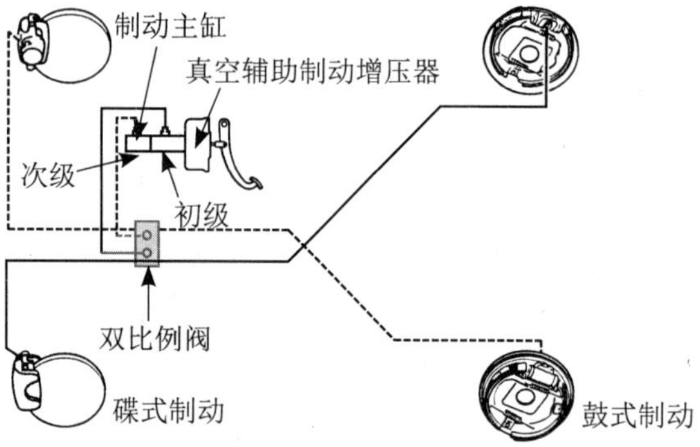

◆ 图9–25　双比例阀的安装位置

但不论双比例阀或负荷传感式比例阀，其前后轮的制动力分配，均不如电子控制制动力分配(Electronic Brake–Force Distribution, EBD)系统迅速精确，如图9–26与图9–27所示。因此现代汽车已开始普遍采用EBD，以取代机械式的双比例阀及负荷传感式比例阀等。

EBD的后轮制动力分配，是根据乘员数、货物质量与分配以及踩下的制动力等而定。EBD的控制作用，会在ABS控制之前的瞬间先行作用，如图9–28所示。

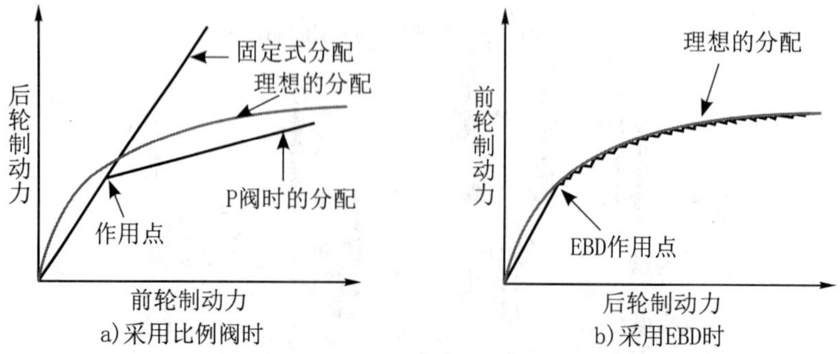

◆ 图9–26　采用比例阀及EBD的比较(一)

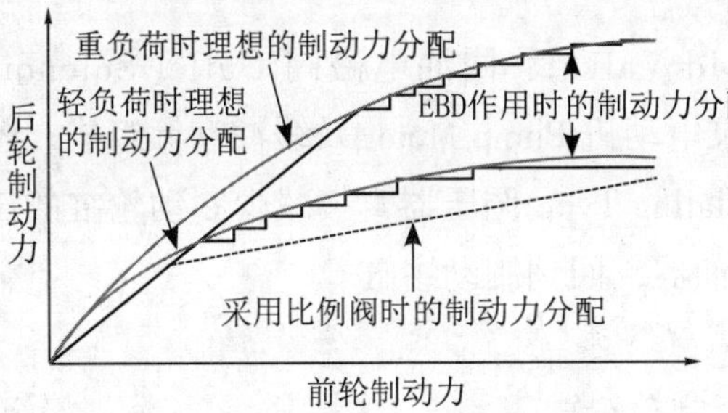

◆ 图9-27　采用比例阀及EBD的比较(二)

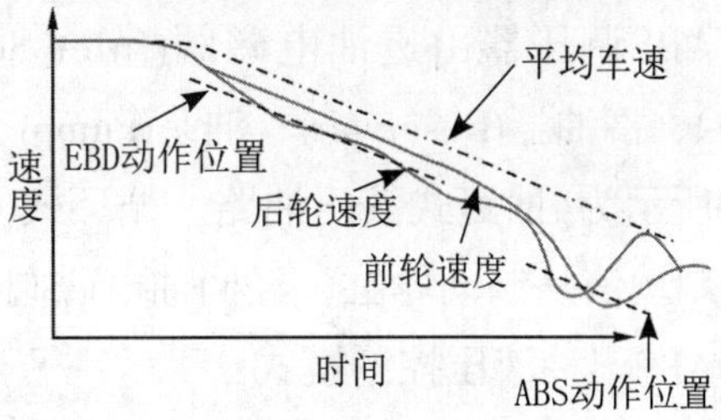

◆ 图9-28　EBD比ABS先作用

某些汽车是以电位计检测后轮悬吊杆臂的角度变化，将信号传送给计算机，以推算后轮负载，进而决定后轮制动力分配值。因此改装汽车时，若更换不同长度弹簧，以致车身高度产生变化，计算机会发生误判状况。

EBD又称Electronic Brake Distributing，或称电子控制制动比例(Electronic Brake Proportioning, EBP)系统。

2. EBD的功能

当踩制动踏板时，ABS/EBD ECU根据车辆前后负载的变化，即前后轮的转速差，将控制信号传送给调压器，以调节前、后轮适当的制动力分配，或减速时根据车辆前、后负载的变化，调节后轮的适当制动力，以防止后轮抱死打滑失控，减少轮胎及制动片磨损，及获得最好的制动效率。EBD的控制如图9-29所示。

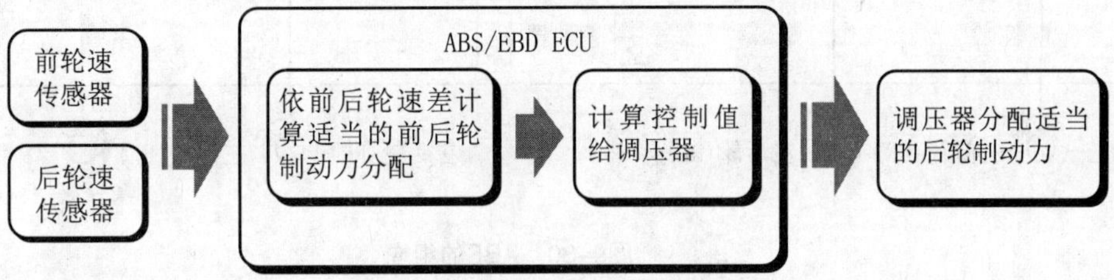

◆ 图9-29　EBD的控制

甚至有一些汽车工程师相信，EBD可使车辆更迅速停住。另外在转弯制动时，依据左、右轮的转速差，调节各车轮不同的制动力，可避免转向过度。

二、EBD的构造与作用

1. 本田汽车的EBD

1）概述

EBD本身无调压器，是利用ABS的调压器及其内部的电磁阀，再附加控制逻辑于ABS，即控制程序做适当变更，即可进行EBD控制。以本田汽车第七代思域为例，其ABS/EBD ECU是与调压器合装在一起，为德国博世(Bosch)系统。

以下先简单说明ABS调压器的构造与作用，再介绍EDB系统的作用。

2）ABS调压器的构造与作用

ABS调压器由进油电磁阀(Inlet Solenoid Valve)、回油电磁阀(Outlet Solenoid Valve)、蓄油器(Reservoir)、油泵(Pump)、油泵电动机(Pump Motor)及缓冲室等组成，图9-30所示为4回路式液压油路。循环式(Circulating Type)调压器直接减少制动轮缸的压力，制动液从制动轮缸，经回油电磁阀、蓄油器，回到制动主缸。

ABS三种液压控制模式：

（1）增压模式：制动主缸制动液被压至制动轮缸。

（2）保持压力模式：制动轮缸内油压被进油电磁阀及回油电磁阀限制在制动轮缸内。

（3）减压模式：制动轮缸内制动液经回油电磁阀流至蓄油器，此时油泵ON，蓄油器内制动液被泵出，经缓冲室，回到制动主缸。

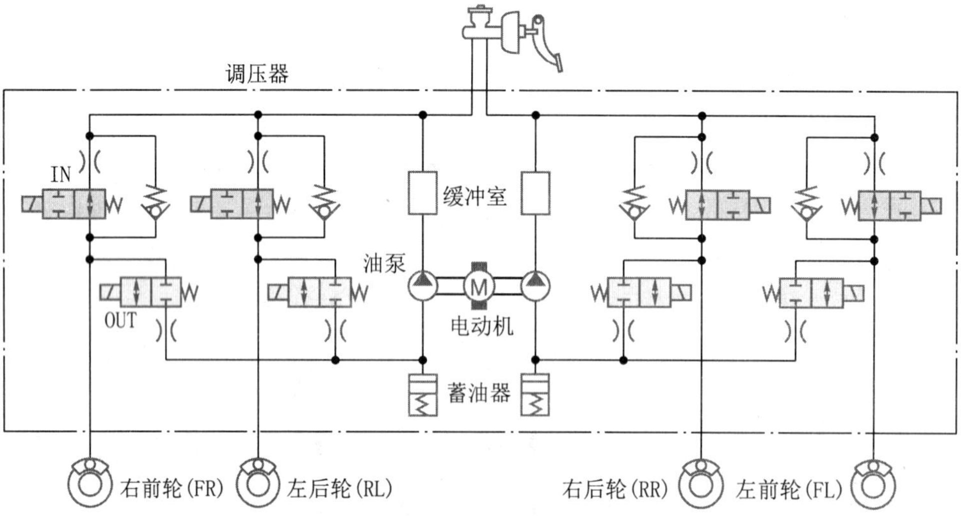

◆ 图9-30 ABS的组成

三种液压控制模式时阀门的开、关情形见表9-3。

ABS三种液压控制模式时阀门的开、关情形 表9-3

作用模式	进油电磁阀	回油电磁阀	油泵
增压模式	OFF（开）	OFF（关）	OFF
保持压力模式	ON（关）	OFF（关）	OFF
减压模式	ON（关）	ON（开）	ON

注：从Cefiro、Teana、Accord至Civic，因都是采用Bosch ABS，因此在各种作用模式时，其进油电磁阀、回油电磁阀的开、关情形都是相同的。

当轮速迅速下降低于车速时，回油电磁阀短暂ON(开)，以减少制动轮缸内压力，油泵此时开始ON；当轮速恢复时，进油电磁阀短暂OFF(关)，以增加制动轮缸压力，如图9-31所示。

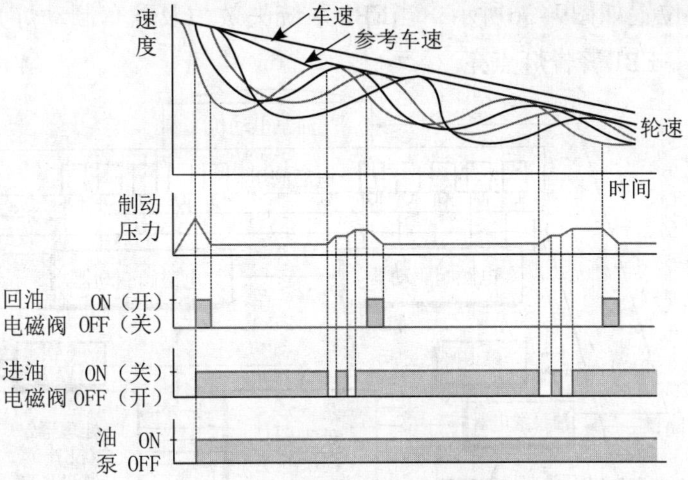

◆ 图9-31　ABS的作用

3）EBD的作用

踩制动踏板减速，当后轮转速低于前轮转速时，进油电磁阀ON(关)，为油压保持状态；若后轮转速更进一步降低时，回油电磁阀短暂ON(开)，以减少后轮制动压力；当后轮转速恢复时，进油电磁阀短暂OFF(开)，以增加后轮制动压力，如图9-32所示。此期间油泵不作用。

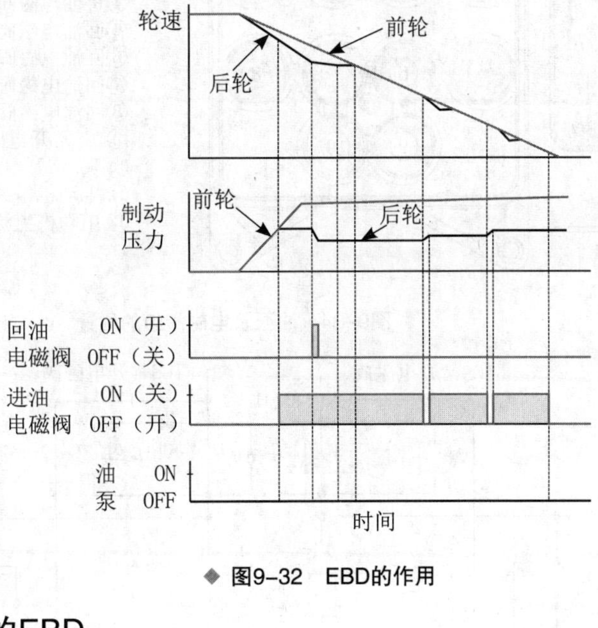

◆ 图9-32　EBD的作用

2. 现代汽车的EBD

1）概述

现代汽车的EBD也是由ABS ECU控制，借由软件的扩充以提升整体的控制功能。

图9-33所示的HECU(Hydraulic and Electronic Control Unit)，在10个电磁阀中，有8个电磁阀是属于ABS并附加EBD共同控制。油泵及电磁阀组的侧面组成如图9-34所示。油压回路如图9-35所示，IN代表进油电磁阀，OUT代表回油电磁阀。驻车制动及

EBD警告灯的位置如图9-36所示，当EBD系统失效，及驻车制动灯开关ON、或制动液液面过低时，EBD警告灯点亮。

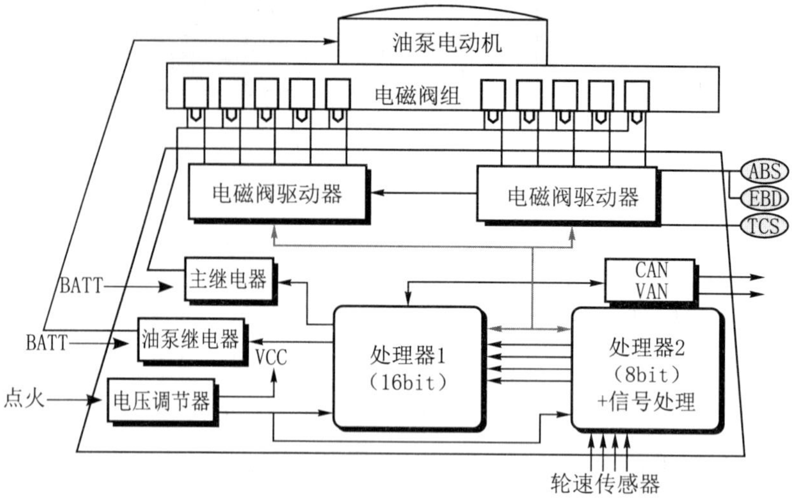

◆ 图9-33 HECU的组成

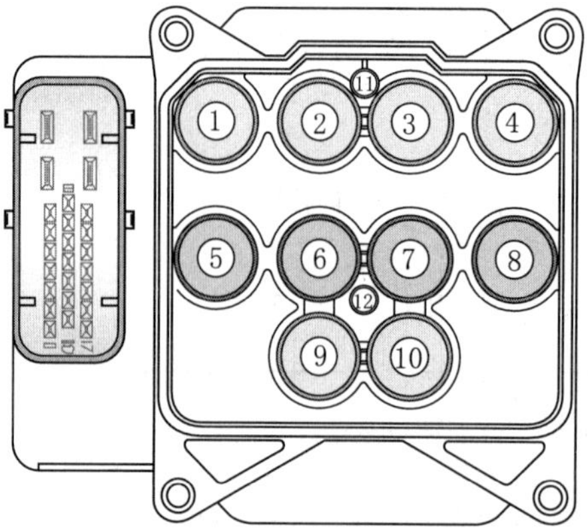

①进油电磁阀（FL）
②进油电磁阀（RR）
③进油电磁阀（RL）
④进油电磁阀（FR）
⑤回油电磁阀（FL）
⑥回油电磁阀（RR）
⑦回油电磁阀（RL）
⑧回油电磁阀（FR）
⑨TCS常开电磁阀（R）
⑩ TCS常开电磁阀（L）
⑪ 电动机搭铁端
⑫ 电动机电源端

◆ 图9-34 油泵及电磁阀组的位置

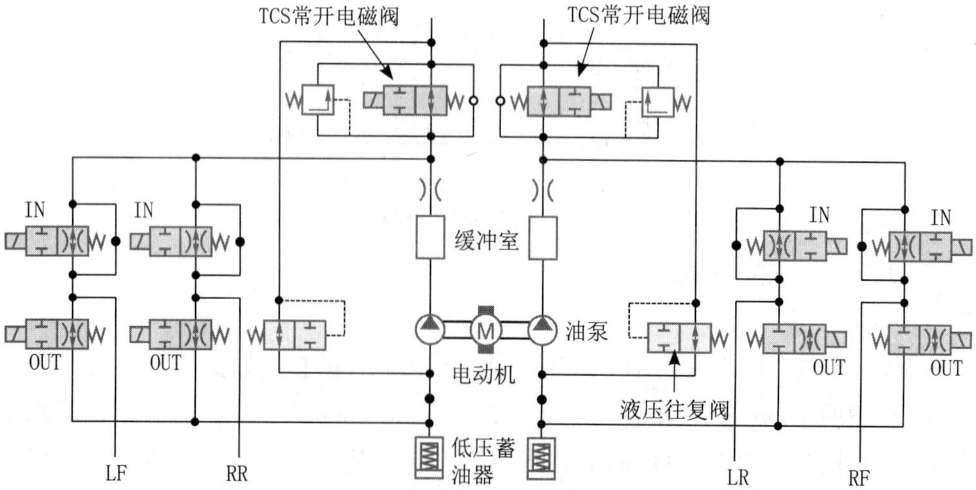

◆ 图9-35 油泵及电磁阀的油压回路

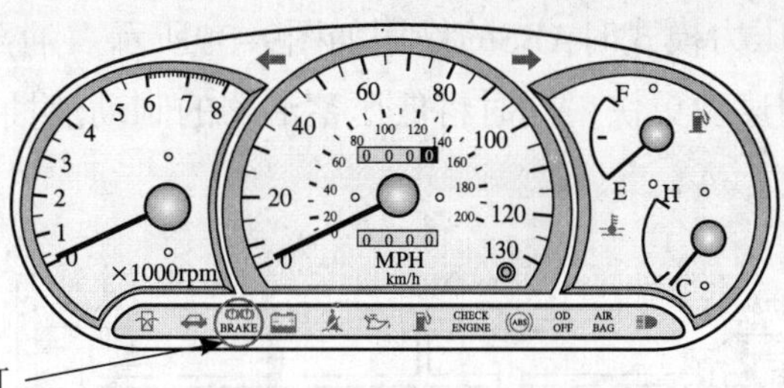

◆ 图9-36　EBD警告灯的位置

以下先说明ABS的作用，再与EBD作用时比较两者间的差异。

2）ABS的作用

（1）正常制动时ABS的作用如图9-37所示。ABS使用低压蓄油器及高压蓄油器，油泵为二段式，高油压时，可让制动速度更快，作用更精准。

（2）增压模式时ABS的作用如图9-38所示。油泵ON，与高压蓄油器同时提供高压，让制动作用快且准确。

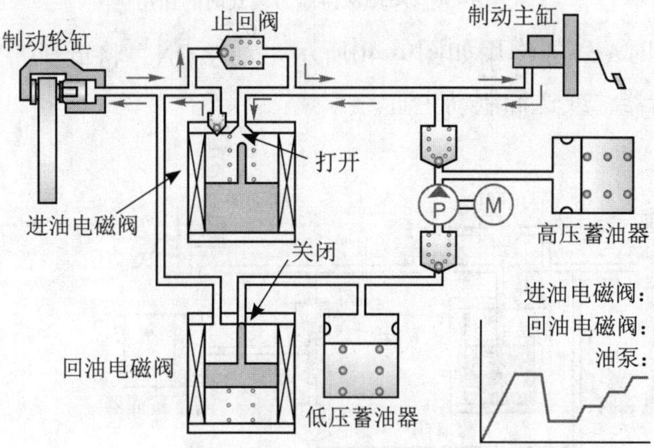

◆ 图9-37　正常制动时ABS的作用

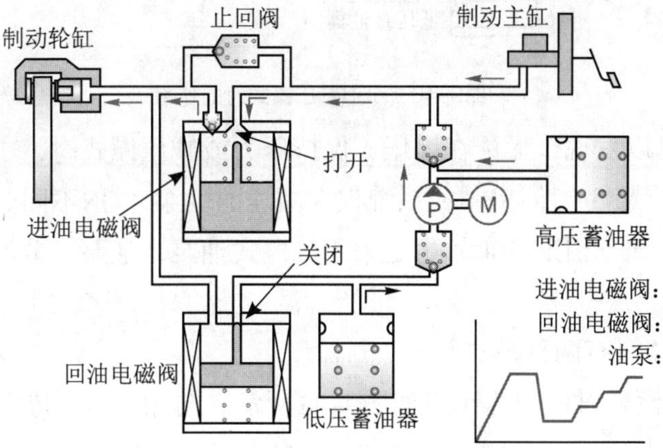

◆ 图9-38　增压模式时ABS的作用

（3）保持压力模式时ABS的作用如图9-39所示。油泵ON，提供较低油压，以备下次增压时作用速度更快，同时将低压蓄油器的制动液抽出，以备下次若减压时，作用速度也可加快。

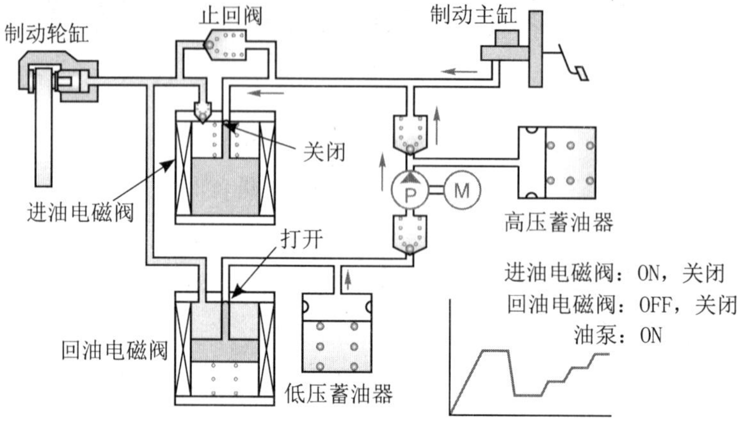

◆ 图9-39　ABS保持压力模式时的作用

（4）减压模式时ABS的作用如图9-40所示。油泵ON，将低压蓄油器制动液吸出，并压入高压蓄油器，或送回制动主缸。

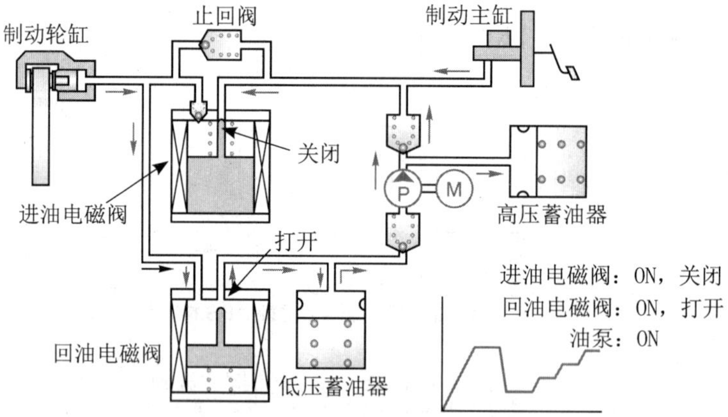

◆ 图9-40　ABS减压模式时的作用

由以上的说明可以发现，无论在增压、保持压力或减压模式时，二段式油泵均在ON状态，与前面章节ABS中所述Bosch系统仅在减压时油泵才ON不同。事实上较新的Bosch ABS，如奔驰汽车使用的SBC，也是采用二段式油泵，油泵部分的作用与现代汽车大致相同。

3）EBD的作用（只有两种模式）。

（1）保持压力模式时EBD的作用如图9-41所示。与ABS的保持压力模式作用不同的是油泵为OFF状态。

（2）减压模式时EBD的作用如图9-42所示。与ABS的减压模式作用不同的也是油泵为OFF状态。

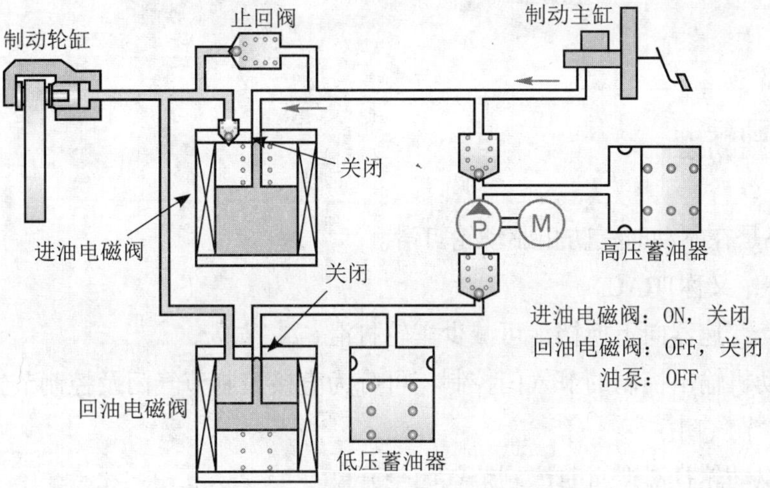

◆ 图9-41　保持压力模式时EBD的作用

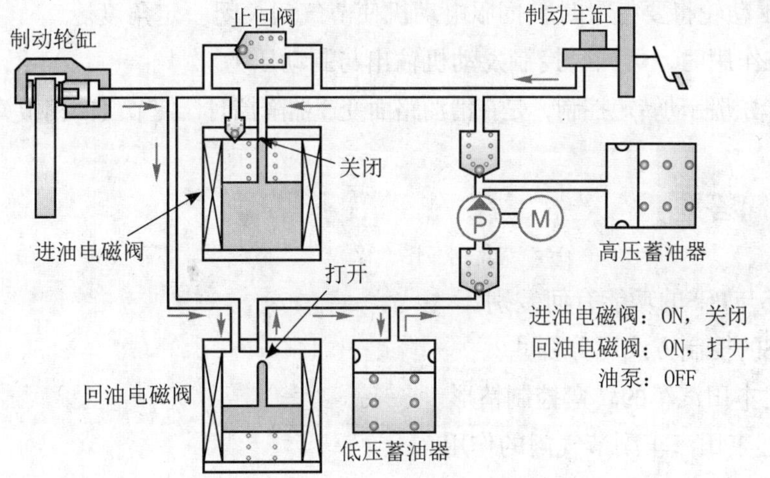

◆ 图9-42　减压模式时EBD的作用

理论测试

一、判断题

1. TCS是在制动时，防止驱动轮打滑。 ( )
2. TCS，又称TRAC。 ( )
3. 自动变速器向下换挡，可减少车轮打滑。 ( )
4. 发动机输出控制的节气门控制，可分为直接控制节气门及控制节气门前方另一节气门。 ( )
5. 当驱动轮打滑严重时，副节气门全开。 ( )
6. Bosch TCS2-DKB型的最大特点为ABS调压器与TCS调压器组合为一体。 ( )
7. TCS控制发动机时，可控制点火正时、喷油量、节气门等。 ( )
8. 当驱动轮将要打滑时，伺服电动机使节气门关闭一定角度。 ( )
9. TCS作用时，可同时控制发动机输出与制动压力。 ( )
10. 发动机制动转矩控制，是在滑溜路面变速器降挡时，使节气门稍微关闭。 ( )

二、简答题

1. ABS与TCS的功能有何差别？
2. TCS的控制方式可分哪些？
3.试述本田汽车的转弯控制情形。
4. 试述丰田汽车副节气门的作用。
5. 试述ETC ECU的作用。
6. 什么是发动机制动转矩控制？
7. 试述本田汽车公司采用Bosch系统的ABS/TCS调压器的构造。
8. 试述本田汽车公司采用Bosch系统的ABS/TCS调压器与速度、制动压力间的关系。
9. 比例阀有何功用？
10. 负荷传感式比例阀有何功用？
11. 试述EBD的功能。
12. EBD如何配合ABS控制？
13. 当制动减速，后轮转速低于前轮转速时，试述EBD的作用。

第10章

制动力辅助系统(BAS)

10.1 概　　述

一、BAS的由来

由实验显示，在一般道路开车，当需要紧急制动时，多数驾驶人刚开始踩下制动踏板的速度很快，但力不足，如图10-1中的a曲线所示，驾驶人在整个制动过程中，施加在制动踏板的力不足。

而在犹豫制动(Hesitant Brake)时，刚开始踩下制动踏板的力不足，接着再缓慢增加，如图10-1中的b曲线所示。

为了改善上述的缺点，设计了制动力辅助系统(Brake Assist System, BAS)，以达到图10-1中的c曲线所示的作用，在极短时间(约0.2s)内，减速度即可达10 m/s^2。法国雷诺(Renault)、标致(Peugeot)、雪铁龙(Citroen)等汽车厂家称该系统为紧急制动辅助(Emergency Brake Assist, EBA)系统。

BAS是一个主动式安全系统(Active Safety System)，当紧急制动驾驶人迅速踩下制动踏板时，BAS主动作用。BAS由制动踏板踩下速度的快慢，以判断是否为紧急制动状态，然后在制动增压器内的电磁阀作用，全力增压，以进行制动作用。图10-2所示为有、无BAS时产生制动力的差异。

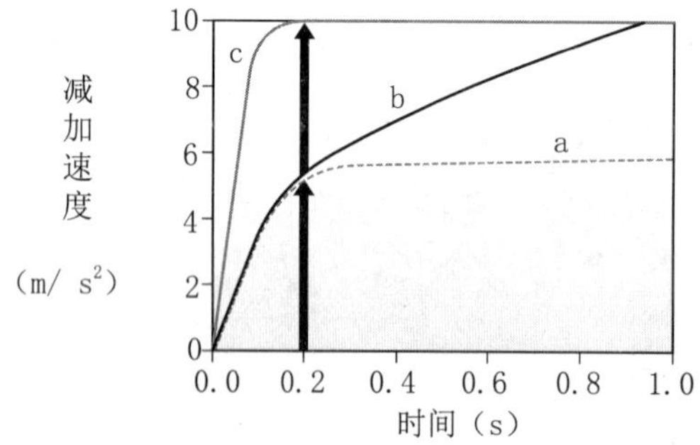

◆ 图10-1　不同状况时车辆减速度的变化

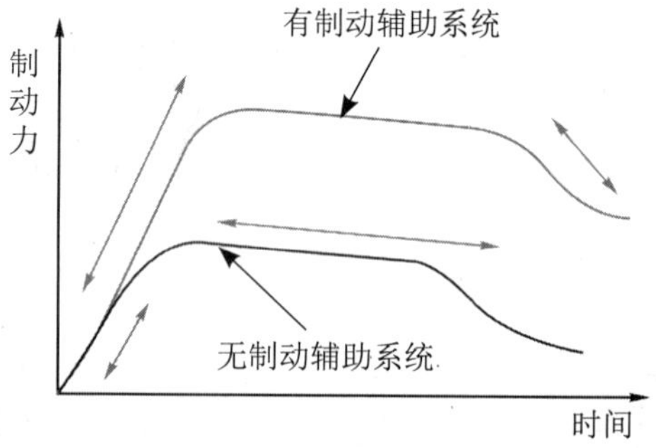

◆ 图10-2　有、无BAS时制动力的差异

二、BAS的功用

（1）在危急状况时迅速减速，以避免车辆发生撞击及保护驾驶人与乘客的安全。

（2）配合ABS，以提供最大的制动力。

（3）踩踏制动踏板的力不足或犹豫制动时，可明显减少制动距离，最大可缩减45%。

10.2　BAS的构造与作用

一、BAS的构造

BAS是利用原有的制动增压器总成加以改进而成，新增的零件如图10-3与图10-4

所示。制动增压器为双活塞式，常用于现代采用自动变速器的汽车上。

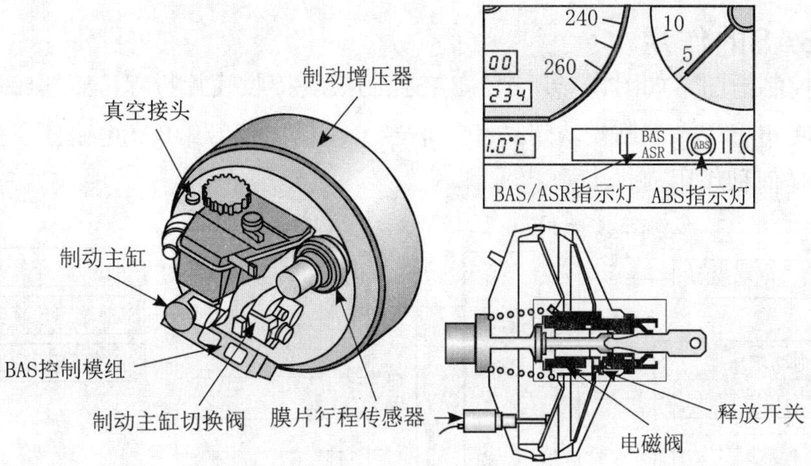

◆ 图10-3　BAS装置的组成

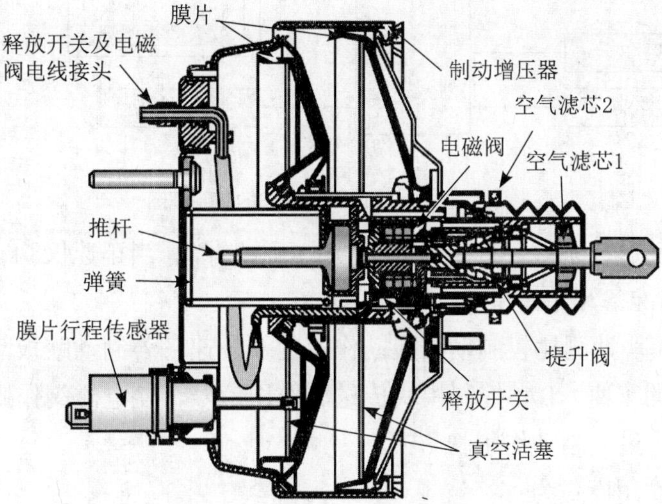

◆ 图10-4　BAS制动增压器的构造

新增的零件分别为：

（1）膜片行程传感器(Diaphragm Travel Sensor)：利用电位计指针(Probe)的移动，以计测制动踏板行程，将不同电压信号传送给BAS控制模块。

（2）电磁阀(Solenoid Valve)：由BAS控制模块传送出信号，电磁阀作用，使提升阀(Poppet Valve)打开，大气压力进入增压器膜片的后室，使增压器在全力制动状态。电磁阀为永久固定式，不能更换。

（3）释放开关(Release Switch)：当制动作用结束，增压器内控制阀(Control Valve)移动，释放开关将检测到的移动信号传送给BAS控制模块。释放开关为永久固定式，不能更换。

（4）BAS控制模块(BAS Control Module)：接收各种不同信号，以控制制动辅助的作用。

二、BAS的作用

BAS的控制框图，如图10-5所示，BAS控制模块接收膜片行程传感器、释放开关及ABS/ETS/ASR/ESP等控制模块传送来的信号，再输出信号给BAS电磁阀、失效指示灯，以决定是何种作用模式。

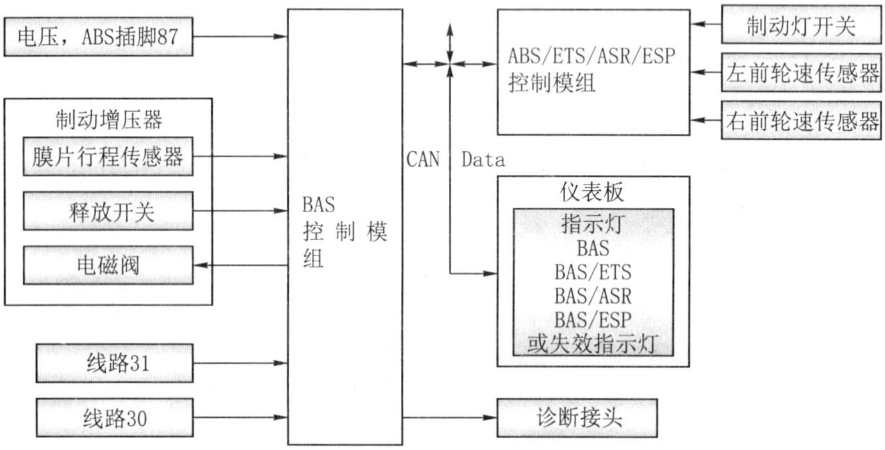

◆ 图10-5 BAS的控制框图

发动机发动后，系统会进行自我检查，若无故障，当车速仅8 km/h(最低可至3km/h)时，BAS即已准备开始作用。

BAS控制模块计测比较制动踏板动作速度及车速，若制动踏板动作速度大于根据对比计算而得的车速，BAS控制模块传送出作用信号，使电磁阀作用，大气压力进入膜片后室，产生最大制动作用。

三种不同作用模式为：

（1）正常作用(Normal Operation)时：制动踏板动作并不是最大速度，增压器内的电磁阀不作用。当系统有故障时，即是在此种作用状态。

（2）增压(Pressure Increase)时：BAS控制模块使电磁阀作用，提升阀打开，大气压力经空气滤芯1及2，进入膜片后室，使增压器产生最大制动辅助力。

（3）减压(Pressure Reduction)时：BAS控制模块接收到释放开关传来的紧急制动作用已结束的信号时，使电磁阀停止作用，结束制动辅助作用。

下列任一状况发生时，BAS不作用：

（1）释放开关不作用。

（2）车速低于3km/h。

（3）制动辅助作用时间超过20s 。

（4）制动辅助作用时，无制动灯开关信号。

理论测试

一、简答题

1. BAS有何功用？
2. BAS利用原有的制动增压器，其新增零件有哪些？
3. 膜片行程传感器如何作用？
4. 电磁阀如何作用？
5. BAS控制模块如何作用？

第11章

车身稳定控制系统

11.1 概　　述

一、车身稳定控制系统的不同称呼与应用

（1）车身稳定控制系统，又称防侧滑控制系统(Skid Control System)，在国产汽车中，丰田的Corolla Altis最先采用本系统(Toyota称为VSC)，目前售价较高的国产车均已普遍采用。

（2）车身稳定控制系统，世界各大汽车制造厂目前的称呼都不一样，不像防抱死制动系统，统称为ABS；驱动力控制系统或循迹控制系统，统称为TCS。各大汽车制造厂对车身稳定控制系统的不同称呼如下：

① ESP(Electronic Stability Program，电子稳定程序)系统：是由Bosch公司所研发的系统，许多欧洲汽车如奔驰、奥迪(Audi)、大众(VW)、标致(Peugeot)汽车等采用。

② DSC(Dynamic Stability Control，动态稳定控制)系统：宝马(BMW)、Jaguar、Land Rover汽车等采用。

③ DSTC(Dynamic Stability and Traction Control，动态稳定及循迹控制)系统：沃尔沃(Volvo)汽车采用。

④ VSC(Vehicle Stability Control，车辆稳定控制)系统：丰田(Toyota)汽车采用，又称车辆侧滑控制(Vehicle Skid Control)。

⑤ ASC(Automatic Stability Control，自动稳定控制)系统：三菱(Mitsubishi)汽车采用。

⑥ VSA(Vehicle Stability Assist，车辆稳定辅助)系统：本田(Honda)汽车采用。

⑦ VDC(Vehicle Dynamic Control，车辆动态控制)系统：日产(Nissan)汽车采用。

其实不论ABS、TCS或车身稳定控制系统，都有针对车轮制动做控制，因此均是以ABS为基础，再加上TCS、车身稳定等控制，因此奔驰汽车的ESP，实际上是整合了ABS、ASR(TCS)、BAS(制动力辅助系统)等功能一起精确控制，从1995年起，开始用在S600型及A-Class车系上。丰田汽车的VSC也有自动整合ABS与TRAC的作用。另外，如保时捷(Posche)汽车的车身动态稳定系统(PSM)，则是整合了ABS、TC(循迹控制)、ASR(防滑控制)、ABD(自动制动力分配控制)及MSR(发动机转矩控制)等，驾驶人可将中央控制台上的按钮压下关闭PSM控制，以体验过弯甩尾侧滑的操控变化。

更明确的说法应该是具有车身稳定控制(以ESP为例)系统的车辆，通常同时具备有TCS，当然少不了ABS/EBD/BAS；但是具有ABS/EBD/BAS的车辆，则不一定具备有TCS/ESP，这是价格问题。为什么TCS与ESP会结合在一起？以Bosch较新的产品为例，在ABS调压器中再多安装四个电磁阀，以供TCS控制用，也足够让ESP作用，当然ESP必须多增设传感器及控制程序。

谈至此处，有很重要的一点必须先说明，ESP(或TCS)作用时，需不需要踩制动踏

板呢？答案是不需要，所需的油压是从“油泵”送来。想想看，踩加速踏板起步、踩加速踏板行驶、上坡转弯时，你会踩制动踏板吗？闪避突然出现的障碍物，看个人的反应速度；至于下坡转弯不踩制动踏板，必须是换低挡行驶。

二、车身稳定控制系统的功能

（1）当紧急制动时，ABS作用可防止车轮抱死；当车轮打滑时，TCS作用，控制发动机输出与车轮制动，可防止车轮打滑。

（2）车身稳定控制系统，是在车辆快速转弯、躲闪或避让突然闯出的汽车、动物时，当因转向不足致车辆向外侧滑移，或转向过度致车辆横越道路中心线，甚至原地自转时，利用计算机控制发动机输出、任一车轮制动或数轮制动(制动力有大小之分)，以消除转向不足或转向过度的现象，提高行车动态稳定性。

（3）Bosch网站中对ABS、TCS、ESP的功能所下的简单批注为：安全制动(Safe Braking)、加速不打滑(Accelerating Without Wheel Slip)、消除侧滑(Counteracts Skidding)。

11.2　车身稳定控制系统的构造与作用

一、通用汽车公司车身稳定控制系统的作用

（1）转向不足(Understeer)：以汽车左转弯为例，当前轮失去向心力向右移时，计算机检测到转向不足，立刻使制动力施加在左后轮，此拖曳(Dragging)控制，使车辆能顺利左转弯，如图11-1a)所示。

（2）转向过度(Oversteer)时：同样的以汽车左转弯为例，当后轮失去向心力时，车辆尾部会发生回旋现象，计算机检测到转向过度时，使制动力加在右前轮，以修正转向过度的现象，防止车辆尾部发生回旋情形，如图11-1b)所示。

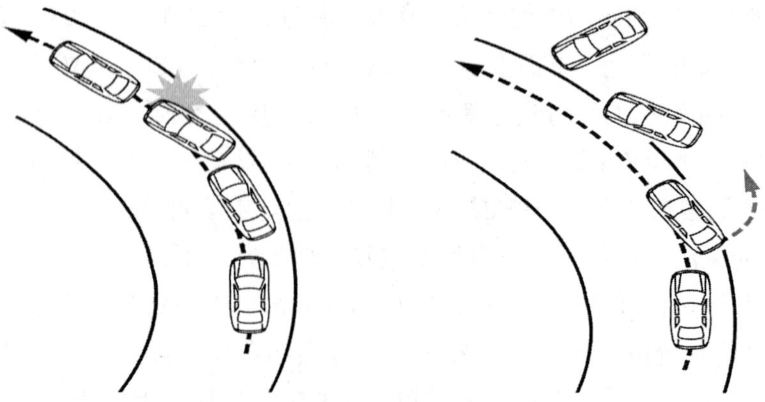

a）转向不足　　b）转向过度

◆ 图11-1　转向不足与转向过度时车辆的状况

（3）若汽车是右转弯时，发生转向不足与转向过度的状况，则是使制动力分别施加在右后轮与左前轮，以改善车辆的操控性(Handling)与稳定性(Stability)。

（4）在相同的路面状况及条件下，前轮驱动汽车发生转向不足时，后轮驱动汽车会发生转向过度现象。

二、奔驰汽车ESP的作用

（1）转向不足时：以汽车左转弯为例，ESP计算机依据横向加速力、转向盘转向角度与车速等信号，得知车辆的预期转向比率，与由偏离传感器(Yaw Sensor)得知的实际偏离比率比较，如图11-2所示，车辆前端向外侧移动时，ESP计算机使发动机转矩降低，并控制制动力施加在左后轮，产生向左的修正力矩(Corrective Moment)，使车头回正，如图11-3所示。

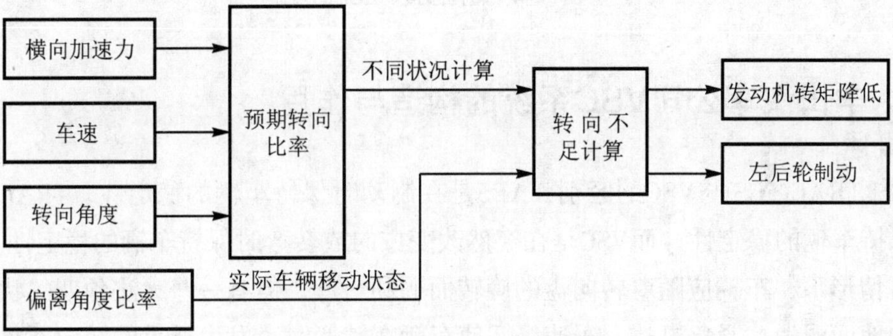

◆ 图11-2　转向不足时ESP的控制

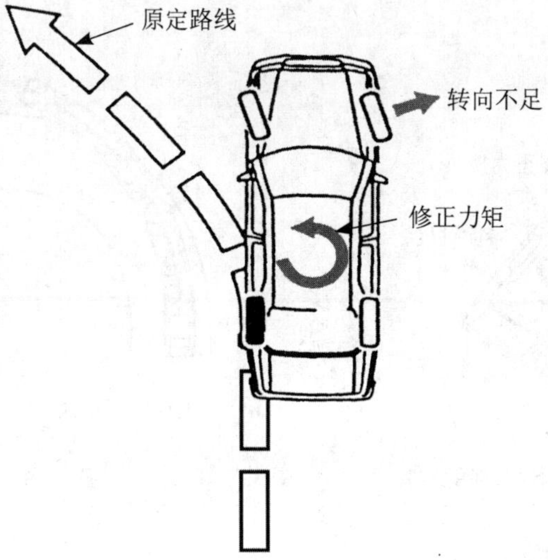

◆ 图11-3　转向不足时的控制

（2）转向过度时：同样的以汽车左转弯为例，当ESP计算机检测知道车辆后端向外侧移动时，如图11-4所示，立刻控制制动力施加在右前轮，使车辆产生向右的修正力矩，让车头回正，如图11-5所示。

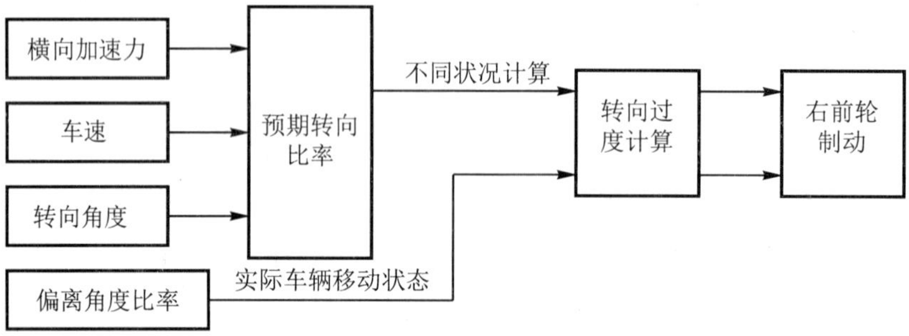

◆ 图11-4　转向过度时ESP的控制

三、丰田汽车公司VSC系统的构造与作用

1. 概述

ABS、TRAC(TCS)与VSC的区别：ABS是在制动时保持车辆的稳定性，TRAC是在加速时保持车辆的稳定性，而VSC是在突然改变方向或转弯时保持车辆的稳定性。

正常情形下，车辆应随着转向盘的旋转而顺利转弯，但有一些无法预期的状况或因素，如地面湿滑、紧急事故、车速等，使车辆在转弯时，发生严重的转向不足或转向过度，此时VSC产生作用，使车辆保持转弯的稳定性，以避免意外发生。

以右转弯为例，当前轮失去侧向抓地力时，为转向不足；当后轮失去侧向抓地力时，为转向过度，如图11-6所示。

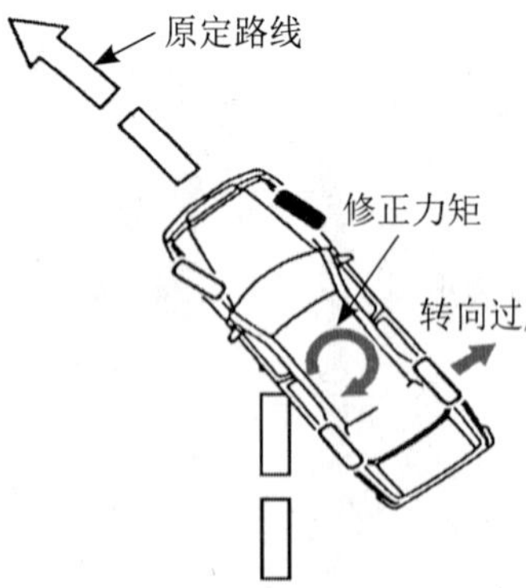

◆ 图11-5　转向过度时的控制

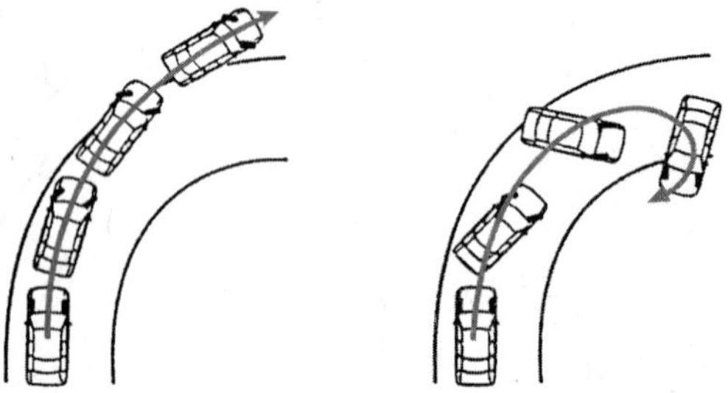

a）严重转向不足倾向　　b）严重转向过度倾向

◆ 图11-6　严重转向不足与转向过度

2. VSC的构造

Lexus LS400型汽车VSC的组成如图11-7所示，各零组件在车上的安装位置如图11-8所示，Corolla Altis汽车VSC系统的组成如图11-9所示，各零组件的功用见表11-1。

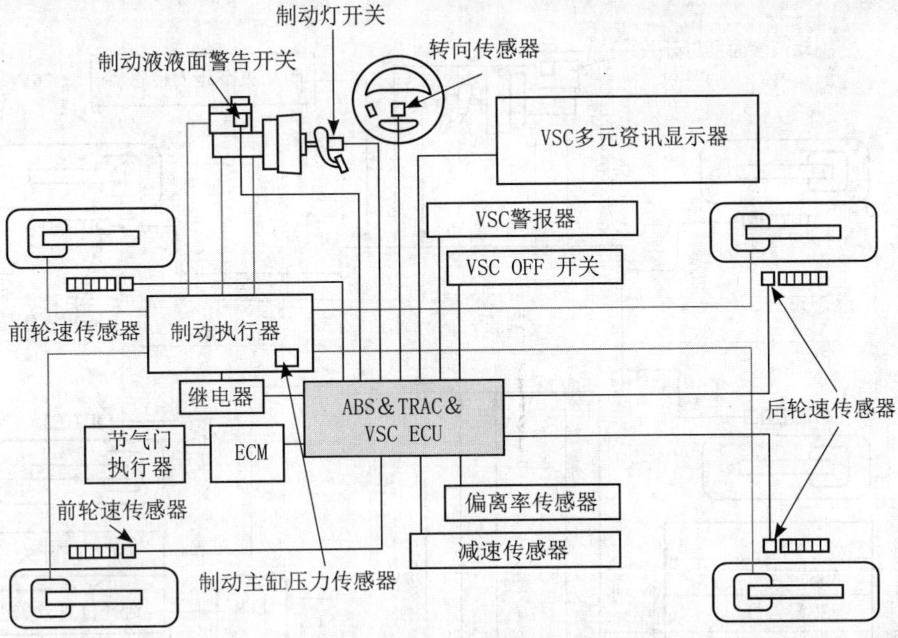

◆ 图11-7　Lexus LS400 VSC的组成

VSC主要是由转向角度传感器(Steering Angle Sensor)、偏离率传感器(Yaw Rate Sensor)、减速传感器(Deceleration Sensor)、轮速传感器(Speed Sensors)、制动灯开关、ABS & TRAC & VSC ECU、多元信息显示器(Multi-Information Display)、滑动指示灯(Slip Indicator Light)、VSC OFF指示灯、VSC OFF开关及制动执行器(Brake Actuator，即调压器)等组成。

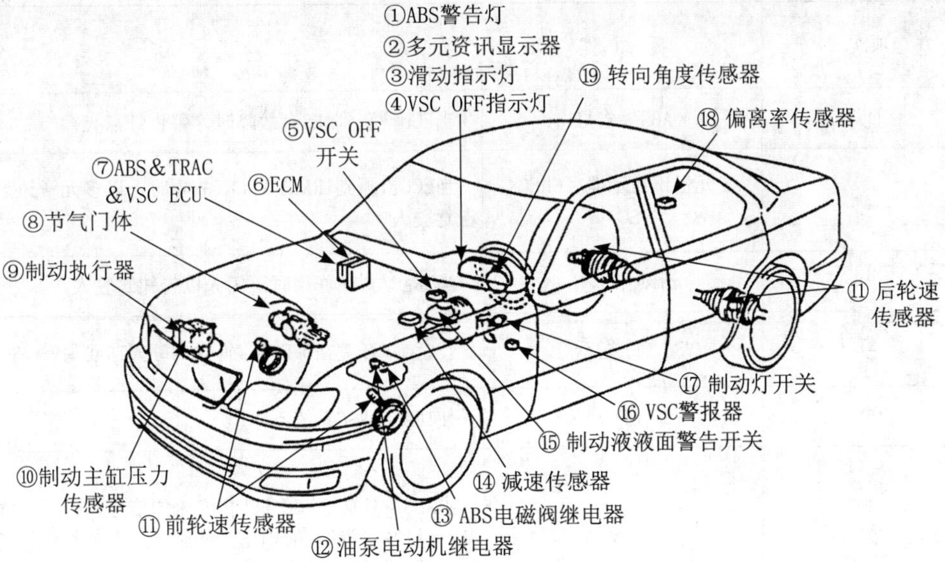

◆ 图11-8　Lexus LS400 VSC各零组件的安装位置

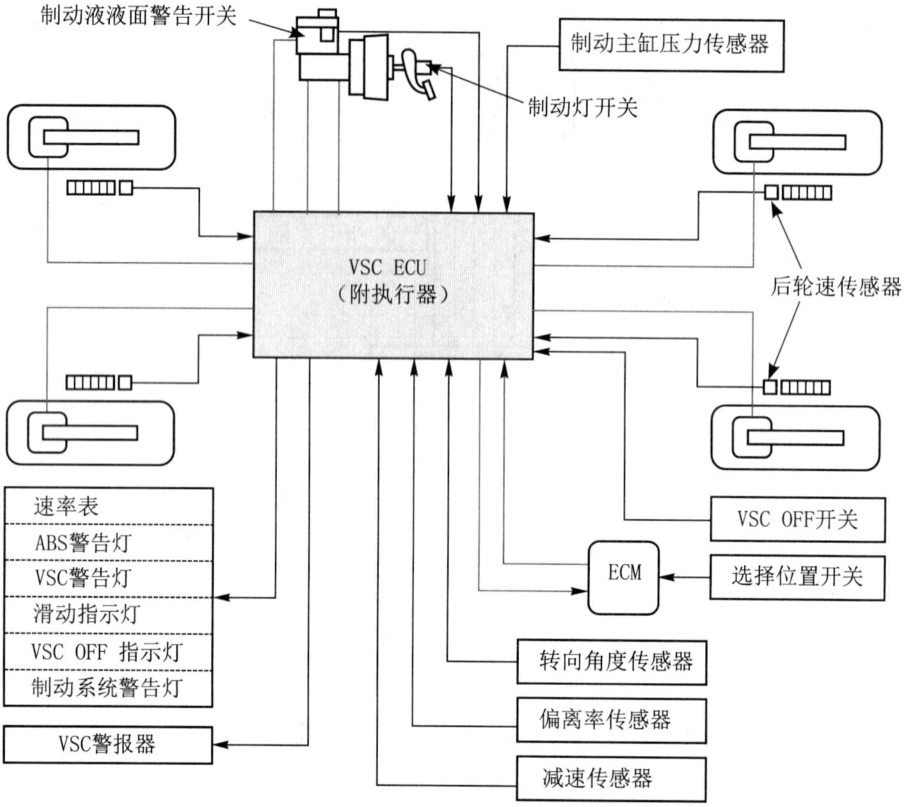

◆ 图11-9 Corolla Altis VSC的组成

VSC各零组件的功用 表11-1

项次	零组件	功用
①	ABS警告灯	当ECU检测到ABS有故障时，警告灯点亮
②	多元资讯显示器（CHECK VSC）	当ECU检测到TRAC与VSC有故障时，以多元资讯显示器警告驾驶人
③	滑动指示灯	当TRAC与VSC作用时，闪光以告知驾驶人
④	VSC OFF指示灯	VSC OFF开关在OFF时，告知驾驶人TRAC与VSC在OFF状态
⑤	VSC OFF开关	使TRAC与VSC系统不作用
⑥	ECM	由ABS＆TRAC＆VSC ECU传送来的信号，改变节气门开度，以控制发动机的输出；同时传送出节气门开度信号、加速踏板位置信号等给ABS＆TRAC＆VSC ECU

续上表

项次	零组件	功　用
⑦	ABS＆TRAC＆VSC ECU	根据每一传感器传送来的信号，判断车辆的行驶状况，传送出制动控制信号给制动执行器；同时传送出要求的节气门开度及其他控制信号给ECM
⑧	节气门体	改变节气门开度，以控制发动机输出
⑨	制动执行器	当ABS＆TRAC＆VSC作用时，根据ABS＆TRAC＆VSC ECU信号，改变液压回路，以控制加在各车轮制动轮缸的制动压力
⑩	制动主缸压力传感器	装在制动执行器内，以检测制动主缸压力
⑪	轮速传感器	检测每一车轮的转速
⑫	油泵电动机继电器	控制在执行器内油泵电动机的作用
⑬	ABS电磁阀继电器	提供执行器内电磁阀的电源
⑭	减速传感器	检测车辆在纵、横方向的加速度
⑮	制动液液面警告开关	检测制动液液面高度
⑯	VSC警报器	当ECU检测到强烈的转向不足或转向过度的倾向时，警报器发出间歇声音以警告驾驶人
⑰	制动灯开关	检测制动信号
⑱	偏离率传感器	检测车辆偏离比率
⑲	转向角度传感器	检测转向盘的转动方向及角度

制动执行器内与VSC作用有关的各电磁阀(图11-11、图11-12与表11-2)：

（1）①为制动主缸切断电磁阀(Master Cylinder Cut Solenoid Valve)：前制动。

（2）③为制动主缸切断电磁阀：前制动。

（3）④为制动主缸切断电磁阀：后制动。

（4）⑤为储液器切断电磁阀(Reservoir Cut Solenoid Valve)：后制动。

（5）⑥为储液器切断电磁阀：前制动。

（6）⑧为压力调节器切断电磁阀(Pressure Regulator Valve Cut Solenoid Valve)：前制动。

（7）⑨为保持压力阀(Pressure Holding Valve)：前、后制动。

（8）⑩为减压阀(Pressure Reduction Valve)：前、后制动。

3. VSC的作用

为决定车辆如何反应，各传感器分别检测转向角度(Steering Angle)、车辆偏离率(Vehicle's Yaw Rate)、车辆侧加速度(Vehicle's Lateral Acceleration)及车速等，由ABS & TRAC & VSC ECU计算，当确定车辆为转向不足或转向过度时，立刻减少节气门开度，以降低发动机输出，并在前轮或后轮施加制动压力。

（1）以Lexus LS 400右转弯时为例：

① 转向不足时：除了控制发动机输出外，并在两后轮施加制动压力，使车头产生向内的控制转矩，如图11-10 a)所示。

② 转向过度时：除了控制发动机输出外，并在左前轮施加制动压力，使车头产生向外的控制转矩，如图11-10 b)所示。必要时，甚至后轮也会施加制动压力。

a）转向不足　　b）转向过度

◆ 图11-10　Lexus LS400右转弯时的控制

（2）以Corolla Altis右转弯时为例：

① 转向不足时：除了控制发动机输出外，并在右后轮施加制动力，必要时，甚至两前轮也施加制动压力。

② 转向过度时：除了控制发动机输出外，并在左前轮施加制动力。

（3）Lexus LS400右转弯时VSC的控制：

① 利用制动执行器内的各种电磁阀，在增压、保持压力及减压等三种模式的变化中，控制送至每一车轮的制动压力，以消除转向不足或转向过度。

② 转向不足控制：图11-11所示为在增压模式时的制动液压流动路线，制动压力施加在两后轮。

③ 转向过度控制：图11-12所示为在增压模式时的制动液压流动路线，制动压力施加在左前轮，及必要时施加在两后轮。

④ 表11-2所示为VSC作用时，在三种压力模式下，各电磁阀ON、OFF及孔口开关的情况。

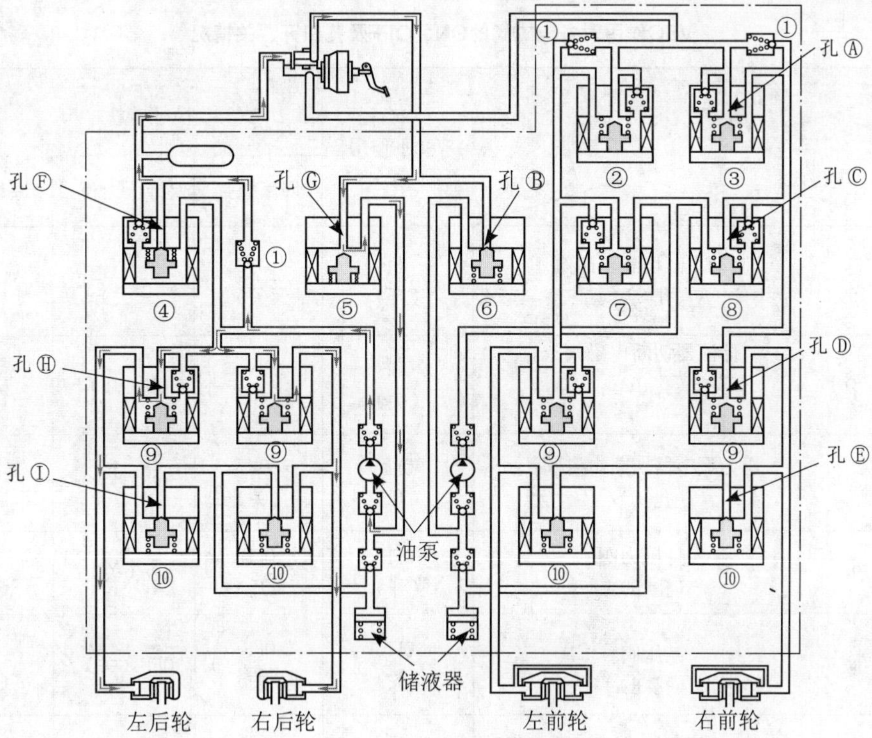

◆ 图11-11　转向不足时的制动液压流动路线

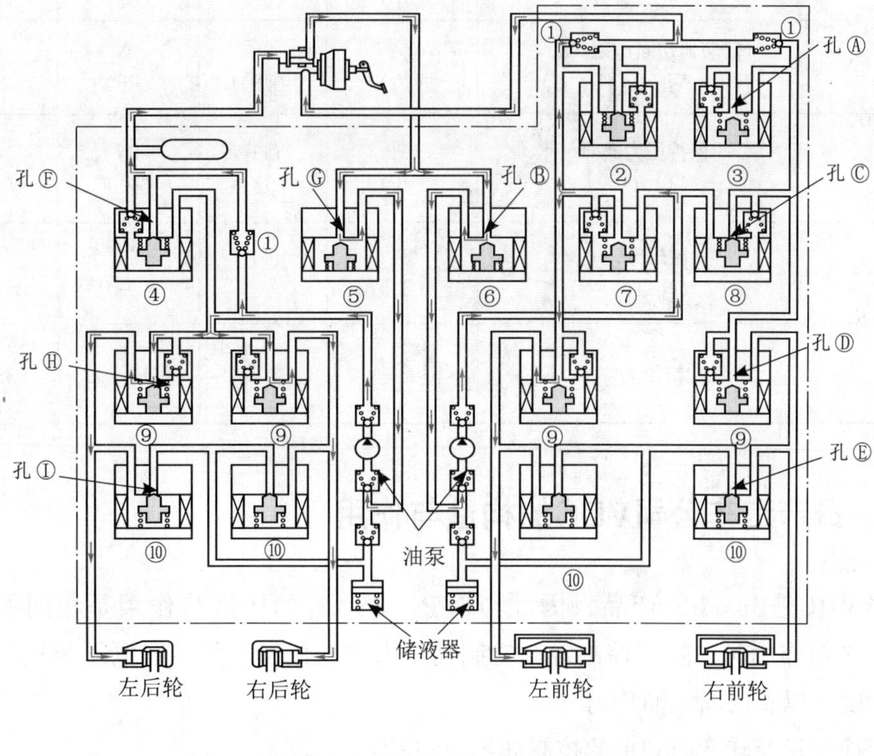

◆ 图11-12　转向过度时的制动液压流动路线

VSC作用时各电磁阀的ON、OFF及孔口开、关情况　　表11-2

电磁阀 \ 模式			VSC不作用	VSC 作 用		
				增压模式	保持压力模式	减压模式
前制动	②③	制动主缸切断电磁阀（孔 A）	OFF（开）	ON（关）	ON（关）	ON（关）
前制动	⑥	储液器切断电磁阀（孔 B）	OFF（关）	ON（开）	ON（开）	ON（开）
前制动	⑧	压力调节器切断电磁阀（孔 C）	OFF（开）	ON（关）	ON（关）	ON（关）
前制动	⑨	保持压力阀（孔 D）	OFF（开）	OFF（开）	ON（关）	ON（关）
前制动	⑩	减压阀（孔 E）	OFF（关）	OFF（关）	OFF（关）	ON（开）
前制动	制动轮缸压力		-	增压	保持压力	减压
后制动	④	制动主缸切断电磁阀（孔 F）	OFF（开）	ON（关）	ON（关）	ON（关）
后制动	⑤	储液器切断电磁阀（孔 G）	OFF（关）	ON（开）	ON（开）	ON（开）
后制动	⑨	保持压力阀（孔 H）	OFF（开）	OFF（开）	ON（关）	ON（关）
后制动	⑩	减压阀（孔 I）	OFF（关）	OFF（关）	OFF（关）	ON（开）
后制动	制动轮缸压力		—	增压	保持压力	减压

四、日产汽车公司VDC的构造与作用

1. 概述

日产VDC是Bosch的产品，因此与ESP、VSA等的构造与作用是相同的。

VDC必须作用时，除了控制各车轮制动压力的变化外，并控制电子节气门(ETC)的阀门开度，以及切断汽油喷射。

在变换车道及转弯时VDC的控制如图11-13所示。

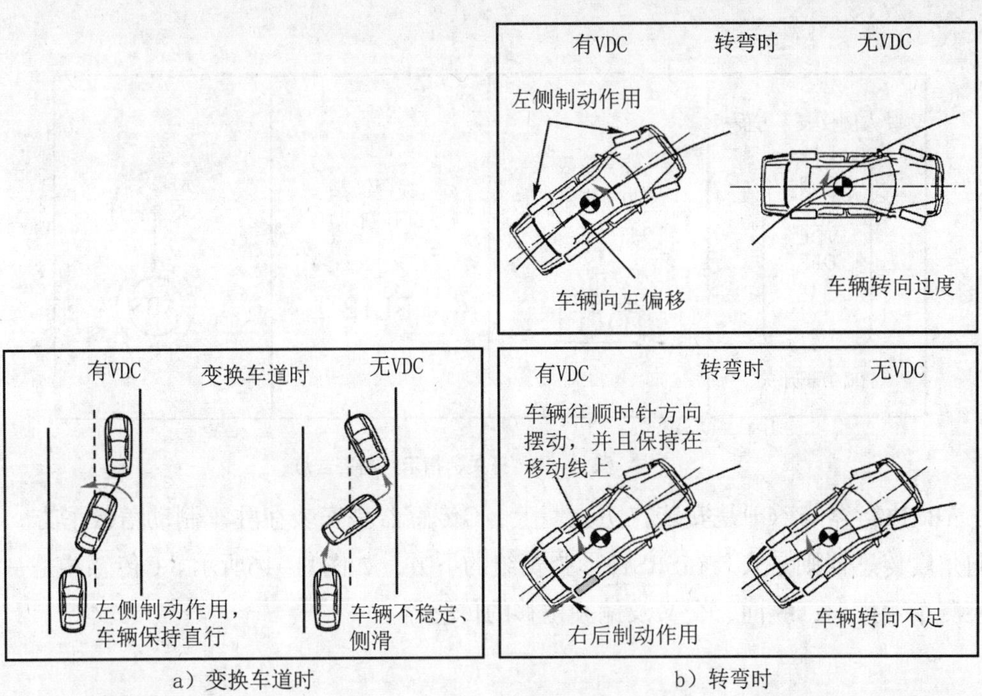

◆ 图11-13　VDC的控制作用

2. VDC的构造

VDC的组成如图11-14所示，除了原有进行ABS控制的四个磁性译码器式轮速传感器外，并增设制动压力传感器、转向传感器与G传感器，总计有七个传感器；ABS执行器(即调压器)内有十二个电磁阀，ECU内并有TCS/VDC控制程序；另外并设有VDC OFF开关，综合仪表上有VDC OFF指示灯、SLIP指示灯及ABS警告灯，如图11-15所示。

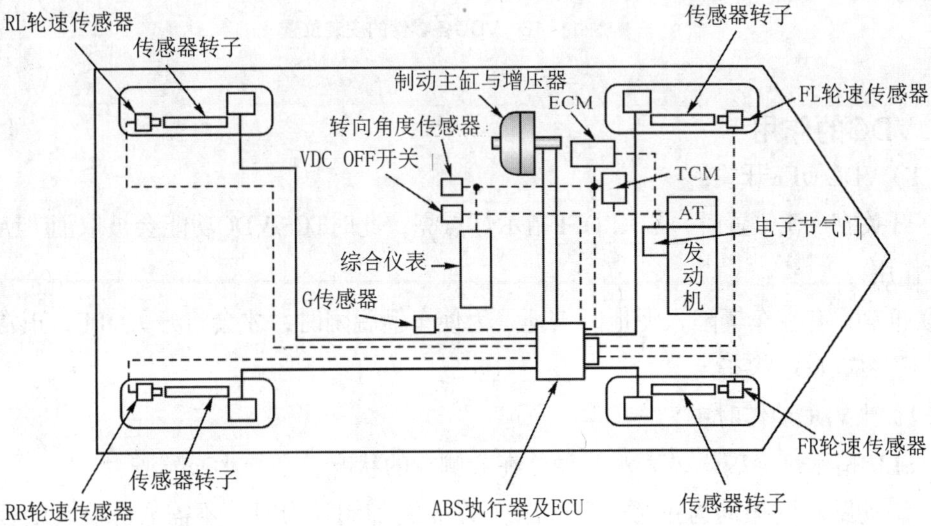

◆ 图11-14　VDC的组成

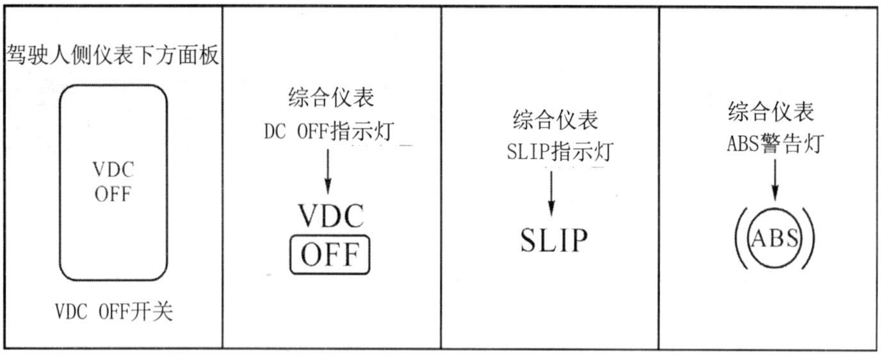

◆ 图11–15 开关、指示灯与警告灯

ABS执行器与ECU是安装在防火墙上，G传感器是安装在驻车制动盖板下方，而转向角度传感器则是安装在SRS钟形弹簧组的下方，如图11–16所示。G传感器是一种可检测车辆横向、纵向、交叉及偏驶位移的传感器。

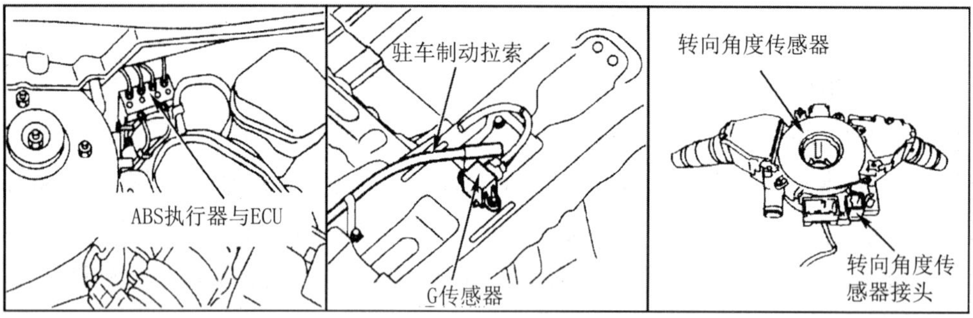

◆ 图11–16 VDC各零件的安装位置

3. VDC的作用

（1）VDC OFF开关：

① 开关在OFF位置时，VDC OFF指示灯点亮，此时TCS/VDC功能会被取消(但ABS仍正常作用)。

② 通常只有在车辆陷入泥地、雪地，为使车辆脱困时，才会将开关OFF，正常行驶时，开关应在ON状态。

（2）当VDC动作时：

① SLIP指示灯会闪烁，表示车辆处在会侧滑的状况，必须小心驾驶。

② 制动踏板的振动为正常现象(VDC对车轮施加制动力时，不需要踩制动踏板，油泵会送出油压)。

（3）VDC动作时，ABS执行器内的作用：

① 整个ABS执行器内的组成及回路如图11-17所示，CV1、SV1、CV2及SV2也都是电磁阀，虽是增设为TCS/VDC控制用，但在ABS作用时，一次侧及二次侧的CV1及CV2会开启，在增压时做进油(油再送往进油电磁阀)用，在减压时做回油(回到制动主缸)用。

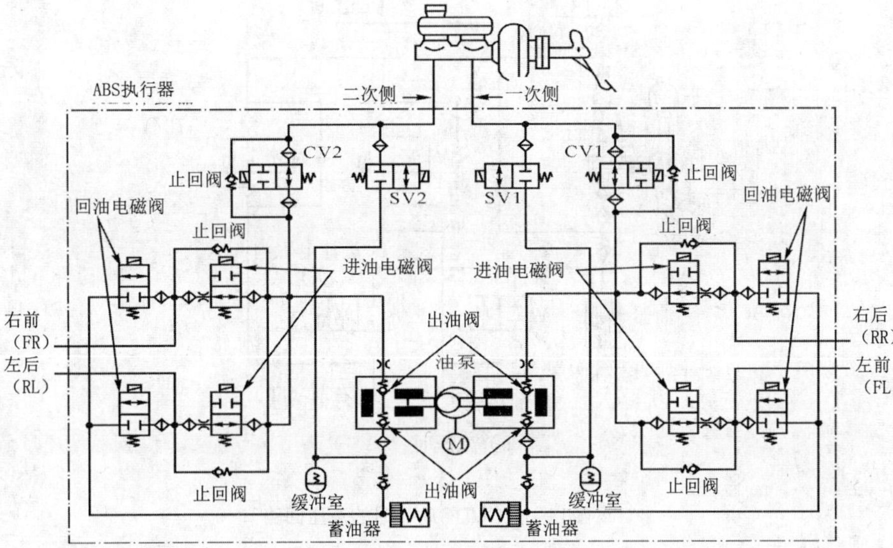

◆ 图11-17 VDC采用的ABS执行器

② VDC动作时，以针对左后轮(RL)的制动控制为例，其增压、保持压力及减压的作用液压回路如图11-18的箭头所示。各电磁阀及油泵的ON、OFF情况，见表11-3。

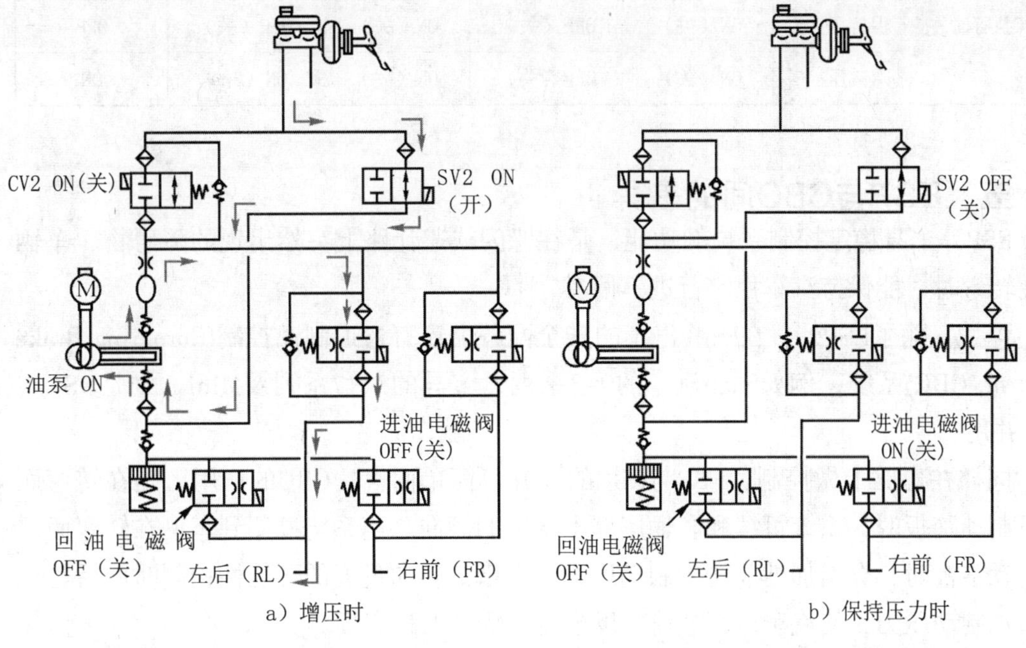

◆ 图 11-18

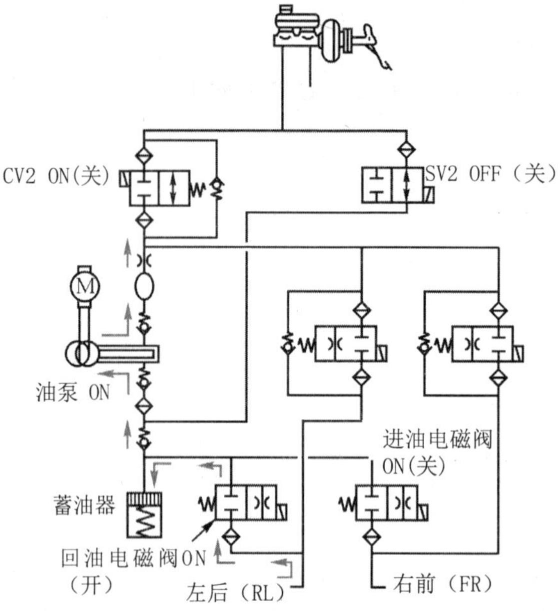

c）减压时

◆ 图11-18　VDC动作时的液压回路

VDC动作时各电磁阀及油泵的ON、OFF情况　　表11-3

左后轮的制动作用		CV2	SV2	进油电磁阀	回油电磁阀	油泵
VDC执行时	增压	ON（关）	ON（开）	OFF（开）	OFF（关）	ON
	保持压力	ON（关）	OFF（关）	ON（关）	OFF（关）	OFF
	减压	ON（关）	OFF（关）	ON（关）	ON（开）	ON

五、ESP与CBC间的差异

ESP等车身稳定控制系统的功能，是在躲闪或避让路上突然出现的障碍物、车辆或在转弯时，能保持汽车稳定行进不偏滑。

可是，除了ESP外，在一些汽车的安全配备上还有弯道制动控制(Cornering Brake Control, CBC)系统，例如Saab汽车的9-3系列，宝马的3、7系列及Mini，则是DSC与CBC并用。

同样在弯路上做控制，ESP与CBC的差异：简单而言，CBC的作用，是在转弯而踩下制动踏板时，系统可缓和车辆尾部不稳定的倾向。当系统检测到车辆在转弯而踩下制动踏板时，会增加外前轮的制动压力，以抵消转向过度的可能性；同时两后轮也可增加制动压力，使汽车迅速减速，以维持车辆最大稳定度。

综上所述，ESP、DSC与CBC间的主要差异为ESP、DSC等车身稳定控制系统作用时，制动踏板并未踩下，而CBC则是踩下制动踏板。另外ESP、DSC等除做一轮或多轮制动压力控制外，并可同时进行发动机输出的控制。

11.3 博世在制动科技的最新发展

前面已经说过，德国Bosch公司所制造的产品，ABS、TCS、EBD、BAS及ESP等，不论哪一个系统，均广为各汽车制造厂所采用。为使读者了解Bosch在有关制动方面研发的最新系统，在此利用本章最后一节逐项做说明。

使行车更安全的电子制动控制系统(Electronic Brake Control System)，已经三十余年了。作为制动及制动控制系统产品领导品牌之一的Bosch，在许多创新技术上占据主要地位，如1978年推出的ABS、1987年的TCS、1995年的ESP，并帮助奔驰汽车公司在2001年研发极为先进的电子感应制动控制(Sensotronic Brake Control, SBC)系统，以及后续的电子液压制动(Electrohydraulic Brake, EHB)等，如图11-19所示。

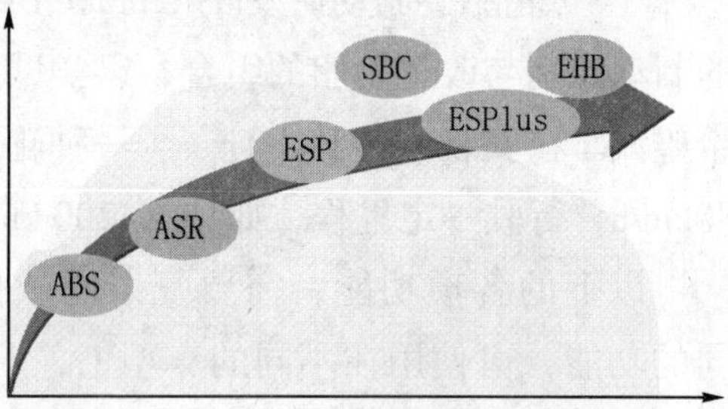

◆ 图11-19 电子控制制动系统的发展

博世与ZF合作，已成功研发ESP与主动式转向(Active Steering)结合。ESP与具有主动式超越驾驶(Active Overriding Drive)的转向系统合而为一，能直接、自动地修正转向，以进一步改善ESP在弯道、雪地及湿地的行驶稳定性。

近年来，虽然制动系统的发展，对驾驶人安全性有重大的改善，但昂贵的价格也使市场使用率减少。因此Bosch致力于研发新功能的同时，也以ESP为基础，附加各功能于ESP上，也就是各功能可与基本的ESP合而为一，以降低成本，提高使用率。各项具备安全性及使用方便性特色的新Bosch制动控制功能如下所述，其中多项功能已附加在奔驰汽车的SBC中开始采用。

（1）电子制动预压(Electronic Brake Prefill)功能：当驾驶人的脚突然离开加速踏板时，制动系统推断此时有潜在危险性，本功能立即使制动块与制动盘接触，使车辆减速无延迟，因此更可缩短制动距离。

（2）制动盘擦干(Brake Disc Wiping)功能：在潮湿天气时，使制动块短暂与制动盘接触，以去除水膜，使实际制动时更快产生制动效果。

（3）和缓制动(Soft Stop)功能：当汽车快要制动前，短暂减少制动压力，使车辆和缓停止，减少晃动，提高乘坐舒适性。

（4）斜坡停车控制(Hill Hold Control)功能：汽车在斜坡上制动后，再稍微踩紧制动踏板，此时制动压力自动维持，汽车不会向后滑动，直至驾驶人再次踩加速踏板时，本项功能即自动解除。

（5）尾随辅助(Tailback Assist)功能：在交通拥塞、走走停停的路况时，驾驶人的脚只要离开加速踏板，制动系统即会自动制动，让驾驶人能更加轻松的开车。

（6）停车及起步(Stop & Go)功能：利用从各距离传感器(Distance Sensors)传送来的信号，扩充改进型巡行控制(Adaptive Cruise Control, ACC)系统的功能，可使汽车自动完全停止，而当汽车再移动时，随即再度起步行驶，以减轻驾驶人的压力。

（7）胎压指示器(Tire Pressure Indicator)：与Dunlop轮胎公司合作，利用四个轮速传感器所检测的每千米转速差的信号，PCM能辨认胎压的重大偏差，并适时警告驾驶人。此种利用轮速传感器以监测胎压的方式，称为非直接式。

（8）轮胎／制动研发(Tire/brake Design)：与米其林轮胎公司合作研究，利用适当的制动控制与改进轮胎的组合，以尝试大幅减少制动距离；另一个合作研究目标，是希望汽车在安装Run-Flat Tires（一种轮胎，即使在爆胎泄气后，仍能以一定时速，如80km/h，行驶一定里程，如150～200 km）时，提高汽车的行驶稳定性。

以上的各项功能，需要复杂的软件、硬件配合，相对的成本也较高。因此不同的功能，可使用在不同的车型上，对小型汽车而言，具有传统功能且成本较低的ABS或TCS，至少必须采用，例如ACEA(欧洲汽车制造商协会)已委托在所有小型汽车从2004年中期起均加装ABS及TCS；而中型汽车则再加装ESP及斜坡停车控制等功能。同时Bosch正在研究延伸ESP的功能，增加制动盘擦干、电子制动预压等功能，称为“ESPlus”，如图11-19所示，在2005年左右开始运用。并且，Bosch希望SUVs(Sport Utility Vehicle，多功能运动休闲汽车)能逐渐增加采用以上所介绍的各种系统或功能。

对大型及豪华型的汽车而言，在最小噪声、最适宜的踏板感觉、最佳的驾驶及乘坐舒适性等要求下，大量的功能（如和缓制动、停车及起步等）会附加提供。

下一个高科技的Bosch系统，不同于现今的电子液压制动观念，是以传统的制动技术为基础，经由电子液压(Electrohydraulic)，也就是线传(By-Wire)方式，不再需要更换汽车上复杂且昂贵的电器及电路系统(Electrical System)，新型EHB产品在2006年推出。

Bosch的另一项研发焦点，系统称为自动驻车制动(Automatic Parking Brake, APB)，是将原来ESP的功能再延伸，与其他解决方法比较，本系统所占空间更小且更便宜。

（1）APB的作用原理与自动圆珠笔有些类似。以手指将圆珠笔上端往下压，墨盒向下，笔尖露出，同时以锁定机构 (Locking Mechanism)保持在定位；使用完后，再按一下，解除锁定，墨盒回复原位。

（2）APB的构造示意图如图11-20所示，在仪表板上增设按钮，按钮、ESP调压器与后轮钳夹间以CAN连接，后轮钳夹内设电磁阀，ESP调压器内附有APB软件。

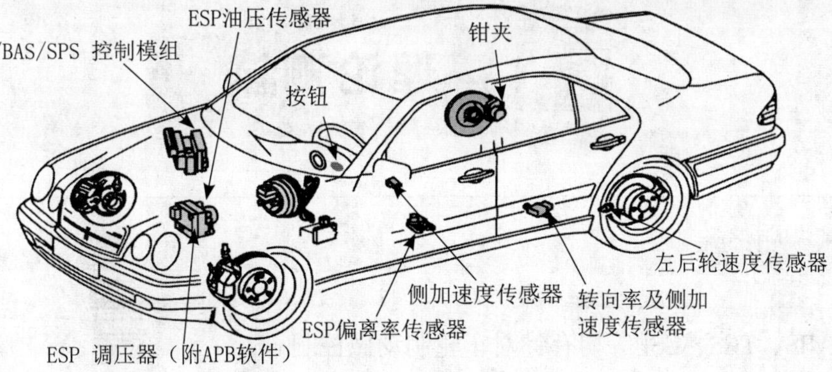

◆ 图11-20　ESP附APB功能构造示意图

（3）当驾驶人需要驻车制动时，压下按钮，ESP调压器自动产生油压，使后轮制动块压住制动盘，钳夹内的电磁阀也作用以油压使锁定机构动作，故此时钳夹不需要油压，但已在锁定状态；要解除时，压下按钮，ESP调压器产生稍高于锁定时的油压，解除锁定机构作用，驻车制动解除。

理论测试

一、判断题

1. ABS、TCS、ESP等均有针对车轮制动做控制。 ( )
2. 车身稳定控制系统只有在左或右转弯时才有作用。 ( )
3. TCS，在丰田汽车公司称为TRAC。 ( )
4. 车身稳定控制系统，是防止车辆前后方向的滑动。 ( )
5. 减速传感器又称G传感器。 ( )
6. ESP与CBC的差异是，ESP作用时，未踩制动踏板。 ( )
7. SBC，中文称为电子液压制动系统。 ( )
8. 尾随辅助功能，是在低速时，只要驾驶人的脚离开加速踏板，即会自动制动。 ( )
9. 利用各车轮的轮速传感器，无法得知胎压是否大幅降低。 ( )
10. ESPlus可延伸ABS的功能。 ( )

二、选择题

1. 车身稳定控制系统，奔驰汽车称为______。
（A）DSC （B）ESP （C）VSC （D）DSTC
2. 通用及奔驰汽车的车身稳定控制，当左转弯转向不足时，是施加制动力在______。
（A）左前轮 （B）右前轮 （C）左后轮 （D）右后轮
3. VSC在作用时，除了控制制动外，也控制______。
（A）发动机输出 （B）点火时间
（C）气门正时 （D）减速断油
4. VSC中，检测车辆在纵、横方向加速度的是______。
（A）轮速传感器 （B）偏离率传感器
（C）转向角度传感器 （D）减速传感器
5. Lexus LS400右转弯转向不足时，是施加制动力在______。
（A）左前轮 （B）右前轮 （C）左后轮 （D）两后轮

三、简答题

1. 试述车身稳定控制系统的功能。
2. 试述奔驰汽车ESP在转向不足时的控制。
3. 试述ABS、TRAC与VSC的区别。
4. 试述VSC的作用。
5. 试述Corolla Altis在右转弯转向不足与转向过度时，VSC的控制。
6. 试述CBC的作用。
7. 试述制动盘擦干功能如何作用。
8. 试述斜坡停车控制功能如何作用。
9. 试述停车及起步功能如何作用。
10. 试述APB的作用。

第12章

气　　囊

12.1 概　述

气囊(Air Bag)在1980年由奔驰汽车率先采用，8 年后美国汽车才跟进。

气囊系统的中文全名为辅助的乘员保护系统(Supplemental Restraint System, SRS)，必须在正确使用安全带的情况下，才能发挥其防护效果，因此设计上为安全带的辅助装置。

安全带与气囊，两种装置可合称为SRS。汽车有前座气囊，在行车时，必须全程系上安全带的理由如下：

（1）当车辆发生碰撞时，安全带使驾驶人及副驾驶人减少向前冲的危险。

（2）当气囊泄气时，安全带使驾驶人及副驾驶人保持在正确位置。

（3）万一气囊没有爆开时，安全带可减少人员受伤的危险。

前座SRS气囊的功用为当车辆正面及其左右30° 范围内（图12–1），遭受时速20km/h以上撞击时，SRS气囊必须在瞬间爆开充气，以保护驾驶人及副驾驶人的头部与胸部，避免与转向盘、风窗玻璃等直接撞击，并于作用后迅速排气。

气囊爆开时间约0.03s，但从车辆发生碰撞至气囊爆开，时间少于0.1s；气囊爆开后1s内就必须泄气，以防驾驶人或副驾驶人窒息。而本田汽车公司对气囊动作的要求为：

（1）撞击时：安全传感器及撞击传感器检测到撞击状况，将电子信号传送出，需时间约0.03s，如图12–2 a)所示。

（2）气囊爆开时：因膨胀器的作用，使气囊完全爆开，需时间约0.03s，如图12–2 b)所示。

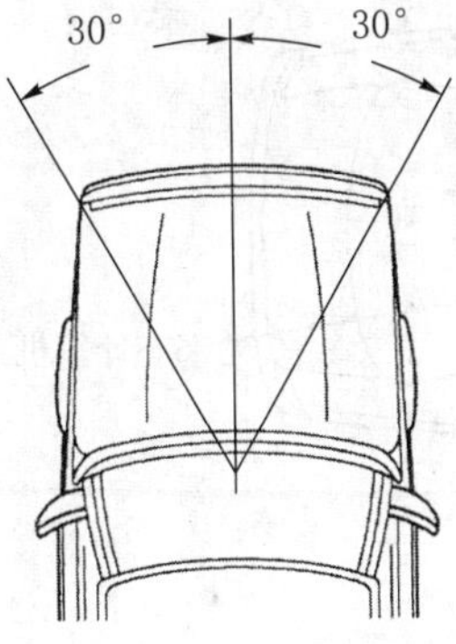

◆ 图12–1　车辆撞击的范围

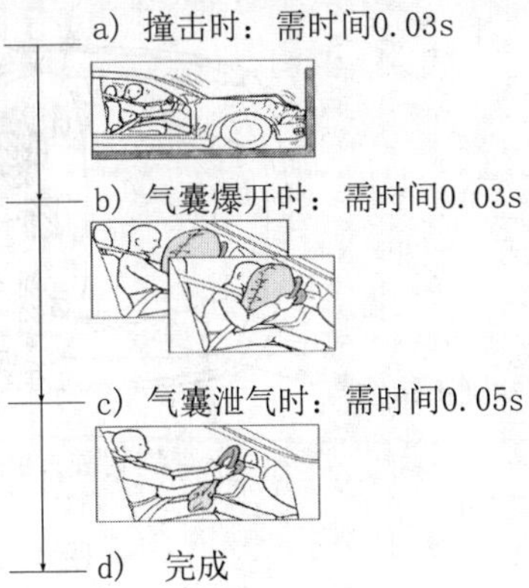

◆ 图12–2　气囊动作的时间要求

（3）气囊泄气时：气囊内的氮气泄出，需时间约0.05s，如图12–2 c)所示。

（4）从发生撞击至气囊泄气止，总时间约0.11s。

驾驶人侧气囊爆开后体积约2.3ft^3（立方英尺，1ft^3=0.028 316 8m^3），而副驾驶人侧因无转向盘，因此气囊爆开后体积较大，约7ft^3。

坐姿不正确时，特别是在驾驶人位置，有时会因直接接触到排气孔，造成皮肤轻微灼伤，或与气囊表面摩擦而擦伤。

气囊的种类：

- 气囊的种类
  - 按控制方式分—电子控制式—按传感器的位置分
    - 分离式
    - 整体式
  - 按用途分
    - 前座气囊
    - 后座气囊
    - 前座侧气囊
    - 车窗气囊（或称气帘、帘幕式气囊）
  - 按爆开段数分
    - 单段式
    - 二段式

12.2 气囊的构造与作用

一、传感器分离式的电子控制式气囊系统

1. 概述

所谓传感器分离式，是指各撞击传感器不与计算机及气囊安装在一起，如图12-3所示，左侧撞击传感器及右侧撞击传感器分别安装在发动机舱与驾驶室之间防火墙下方的两侧。

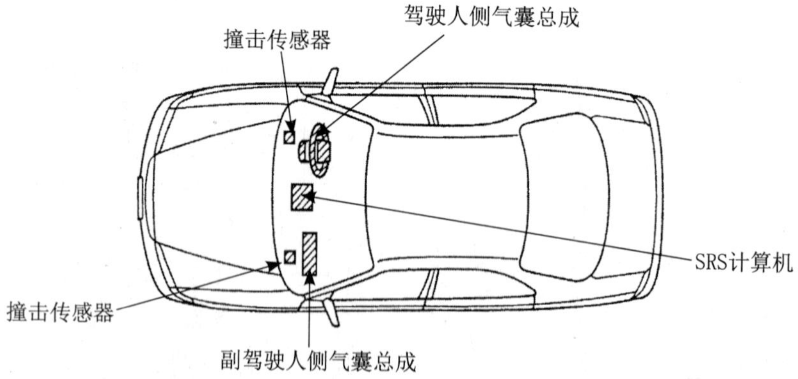

◆ 图12-3 撞击传感器装在防火墙下方

2. 气囊构造与作用

传感器分离式的电子控制式气囊系统的组成如图12-4所示，由左侧撞击传感器及右侧撞击传感器(Dash Sensor)、SRS计算机(SRS Control Unit)、膨胀器(Inflator)、气囊、SRS警告灯及配线等组成。

1）撞击传感器

撞击传感器的种类：气体缓冲式（Gas Damped Type），质量式（Mass Type），滚柱式（Roller Type），加速计式（Accelerometer Type）。

（1）气体缓冲式撞击传感器。撞击传感器又称冲击传感器(Impact Sensor)，气体缓冲式撞击传感器的外观及构造如图12-5与图12-6所示，由膜片、螺旋弹簧及可动触点组成，属于电子控制式传感器。

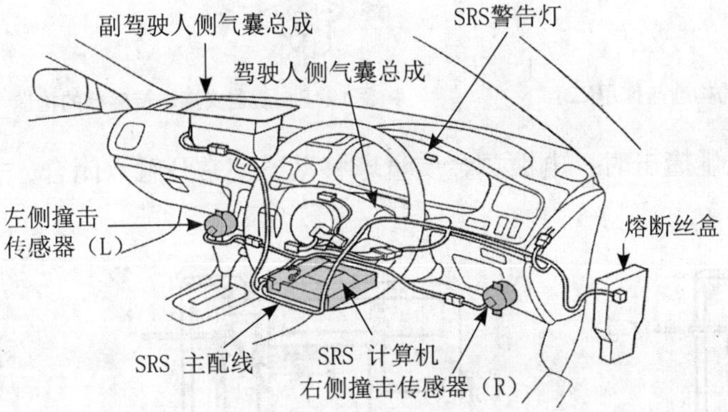

◆ 图12-4 传感器分离式的电子控制式气囊系统的组成

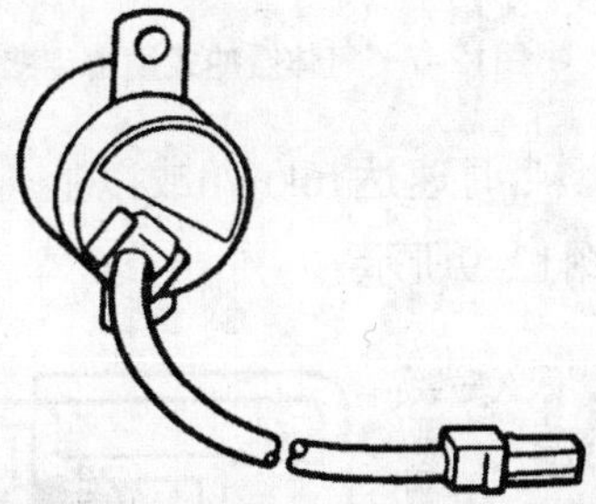

◆ 图12-5 撞击传感器的外观

金属外壳的传感器内封入惰性气体，各触点均经镀金处理，以确保导电性持久良好。

平时可动触点被螺旋弹簧拉住，因此可动触点与固定触点是分开的，为OFF状态，如图12-6 a)与图12-7 a)所示；当撞击时，减速度产生的力比螺旋弹簧弹力大，约12G，因此可动触点与固定触点接触，为ON状态，如图12-6 b)与图12-7 b)所示。本型式撞击传感器也是属于质量式的一种。

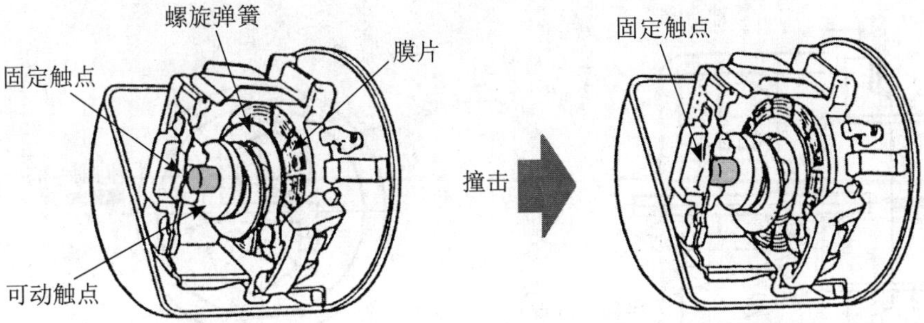

a）平常时　　b）撞击时

◆ 图12-6 气体缓冲式撞击传感器的构造与作用(一)

（2）质量式撞击传感器：常开触点经镀金处理，质量球也经镀金处理，以磁铁吸在距触点1/8"处，安装在不锈钢盒中，用树脂密封，以防潮湿，如图12-8所示。

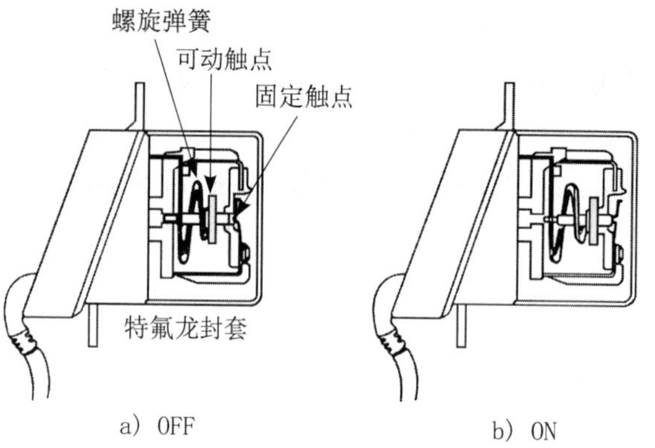

◆ 图12-7　气体缓冲式撞击传感器的构造与作用(二)

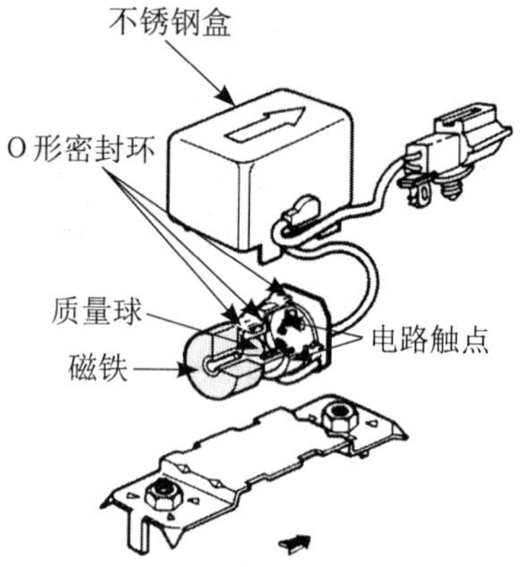

◆ 图12-8　质量式撞击传感器的构造

当时速达16km/h或以上，发生撞击时，电镀黄金质量球移动，使常开触点闭合，如图12-9所示。

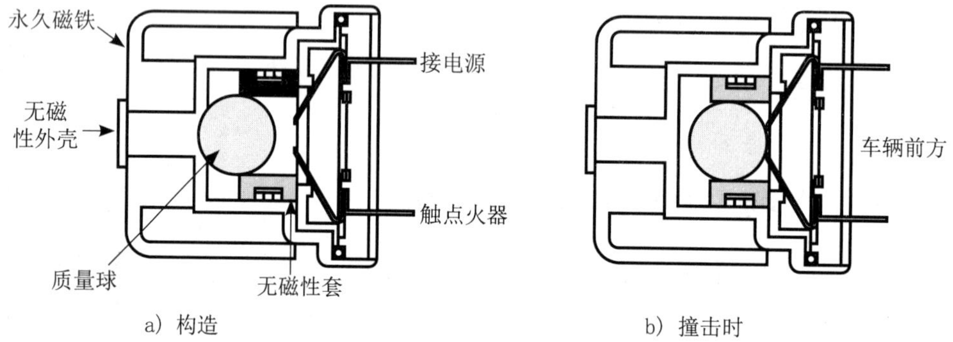

◆ 图12-9　质量式撞击传感器的构造与作用(一)

部分质量式撞击传感器，利用旋转方式使触点闭合，如图12-10所示，当发生撞击时，以销连接在转子上的质量球，产生圆周方向的转动，使移动触点与固定触点接触闭合。

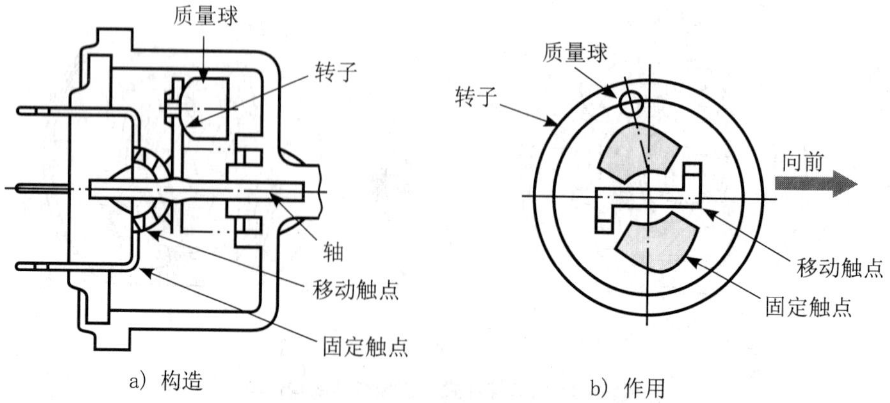

◆ 图12-10　质量式撞击传感器的构造与作用(二)

（3）滚柱式撞击传感器：滚柱式撞击传感器，如图12-11所示，由滚柱、曲面板、弹簧触点及电阻器等组成，曲面板及弹簧触点各接出一条导线。

平时滚柱在静止位置，为OFF状态；当撞击时，滚柱越过曲面板，使曲面板与弹簧触点成为ON状态，因此电路接通。

本田汽车公司安装在SRS计算机内的安全传感器(Cowl Sensor)，也是采用滚柱式；其构造及作用如图12-12所示。撞击时，约2G即成ON状态。当安全传感器内触点接通，且其中一个撞击传感器内触点也接通时，电路导通，蓄电池电流送入膨胀器引爆气囊，如图12-13所示。

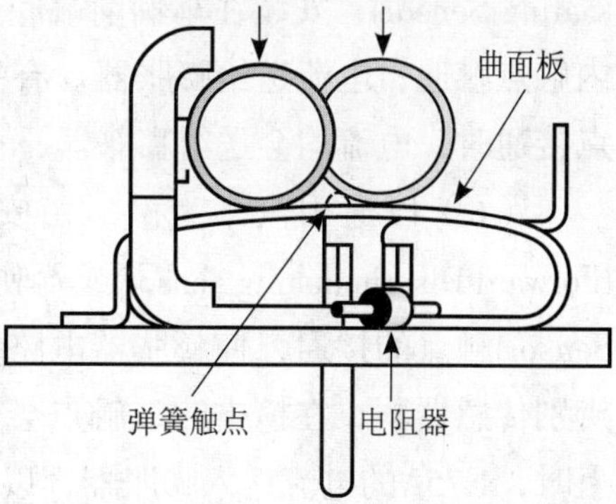

◆ 图12-11　滚柱式撞击传感器的构造

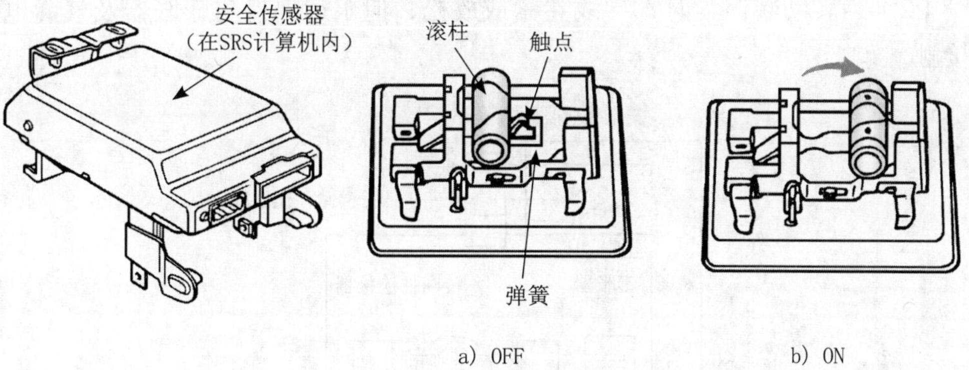

◆ 图12-12　滚柱式安全传感器的构造与作用

（4）加速计式撞击传感器：安装在计算机内，由压电材料组成，如图12-14所示。当车辆发生撞击时，根据撞击力的大小及方向，使压电材料发生的不同扭曲，产生模拟电压传送给计算机判定，做为是否引爆气囊的依据。

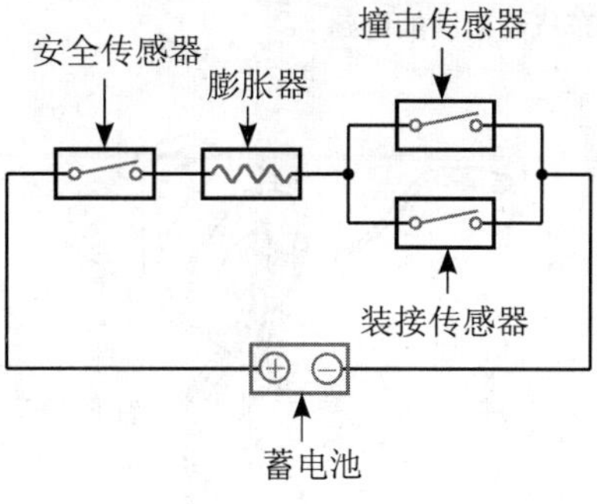

◆ 图12-13　安全与撞击传感器的电路

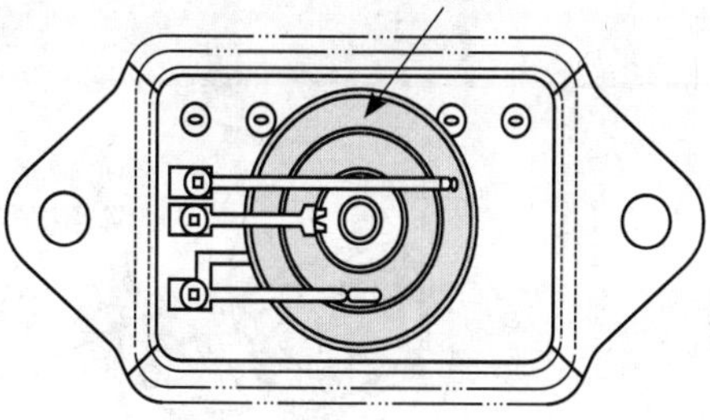

◆ 图12-14　加速计式撞击传感器的构造

（5）美国汽车的某些气囊系统的瞬时传感器(Arming Sensor)，又称安全传感器

(Safing Sensor)，安装在车辆前端底盘处、驾驶室或SRS计算机内，当撞击时，传感器内触点触通，电流送给膨胀器。有的气囊系统将两个瞬时传感器并联，任一传感器触点接通时，电流均会送给膨胀器。

（6）以通用汽车为例，由安装在车辆前端底盘处或驾驶室的前辨别传感器(Forward Discriminating Sensor)或驾驶室辨别传感器(Passenger Compartment Discriminating Sensor)触点的接通，使膨胀器电路搭铁，如图12-15所示。因瞬时传感器的磁性比前辨别传感器弱，在撞击时，触点会先闭合，且其中一个前辨别传感器触点闭合3ms以上时，1.75A的电流送入膨胀器，以引爆气囊。

2）钟形弹簧电路连接器(Clock Spring Electrical Connector)

（1）钟形弹簧电路连接器安装在转向盘的正下方，是由一组长导线组成，两端分别与膨胀器及气囊电路系统保持接触，如图12-16所示。钟形弹簧又称螺旋弹簧。

（2）当转动转向盘时，导线卷紧或放松，但永远保持与膨胀器及气囊电路系统接触。

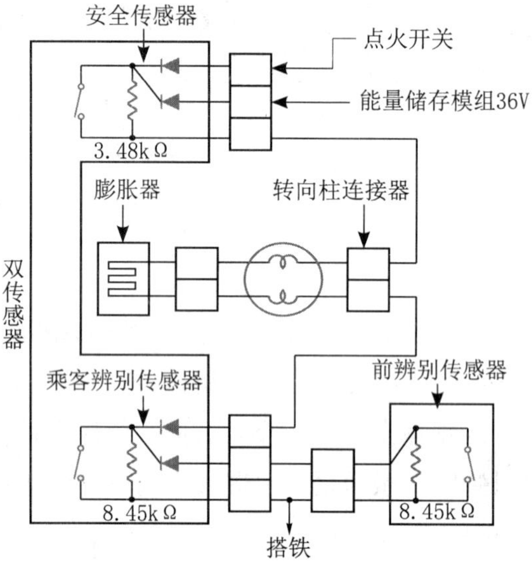

◆ 图12-15 通用汽车气囊系统的电路

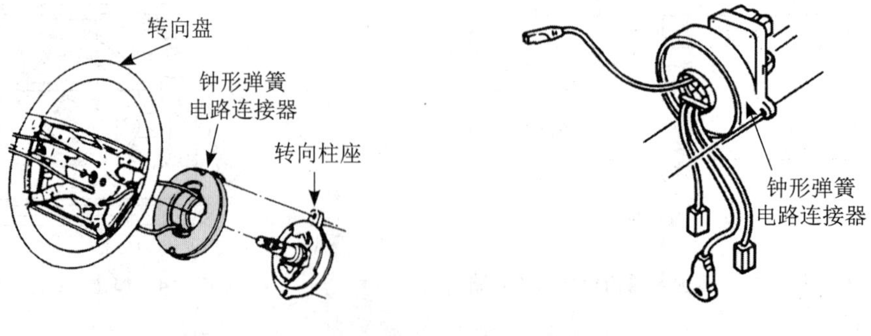

◆ 图12-16 钟形弹簧电路连接器

3）SRS计算机

（1）以本田汽车为例，SRS计算机由主电路、辅助电路、升压电路及自我诊断电路所组成，且内装滚柱斜接式安全传感器(Safety Sensor)，如图12-17所示。

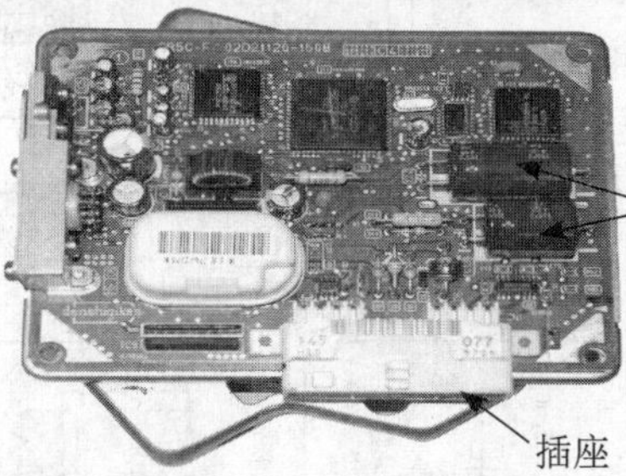

a）

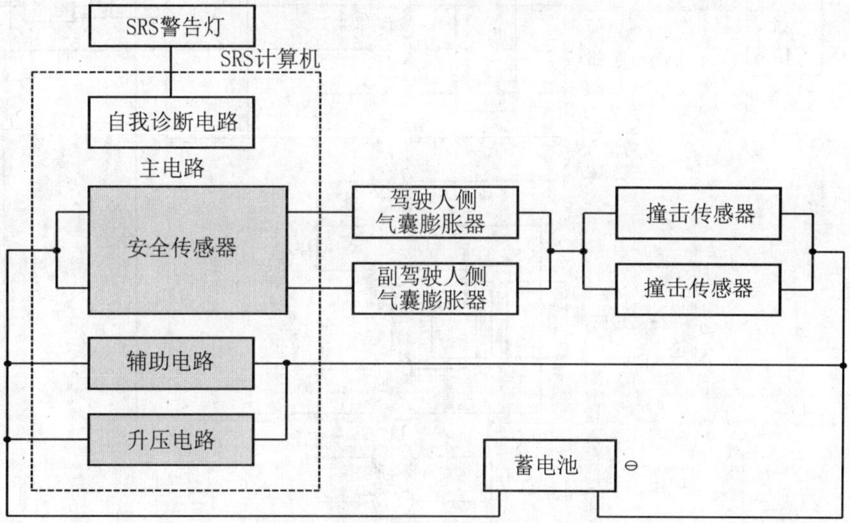

b）

◆ 图12-17　SRS计算机的组成

（2）主电路是由左撞击传感器与右撞击传感器、安全传感器及膨胀器所构成，当任何一侧或两侧的撞击传感器与安全传感器同时为ON时，使膨胀器的电气点火装置点火。辅助电路是在发生撞击，致使蓄电池接头脱落等时，用以确保电源，使气囊能产生作用，提高可靠性。而升压电路是在蓄电池电压下降时，用以稳定电源电压，以确保气囊产生作用的可靠性。其电路如图12-18所示。

（3）在整个气囊电路系统中，安装有自我诊断电路。当点火开关ON，车辆在运转状态时，若系统有异常时，仪表板上的SRS警告灯会点亮，以警告驾驶人。

（4）其他车厂汽车的SRS计算机内，有一个或一个以上的传感器，且都包含一组备用电力装置(Backup Power Supply)，以备在发生撞击，蓄电池电源断路时，引爆气囊。若计算机内有电容器，当因撞击失去蓄电池电源时，电容器可维持一段时间供电以引爆气囊；当发动机熄火后，电容器放电，以防止在车辆停驻时气囊引爆。

（5）SRS计算机的功能可归纳如下：控制仪表板上的气囊警告灯；控制气囊系统诊断功能；连续监视所有气囊系统零件；当因撞击蓄电池电源断路时，提供电力以引爆气囊。

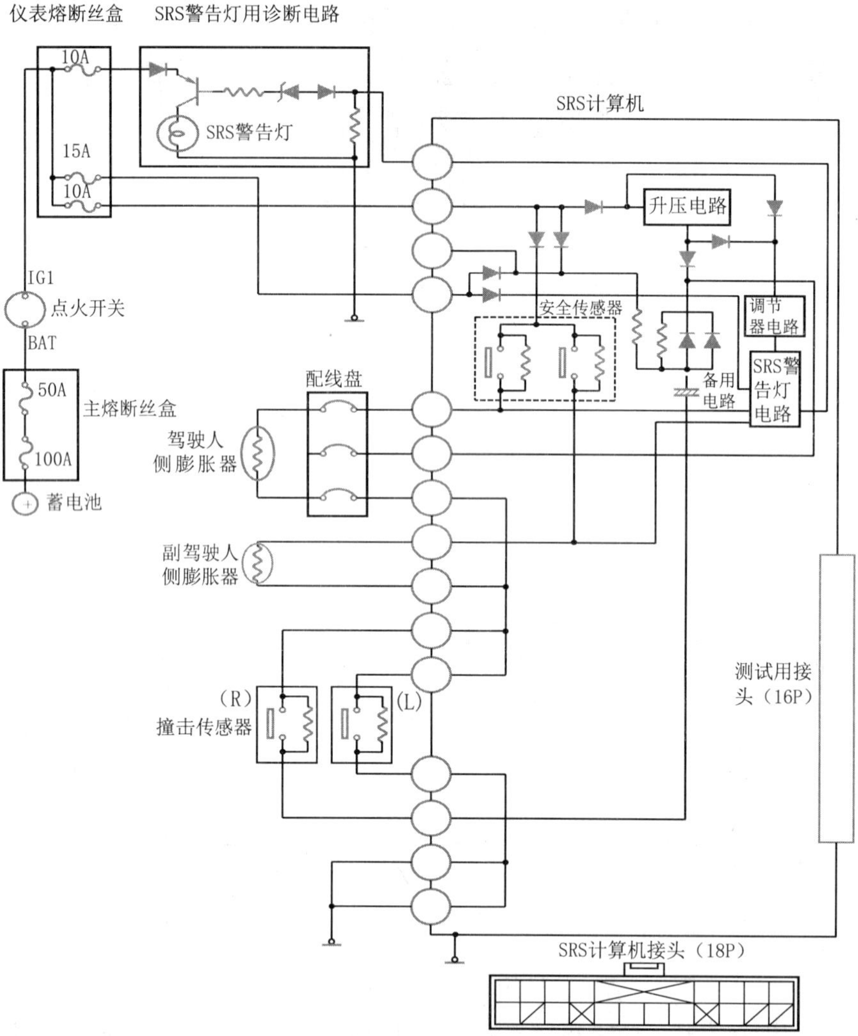

◆ 图12-18 传感器分离式的电子控制式气囊系统的电路

部分气囊系统，当SRS计算机接收到撞击传感器传送的正确信号后，负责引爆气囊。

4）膨胀器

（1）膨胀器包含在气囊总成内，由点火器、钡钾硝酸盐、点火剂、氮气产生剂及过滤器等组成，安装在金属容器内，如图12-19所示。

（2）膨胀器的作用过程为SRS计算机将电流送至点火装置，使点火剂燃烧，产生的热量使氮气产生剂也燃烧，大量的氮气使气囊在瞬间充气膨胀。

（3）点火器(Igniter)内为锆钾化合物(Zirconic Potassium Percolate, ZPP)，点火剂(Igniting Agent)内为硼钾硝酸盐(Boron Potassium Nitrate)，氮气产生剂(Nitrogen Gas Generating Agent)为叠氮化钠(Sodium Azide,)及氧化铜(Cupric Oxide)或钠硝酸盐(Sodium Nitrate)。

（4）要产生爆炸的三要素为热(Heat)、燃料(Fuel)及氧气(Oxygen)，点火器及点火剂为产生热的装置，内部的化合物是反应非常迅速的炸药(Explosive)，以提供必要的热给氮气产生剂；而燃料则是氮气产生剂。

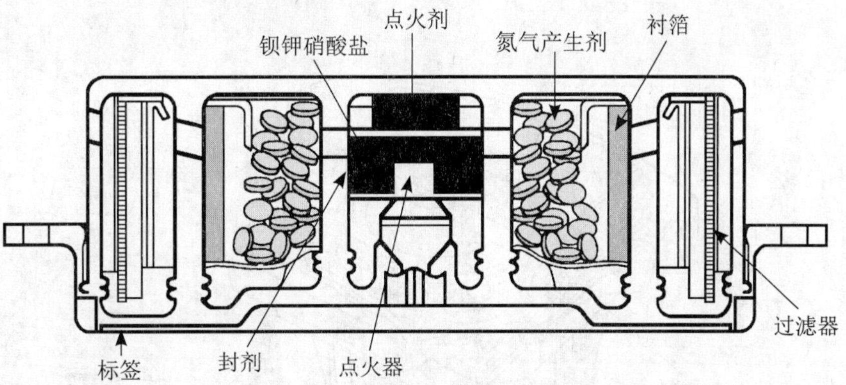

◆ 图12-19　膨胀器的构造

（5）膨胀器作用的过程为：当蓄电池电流或SRS计算机控制的电流送入点火器时，ZPP燃烧发热并产生压力；钡钾硝酸盐及点火剂接着燃烧，产生热及压力，然后点燃氮气产生剂；大量氮气产生；氮气经过滤器进入气囊；以上总时间约30ms。

（6）膨胀器内的燃烧温度可达1370℃(2500℉)，但气囊本身则约保持在室温状态。

（7）膨胀器内燃烧后的产物为：氮气：99.2%；水：0.6%；氧化钠：0.1×以下，由过滤器过滤；氢氧化钠：极少，但对眼睛及皮肤有刺激性，因此维修人员在处理已爆开的气囊时，必须戴上护目镜及手套。

（8）为解决上述传统式膨胀器在燃烧时会产生有害气体的问题，克莱斯勒汽车采用复合式膨胀器(Hybrid Inflator Module)。

其构造如图12-20所示，由传导器(Initiator)、环绕传导器的推进器(Propellant)、氩气压力罐(Argon Pressure Tank)及压力传感器等组成。

当传导器通电时，推进器产生爆炸，使推进器罐穿透，加热氩气，被加热的氩气迅速由穿透的推进器罐进入气囊；若压力传感器传感到氩气压力低于规定值时，将传送信号给计算机，点亮气囊警告灯。

复合式膨胀器的作用温度比传统式低，且不会产生任何有害或刺激性化合物。

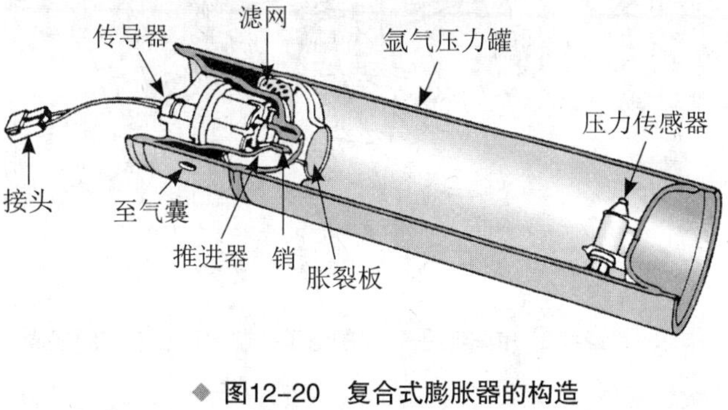

◆ 图12-20　复合式膨胀器的构造

5）气囊

（1）气囊为尼龙布所制成，与膨胀器一起安装在气囊总成内，如图12-21所示。

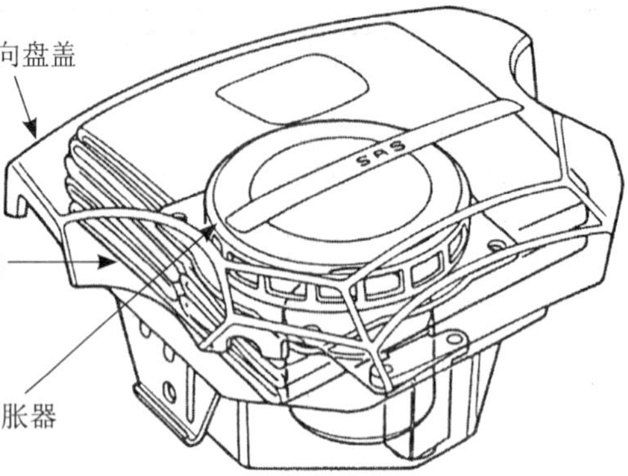

◆ 图12-21 气囊的安装位置

（2）气囊借用大量的氮气而膨胀，在气囊后方有两个排气口，可在作用后排出氮气。

（3）气囊的动作时间：

当有撞击时，电流信号传送至点火装置，约需0.025s(以50km/h撞击墙壁为参考值)。

从膨胀器开始作用至气囊膨胀，约需0.030s。

二、传感器整体式的电子控制式气囊系统

所谓传感器整体式，是指各撞击传感器与计算机、气囊等合装在一起，如图12-22所示，其撞击传感器称为主传感器(Main Sensor)与安全传感器(Safety Sensor)，与SRS计算机等合装在SRS机构 (SRS Unit)内，如图12-23所示。

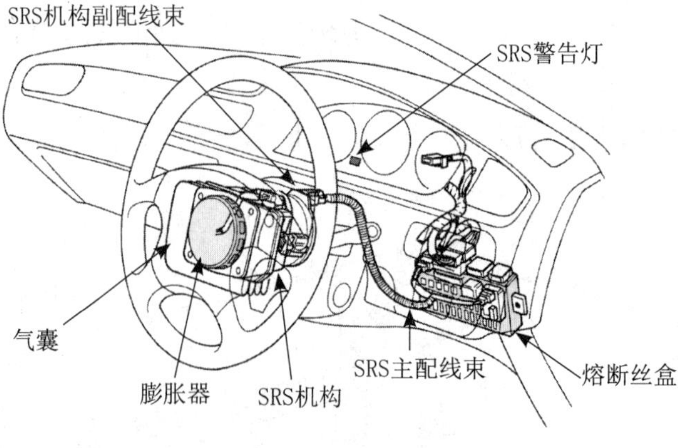

◆ 图12-22 传感器整体式的电子控制式气囊系统的组成(一)

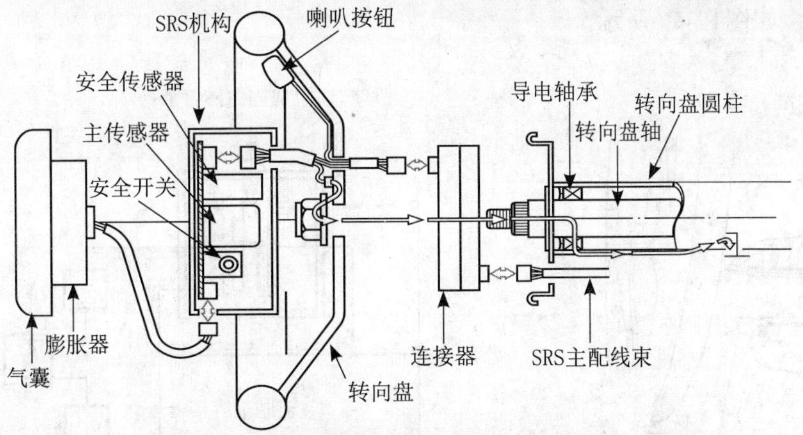

◆ 图12-23　传感器整体式的电子控制式气囊系统的组成(二)

与传感器分离式的电子控制式气囊系统相比较，其作用大致相同。以下仅说明部分不同处：

（1）在SRS机构内的主传感器、安全传感器及安全开关(Safety Switch)，如图12-24所示。

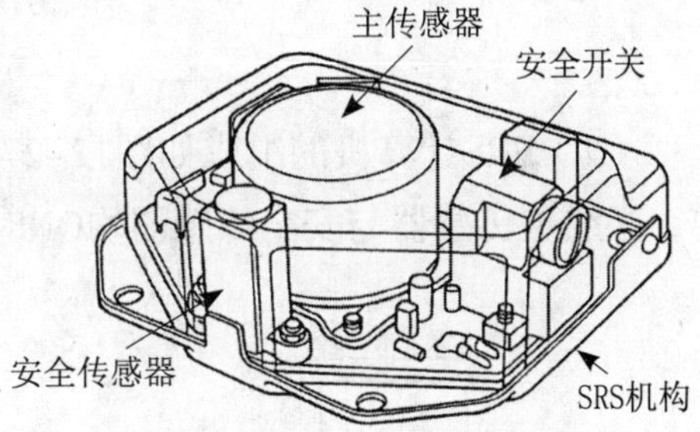

◆ 图12-24　SRS机构内的构造

①主传感器与前述的气体缓冲式撞击传感器的构造与作用完全相同。

②安全传感器：如图12-25所示，为磁铁引导开关(Lead Switch)式，安装在封入惰性气体的玻璃罐内，触点也是镀金。当发生撞击时，磁铁受力产生滑动，使引导开关成为ON的状态。

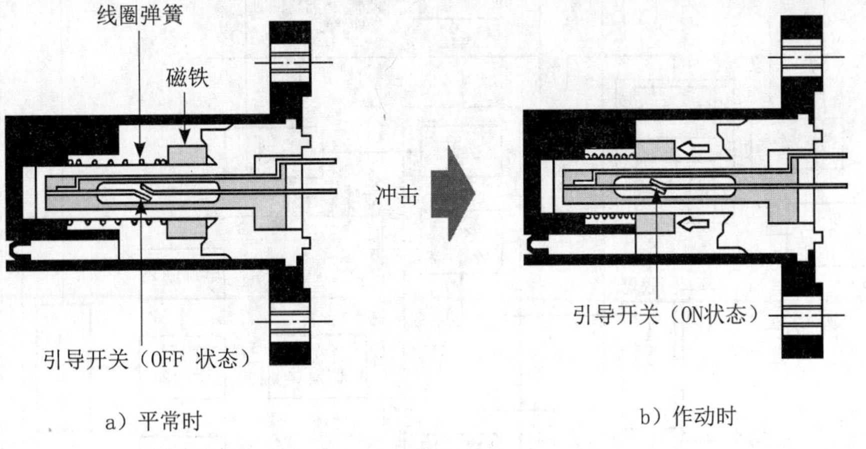

a）平常时　　b）作动时

◆ 图12-25　安全传感器的构造与作用

③安全开关：当气囊总成的固定螺钉拆下时，安全开关1OFF，使SRS机构的主电路成为断路，以防止气囊误动。同时安全开关2使电容器的放电电路ON，以加速电容

器的放电，如图12-26所示。

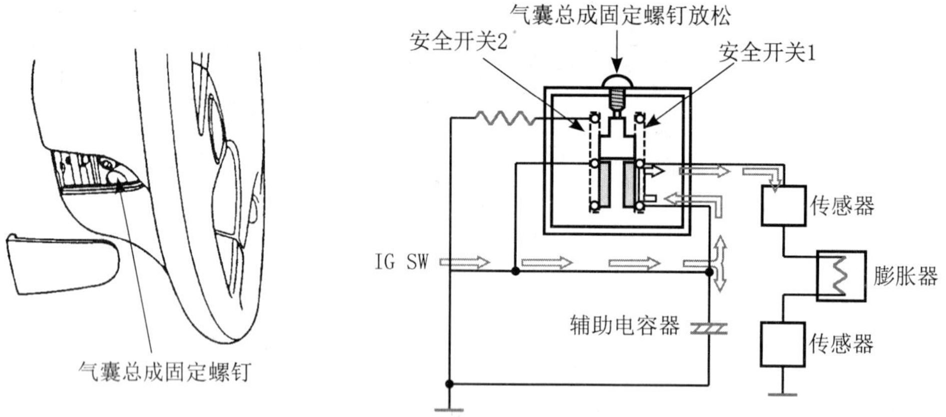

◆ 图12-26 安全开关的作用

（2）SRS计算机的组成如图12-27所示，各电路的作用与前述均相同，但主电路中，必须主传感器与安全传感器均ON时，气囊才会作用。其电路如图12-28所示。

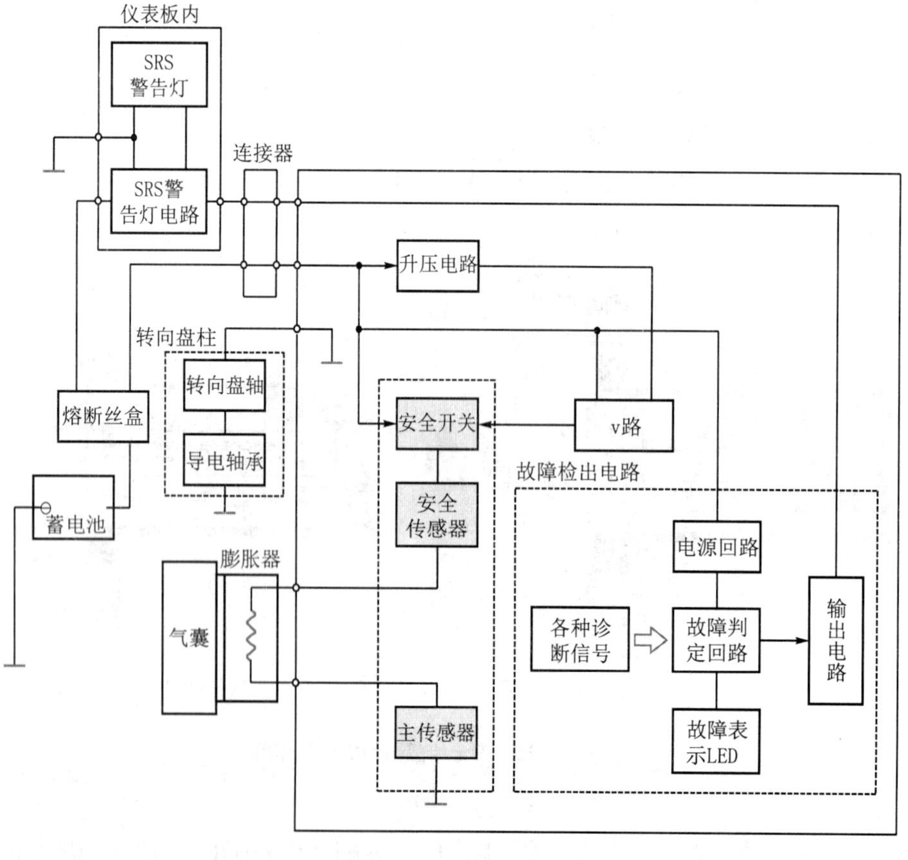

◆ 图12-27 SRS计算机的组成

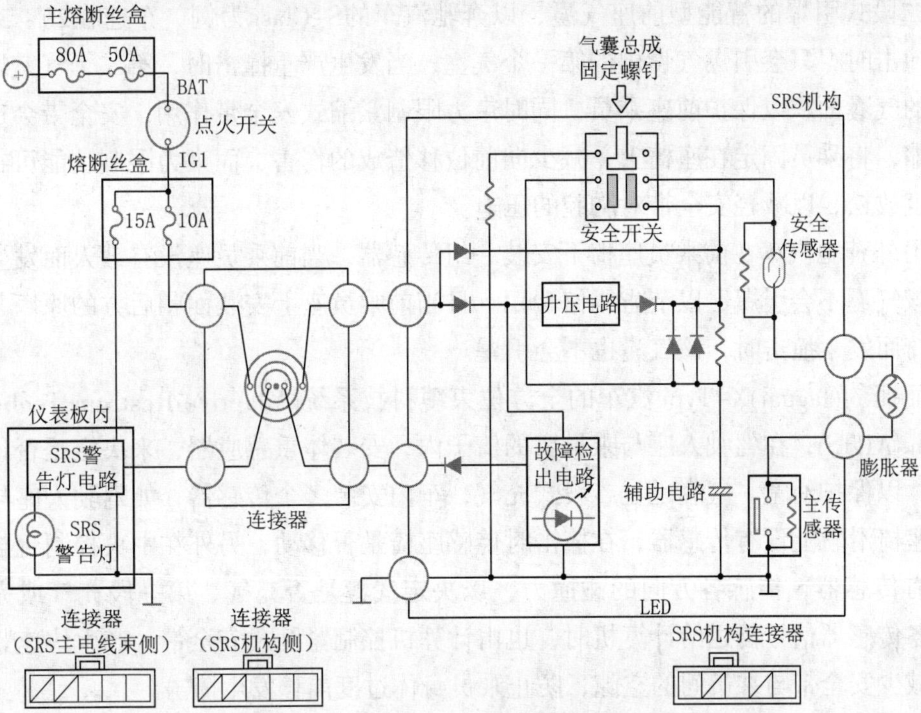

◆ 图12-28 传感器整体式的电子控制式气囊系统的电路

12.3 新式气囊

气囊的使用已有30年，车坛曾掀起一阵有关气囊安全的讨论，到底是能保命还是反而会伤人，最后获得的结论为气囊是安全且值得信赖的。

根据哈佛大学学者的研究证实，当汽车发生撞击时，气囊的确提高了驾驶人及副驾驶人生还的机会，但是对身高较小的成人及儿童却具有危险性。因此美国高速公路交通安全局(NHTSA)建议，驾驶人应距离转向盘10"(25.4cm)以上，气囊爆开时才不会造成伤害；另外美国联邦政府及各汽车制造厂也都呼吁，12岁以下儿童应坐在后座，并系上安全带。

放眼21世纪，国际车坛针对气囊的新方向与思维为发生车祸的瞬间，车辆常处在翻滚状态，这时乘客身体侧面、头部等，会与车门、车窗、门柱与车顶碰撞而受伤，因此侧气囊(Side bag)、车窗气囊(Window bag)又称气帘(Curtain)，陆续被研发采用，很快成为现代汽车的安全配备。另外二段式引爆的新型前座气囊也是创新的设计之一。

以奔驰汽车的车窗气囊为例，与装在车门内的侧气囊连动，在C-Class与S-Class车上，长200cm，高35cm，厚6cm的车窗气囊，隐藏在A柱到C柱的车顶支柱中，撞击时爆开，总容量12L，保持充气5s以上，可同时保护前座乘客及后座乘客的头部与胸部安全；且气帘为多气室设计，即使有一二个气室被尖锐物刺穿，也不致因气体排泄而影响气帘的正常防护功能。

二段式引爆的智能型前座气囊，以奔驰汽车的S–Class为例，车速在20～35km/h发生撞击时，只会引爆气囊内的第一个气室；当发生严重撞击时，第二个气室爆开，较大的气囊面积以保护前座乘员，同时束力限制紧缩式安全带作用，安全带会迅速往后紧缩，将乘员固定在座椅上，减少向前位移造成的伤害，而束力限制功能可在紧缩后适度放松，以减轻安全带对胸腔的压迫。

另外奔驰汽车在前乘员座椅下安装一组传感器，当前乘员座没有载人而发生撞击时，该气囊不会引爆，以节省维修费用。且当前乘员座上安装面朝后方的原厂儿童安全座椅而发生撞击时，该气囊也不会引爆。

而捷豹(Jaguar)X–Type汽车的全方位束缚科技系统(Adaptive Restrain Technology System, ARTS)，在驾驶人座与乘员座的椅子内，安装体重感应器，来决定是否让气囊启动，以保护幼童。气囊也是二段式充气，车内安装多个传感器，如驾驶人座与乘员座的座椅滑轨上设有传感器，在撞击时传感座椅是否移动，另外在中央控制台与车门上也有传感器，传感各方向的碰撞力，以决定气囊是否充气、第一段充气或完全充气；各传感器信号传送给计算机时，也由计算机控制紧缩式安全带，产生快速紧缩作用，减少安全带与乘员间的空隙，防止乘员身体过度前移发生撞击。

理论测试

一、判断题

1. 汽车有前座气囊，在开车时驾驶人及乘员不必系上安全带。（ ）
2. 撞击传感器可安装在SRS计算机内或车身其他各处。（ ）
3. 传感器分离式的气囊系统，当SRS计算机内安全传感器的触点接合时，气囊即引爆。（ ）
4. SRS计算机内通常都有一组备用电力装置，以备在撞击蓄电池电源断路时，提供电力引爆气囊。（ ）
5. 现代汽车除了前座气囊外，并有后座气囊、侧气囊与车窗气囊等。（ ）

二、选择题

1. 能保持膨胀器与气囊电路系统永远接触的是靠______。
（A）转向盘柱　（B）钟形弹簧电路连接器
（C）SRS计算机　（D）转向盘盖
2. 本田汽车SRS计算机内，在发生撞击致蓄电池接头脱落时，用以确保电源，使气囊能产生作用的是______。
（A）升压电路　（B）主电路　（C）辅助电路　（D）自我诊断电路
3. 膨胀器内化合物燃烧后，对人体有害的物质为______。
（A）氢氧化钠　（B）氧化钠　（C）氮气　（D）氩气
4. 下述______是为保护乘员的头部而设计的。
（A）前座气囊　（B）气帘　（C）侧气囊　（D）后座气囊
5. 奔驰汽车的二段式前座气囊，在时速______km/h以下撞击时引爆第一个气室。
（A）16　（B）25　（C）35　（D）50

三、简答题

1. 有前座气囊，在行车时仍须全程系上安全带的理由是什么？

2. 什么是传感器分离式的电子控制式气囊系统?
3. 试述滚柱式撞击传感器的构造及作用。
4. 试述本田汽车SRS计算机内主电路的组成及作用。
5. 试述SRS计算机的功能。

第13章

自动温度控制(ATC)系统

13.1 概　述

一、ATC的现况

（1）汽车空调的自动温度控制(Automatic Temperature Control，ATC)系统，俗称恒温空调系统，以往只有少数高级轿车采用，目前国产汽车已普遍使用。此系统的作用与家用空调机很相似，当驾驶人设定温度后，ATC系统即自动控制与调整，使乘客室内温度保持在设定值，驾驶人仅需再设定其他模式(Mode)，如出风口位置改变、除雾等，使用上非常方便，且室温控制非常准确。奔驰汽车将本系统称为THERMOTRONIC。

（2）当乘客室内温度达设定的温度，例如23.9℃(75℉)时，不论外界气温是多少，恒温空调系统会控制湿度在感觉舒适且玻璃不会有雾气的45%～55%之间。

（3）ATC系统利用安装在驾驶室内、外的各种传感器，将信号传送给计算机，以控制鼓风机转速、各空气阀位置及压缩机离合器作用，来进行温度变化的补偿。

（4）汽车现已普遍采用左、右独立恒温空调，前座两个区域可根据个人需求，各自设定不同的温度，使乘坐环境更舒适。

二、ATC的种类

（1）半自动式：此式不控制所有的空调功能，如空调温度是自动控制，而鼓风机转速及所有模式是由驾驶人手动控制。许多全自动式也可进行半自动控制，甚至手动控制，因此在做故障判断时，若系统功能在手动模式时正常，而自动控制时有问题，则故障的零件或电路很容易就可判别出来。

（2）全自动式：ATC的计算机，接收各传感器传送的信号，然后进行各项控制，能在短时间内升高或降低车内温度至设定值。车身控制模块(Body Control Module, BCM)或动力传动控制模块(Powertrain Control Module, PCM)，可分担部分ATC的功能，如鼓风机转速控制及压缩机离合器控制等。如图13-1与图13-2所示，分别为5个与9个输入信号的ATC系统，图13-3所示为ATC的组成。

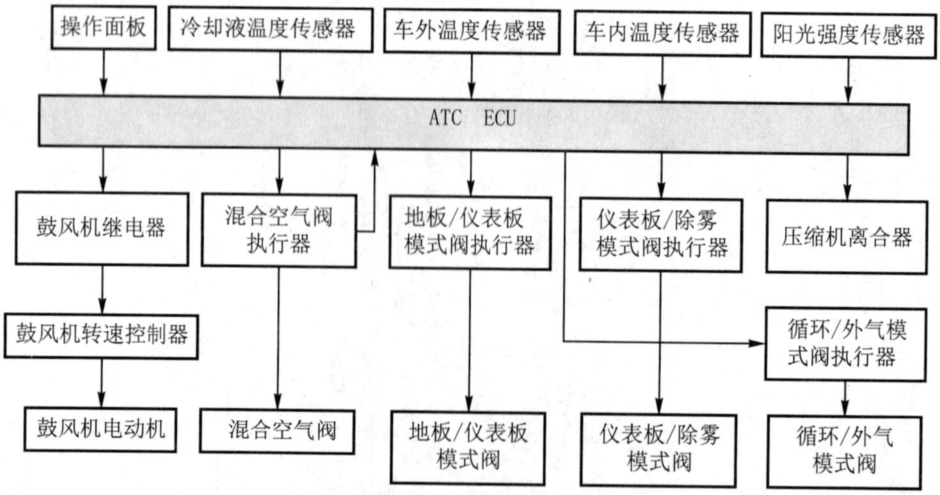

◆ 图13-1　5个输入信号的ATC

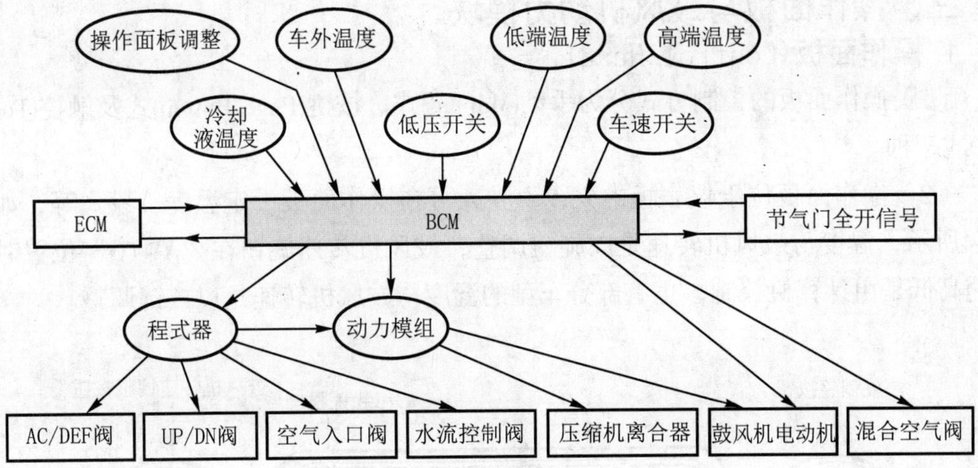

◆ 图13-2　9个输入信号的ATC

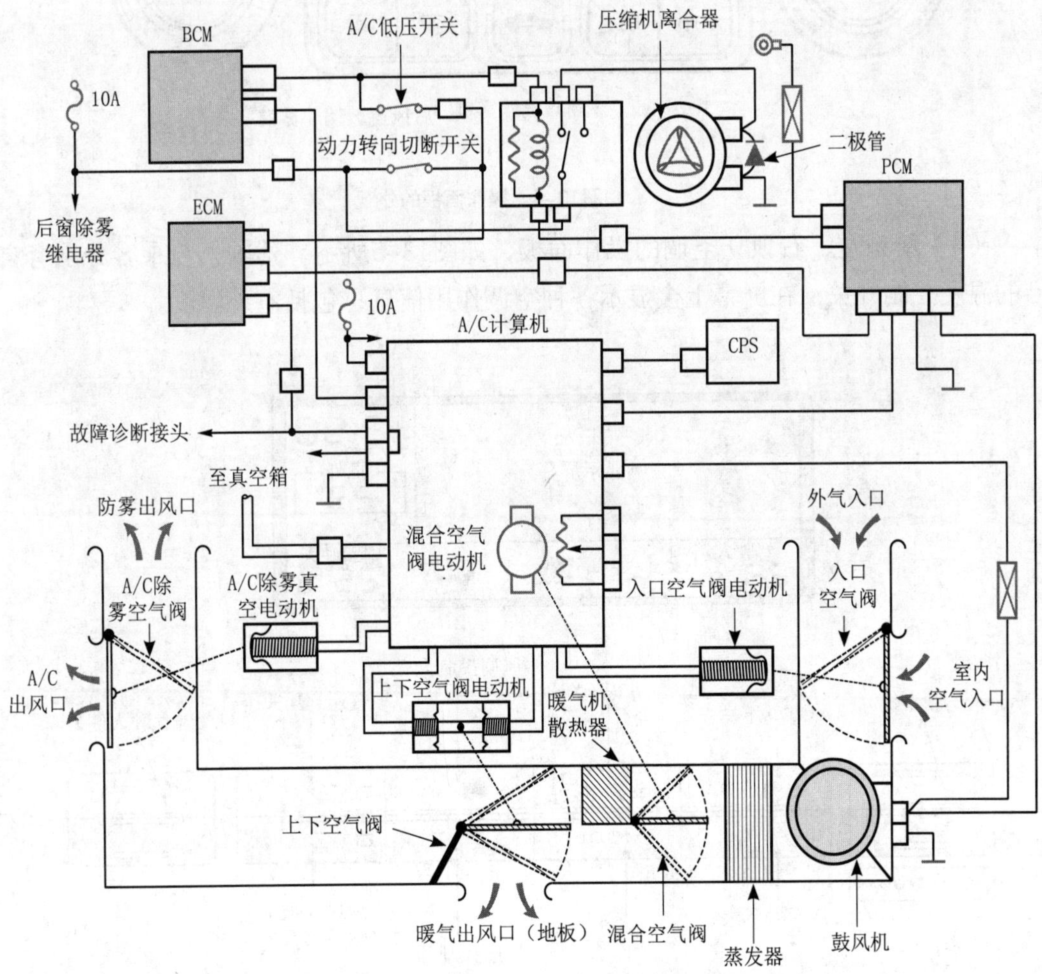

◆ 图13-3　ATC的组成

三、操作面板与鼓风机动力模块

1. 操作面板(Control Head)

（1）操作面板的控制方式分为手动(Manual)式、按键(Push Button)式及触控(Touch Pad)式三种。

（2）操作面板位于仪表板中央，驾驶人可在操作面板设定温度、模式等，如图13-4所示，温度与鼓风机转速是以旋钮调整，鼓风机转速旋钮在“AUTO”位置时，转速高低是由计算机控制，也有部分车型的温度与鼓风机转速是以按键调整。

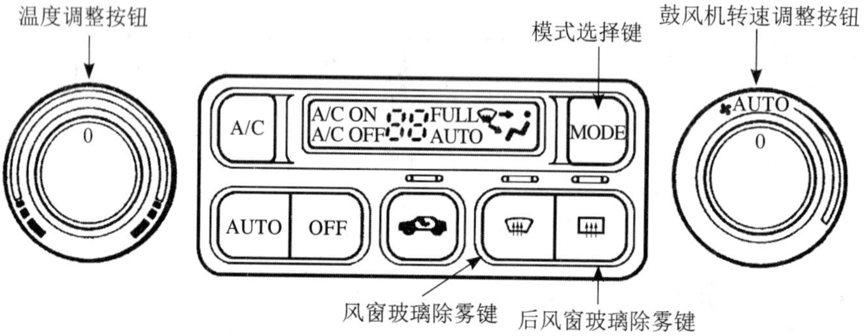

◆ 图13-4 操作面板的外观

（3）新型左、右独立空调的操作面板，如图13-5所示，驾驶人与乘客分别有自己的温度控制开关；在屏幕上会显示各种空调作用信息，包括室外温度。

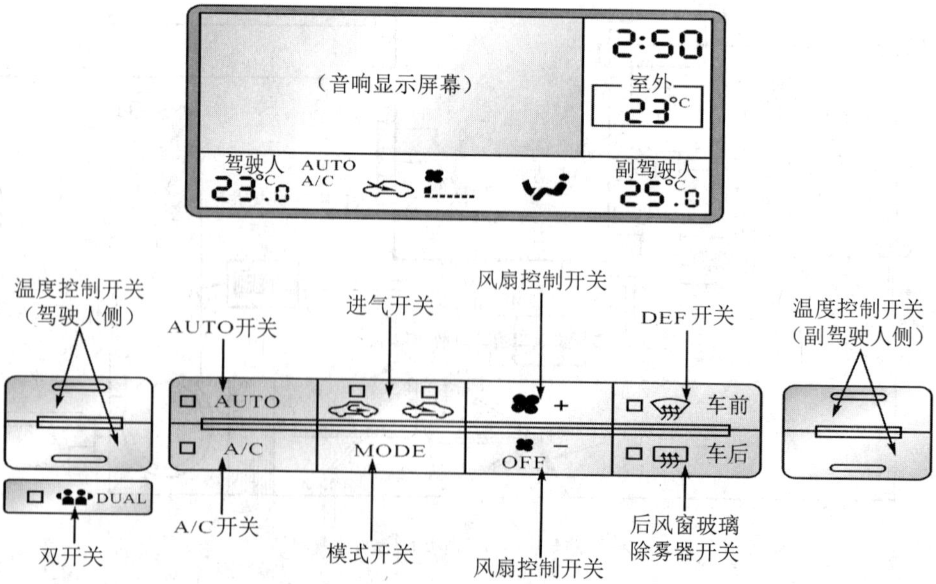

◆ 图13-5 新型的操作面板与屏幕

（4）ATC的操作面板与传统手动式的最大不同点是：操作面板与各空气阀、压缩机离合器及鼓风机电动机等无直接连接，操作面板只是类似一个界面，将必要的数据传送给计算机，由计算机控制各零件的作用，以达所需目的。

2. 鼓风机电动机动力模块(Blower Motor Power Module)

（1）本装置用以取代旧式鼓风机的电阻器总成(Resistor Assembly)，利用功率晶体管(Power Transistor)控制鼓风机转速，如图13-6所示，周围有铝制散热片，以散发功率晶体管产生的高热。ATC计算机传送出可变电压或脉冲宽度信号给功率模块，以控制鼓风机转速，转速可达50种不同的变化。

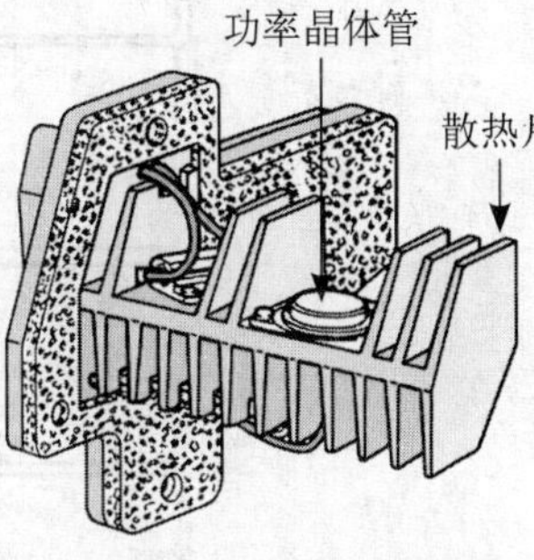

◆ 图13-6　功率模块的构造

（2）功率模块将计算机传送来的信号放大，即输出信号根据输入信号成等比例增加，因此根据乘客室内温度的高低，蒸发器鼓风机转速是可变的。若乘客室内温度比设定温度高时，刚开始鼓风机以高速运转，随着室内温度逐渐降低时，鼓风机转速也自动降低；同理，若乘客室内温度比设定温度低时，刚开始鼓风机也是以高速运转，然后再逐渐降低。

13.2　ATC系统各部零件的构造与作用

一、输入信号

1. 车内温度传感器(In-Vehicle Sensor)

（1）车内温度传感器用热敏电阻(Thermistor)制成，通常安装在仪表板下方，如图13-7所示；并以空气管连接至空调气流管上，如图13-8与图13-9所示。当气流迅速通过抽气器(Aspirator)时，产生的真空将空气引经车内温度传感器，以确保定量的室内空气流经车内温度传感器或部分恒温空调系统，利用一个小型风扇电动机，当点火开关ON时，空气会持续送经车内温度传感器。

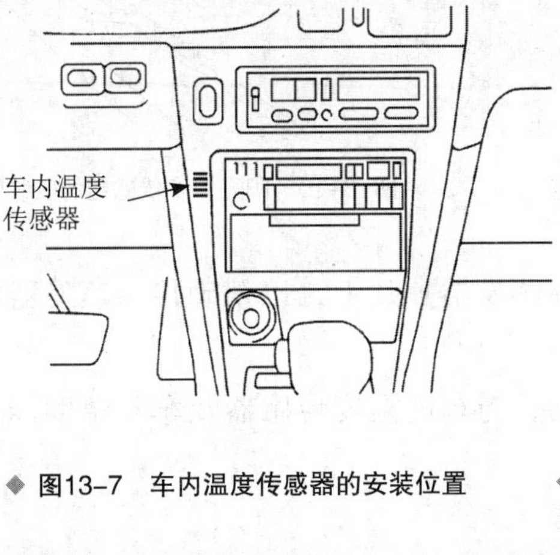

◆ 图13-7　车内温度传感器的安装位置

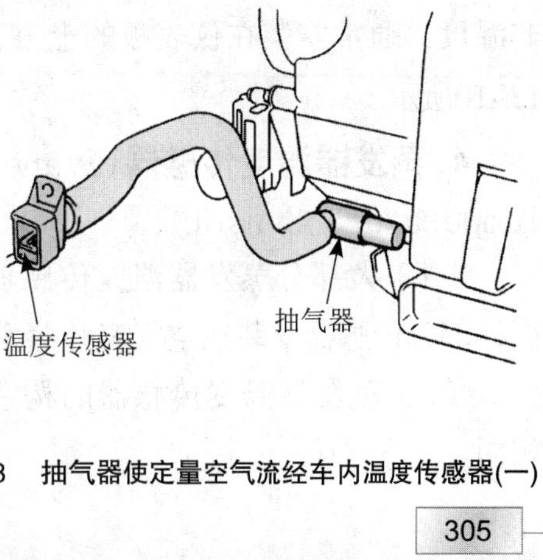

◆ 图13-8　抽气器使定量空气流经车内温度传感器(一)

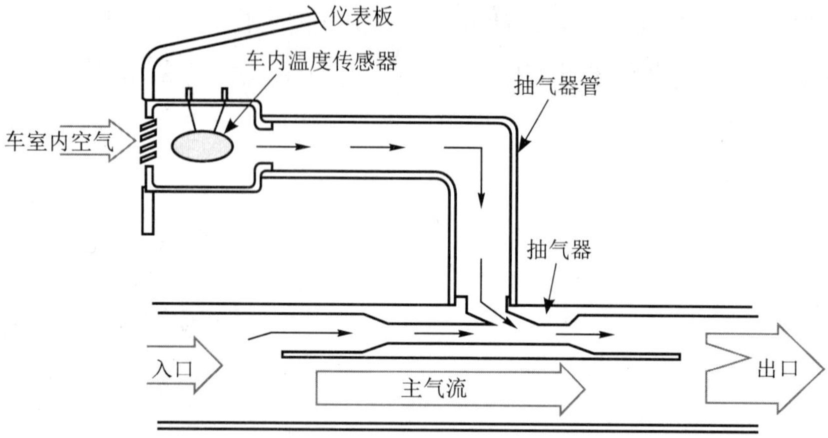

◆ 图13-9 抽气器使定量空气流经车内温度传感器(二)

（2）车内温度传感器依据车室内空气温度的变化而改变其电阻，温度低时电阻大，温度高时电阻小，传送出模拟电压信号给ATC计算机。

2. 车外温度传感器(Ambient Sensor or Outside Temperature Sensor)

（1）车外温度传感器也是用热敏电阻制成，用以传感车辆周围温度的变化，其安装位置（如日产汽车）在发动机罩锁下方。

（2）车外温度传感器依据车外空气温度的变化而改变其电阻，温度低时电阻大，温度高时电阻小，传送出模拟电压信号给ATC计算机。

（3）有的车外温度传感器安装在散热器后方，冷凝器前端，为避免在车速慢或与前车距离近时，传送出错误信号给计算机，因此有数种程序记忆。

3. 阳光强度传感器(Sunload Sensor)

阳光强度传感器又称日照传感器，用光二极管(Photo Diode)或光电池(Photo Cell)制成，用以传感阳光照射车辆的强度，但非温度。通常安装在仪表板的上方，如图13-10所示。

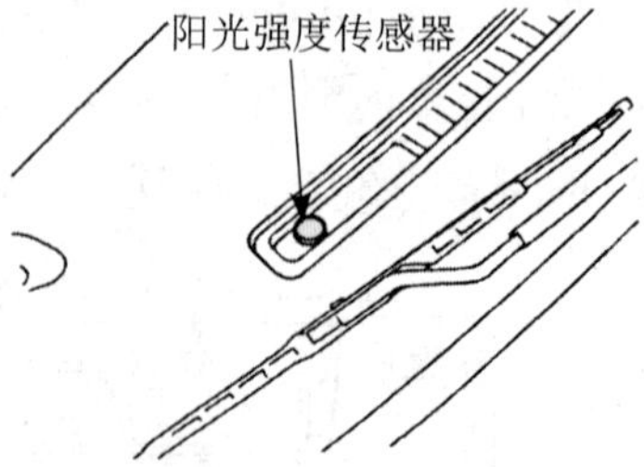

◆ 图13-10 阳光强度传感器的安装位置

4. 蒸发器温度传感器(Evaporator Temperature Sensor)

（1）大部分蒸发器温度传感器安装在蒸发器翼片上，以精确传感蒸发器的温度，部分传感器安装在空气离开蒸发器处。

（2）蒸发器温度传感器的构造及作用，与车内温度传感器及车外温度传感器相同。

5.其他各输入信号包括蓄电池电压、发动机冷却液温度、发动机转速、车速及A/C系统的压力等

二、ATC计算机

ATC计算机称为控制器(Controller)，又称程序器(Programmer)。如日产汽车的ATC计算机，与操作面板总成组装在一起，称为自动放大器(Auto Amplifier)或A/C放大器。另外如克莱斯勒汽车，其车身控制模块(BCM)，即车身控制计算机，具有ATC计算机的控制功能。

ATC计算机接收操作面板及所有传感器传送来的信号，然后传送出控制信号，使压缩机离合器作用或不作用(ON/OFF)、混合空气阀打开或关闭(OPEN/CLOSE)、各模式空气阀的打开或关闭(OPEN/CLOSE)，及鼓风机转速的高低。

三、输出控制

1. 鼓风机转速控制(Blower Speed Control)

（1）以克莱斯勒汽车为例，车身控制计算机(BCM)的ATC控制模块，提供不同的电压给鼓风机电动机，并使电路搭铁，可控制14种不同的鼓风机转速。鼓风机转速可压下操作面板上的自动(AUTO)钮，由计算机自动控制，或利用操作面板上的转钮以手动控制，如图13-11所示。

（2）以日产汽车为例，ATC计算机依据设定温度(Temperature Setting)、车内温度、车外温度、阳光强度、蒸发器温度、混合空气阀位置(Blend Air Door Position)等信号，传送出信号给风扇控制放大器(Fan Control Amplifier)，以控制风扇电动机电路的搭铁，如图13-12所示，当ATC计算机使高速继电器(Hi Relay)的线圈搭铁时，继电器的触点闭合，鼓风机以高速运转。鼓风机转速可压下自动(AUTO)钮，由计算机自动控制，或压下鼓风机转速开关，以手动控制。

（3）部分恒温空调系统，当发动机起动时及冷却液温度低于预定值时，ATC计算机使鼓风机电动机不作用。

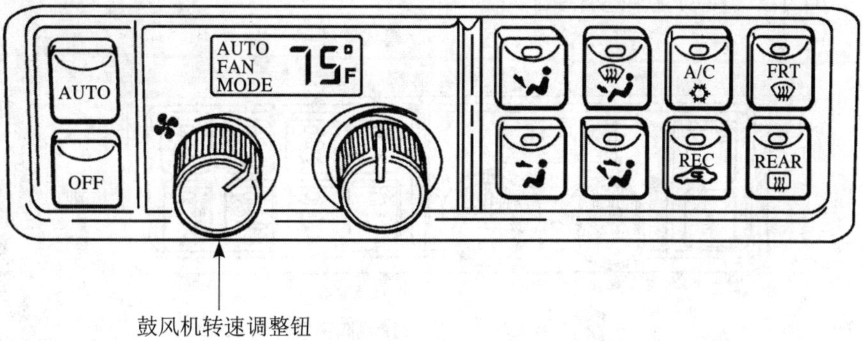

◆ 图13-11 鼓风机转速控制(一)

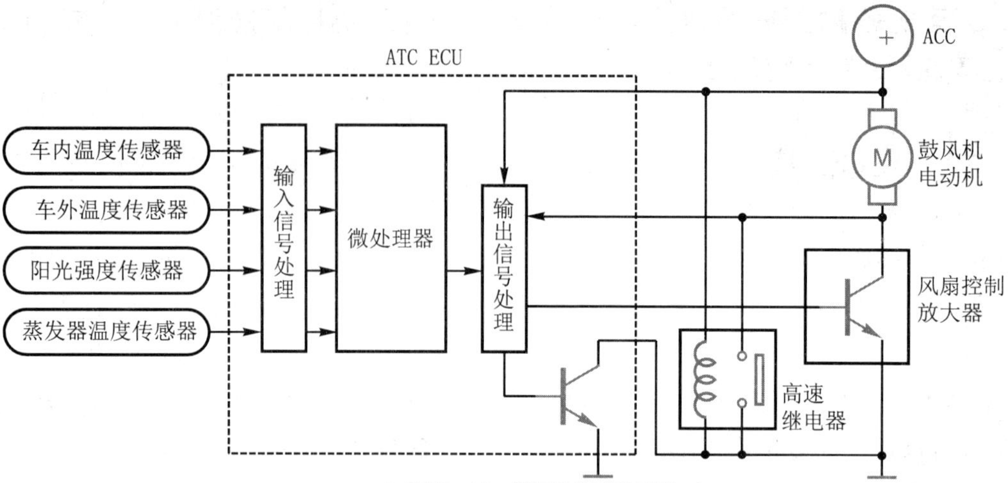

◆ 图13-12　鼓风机转速控制(二)

2. 混合空气阀执行器(Blend Air Door Actuator)控制

（1）混合空气阀执行器是一个电子电动机，依据驾驶人设定的温度，自动控制混合空气阀的位置，以控制一定的车内温度。部分车型采用真空电动机(Vacuum Motor)，其控制精确度较差，且需要电位计(Potentiometer)测量空气阀位置，以将信号传送出，如图13-3所示。

（2）当驾驶人设定温度为22℃(72℉)，而车内温度为0℃(32℉)时，ATC计算机使电子电动机作用，混合空气阀关闭蒸发器侧通道，而打开从暖气热水箱侧来的通道，使车内温度迅速由0℃升至22℃；当驾驶人设定温度为22℃(72℉)，而车内温度为37℃(98℉)时，ATC计算机使电子电动机作用，混合空气阀打开从蒸发器侧来的通道，而关闭暖气热水箱侧通道，并使鼓风机电动机以高速运转，使车内温度迅速由37℃降至22℃。

3. 模式阀执行器(Mode Door Actuator)控制

（1）模式阀执行器以电子电动机控制空气阀的位置，改变空调吹出方向。

（2）因空气阀位置的不同，使空调吹向地板、地板与除雾、仪表板、地板与仪表板等，由四个按键分别控制，如图13-13所示；图13-14所示为用于裕隆汽车 Cefiro 车型，压下“AUTO”键时为自动控制。

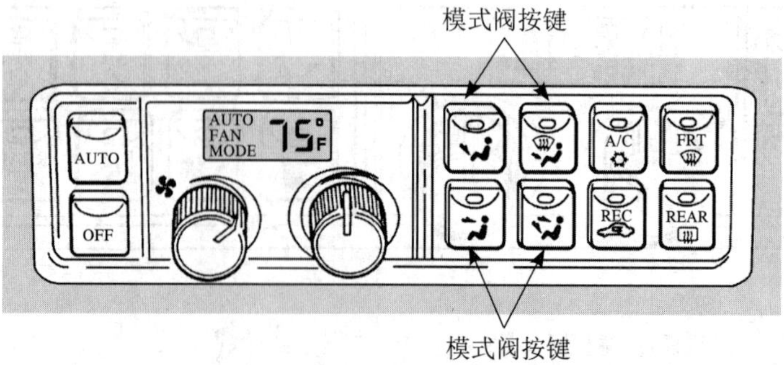

◆ 图13-13　各模式阀按键(一)

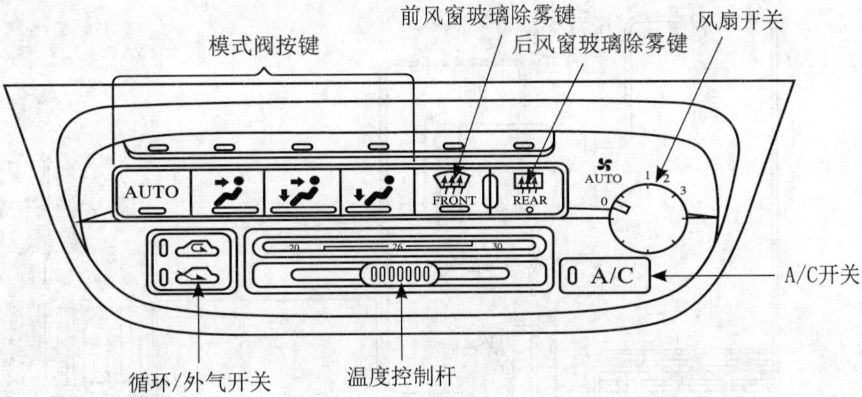

◆ 图13-14　各模式阀按键(二)

4. 压缩机离合器控制

（1）当驾驶人选择A/C模式(A/C Mode)时，ATC计算机或ECM使压缩机离合器继电器的线圈搭铁，触点闭合，电流送入离合器线圈，使离合器接合，传动带盘带动压缩机转动，如图13-15所示。

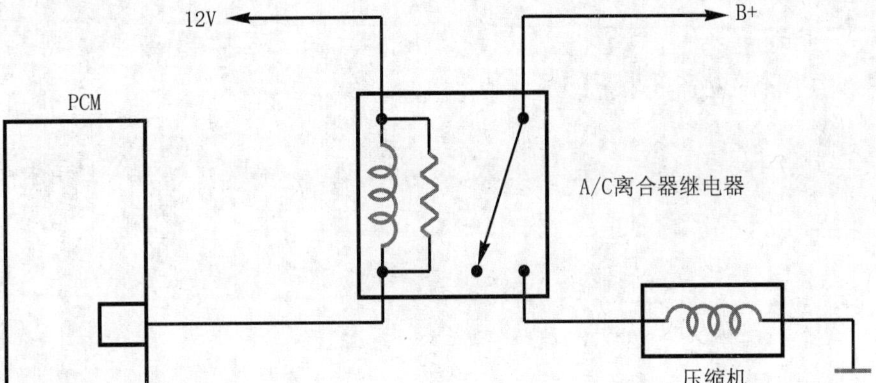

◆ 图13-15　压缩机离合器电路

（2）当车外温度传感器显示温度低于设定值时，ATC计算机使压缩机离合器不作用；而当传感器信号显示节气门全开或发动机高速运转时，ATC计算机使压缩机离合器不作用；另在除雾模式(Defrost Mode)时，压缩机离合器作用，以除去车室内空气中的湿气。

（3）裕隆汽车Cefiro车型，在储液筒安装有冷媒压力传感器，如图13-16所示，当冷媒管路压力过低或过高时，用以保护压缩机。当冷媒管路压力低于177kPa(1.77bar，1.8kgf/cm^2，26psi)，或压力高于2746kPa(27.5bar、28kgf/cm^2、398psi)

时，冷媒压力传感器将电压信号传送给ECM，ECM中断继电器线圈搭铁，使压缩机停止运转。

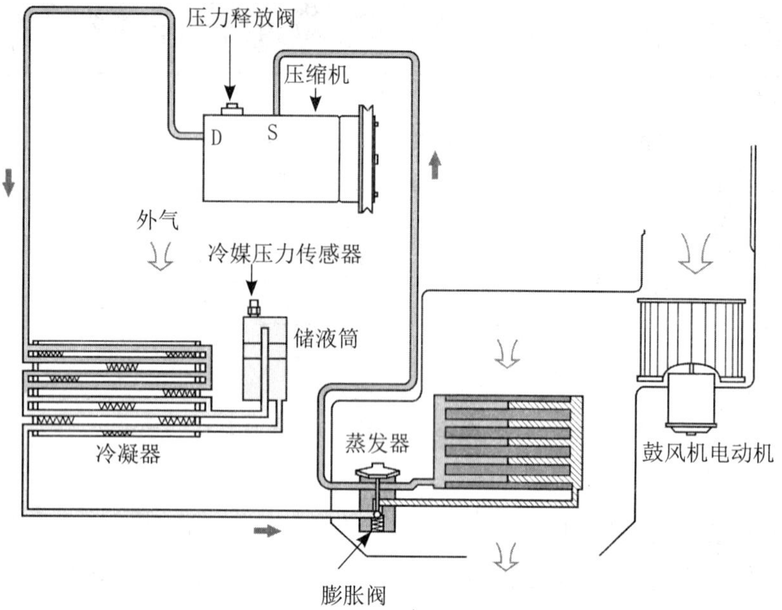

◆ 图13-16　冷媒压力传感器的安装位置

理论测试

一、判断题

1. 自动温度控制系统，俗称恒温空调系统。（ ）
2. ATC可在短时间内升高或降低车内温度至设定值。（ ）
3. ATC操作面板与各空气阀以钢线连接操作。（ ）
4. ATC利用电阻器以控制鼓风机转速。（ ）
5. 抽气器的目的是使定量室内空气流经蒸发器温度传感器。（ ）

二、选择题

1. ATC计算机不直接控制______项目。
（A）压缩机离合器作用　（B）鼓风机转速
（C）各空气阀位置　（D）风窗玻璃除雾作用
2. ATC控制车厢内湿度在______之间。
（A）25%～40%　（B）45%～55%　（C）60%～70%　（D）75%～85%
3. 不是提供输入信号给ATC的传感器是______。
（A）阳光强度传感器　（B）车外温度传感器
（C）氧传感器　（D）车内温度传感器
4. 混合空气阀的位置改变______。
（A）可控制一定的车内温度　（B）使空调吹向驾驶人
（C）使空调吹向仪表板与地板　（D）使鼓风机转速改变
5. ______时，ATC计算机控制使压缩机离合器作用。
（A）节气门全开时　（B）车外温度传感器显示温度低于设定值时
（C）发动机高速运转时　（D）车内温度高于设定值时

三、简答题

1. 试述ATC的简单作用。
2. 什么是半自动式ATC?

3. ATC的操作面板与传统手动式有何不同?
4. 车内温度传感器如何作用?
5. ATC计算机如何作用?
6. 混合空气阀执行器控制，如何使车室内高温迅速下降?
7. 模式阀执行器控制使空调吹向何处?
8. 压缩机离合器控制如何作用?

第14章

免钥匙行车系统(Keyless Go)

- 14.1 概述
- 14.2 免钥匙行车系统的组成与作用

14.1 概　　述

一、汽车进入系统的演进

汽车进入系统(Car Access Systems)的演进，从早期发展到现在，可分为以下几个阶段：

（1）机械式车门锁及点火开关：使用钥匙开关车门锁及点火开关。

（2）遥控车门及机械式点火开关：利用红外线(Infrared)或无线电频率(Radio Frequency)遥控方式启闭车门，而点火开关仍用钥匙。

（3）遥控车门及防盗不动系统(Anti-Theft Immobilizers)：车门还是以遥控方式启闭，但点火开关必须使用内建芯片的原厂钥匙，发动机才能发动，又称芯片防盗系统。

（4）触控车门及电子钥匙(Electronic Key)系统：电子钥匙距离汽车有效范围内，触摸车门把手即可启闭车门，但仍必须将电子钥匙插入点火开关内，发动机才能发动。部分汽车采用智能卡(Smart Card)，又称聪明卡、IC卡，不使用电子钥匙，智能卡距离汽车有效范围内，触摸车门把手即可启闭车门，进入车内后，将智能卡插入，压下按键，发动机才能发动。

（5）免钥匙行车(Keyless Go)系统。

为目前最先进且方便的系统，以奔驰汽车为例，在2000年首先采用于S-Class车系，2003年所有E-Class车系也已全面采用。奔驰汽车不用电子钥匙，是采用芯片卡(Transmitter Card)，只要随身携带芯片卡，即可启闭车门及起动发动机。Toyota称为Smart Entry车门启闭系统。

有些汽车使用半截式、折叠式或造型流线小型的电子钥匙，以节省空间，也是随身携带时，即可进行上述各种作用。

国产汽车中，以裕隆汽车所属各车系采用本系统最普遍。2009年式的Bluebird车系采用的第三代I KEY智能型钥匙，甚至具有记忆驾驶人座椅姿势、后视镜角度功能，以配合不同需求的驾驶人。

二、奔驰与奥迪汽车的免钥匙行车系统

1. 奔驰汽车的免钥匙行车系统，由下述动作可进行：

（1）车门锁定。

①按压任一车门把手上的推压接触(Push Contact)按钮时。

②按压行李舱盖开关(Trunk Lid Switch)按钮时。

（2）解除车门锁定。

①抓握任一车门把手时。

②拉动任一车门把手时。

③按压遥控行李舱释放开关(Remote Trunk Release Switch)时。

（3）发动机起动或熄火：按压自动变速器变速杆上方的按钮(Pushbuttom)时(注：大部分车厂的按钮是设在转向柱旁，有些车厂设计成转钮式)。

2.奥迪 A8L将Keyless Go System称为Advanced Key，其特点为：

（1）只要随身携带折叠式钥匙，手触摸车门把手上的黑色小点，即可解除车门锁定。

（2）进入车内后，变速杆置于P或N挡，踩下制动踏板，手指轻触变速杆旁“START”键，发动机即可起动。此起动键，如邮票般大小，上有6 500个电极(Electrodes)，以扫描指纹；此指纹辨识系统，在轻触起动键发动发动机的瞬间，同时进行身份辨识，会将该驾驶人的设定，如座椅、后视镜、转向盘等位置以及空调温度与送风、音响音量与音质等设定，同时进行自动设定，省去了个别调整的麻烦，可以说是相当方便及先进的设计。

（3）“STOP”键在“START”键的正上方，无指纹辨识设计，压下时发动机即熄火。

14.2 免钥匙行车系统的组成与作用

一、免钥匙行车系统的组成

（1）如图14–1所示，芯片卡内有硅芯片及无线电发射器，也可称为IC卡。

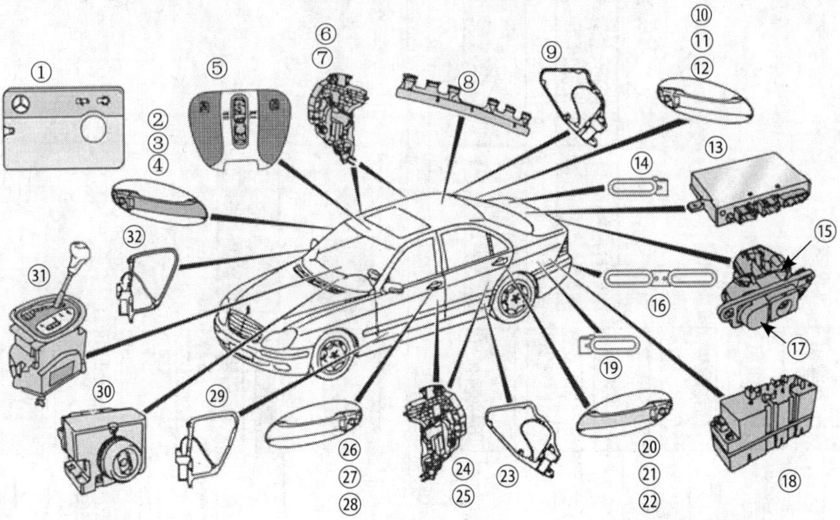

① 芯片卡
② 右前门电容式传感器
③ 右前门外拉接触微动开关
④ 右前门推压接触按钮
⑤ 顶上式控制面板控制模组
⑥ 右前门电磁阀
⑦ 右后门电磁阀
⑧ 后玻璃天线放大器模组
⑨ 右后门天线
⑩ 右后门电容式传感器
⑪ 右后门外拉接触微动开关
⑫ 右后门推压接触按钮
⑬ Keyless go 控制模组
⑭ 右天线组
⑮ 遥控行李舱开关
⑯ 后保险杆内天线
⑰ 行李舱盖开关
⑱ PSE控制模组
⑲ 左天线组
⑳ 左后门电容式传感器
㉑ 左后门外拉接触微动开关
㉒ 左后门推压接触按钮
㉓ 左后门天线
㉔ 左前门电磁阀
㉕ 左后门电磁阀
㉖ 左前门电容式传感器
㉗ 左前门外拉接触微动开关
㉘ 左前门推压接触按钮
㉙ 左前门天线
㉚ 电子式点火/起动开关控制模组
㉛ 按钮起动/熄火开关
㉜ 右前门天线

◆ 图14–1 免钥匙行车系统的组成

（2）日产、丰田汽车芯片卡是整合在小巧如遥控器般的I KEY、Smart Key内，两种智能型钥匙仍具有一般遥控器的解锁、上锁功能。

二、免钥匙行车系统的作用

1. 免钥匙行车系统控制框图

免钥匙行车系统控制框图，如图14-2所示。

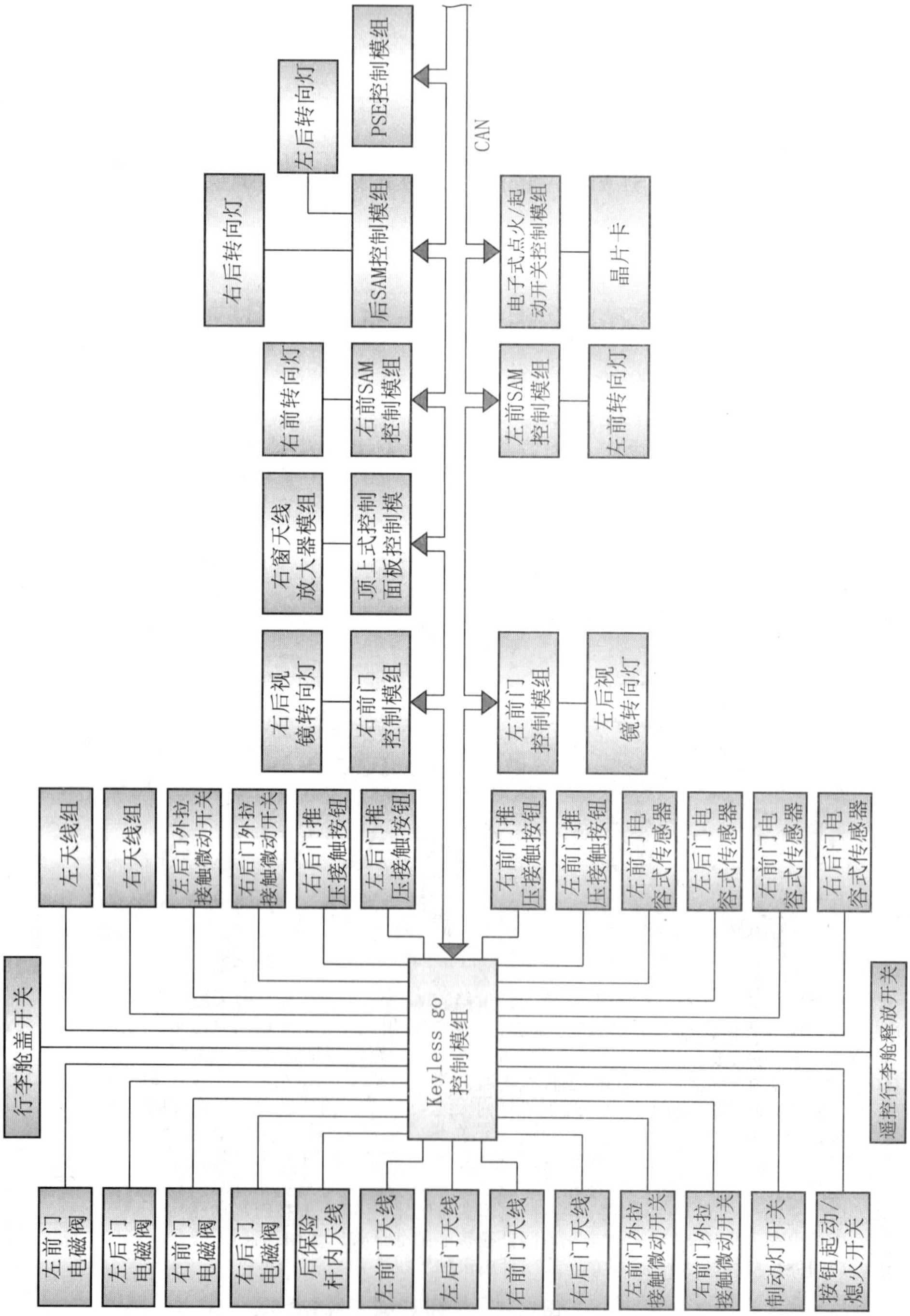

◆ 图14-2　免钥匙行车系统的控制框图

2. 车门锁定的作用

（1）各车门把手及行李舱盖上均设有按钮，以锁定车门。

（2）车门锁定的必要条件：

①芯片卡在车辆外距各天线1.5 m以内。

②所有车门均关闭。

（3）当压下按钮时，Keyless Go控制模块(Control Module)借由无线电频率信号，确认芯片卡内码与授权码吻合时，PSE控制模块送出指令使各车门气动式执行器(Pneumatic Actuator)作用，将车门锁住，如图14-3所示。若无芯片卡而要将车门锁住时，则仪表板上会有警告信号显示，且车门无法锁住；若粗心将芯片卡遗留在车内时，车门也无法锁住。

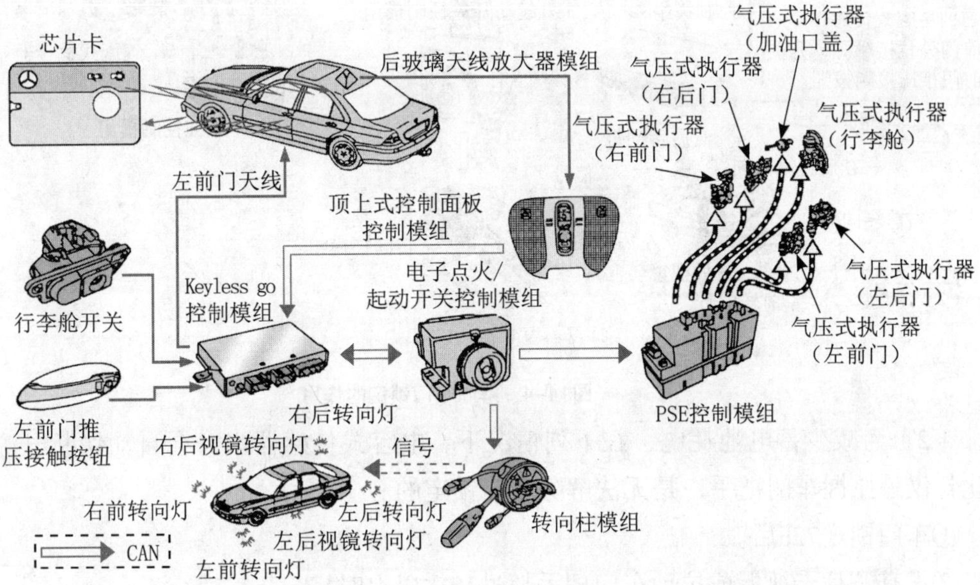

◆ 图14-3　车门锁定的作用

（4）将左前门的推压接触按钮持续按压一段时间，则所有打开的车窗及天窗会全部自动关闭。

（5）当车门锁定时，转向灯闪烁3次，表示已进入防盗警戒(Anti-Theft Alarm, ATA)状态。

3. 解除车门锁定的作用

（1）以左前门为例来说明解除动作。

①当手指靠近车门把手凹处时，左前门电容式传感器(Capacitive Sensor)进行辨识，将信号传送给Keyless Go控制模块。

②拉动车门把手时，左前门外拉接触微动开关(Pull Contact Microswitch)进行辨识，将信号传送给Keyless Go控制模块。

③芯片卡经由左前门天线，将授权密码传送给Keyless Go控制模块，经确认无误后，指令左前门电磁阀解除车门锁定，如图14-4所示。电磁阀比气压式执行器具有动作更快速的优点。

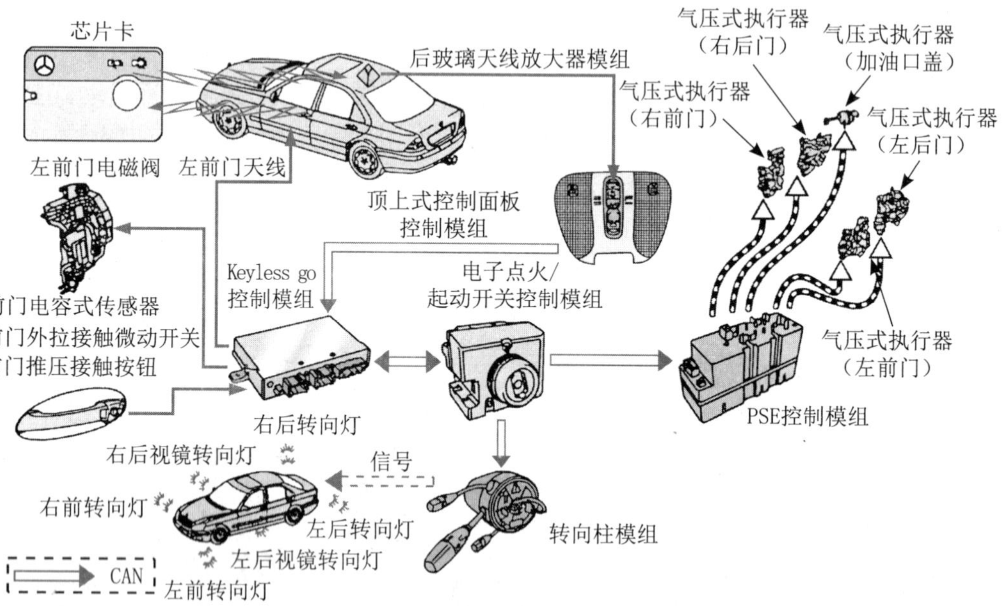

◆ 图14-4　解除车门锁定的作用

（2）为减少蓄电池耗电，在下列情况下，电容式传感器本身会自动切断电源，因此若仅是抓握车门把手，是无法解除车门锁定的。

①车门锁定72h后。

②没有芯片卡抓握或拉动车门把手超过10次以上时。

（3）要唤醒系统正常作用时，必须有芯片卡在汽车旁边，并拉动任一车门把手数次即可。

（4）密码每次均会自动更新，以防窃贼截录盗用。

4. 发动机起动及熄火的作用

（1）发动机起动。

①发动机能起动的条件：芯片卡在乘客厢内；变速杆置于“P”挡；踩下制动踏板。

②压下变速杆上方的按钮时，电子式移动杆模块控制模块(Electronic Shift Lever Module Control Module)将信号传输给Keyless Go控制模块，而Keyless Go控制模块会要求芯片卡透过天线将授权密码传回确认，如图14-5所示。

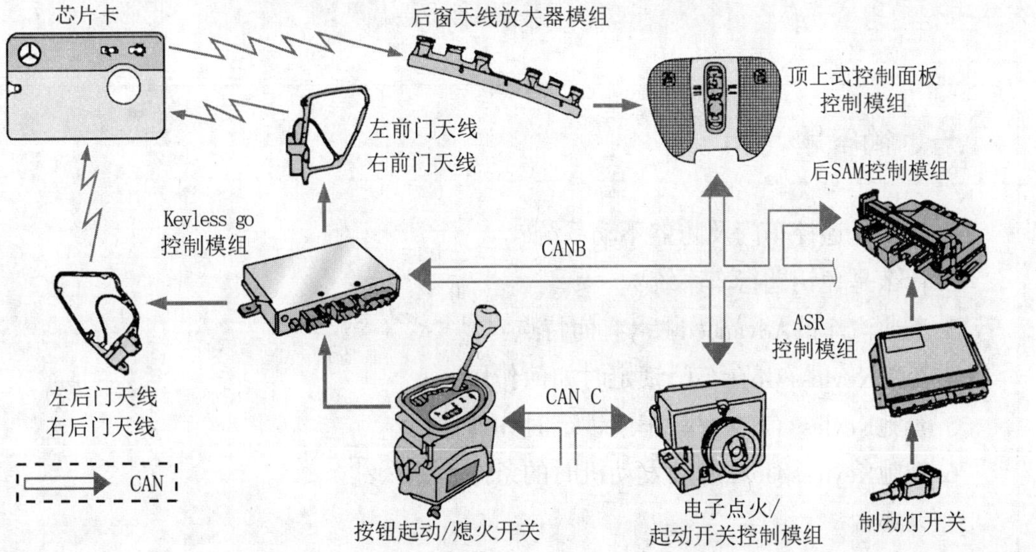

◆ 图14-5 发动机起动及熄火的作用

③Keyless Go控制模块会检查：

制动灯开关的状态：制动灯开关信号经ASR控制模块、后SAM控制模块，送至Keyless Go控制模块。

变速杆位置：信号由电子式移动杆模块控制模块，传送至电子式点火／起动开关控制模块(Electronic Ignition/Starter Switch Control Module)，再送至Keyless Go控制模块。

（2）发动机熄火。

①压下变速杆上按钮时，电子式移动杆模块控制模块将信号传送给Keyless Go控制模块，同时Keyless Go控制模块收到由电子式点火／起动开关控制模块传送来的变速杆位置信号，使发动机熄火，如图14-5所示。

②若变速杆不在“P”或“N”位置，而发动机熄火时，仪表板上会显示“Selector Lever to P”及发出警告声。

③只有在车辆停止时，发动机才能熄火。

理论测试

一、简答题

1. 什么是遥控车门及防盗不动系统?
2. 什么是免钥匙行车系统?
3. 奥迪汽车的Advanced Key有何特点?
4. 奔驰Keyless Go在车门锁定时如何作用?
5. 奔驰Keyless Go在解除车门锁定时如何作用?
6. 奔驰Keyless Go在起动发动机时的条件是什么?

第15章

奔驰汽车新科技

15.1 奔驰汽车新科技的分类

1. 奔驰(Mercedes-Benz)汽车公司，其生产汽车所应用的各种科技，常走在世界各汽车制造厂的前端，引领新技术的潮流，为众所瞩目的目标及学习的对象。

2. 奔驰汽车新科技的分类：

奔驰汽车新科技的分类
- 动力系统
- 传动系统
- 操控安全
- 被动安全
- 自动控制
- 舒适性能
- 通信系统

15.2 各种奔驰汽车新科技介绍

一、动力系统

1. 新型的动力系统

（1）HYBRID：复合动力汽车，如S400，采用发动机与电动机的结合。

（2）CGI：汽油直接喷射发动机，具备省油及低污染。

（3）CDI：采用第三代共轨技术的柴油发动机。

（4）BlueTEC：特别对环保友善(Eco-Friendly)的柴油科技，BlueTEC HYBRID，即柴油发动机搭配电动机的复合动力汽车。

（5）NGT Blue EFFICIENCY：为天然气搭配汽油发动机的双燃料汽车，可减低20%的CO_2排放。

2. 汽缸不动作系统(Cylinder Cut-out System, CCS)

（1）在节省燃油的效果下，无损于发动机的性能潜力及运转精确度。

（2）奔驰汽车公司是欧洲汽车制造厂中首先在V8 5.0L发动机采用汽缸不动作系统的公司。S500型当四个汽缸不作用时，以新欧洲驾驶循环(New European Driving Cycle, NEDC)法测试，可省油7%；若以120km/h定速行驶时，可省油13%；以90km/h定速行驶时，可省油15%。

（3）在部分负荷时，让四个汽缸不作用。当需要较高输出时，则恢复为八缸动作。奔驰的解释是，在市区、郊区行驶或在中转速范围以定速行驶时，八缸发动机的容积效率较差，且充填循环损失(Charge-Cycle Loss)较多。

（4）此系统在五速手自动变速器的三挡、四挡、五挡的1 000 ~ 3 500 r/min作用时，相对时速为40～160km/h。

（5）部分负荷时，V8发动机左列的第五缸、第八缸，右列的第二缸、第三缸，ECM使各缸的气门停止作用，且各缸停止喷油。为防止不动作时各汽缸的温度降低，在各缸动力行程后，计算机控制立刻关闭排气门，使燃烧后的气体保留在汽缸内，以保持汽缸壁一定的温度。

（6）当需要8个汽缸一起作用时，本系统先使排气门打开，让废气排出，新鲜混合气再度进入各缸正常作用。

（7）在4～8缸间转换时，ECM会短暂改变节气门位置及调整点火正时，因此不会感觉有任何的振动。

（8）目前国产本田汽车的3.5L i-VTEC VCM，V6发动机也是可根据路况变化，在6⟷4⟷3间变换作用的汽缸。

3. 机械增压器

（1）使发动机输出更高的功率及转矩，且维持高台(Mesa Shape)式的转矩输出。

（2）以C-Class C200 Kompressor为例，L4 16V 1 998c.c.发动机，净重1 490kg，最大功率为163HP/(5 300r/min)，最大转矩为230N·m/（2 500～4 800r/min），0～100km/h仅需9.7s，平均油耗100km/9.2L，与C200无机械增压器的发动机比较，功率与转矩均提升20%，但每行驶100km的油耗，仅多出0.1L。

（3）再以CLK230 Kompressor为例，L4 16V 2 295c.c.发动机，净重1 445kg，最大功率为197HP/（5 500r/min），最大转矩为280N·m/（2 500～4 800r/min），0～100km/h仅需7.9s，平均油耗100km/9.5L，油耗较一般同型式发动机节省20%以上，高效率的机械增压器，不但大幅提高功率与转矩的输出，更降低耗油量及排气污染。

二、传动系统

1. 七速手自动变速器(7G-TRONIC)

（1）七速自动部分，比原有五速自动换挡更圆滑、乘坐更舒适、加速更快，且更省油。

（2）在NEDC驾驶模式测试下，0～10km/h加速时间减少了0.3s，60～120km/h的再加速更快，而每100km约可省油0.6L。

（3）由于挡位多，使发动机在各转速范围时，都能对应得到最适当的齿轮比，且让电子控制系统有更大的弹性调整挡位，以节省燃油及更迅速的反应。奔驰已在2003年秋季将7G-TRONIC配备在V8发动机的五款车上(注：Infinite汽车在2009年起开始采用自行研发的七速手自动变速器)。

（4）7G-TRONIC的特色。

①在重踩加速踏板换低挡(Kick-Down)时，是一次降两挡。例如在第七挡时Kick-

Down是由七挡直接降至五挡，必要时由五挡再降至三挡，由于降挡速度快，因此能迅速获得足够大的加速力。

②液体转矩变换器内的锁定离合器，从一挡开始就会进行锁定，使主动叶轮、被动叶轮间无滑差损失，而传统自动变速器通常只有在高速挡才有锁定作用。

③在具有7个挡位及更多的控制组件下，7G-TRONIC比原有的五速手自动变速器，在质量及体积方面并没有大多少，其主要原因为变速器外壳采用质量很轻的镁(Magnesium)合金。

三、操控安全

1. 电子稳定操控系统(ESP)

（1）转弯或闪避障碍物时，对一个或一个以上车轮制动力的精确控制，必要时降低发动机转矩，使有侧滑失控倾向的车辆回复正确路线。

（2）ESP是整合了ABS、ASR、BAS等功能一起控制的系统。

（3）依据转向角度、对角加速、车轮转速及制动踏板压力等信号，由计算机精密计算，以决定瞬间微调任一车轮制动压力大小及输出转矩的降低值。

（4）ESP并且能在激烈操纵驾驶，以及碎石、湿滑、结冰等路面导致侧滑时，稳定车辆；且在弯路时，可依据弯路方向计算出最好的转弯速度。

（5）驾驶人可压下ESP OFF开关，以关闭ESP，此时ASR接替控制，在时速40km/h以下时，若有驱动轮空转，ASR会进行控制。

2. 电子感应制动控制(Sensortronic Brake Control, SBC)系统

（1）依据各种行车状况，多只传感器将信号传送给计算机，以精确计算每个车轮的制动力，例如在转弯、湿滑路面及紧急情况时，提供更快且有效的制动反应，正确完成驾驶人的意图；其功能上与ABC、ESP、BAS、ABS等结合，自动调整气压式弹簧减振力与车身高度，及计算出在所有情况下的最好制动力，使动态车身获得最快速有效且安全的控制。

（2）采用线控制动(Brake-by-Wire)，或称电子制动，意即制动踏板与制动装置间已无机械连接，而是检测踩下制动踏板的速度，计算机判断是缓制动或急制动。目前最新的设计是在制动踏板上安装平面式压力传感器，由踩下制动踏板压力的大小，判别是需要缓制动或急制动等。电子制动、电子节气门、电子转向(Steer-by-Wire)等，都是属于线控驱动(Drive-by-Wire)或称线传驱动。

（3）为使制动作用更快，因此采用高压油泵，油压最高可达14～16MPa，可迅速增压，使制动作用更精准；同时四个车轮的油压分别由各车轮压力调整器(Wheel Pressure Modulator)调整，依据所需而不相同。

（4）2003年4月以后生产的E-Class等，在原有的SBC上，新增了几项Bosch研发的新功能，如和缓制动(Soft Stop)、斜坡停车控制(Hill Hold Control)及尾随辅助(Tailback

Assist)等。

（5）事实上，SBC为具有相当智能型的制动系统，奔驰称其为具有电子头脑的制动(Brakes With an Electronic Brain)。例如当车速升高时，SBC能更迅速的反应，即使仅短暂踩下制动踏板，经修正过的软件设定，可保证施加更大的制动压力；也就是SBC有能力精确判断驾驶人的意图，在紧急状况时，迅速提供最大制动力。

3. 预先防护安全(Pre-Safe)系统

（1）在撞击或意外事故发生前，安全带、座椅、天窗等移动至最适当位置，以保护驾驶人及乘客，为当今最先进的主动安全系统。

（2）如果预先知道车辆将要发生撞击或意外事故，通常此时都会紧急制动、快速转动转向盘或车辆甩尾侧滑等，因此由踩下制动踏板的速度或压力、转向盘转角、偏离率、减速度、胎压等车辆原有的传感器，即可计算出将要发生事故。从发现危险到发生撞击，有近1s的时间，而气囊、气帘等装置都只需要数毫秒即可启动，预先防护安全系统就是运用这个时间差所研发的全新安全概念。2003年S-Class即已开始采用本系统。

（3）预先防护安全系统启动时，各装置的动作为：

①驾驶人及前乘客安全带紧缩。

②前座椅移回定位，椅背靠直回复定位，头靠前倾，椅面后端下降，使乘客陷缩在座椅内以免下滑移动。

③独立的后座椅头靠前倾，椅面前端上升，防止乘客前滑。

④严重侧滑有翻覆的可能时，天窗自动关闭。

（4）未来的发展方向有：

①侧窗玻璃自动关闭。

②利用更好的座椅形状，以保持乘客稳固在定位上。

③利用室内充填物的延展以保护乘客。

④保险杆向前延伸，增加皱褶区，减缓撞击力。

⑤利用雷达或超声波(Ultrasonic)原理，环车布置电子警告系统。

4. 四轮电子控制循迹系统(4ETS)

（1）自动增加空转车轮的制动压力，以传递适当的转矩到这些车轮，使所有车轮都具有足够的抓地力，以保持行车稳定性。

（2）4ETS应用M-Class房车上，当轮胎陷入泥泞或雪地等恶劣路面时，即使是三个车轮空转打滑，失去抓地力，4ETS的计算机产生控制，使所有车轮都具有抓地力。

5. 适时减振系统(Adaptive Damping System, ADS)

（1）能根据车子载质量、路面状况及驾驶方式等，自动调整避振效果。

（2）奔驰汽车公司又称适时减振系统为自动减振系统。

（3）驾驶人可手动选择舒适性或跑车化的悬架设定。舒适性悬架设定时，因每一车轮有不同的空气压力避振效果，因此车辆行经凹凸不平路面时，驾驶人及乘客几乎感觉不到跳动，此时为低速或温和驾驶时的软式悬架；高速或激烈驾驶时，自动设定为硬式悬架，以提高行驶的安全性。

6. 适时智能型乘坐控制系统(Adaptive Intelligent Ride, AIR matic)

（1）良好的乘坐舒适性，提高行驶安全性，及达到优异的操控性。奔驰汽车可选配主动车身控制(Active Body Control, ABC)的系统。

（2）AIR matic结合ADS与电子控制气压式悬架系统，以气压式悬架支柱，取代传统的圈状弹簧，车辆在任何状况下，均可保持相同的车身高度；不论路况怎样，都可获得最大的减振行程，确保最佳的乘坐舒适性及行驶安全性。

（3）ABC在悬架上有四只液压服务器、精密的传感系统及高性能的微处理器，可在瞬间对千变万化的路况做出正确的反应，因此不论起步、制动或转弯，车身的摇晃均可明显降低。当车速达65km/h以上时，车身高度会自动降低15mm，降低风阻，以减少油耗，并提高操控性。

四、被动安全

1. 气囊

（1）在交通事故时减少汽车乘员的伤亡。

（2）前座气囊根据撞击力的大小，有两种不同的充气程度。

（3）前乘客座有电子传感器，无人乘坐时，气囊不引爆，以节省维修成本。

（4）前乘客座安装面朝后方的儿童安全座椅时，计算机检测此动作时，会自动停止前乘客座气囊的引爆。

（5）侧气囊及车窗气囊，可保护前、后乘员胸部、肩部及头部的安全。

2. 自动紧缩式安全带及束力限制器

（1）严重撞击时，自动紧缩式安全带会迅速拉紧贴近身体，避免身体前倾；然后束力限制器控制束紧力大小，避免安全带对肩、胸部可能造成的伤害。

（2）所有靠车门的安全带均是自动紧缩式，且有束力限制器。

（3）后方严重追撞时，自动紧缩式安全带及束力限制器也会产生作用。

五、自动控制

1. 氙气前照灯与照明距离自动调整装置

（1）采用氙气灯泡，其优点为省电，亮度为卤素灯泡的2倍，照射范围更广，寿命更长。

（2）氙气灯泡输出功率仅35W，为气体放电式，内含氙气及金属盐，以提供光源。高达23 000V以上的高电压，以在静止的气体中产生电弧，激化氙气分子与稀有金属元素游离，处于高能状态而发出强光，保持亮度则需8 000V的电压，因此在HID灯组中，必须有精密设计的升压电路、稳压电路及防护系统。

（3）在投射式HID灯组中，搭配水平自动调整装置，在原厂设定好角度之后，不论载重分配如何改变，或加速、减速等，会透过传感器测知光线投射角度的偏移量，然后自动调整HID灯组的角度，维持正确的前照灯照射角度，以避免两车交会时造成对向来车驾驶人的眩目。

（4）更先进的距离自动调整装置，会依据车速的快慢调整前照灯的投射角度，在高速时使光束照得较远，让驾驶人能及时做出反应。

2. 前照灯自动开启系统

（1）自动开启或关闭前照灯照明。

（2）由光度传感器自动传感周围环境的亮度，在下雨、下雪、进入隧道、清晨、傍晚及夜间等状况时，自动开启前照灯照明。

3. 主动转弯式前照灯系统(Active Cornering Headlamp System)

（1）提高夜间开车转弯时的安全性。

（2）前照灯的照射角度，会随着转向盘的旋转方向、转向盘的旋转角度及车速而变化，道路的有效照明范围提高90%以上。例如在半径约190m的弯道中，传统式前照灯的照射距离约30m，而主动转弯式前照灯系统可将距离再延伸25m，合计55m的照射距离，可使驾驶人提前知道前方弯道的状况，以预先做出适当的反应。

（3）具有远、近光的双氙气前照灯搭配主动转弯式前照灯系统，每组前照灯都配置独立的电子装置与负责转向的步进电动机，并与原有的前照灯自动距离调整装置共同作用。2003年起开始应用在奔驰汽车上。

（4）主动转弯式前照灯系统，国产汽车常称为AFS(Adaptive Front Lighting System)。其实AFS有数种设计，一种是转弯时内侧近灯转动；另一种是Dual AFS，转弯时左、右两侧近灯均转动。而Nissan汽车采用的是转弯时点亮侧向辅助照明灯。

4. 雨滴感应式刮水器

（1）依据雨势大小自动改变刮水器的速度。

（2）利用远红外线科技，由发光二极管，对前风窗玻璃发出光束，光束所反射的光线强度，会因风窗玻璃上的雨滴量或湿气含量而改变，因此而改变刮水器的动作速度。

（3）刮水器开关打开后，当只有几滴雨时，刮水器很久作用一次；绵绵细雨时，刮水器转换为间歇作用；雨势增大时，缩短间歇时间；下大雨时，则以高速作用。

5. 免钥匙行车(Keyless Go)系统

（1）以芯片卡取代传统钥匙，以启闭门锁，及起动发动机或使发动机熄火。

（2）芯片卡放在车主身上，一旦手握车门把手，或压下行李舱锁时，系统就会透过车门、加油口盖、保险杆内的感应天线，辨识芯片卡内的密码，如果与授权代码吻合，门锁等就会开启。

（3）芯片卡也可像以往的遥控钥匙一样，快速上锁并关闭全部车窗，快速解锁并开启全部车窗，或选择性解开车门锁等。

（4）Keyless Go系统车款，虽仍有钥匙孔，但发动发动机不需要钥匙，只要芯片卡在车厢内，踩下制动踏板，并压下变速杆上的起动/熄火开关，即可发动发动机；发动机要熄火时，将变速杆置于“N”或“P”挡，压下开关即可。

6. 定速及限速装置(Speedtronic)

（1）车辆可以定速行驶，并防止超过设定速度以上行驶。

（2）定速装置与限速装置合并使用，驾驶人设定最高速限后，在该速限下车辆行驶正常。但加速车辆无法超过最高速限，此项创新设计，可在闹区行驶时，避免违规或发生危险。

7. 雷达测距定速装置(Distronic)

（1）检测与前车的距离，自动加减速，确保安全的跟车距离。

（2）在散热器后方，装有小功率的多普勒雷达，以三个精确设定的角度，持续监视路况。当发出的雷达波碰到前车时，会被反射回来，计算机从接收到的反射雷达波，即可计算出与前车的距离，然后直接控制发动机输出、制动与自动变速器，以确保安全车距。

（3）一旦驾驶人设定好巡航速度后，系统即自动控制车速与跟车距离，其辨识紧急状况的速度，比人的反应速度更快，例如在毫无预警的情况下，有汽车突然变换车道，此时系统会立刻控制车速，以确保足够的安全距离；同时减速不会过快，以防止后车追撞。

（4）时速在40～160km/h时，本装置作用，仪表板会显示跟车距离。变速杆旁有一转轮，可用来调整跟车距离。

六、舒适性能

1. 恒温空调系统

（1）使车室内温度保持恒温，有助驾驶人的注意力集中。

（2）此系统可灵敏感知车内外的温度、湿度、阳光照射角度及乘客人数；座椅可由下往上，由内往外吹出冷风，以去除湿气；当传感有CO、NO_x进入车室时，进气口会自动关闭。

（3）先进的四区恒温空调系统(4-Zone THERMOTRONIC)，使四个座位的温度可个别自由调整，每一区分别有自己的调整钮、按键、显示屏及出风口，以调节个人喜好的恒温环境；同时利用除尘器、活性炭罐、空气质量传感器(Air Quality Sensor)及空气循环功能，以保持车内空气清洁。

2. 座椅

（1）提供驾驶人适当及舒适的支撑，并减少长途驾驶的疲劳。

（2）座椅内的气室，以气压方式调整个人的腰靠及椅垫的轮廓，并可选配动态多层椅背、座椅通风功能及可按摩背部的气垫。

（3）电动调整可进一步增进舒适度，可调整座椅高度、软垫位置、椅背角度及微调头枕高度。个人最好的座椅位置可记忆储存，并可随时调出。

七、通信系统

1. 卫星导航系统

（1）引导驾驶人顺利抵达目的地。

（2）驾驶人只要输入目的地，液晶屏幕上会出现方向指示，同时有声音提醒驾驶人何时及何处转弯。

（3）结合全球卫星定位系统(GPS)，可精确找到误差仅数米的目的地。

2. 行动电话语音辨识系统

（1）利用语音拨出行动电话。

（2）驾驶人只需下达简单的命令，即可选择并拨出已输入记忆的电话。

3. 紧急救援系统(TELE AID)

（1）汽车发生事故时，紧急救援系统会自动发出求救信号。

（2）气囊系统的撞击传感器检测到撞击情况时，TELE AID利用车内的无线电发射器，发出求救信号至紧急救援中心，信号中包含车型、时间及事故地点，甚至包括车主血型的信息。声音传送器可让紧急救援中心与车上乘员联络，以决定采取何种救援措施。

（3）此系统也可帮助他人，当经过事故地点时，驾驶人可以手动方式开启此系统，与紧急救援中心联系。

理论测试

一、判断题

1. 奔驰V8发动机的汽缸不动作系统，可省油7%～15%。 (　)
2. 4ETS用于S-Class车系上。 (　)
3. 当车速高时，AIR matic使车身高度自动升高。 (　)
4. 氙气前照灯省电、寿命长，且照射范围更广。 (　)
5. 免钥匙行车系统，以芯片卡取代传统钥匙。 (　)
6. 雷达测距定速装置，使车辆自动加减速，以确保安全的跟车距离。 (　)
7. 主动转弯式系统可提高夜间转弯的行车安全。 (　)
8. 奔驰汽车的SBC附加有尾随辅助、斜坡停车控制等功能。 (　)
9. Pre-Safe作用时，天窗会自动关闭。 (　)
10. 4-Zone THERMOTRONIC，让驾驶人及前座乘客可调节自己需要的温度。 (　)

二、简答题

1. 汽缸不动作系统如何作用？
2. 试述机械增压器的功能。
3. 试述ESP的功能。
4. 试述4ETS的功能。
5. 试述自动紧缩式安全带及束力限制器的功能。
6. 试述氙气前照灯的功能。
7. 试述刮水器速度自动控制装置的作用。
8. 试述Distronic的功能。
9. 试述主动转弯式系统的作用。
10. 试述7G-TRONIC的特色。
11. 什么是线控制动？
12. Pre-Safe有何优点？
13. 如何预先知道汽车将要发生撞击？

第16章

电子控制系统的故障诊断

16.1 概　述

汽车控制设计方向及市场销售车辆的现状是：电子控制系统主要功能集中控制化、外围被动组件数量简化、控制动作电子化和各组件间的通信标准化。在诊断电子控制系统的故障时，必须考虑相关电气设备间相联系的状况，所以一定要深入了解电动机、电子组件或机械设备的一般原理。

在分析检修电路之前，应注意以下几点：

1. 电路保护装置用以保护线束

汽车一般都装设有主电源分配器，其中布满继电器及电路保护装置，如熔断丝、易熔丝或断电器等过载保护装置，必须了解的是，这些保护装置是用以保护线束，而非保护某个特定的电子零件。易熔丝与熔断丝的不同之处在于，其熔断反应较慢，且大多是导线的形式。由于某种原因导致其保护性熔断后，不能像熔断丝那样容易发现。有些车型甚至将其设计在线束内，在检查分析故障原因时要特别注意。

2. 主电源分配器控制数字化

主电源分配器控制也越来越多是数字化控制车辆，在其中加上防盗、节电、节能及各项智能分流或智能汇流功能，所有输入及输出状况，必须配合专用数字检测仪器协助，方能检查分析故障原因。

3. 多采用负极搭铁以车身金属为共享导线连接各电路

车辆的电源主要使用直流电源，除了极个别的情况外，车辆大多采用负极搭铁来连接各电路，就是以车身金属结构作为一条公用导线，所有车用电器都是以“共享搭铁”形式连接电源。车上装置的电器多为12～24V低压电器。

4. 排除电子控制系统故障要领

在查找现代轿车电子控制系统故障点时，专业技师会考虑每一项电子组件的特点及相关特性作为检查修理的依据。一般而言，电子组件对过高电压及温度十分敏感，例如晶体管的射极容易因过高电功率负载而击穿、电解电容器在温度升高时漏电增加、可控式场效组件则对过载电流敏感等。深入来说，在分析数字化车辆故障原因时，必须考虑加入频率干扰的检查，如信号串音造成的误动作间接影响有效控制信号、自感应电击穿组件可承受电压。将机械电动机电磁阀等归类为宽带干扰源，时序脉冲功能的单芯片等属窄频干扰源。

5. 电子控制系统故障特点

控制系统故障特点，归纳如下：

（1）组件击穿。击穿包括过电压击穿、过电流或过热引起的热击穿等。击穿有时呈现为短路现象，有时呈现为断路现象。由电路故障引起的过电压、过电流击穿，常常是不可恢复的永久故障。在过载或老化现象发生时的过热击穿，常常是时好时坏的间歇故障。

（2）组件老化或性能退化。组件老化或性能退化包括许多方面，如电容器的容量因绝缘能力下降而效能降低、晶体管的漏电增加、电阻的阻值变化、可变电阻的阻抗值不能连续线性变化、继电器导通接触点（铂触点）烧蚀等。像继电器这类组件，往往还存在绝缘底座老化、线圈烧断及短路、铂触点短路、铂触点抖动，甚至发生非预期动作而不动作或应停止时而不停止的故障。

（3）线路故障。这类故障包括接头松脱、接触不良、潮湿、锈蚀等导致的绝缘不良、短路、搭铁等。这类故障一般与组件无关但有可能造成组件或控制器损伤。

16.2　电子控制系统故障检修要点

1. 分析电路线路及原理

分析电路的线路与原理，弄清楚整个电路作用及其相关的连接。一旦碰到不熟悉的车型和线路，一定要分析其电路原理、参阅相关书籍及咨询相关专家，甚至测绘必要的电路图。因此，汽车电子电路的维修，势必涉及电路分析方法的知识领域。

2. 了解电器功能及作用

先了解该电器的功能及作用，最后确定其故障原因。汽车上许多电子电路，因为性能要求和技术机密保护等多种原因，往往采用不可拆卸的封装，如胶合封装调节器、胶封点火器电路等。如果某一故障可能涉及其内部，则往往无法目视判断，需要先从其组件外围可能发生的问题逐一排除，最后再确定其是否损坏。

3. 使用替代组件的可行性

注意使用替代组件的可行性。有时会发现，虽然是同一厂家的同一型号车辆，可能会由于出厂年度不同而有某些改变，如一些汽车上的电子电路，虽然可以拆卸，一旦缺少同型号分立组件替换时，就需要设法以其他组件替代。这涉及组件相互替换的可行性问题。

4. 不可用跨接线去判别故障部位与原因

不建议采用跨接线的办法来判别故障部位与原因。在检修方法上，传统汽车电器故障，往往可用跨接线的办法逐一判别故障部位与原因。尽管这种方法并不是十分的安全可靠，且对电路有一定的危险性，但还是可行的。在安装有电子线路的进口汽车上，则不允许使用这种方法。因为跨接线产生过电流，会给某些电路或组件带来意想不到的损害。因此在维修汽车时，必须借助某些仪器和工具，并按一定的标准方法进行。

5. 防止电流过载

防止电流过载，不可使用欧姆表及万用电表的R×100以下低阻欧姆挡检测小功率晶体管，以免使其电流过载而损坏或者不预期动作辅助安全装置（如辅助气囊等）。

6. 当心静电击穿晶体管

更换组件时，应首先接通正极再接通负极；拆卸时，则应先拆卸负极最后拆卸正极。对于组件上安装有金属氧化物半导体(MOS FET)的零件，则应当心静电击穿。如需焊接时，焊接完成后应从电源上拔下电烙铁插头，防止烙铁烫坏组件。拆卸和安装组件时，应切断电源。

7. 汽车维修技师的主要任务

汽车维修技师的主要任务是，利用设备整体的剩余耐用价值，确实达到经济、有效地维修汽车及恢复汽车使用性能的可靠性。维修技术人员不仅必须记住全部故障组合，而且不能忽略零件报废的价值标准。在依照维修程序划分故障维修组合类别时，应引用各种故障间最明显的特征区分。从电子组件维修特性的观点出发，有助于将已发现的五花八门的故障组合归并到典型故障维修程序的类别里，大大地简化了挑选维修最佳方案、最佳程序的方法。依据一定的原则，将故障组合的整体划分成合理的类别，选用最佳方案，以能获得电子控制系统设备维修的最大效益。

8. 故障类型

故障按发生时间的长短可以分为渐进性故障和突发性故障，按其对机器功能影响的程度可分为破坏性故障与功能性故障，按其引发原因可分为机械原因故障与环境原因故障。

（1）渐进性故障。渐进性故障所发生的周期较长，故障程度会有越来越严重的过程。它们大多是由于零件运行中的摩擦和磨损引起的，如分电器盖端子氧化腐蚀引起某缸缺火、起动机电刷磨损造成不起动等。

（2）突发性故障。突发性故障多由电路的短路或断路所引起，如前照灯突然不亮、发动机突然熄火。

（3）破坏性故障。破坏性故障是总成或部件因故障而完全丧失工作能力，不更换或大修不能继续工作，如灯泡灯丝烧断、发电机调节器功率晶体管击穿、发电机定子线圈烧焦等。

（4）功能性故障。功能性故障是指总成功能降低但未完全丧失工作能力，属于非破坏性故障，经过调整或局部检修可恢复其功能，如喷油嘴脏污阻塞造成喷油过稀等。

（5）机械原因故障。机械在正常运转中的摩擦、磨损或疲劳。如汽油泵转子轴与轴套常因磨损使泵本体不能正确啮合而咬死或不动作，使供油系统电路上产生短路或断路、接触不良或过载大电流。又如触点因烧蚀而不导电、调压器功率晶体管击穿断路引起过高电压使发电机过载而整流二极管短路、老化的电容器击穿而不能储存电荷等。电子控制系统中的电子组件是与机械结构结合的，由于机械磨损、松垮或弹簧弹力不足而导致电路接触不良。

（6）环境原因故障。汽车在不同地区、气候、地形条件下使用，常会发生各种各样意想不到的故障。例如：在低温下因为润滑油黏度增加造成起动时阻力加大，因起动电流加大会引起蓄电池提早损坏；汽车内的电器会因高温而出现塑料零件和电子组件提前老化；酸雨会使汽车外部零部件腐蚀；不当驾驶操作且不按时按要求维护、清洁和调整而造成的零部件异常磨损；零部件设计不合理、制造低劣、装配不良都会导致电子控制系统的故障。

线路故障的种类和现象虽然多种多样，但归结起来可以分为机械性故障、电子性能故障、机电综合故障。这三类故障互有区别又互相关联，不能单独地去判断。如轴承磨损引起发电机、起动机不良，由弹簧疲乏导致触点接触不良使开关不能定位，轴杆弯曲不直引发跳动或异常振动等。机械性故障累积到一定时间便会引起电气故障，如轴承磨损引起分电器漏油导致光学信号板污染，而使点火正时错误或者一次电路信号不动作等。

（1）机械性故障。由机械性因素导致电子控制系统不良的故障，其根本的解决办法就是完整修复机械结构。这样做是为了提高判断故障的准确性，缩短搜寻线路的时间，防止增加新的故障或者因误判而更换不需要更换的零件。

（2）电气性故障。电气性故障主要是电路上产生了短路、断路、接触不良或漏电。例如：发电机过载引起整流二极管短路，过高电压引起调压器功率晶体管击穿断路，触点烧蚀而不导电，电容器击穿而不能储存电荷，电感线圈线匝间或绝缘层间短路或与机体搭铁，高电压绝缘组件击穿漏电，蓄电池电极桩松动或腐蚀导致不导电、导电不良，发电机电压过高过低，磁性组件的磁通量削弱或增强，数字信号如频率、相位发生变化。在判断电子控制系统故障时，单纯重视电路而忽视机械结构，导致处理不当，都会再度发生机械性和电气性综合故障。

9. 故障检修原则

不论是靠人工感觉去判断，还是借助计算机自诊故障码、检验仪器去检测，都应遵循下列原则：理解维修手册原厂资料；查清症状，仔细分析；清楚构造，结合原理；分门别类，交叉对比。只要确实做到这些，故障点就可以逐一排除。

对于难以诊断且涉及范围大的故障，可利用更换零件后对比改变的方法。通过新旧零件的对比、安装方向不同时的对比、性能损耗程度不同的对比等，来判定故障的原因及部位，以锁定或缩小故障范围。利用仪器仪表对汽车电器和电路诊断，不用拆卸组件即可进行诊断或根据显示数据来确定故障。对现代汽车上越来越多的电子设备来说，使用仪表检测具有最省时、省力和诊断准确的优点。所以专业维修技师必须具备熟练应用仪器仪表的操作技能，以及准确掌握汽车电器组件的原理及标准数据。